증일아함경 1

增壹阿含經

증일아함경 1

增壹阿含經

김월운 옮김

동국역경원

증일아함경 1

‖차　례‖

제4권

제5권

제6권

제7권

제8권

제9권

제10권

제11권

제12권

제13권

해 제

석가모니부처님의 가르침은 크게 법(法, dharma)과 율(律, vinaya)로 나뉘고, 장(藏, piṭaka)으로는 경장(經藏, sūtrapiṭaka)·율장(律藏, vinayapiṭaka)·논장(論藏, abhidharmapiṭaka)의 3중重으로 구성되어 있다. 부처님께서 가르치신 법을 체계적인 형태로 모아 놓은 것이 경장이고, 승가에서 지켜야 할 계율을 담고 있는 것이 율장이며, 경의 가르침을 깊이 연구하고 체계화한 것이 논장이다.

이 가운데 경장은 남방의 팔리어 전승에서는 니카야nikāya, 즉 '부部'라고 부른다. 또한 장부長部·중부中部·상응부相應部·증지부增支部·소부小部의 5개의 부部로 나누고 있다. 북방 산스크리트 전승에서는 경장을 아가마(āgama, 阿含), 즉 '전승된 것'이라고 부르며, 장아함長阿含·중아함中阿含·잡아함雜阿含·증일아함增壹阿含의 4개의 아가마, 즉 4아함으로 구성되어 있다. 남방 상좌부에서 전해 내려오는 팔리어 경전의 마지막 5번째 소부小部는 부파에 따라 인정을 받는 경우도 있지만, 인정받지 못하고 있는 경우도 있었다. 대중부大衆部·설산부雪山部·화지부化地部·법장부法藏部 등의 몇몇 부파들은 이것을 잡장(雜藏, kṣudraka-piṭaka)이라는 이름으로 경장에 포함시켰다. 그러나 삼장을 보존하는 데 많은 기여를 했던 설일체유부說一切有部는『장아함경長阿含經』·『중아함경中阿含經』·『잡아함경雜阿含經』·『증일아함경增壹阿含經』의 4아함만을 정전正典으로 인정하였다. 비록 3장에 소부 경전들을 제외시키기는 하였지만, 소부에 포함되어 있는 몇몇 경들, 즉 『법구경法句經』·『경집經集』·『장로게長老偈』·『장로니게長老尼偈』·『본생담本生譚』 등의 몇몇 경들은 그대로 인정하였고, 이 경들을 소분아함(小分阿含, kṣudrakāgama)이라는 이름으로 자주 인용했다. 이 설일체유부의 경전 체계를 계승한 대승불교 전통에서는 기존의 삼장 체계에 별개의 장을 추가시켜서 이 소분아함을 '잡장雜藏'이라는 이름으로 정전에 포함시켜 왔다.

기원후 4세기 후반에서 5세기 초반 사이에 산스크리트 전승의 4아함이 중국에서 한역되었고, 팔리어 전승의 5부는 남방 상좌부라는 단일 부파에서 전승해온 것이 온전히 보존되었다. 그러나 그 외의 다른 부파에서 전승되어온 경장은 대부분 산실散失되었다. 기원후 4세기 후반에서 5세기 초반 사이에 중국에서 한역된 4아함은 단일한 부파에서 전해져 내려온 것이 아니다. 오늘날 전해지는 4아함은 법장부 소속의 『장아함경』, 설일체유부 소속의 『중아함경』·『잡아함경』, 대중부 계통의 어떤 부파에 소속된 것으로 추정되는 『증일아함경』 등 몇몇 부파에서 전하는 아함이 따로따로 번역되어 하나의 경장을 이루고 있는 것이다. 비록 전승해온 부파는 다르지만, 기본적인 교리적 바탕에 있어서는 놀라울 만큼 한결같은 일치를 보이고 있다.

『장아함경』·『중아함경』·『잡아함경』·『증일아함경』의 4아함 가운데에서 어느 것이 먼저 성립되었는지에 대한 시간적인 선후 관계를 확정하는 것은 어려운 일이다. 부처님의 가르침을 전승하는 초기의 방법은 암송에 의한 구전이었다. 암송해서 구전되던 것을 서사書寫하여 전하면서 구성이나 내용에 있어서 조금씩 변화를 겪게 되었다. 학자들에 따르면, 4아함 가운데 짧은 게송의 형태가 주를 이루고 있는 『잡아함경』이 가장 오래되었고, 법수에 따른 체계적이고 정연한 형태를 갖추었으며 대승불교적인 개념이 첨가되어 있는 『증일아함경』이 가장 후대에 성립되었을 것이며, 그 사이에 『중아함경』과 『장아함경』이 성립되었다고 볼 수 있다. 소부와 잡장은 이보다 약간 더 늦게 성립된 것으로 추정된다. 그러나 이것은 그 전체적인 형태에 있어서 신, 구를 나눈 것일 뿐, 그 내용이나 경전 자체의 성립 시기가 그러하다고 단정할 수는 없다. 개개의 아함경에 속해 있는 각각의 소경에 있어서도 오래된 층과 새로운 층이 복합적으로 포함되어 있기 때문에 일괄적으로 그 시대를 구분하는 것은 어려운 일이다.

『증일아함경(增壹阿含經, Ekottarāgama)』은 산스크리트로 전승된 에콧따라아가마Ekottarāgama를 한역한 것이다. 산스크리트 에코따라(ekottarā, eka-uttarikā)는 그 뜻을 옮겨 증일增壹이라 하고, 아가마 āgama는 그 음을 아함阿含이라고 옮겨 경의 이름이 붙여진 것이다.

『증일아함경』에 배대되는 팔리어 전승의 경은 증지부(增支部, Aṅguttaranikāya)이다. 이 둘은 부처님의 가르침을 법수法數에 따라 1법부터 11법까지 차례로 배열한 뒤 다시 각 품으로써 구분하여 정리하였다. 『증일아함경』의 구성은 전체 51권 52품에 총 471개의 소경으로 이루어져 있다. 증지부 경전은 1에서 11까지 법수에 따라 배열하는 방식은 동일하지만, 소경의 전체 숫자는 9,557개로 『증일아함경』보다 훨씬 더 많다. 소경의 수가 현저하게 많은 이유는 소경을 세는 방법이 다르기 때문이기도 하다. 그러나 한역 『증일아함경』과 팔리어 증지부에서 서로 일치하는 소경의 수는 151개뿐이다. 두 경장의 성립 연대를 추정해 보면 증지부보다 『증일아함경』이 후대에 속한다. 그 서술 양식에 있어서 대승불교적 색채가 뚜렷이 드러나는 『증일아함경』의 서품을 통해서도 간단히 추정할 수 있다.

『증일아함경』의 내용 가운데 일부 소경만 따로 옮겨서 전하는 이역본이 23종 있다. 『불설아라한구덕경佛說阿羅漢具德經』·『불설사인출현세간경佛說四人出現世間經』·『수마제녀경須摩提女經』·『불설삼마갈경佛說三摩竭經』·『불설급고장자녀득도인연경佛說給孤長者女得度因緣經』·『불설바라문피사경佛說婆羅門避死經』·『불설식시획오복보경佛說食施獲五福報經』·『빈비사라왕예불공양경頻毘娑羅王詣佛供養經』·『불설장자자육과출가경佛說長者子六過出家經』 등 23개의 경이 이역경에 속한다. 그리고 팔리어본 증지부의 주석서가 한역되어 있다. 『분별공덕론分別功德論』 4권이 바로 증지부의 주석서를 옮긴 것이지만 「서품」부터 「제자품」까지 일부만 그 내용이 있다.

『증일아함경』의 번역은 두 차례에 걸쳐 행해졌다. 먼저 도거륵국(兜佉勒國, Tukhāra)에서 온 비구 담마난제(曇摩難提, Dharmānandī)가 전진왕前秦王 부견符堅 때인 건원建元 12년(376)부터 요장姚萇 6년(389)에 걸쳐 장안長安 성안에서 『중아함경』과 『증일아함경』을 함께 번역하였다. 그 책에는 "난제가 범본을 외우고, 축불념竺佛念이 번역한 것이다"라고 기록되어 있었다고 한다. 그러나 요장姚萇이 쳐들어와 장안까지 침범하는 전란의 와중에 소실되어 현재는 전해지지 않는다.

계빈국(罽賓國, Kaśmīra) 출신 비구인 구담 승가제바(瞿曇僧伽提婆 : 衆天, Gotama Saṃghadeva)의 번역이 그 두 번째이다. 승가제바는 설일체유부가 융성하였던 북인도 카슈미르 출신으로, 전란이 끝난 후에 기주冀州의 사문 법화法和와 함께 낙양洛陽으로 들어가 거기서 4, 5년간 머물며 중국어를 배우고 경전을 강의했다. 그러던 중 그는 담마난제의 번역이 그 뜻을 충분히 전하지 못한다고 여기게 되었다. 그래서 양주楊洲의 건강현建康縣에 있는 정사精舍에서 융안隆安 원년(397)

11월부터 융안 2년(398) 6월까지 약 7개월에 걸쳐 『중아함경』과 『증일아함경』을 개역하였다. 그러나 전란으로 인해 융안 5년(401)에 가서야 비로소 출간하였다. 현재까지 전승되는 전체 51권 52품의 『증일아함경』은 바로 승가제바의 번역본이다.

『증일아함경』은 법수法數를 중심으로 내용을 전개하는 방식을 취하고 있다. 제1 「서품」에서는 경이 설해진 인연과 경에 대한 소개를 개괄적으로 먼저 하고 있다. 그후 제2품부터 제52품까지의 내용이 1법에서 11법의 각 법수에 배정되어 있다.

자세히 살펴보면, 1법은 제2 「십념품十念品」부터 제45 「오계품五戒品」까지, 2법은 제15 「유무품有無品」부터 제20 「선지식품善知識品」까지, 3법은 제21 「삼보품三寶品」부터 제24 「고당품高幢品」까지, 4법은 제25 「사제품四諦品」부터 제31 「증상품增上品」까지, 5법은 제32 「선취품善聚品」부터 제36 「청법품聽法品」까지, 6법은 제37 「육중품六重品」과 제38 「역품力品」이 해당된다. 7법은 제39 「등법품等法品」에서 제41 「막외품莫畏品」까지, 8법은 제42 「팔난품八難品」과 제43 「마혈천자문팔정품馬血天子問八政品」이, 9법은 제44 「구중생거품九衆生居品」과 제45 「마왕품馬王品」이 해당된다. 10법은 제46 「결금품結禁品」부터 제48 「십불선품十不善品」까지이고, 11법은 제49 「방우품放牛品」부터 제52 「대애도반열반품大愛道般涅槃品」까지이다. 모두 52품 총 471개의 소경이 법수에 따라 배열되어 있고, 각각의 품은 1개 내지 13개의 소경으로 이루어져 있다. 각 품의 제목은 대부분 그 품의 첫 번째 소경의 내용이나 등장 인물과 연관되어 있다. 그러나 각 품에 포함된 소경들의 소재가 항상 동일하지는 않다.

이상과 같이 법수를 중심으로 전개하고 있는 『증일아함경』의 내용은 다른 아함경에서 담고 있는 내용들과 크게 다를 바 없다. 하지만 본 경에서 언급하고 있는 부처님의 법신상주法身常住 사상과 타방불토他方佛土 사상 등은 나중에 대승 사상으로 결실을 맺는 맹아萌芽로 보인다. 바로 이러한 점은 『증일아함경』이 4아함 가운데서 가장 나중에 결집되었다는 논거가 되기도 한다.

『증일아함경』은 내용적인 면에서, 3법인法印·4념처念處·8정도正道·37도품道品 등 기본 교리를 중심으로 하면서, 이에 더하여 3보寶·4제諦·5계戒·6중重·8난難·10념念·안반安般·결금結禁 등 거의 모든 가르침을 다 포섭하고 있다. 그리고 『장아함경』·『중아함경』·『잡아함경』의 3아함에 나타난 기본적인 흐름에 더하여 대승불교적인 색채가 갑작스럽게 등장하고 있다. 그러나 이 대승불교적 색채는 교리적인 정교함이나 논리를 갖추지 못하고, 단편적인 용어를 통해서 조금씩 드러나고 있다. 예를 들면 다음과 같다. 「서품」에서 여섯 가지 도무극度無極, 즉 6바라밀이 갑자기 등장하고, 보살菩薩·3승乘·여래장如來藏·방등대승方等大乘 등의 후기 불교의 용어가 단편적으로 사용되고 있다. 이외에도 특히나 「서품」의 분위기는 다른 아함경과는 달리 후기 불교 특유의 상징적이고 방대한 면모를 보이고 있다.

또한 사리불 존자와 마하 목건련 존자의 반열반般涅槃에 대한 에피소드를 소개하고 있는 제26「사의단품四意斷品」 제9경에서는 "여래에게는 네 가지 불가사의가 있다. 그것은 소승으로서는 알 수 없는 것이다"라는 구절을 통해 소승과 대승에 대한 구별을 드러내고 있다.

이에 더하여 대승불교로의 교리적 발달의 단초도 미약하지만 살펴볼 수 있다. 제10「호심품護心品」 제5경에 나타난 보시에 대한 개념은 다른 아함의 그것과 비교된다. 이 경에서 부처님께서는 아나빈지 장자, 즉 급고독 장자에게 "보살의 마음으로 한결같고 순수한 뜻으로 널리 보시한다"고 말씀하고 계신다. 이것은 보시를 받는 대상에 따라 복덕에 차이가 있다고 말하는 다른 3아함과 분명한 입장 차이를 보이고 있다. 보시론 외에도 사문의 도리나 대자비의 개념에 대아적大我的인 측면이 강조되는 부분들도 있다.

또한 부처님의 법신法身 및 타방불토他方佛土, 미륵불에 대한 언급 등을 통해서 대승불교 사상의 맹아적 형태를 엿볼 수 있다. 제3「광연품廣演品」제1경에서 "여래의 본체는 금강金剛으로 이루어져 있다"고 말하고, 제48「십불선품十不善品」제2경에서 "나 석가모니부처의 수명은 매우 길다. 왜냐하면 이 육신은 죽지만 법신法身은 존재한다"는 구절 등에서 부처님의 법신상주法身常住 사상을 찾아볼 수 있다. 제37「육중품六重品」제2경에서는 목건련 존자는 동쪽을 향하여 항하의 모래처럼 많은 불토佛土의 기광여래奇光如來 곁으로 나아가고 있다. 또한 경의 곳곳에서 미래 세계에 오게 될 부처님으로 '미륵부처님'이 등장하고 있다. 뿐만 아니라 대승불교 특유의 '경전을 쓰고 베끼는 공덕'에 대한 칭송도 함께 나타난다.

제36「청법품聽法品」제5경에서는 초기 불교와 구별되는 후기 불교의 특징 중 하나인 불상佛像 조성의 경전적 근거를 제시하고 있다. 부처님께서 어머니인 마야부인을 위하여 설법하기 위해서 도리천으로 올라가시자 세상에서는 그 모습을 찾아볼 수 없게 되었다. 이에 부처님을 그리워하는 마음이 사무치게 된 우전왕優塡王은 붉은 전단나무로 부처님의 상을 만들어서 공양을 올렸고, 바사닉왕波斯匿王은 자마금紫磨金으로 불상을 만들어 평시와 똑같이 공양을 올렸다. 후에 부처님께서 사바세계에 돌아오시고 나서 부처님의 형상을 만들어 공양을 올린 사람이 받게 되는 여러 가지 복덕을 자세히 말씀하시고 있다.

『증일아함경』의 내용은 상당한 부분이 『장아함경』·『중아함경』·

『잡아함경』의 세 아함과 유사하지만 전체적인 통일성을 갖추고 있지 못한 느낌을 주고 있다. 다른 3아함에 나온 소경들이 그대로 수록되어 있거나 여러 소경들이 혼합되어 있기도 하고, 어떤 한 소경에 다른 에피소드가 끼어들어 있기도 하다. 그럼에도 『증일아함경』에서만 살펴볼 수 있는 내용들도 많다.

대표적인 내용을 구체적으로 살펴보면 다음과 같다. 제24「고당품高幢品」제5경에서 가섭 세 형제가 부처님께 귀의한 이야기와 더불어 성도聖道하신 부처님께서 고향 카필라 성에 가셔서 부왕父王과 친척을 만나 제도하신 이야기를 볼 수 있다. 제26「사의단품四意斷品」제9경에서는 사리불 존자와 마하 목건련 존자의 반열반에 얽힌 이야기가 있다. 제34「등견품等見品」제2경에서는 부처님도 결국 막아내지 못하신 카필라 성의 최후에 관한 이야기가 있다. 제49「방우품放牛品」제9경에서 제바닷타가 5역죄를 범한 현장을 이야기하고 있다. 제52「대애도반열반품大愛道般涅槃品」제1경에서는 비구니 승단을 대표하는 대애도 고타미와 5백 명의 비구니의 반열반에 대한 이야기가 있고, 제2경에는 마하가섭 존자의 아내였던 바타 비구니의 이야기가 있다. 제48「십불선품十不善品」제3경에서는 미륵부처님께서 미래세에 나타나심과 관련된 부처님의 수기를 자세히 살펴볼 수 있다.

제28「성문품聲聞品」제1경의 마지막 부분에서는 비구승에게 "지금부터 우바새들에게 5계와 3귀의를 줄 것을 허락한다"고 하며, 그 자세한 내용과 방법도 함께 설하고 있다. 재가자에게 계를 주려고 할 때에는 팔을 드러내어 합장하게 하고, 자신의 이름을 말하게 한 뒤 "부처님과 법과 승가에 귀의하나이다"라고 두 번 세 번 부르게 한다. 그리고 다시 "나는 이제 이미 부처님과 법과 승가에 귀의하였나이다"라고 말하게 한다. 그리고 5계를 줌에 있어서 그 중에서 한 가지 계율, 두 가지 계율, 세 가지 계율, 네 가지 계율 내지 다섯 가지 계율을 가질 수 있다면 다 가져야 하고, 또 능히 가질 수 있다는 이에게는 두 번, 세 번 물어서 가지게 할 것을 구체적으로 말하고 있다.

제17「안반품安般品」제11경에서는 정치 지도자가 올바라야 백성이 올바르게 되고 편안해짐을 설하고 있다. 마치 소떼가 물을 건널 때에 길잡이 소가 바로 가지 못하면, 그 소떼가 모두 바로 가지 못하는 것처럼 백성들이 모두 괴로움을 받는 것은 왕의 법이 바르지 못한 데 있다고 설하고 있다. 이 소경은 『증일아함경』과 증지부에만 등장하고 있다.

제12「일입도품壹入道品」제4경에서는 "병자를 돌보는 이는 곧 나(부처님)를 돌보는 것이다"라고 설하고 있고, 제44「구중생거품九衆生居品」제7경에서는 비구들에게 병든 다른 비구들을 간호하라고 설법하시고 나서 보살핌을 받지 못하고 있던 병든 비구를 부처님께서 몸소 간호하는 모습을 보이고 있다.

정 선 경

증일아함경增壹阿含經 제 1 권

1. 서품序品

일곱 번째 신선인 능인能仁[1]께 귀의하고
현성賢聖의 위없는 법 연설하리라.
나고 죽는 긴 강에서 헤매고 있을 때
세존께서 뭇 중생들 구제하셨네.

존장尊長 가섭迦葉과 저 많은 스님들이며
한량없이 많이 들어 아는 현철賢哲하신 아난은
열반〔泥曰〕하신 선서善逝의 사리를 받들고
구이국拘夷國[2]에서 마갈摩竭[3]에 이르셨네.

---

1 석가모니釋迦牟尼를 가리키는 말이다. 석가모니는 과거 7불 중에 일곱 번째에 해당하므로 제7선第七仙이라 하였다. 고대 인도에서는 부처님을 존칭尊稱하여 선인仙人이라고 하였다.

2 중인도에 위치했던 작은 나라로서 구시나라拘尸那羅 혹은 구시나拘尸那로 쓰기도 한다.

3 또는 마갈타摩竭陀로 쓰기도 하며, 부처님 재세시在世時에 중인도 16국의 하나. 가비

가섭은 단정히 앉아 4등等[4]을 사유하기를
'이 중생들 이제 다섯 갈래의 길에 떨어지리라.
정각正覺께서 도를 펴다 지금 세상을 떠나셨으니'라고 하며
그분의 훌륭한 가르침 생각하며 슬프게 눈물 흘렸네.

가섭은 사유하였네. '근본이 되는 저 바른 법을
어떻게 해야 널리 펴서 세상에 오래 있게 할까?
가장 높은 분께서 갖가지로 설법하신 가르침
그 모두를 가져 지니고 잃지 않게 하리라.

그런데 지금 누가 그런 힘 있어
곳곳마다의 인연들 온갖 법을 모을 수 있을까?
지금 이 대중 속에 지혜로운 선비로는
어질고 착한 아난이 한량없이 많이 들었다.'

이내 건추揵椎[5]를 울려 사부대중 모으니
비구가 8만 4천이네.
모두들 아라한으로 마음의 해탈〔心解脫〕을 얻고
결박을 벗어나 복밭〔福田〕이 되는 이들.

가섭은 세상을 가엾이 여겼기에

라위국迦毘羅衛國의 남쪽, 구살라국拘薩羅國의 동남쪽에 위치하고 있었으며, 수도는 왕사성王舍城이고, 당시 인도의 정치·경제·문화의 중심지였다.

4 4등심等心·4무량심無量心이라고도 하며, 자慈·비悲·희喜·사捨를 말한다.

5 ghaṇṭa의 음역. 대중을 모으기 위해 혹은 통신을 위해 나무·쇠·구리 등으로 만들어진 도구이다.

존경하는 스승께서 과거에 하신 말씀 기억해냈네.
'세존께선 아난에게 법을 물려주시면서
널리 법을 펴 세상에 오래 머물게 하길 바라노라 하셨다.'

"어떻게 해야 차례대로 근본을 잃지 않고
3아승기阿僧祇 세월 동안 모아온 법보法寶
후세의 사부대중들로 하여금 그 법을 듣게 하고
듣고 나선 곧바로 온갖 고통 여의게 할까?"

아난이 사양하기를, "저는 감당할 수 없습니다.
모든 법은 너무나 심오하고 그 종류도 많은데
어찌 감히 여래의 가르침을 분별할 수 있겠습니까?
불법佛法의 공덕은 한량없는 지혜입니다.

지금 존자 가섭만이 감당할 수 있으므로
부처님께서 어른께 법을 부촉하셨습니다.
대가섭이시여, 이제 중생들을 위하소서.
여래께서 세상에 계실 적에 자리의 반을 나누어 주지 않았습니까?" 하였네.

가섭이 대답하기를, "비록 그렇기는 하나
나는 늙고 쇠약해 잊어버린 게 많다네.
그대는 모두를 기억하는 지혜의 힘이 있으니
법의 근본을 세상에 항상 머물게 할 수 있으리라.

내게는 세 가지 깨끗한 눈[6]이 있고

또 남의 마음 아는 지혜도 있다.
가지가지 종류의 온갖 중생들 중에
존자 아난보다 나은 이는 없다" 하였네.

범천이 내려오고 또 제석천과
세상을 보호하는 사천왕과 모든 하늘들 내려왔네.
미륵彌勒도 도솔천에서 와 집회集會에 참석했으니
그렇게 모인 보살 몇 억인지 셀 수 없었네.

미륵·범천·제석과 또 사천왕들
모두 다 합장하고 이렇게 아뢰었네.
"일체 모든 법이신 부처님께서 인가한
아난은 우리 법의 그릇이십니다.

만일 그 법을 보존하려 하지 않으신다면
그것은 곧 여래의 가르침을 파괴하는 것
원컨대 중생 위해 법의 근본을 보존하여
온갖 위험·재앙·어려움으로부터 구제하소서.

스승이신 석가 세상에 출현하여 그 목숨 너무도 짧았지만
육체는 비록 가셨어도 법신法身은 남아 있네.
마땅히 법의 근본 끊어지지 않게 해야 하니
아난이여, 사양치 말고 지금 설법하소서."

6 육안肉眼·천안天眼·혜안慧眼, 이 세 가지를 말한다.

가장 높으신 가섭과 성중聖衆
미륵·범천·제석과 사천왕 등
간절히 청하였네. "아난이여, 이제 설하소서.
여래의 가르침이 사라지지 않게 하소서."

아난은 인자하고 온화하게 4등等을 갖추고
미묘한 사자후師子吼에 마음을 기울이고는
사부대중을 돌아보고 허공을 바라보며
가눌 길 없이 슬피 울며 눈물 흘렸네.

이내 광명 떨치더니 화열和悅한 얼굴빛으로
두루 중생을 비추니 마치 떠오르는 해와 같았네.
광명을 본 미륵彌勒과 제석帝釋과 범천梵天
합장하고 공경을 다해 위없는 법 듣기를 희망했네.[7]

사부대중은 고요하고 전일專一한 마음으로
법을 듣고자 그 마음 어지럽지 않게 하였고
존장尊長 가섭迦葉과 성중聖衆들
똑바로 바라보는 눈 깜짝이지도 않았네.

그때 아난이 설하였네. "한량없이 많은 경을
누가 잘 갖추어 한 덩어리로 만들 수 있을까?

7 이 구절이 고려대장경 원문에는 '수습지문무상법收拾遲聞無上法'으로 되어 있다. 신수대장경 각주에 의하면, "원元·명明 2본에는 차십희문무상법叉十希聞無上法으로 되어 있다"고 한다. 고려대장경의 내용이 무슨 뜻인지 불분명하여 신수대장경 각주의 글을 따라 의역하였다.

내 이제 마땅히 세 가지로 나누어
열 경經을 세우고 한 게偈로 만들리라.[8]

계경契經이 그 1분이고 율律이 2분이며
또 아비담경阿毘曇經 이 3분이라.
과거의 세 부처님도 모두 셋으로 나누어
계경과 율과 법法[9]을 3장藏이라 하셨다.

계경을 이제 네 가지로 나누리니
첫째[10]는 증일아함增一阿含, 둘째는 중아함中阿含이며
셋째는 장아함長阿含인데 영락瓔珞이 많고
맨 뒤의 잡아함雜阿含이 넷째가 되느니라."

존자 아난은 이렇게 생각하였네.
'여래의 법신法身은 무너지지 않고
세상에 항상 있어 끊어지지 않으며
하늘과 사람들은 법을 듣고 도과道果를 이루리라.

혹은 한 가지 법이 있는데 그 법은 뜻이 깊고
갖기도 어렵고 외우기도 어려우며 기억할 수도 없네.

---

8 열 개의 소경을 설하고, 그 내용을 요약해 하나의 게송으로 읊은 것을 말한다.

9 여기에서의 법法이란 대법對法을 말하는 것으로서 곧 아비담(阿毘曇 : 論)을 일컫는 말이다.

10 고려대장경에는 '차次'로 되어 있다. 의미가 명확하지 못하며, 신수대장경 각주에 의하면 "차次자가 송宋 · 원 · 명 3본에는 선先자로 되어 있다"고 하므로 뜻이 더 명확한 '선先'자를 따라 의역하였다.

나는 이제 마땅히 한 가지 법의 진리를 모아
하나하나 서로 따르게 하여 차례를 잃지 않게 하리다.

또는 두 번째 법이 있어 두 번째로 나아가고
세 번째 법이 있어 세 번째로 나아가 구슬을 꿰듯 하며
네 번째 법이 있어 네 번째로 나가고 다섯 번째도 그러하며
다섯 번째 법 다음엔 여섯, 여섯 번째는 다음 일곱으로 이어가리라.

여덟 번째 법의 뜻을 자세히 설하고 그 다음엔 아홉 번째
열 번째 법, 그리고 열에서 열하나로 이어가리라.
이렇게 하면 법보를 끝끝내 잊지 않고
또한 항상 세상에 있어 언제나 존재하리라.

대중들 가운데서 이 법을 모아
그 즉시로 아난이 자리에 오르자
미륵은 훌륭하다고 칭찬하며 말하였네.
"모든 법이 이치에 합해 꼭 들어맞는다."

"또 여러 법이 있어 마땅히 나누어야 하나니
세존께서 하신 말씀 각각 다르기 때문이다.
보살은 뜻을 내어 대승大乘으로 나아가니
여래께서 이 갖가지를 분별해 말씀하셨다.

인중존〔人尊〕께서 여섯 가지 도무극度無極[11]을 설명하시니
보시와 지계와 인욕과 정진이며

또 선정과 초승달과 같은 지혜의 힘
도무극에 이르러서야 모든 법을 보리라.

여러 용맹스런 사람들 머리와 눈을 보시하고
몸과 피와 살을 아까워하지 않으며
아내와 재물 아들과 딸 아까워하지 않았네.
이것이 단도(檀度 : 布施波羅蜜)이니 버리지 말라.

계戒도무극을 금강金剛과 같이 굳게 지켜
헐지 않고 범하지 않으며 잃지 않아야 하네.
마음 지키고 계 보호하기를 병甁과 같이 하는 것
이것이 계도(戒度 : 持戒波羅蜜)이니 버리지 말라.

어떤 사람이 와서 손발을 끊더라도
성내지 않고 참는 힘 굳세기가
바다가 다 받아들이고도 증감이 없는 것처럼 하는 것
이것이 인도(忍度 : 忍辱波羅蜜)이니 버리지 말라.

모든 착하고 나쁜 행 짓는 데에 있어서
몸과 입과 뜻, 이 셋에 만족할 줄 모르고
사람의 모든 행行 지극한 도 아님을 막아버리는 것
이것이 진도(進度 : 精進波羅蜜)이니 닦고 버리지 말라.

---

11 도무극度無極이란 바라밀波羅蜜이란 뜻인데, 도度는 보시 · 지계 · 인욕 · 정진 · 선정 · 지혜 등 6도度를 의미하고, 무극無極은 피안彼岸 또는 열반涅槃이라는 뜻이다.

앉아서 참선할 때 들고나는 숨길에
마음이 견고하여 어지러운 생각 없어
설령 땅이 움직인다 해도 몸이 흔들리지 않는 것
이것이 선도(禪度 : 禪定波羅蜜)이니 버리지 말라.

지혜의 힘으로써 진겁塵劫의 수를 아니
그 겁劫의 수는 헤아릴 수 없는 조兆·재載
글로 쓰고 설명하는 갖가지 업에 마음이 어지럽지 않은 것
이것이 지도(智度 : 智慧波羅蜜)이니 버리지 말라.

모든 법은 매우 깊어 공空한 이치 말하여도
밝히기 어렵고 알기 어려우며 볼 수도 없어
뒷세상 사람들이 의심을 품으리라.
이것이 보살의 덕이니 버리지 말라."

아난은 스스로 이렇게 생각하였네.
'어리석은 사람들은 보살행菩薩行을 믿지 않으리니
오직 믿음으로 해탈解脫한 아라한이라야 하리.
그들이라야 믿고서 주저함이 없으리.

사부대중들 도道 닦을 마음을 내고
또한 저 일체 중생들
저들도 굳게 믿어 조금도 의심하지 않으니
이런 모든 법을 모아 일분一分으로 삼으리라.'

미륵은 훌륭하다 칭찬하며 말하였네.

"대승으로 나아가는 그 마음 깊고 넓어
혹 어떤 법들은 번뇌〔結使〕를 끊고
혹 어떤 법들은 도과道果를 이루리라."

아난이 말하였네. "그것은 어떤 것인가?
나는 여래께서 이런 법 설하심을 보았지만
또한 여래로부터 직접 듣지 못한 것도 있으니
그런 법에 어찌 의심이 없겠는가?

만일 내가 '보았다'고 말한다면 그것은 잘못이니
미래의 중생에게 거짓말이 되리라.
이제 모든 경에 '이와 같이 들었다' 하고
부처님께서 머무신 성과 국토를 밝히리라.

바라내국波羅㮈國[12]에서 처음으로 설법하셨고
마갈타국摩竭陀國에서는 세 가섭迦葉[13]을 항복 받았으며
석시釋翅[14] · 구살라拘薩羅[15] · 가시국迦尸國[16]과
첨파瞻波[17] · 구류句留[18] · 비사리鞞舍離[19]에 계셨었다.

---

12 또는 바라내사波羅奈斯라고도 하며, 중인도 옛 나라의 이름. 인도 마갈타국 서북쪽 갠지스 강 왼쪽 언덕에 위치하고 있다.

13 우루빈라가섭(優樓頻螺迦葉, Uruvela-kassapa) · 나제가섭(那提迦葉, Nadī- kassapa) · 가야가섭(伽倻迦葉, Gayā-kaśyapa), 이 3형제를 말한다. 이들은 원래 마갈타국에서 불을 숭상하던 외도들이었는데 나중에 세존이 항복 받아 그들의 무리 1천 명을 거느리고 귀의하였다고 한다.

14 『중아함경』에서는 모두 석기수釋羈瘦라고 하였다. Sakkesu의 음사. 석가 종족이 살고 있던 곳을 말하는 것으로서 가비라위국迦毘羅衛國을 말한다.

15 팔리어로는 Kosala라고 하며, 부처님 당시 중인도 16국의 하나이다.

16 가시족迦尸族이 건립한 나라로서 역시 부처님 당시 중인도 16국의 하나이다.

그리고 천궁天宮 · 용궁龍宮 · 아수륜궁阿修倫宮[20]과
건답화성乾沓和城[21]과 구시성拘尸城 등에 계셨으며
만일 경을 연설한 곳 알 수 없을 경우에는
그 으뜸인 사위성舍衛城에 계셨었다 하리라.

내가 들은 것은 어느 한때의 일로서
부처님께서 사위국에 계시면서 제자들과
기원정사祇園精舍에서 착한 업을 닦으셨으니
그곳은 급고독給孤獨 장자가 보시한 동산이었네.

그때 부처님께서 대중들 속에서 비구들께 말씀하셨다.
마땅히 한 법을 닦아 마음을 전일專一하게 가지고
한 법을 생각하여 방탕하지 말아야 하나니
어떤 것이 한 법인가 하면 부처님을 생각하는 것이다.

법 생각과 승가 생각과 계율 생각과
보시 생각으로 어지러움을 버리고 하늘 생각과
쉬는 생각과 호흡이 들고 남의 생각과 몸 생각과
죽음을 생각하여 어지럽지 않게 함 등 열 가지 생각이다.

---

17 팔리어로는 Campā라고 하며, 첨파瞻婆로 쓰기도 한다. 갠지스 강 유역에 자리하고 있으며, 부처님 당시 중인도 16국의 하나인 앙가(鴦伽, Aṅga)국의 도성이다.

18 팔리어로는 Kuru라고 하며, 구류拘流 · 구루拘樓 등으로 표기한다. 구살라국 서북쪽에 자리하고 있으며, 부처님 당시 중인도 16국의 하나이다.

19 팔리어로는 Vesālī라고 하며, 폐사리吠舍離라고 쓰기도 한다. 부처님 당시 중인도 16국의 하나였던 발기국(跋耆國, Vajjī)의 도성都城이다.

20 아수라(阿修羅, asura)를 말한다.

21 팔리어로는 gandhabba라고 쓰고, 건달바乾達婆로 표기하기도 한다.

이 열 가지 생각에 다시 열 가지가 있는데
그것들은 높은 제자에게 설명하셨다.
처음에는 구린拘隣[22]을 교화해 참다운 불제자 만들고
최후의 작은 이는 수발須拔[23]이었다.

이러한 방편으로 한 법을 깨닫고
둘은 두 법에서 셋은 세 법에서 깨달으며
넷 · 다섯 · 여섯 · 일곱 · 여덟 · 아홉 · 열
열한 법을 모두 깨달아 알지 못함이 없으리라.

하나에서 하나 더해 모든 법에 이르니
이치가 풍부하고 지혜는 넓어 끝이 없으며
하나하나 경의 뜻도 또한 심오하나니
그러므로 증일아함增壹阿含이라 이름한다.

이제 살펴보면 한 법도 밝게 알기 어렵고
가지기도 어렵고 깨닫기도 어려워 밝힐 수가 없으니
비구가 스스로 공덕의 업業을 자칭한다면
이제 그를 제일 높은 제자〔尊弟子〕라 하리라.

비유하면 옹기장이가 그릇을 만들 적에
마음먹은 대로 만들어 의심할 여지가 없는 것처럼

---

22 팔리어로는 Koṇḍañña라고 하며, 교진여憍陳如라고 쓰기도 한다. 부처님께서 처음 법륜을 돌리실 적에 최초로 교화를 받은 5비구 중의 하나이다.

23 팔리어로는 Subhadda라고 하며, 또는 수발타須跋陀로 표기하기도 한다. 나이 120에 출가하였으며, 부처님께 교화 받은 가장 마지막 제자이다.

그와 같이 증일아함의 법은
3승乘[24]의 교화에 아무 차별이 없다.

불경은 미묘하고 매우 심오深奧하여
번뇌〔結使〕를 없앰이 흐르는 강물 같네.
그 중에서도 이 증일아함이 최상이 되나니
세 가지 눈 맑게 하고 세 가지 때[25] 없애준다.

전일專一한 마음으로 이 증일아함 가지면
그것은 곧 여래장如來藏을 모두 가지는 것이요,
설령 금생今生에 번뇌를 다하지 못한다 해도
후생에는 곧 큰 재주와 지혜 얻으리라.

만일 이 경권經卷을 쓰고 베끼는 사람에게
비단 천으로 만든 꽃과 일산을 공양하는 이 있으면
그 복은 한량없어 헤아릴 수조차 없으리니
이 법보法寶는 만나기 어렵기 때문이다."

이렇게 말씀하셨을 때 온 땅이 크게 진동하고
하늘에서 꽃과 향이 내려와 무릎까지 쌓이며
하늘들은 허공에서 장하다고 칭찬하고
부처님이 하신 말씀 다 따라야 한다 하였네.

24 성문승聲聞乘 · 연각승緣覺乘 · 보살승菩薩乘을 말한다.
25 탐욕과 성냄과 어리석음의 세 가지이다.

계경契經이 제1장藏이고, 계율이 제2장이며
아비담경阿毘曇經이 제3장이라네.
방등(方等 : 毘佛略)엔 대승의 이치 그윽하고 깊으며
그밖의 모든 경은 잡경雜藏이라 말한다네.

부처님 말에 편히 머물러 끝내 달라지지 않고
인연의 근본과 끝을 다 그대로 따르네.
미륵과 모든 하늘 다 훌륭하다 칭찬하고
석가모니의 경을 오래 보존하라 하였네.

미륵은 곧 일어나 손에 꽃을 받들고
기뻐하며 그것을 아난에게 뿌리니
이 경은 진실로 여래의 말씀이라
아난으로 하여금 도道 이루게 하였다.

그때 존자 아난과 범천梵天은 함께 모든 범가이천(梵迦夷天 : 淨神天)을 데리고 모두 와서 모였고, 화자재천(化自在天 : 化樂天)도 모든 부하를 거느리고 모두 와서 모였으며, 타화자재천他化自在天도 모든 부하를 거느리고 모두 와서 모였고, 도술천왕兜術天王도 대중을 거느리고 모두 와서 모였으며, 염천(豔天 : 焰摩天)도 그 부하를 거느리고 모두 와서 모였고, 석제환인釋帝桓因은 삼십삼천三十三天의 대중을 거느리고 모두 와서 모였으며, 제두뢰타(提頭賴吒 : 持國天)는 건답화(乾沓和 : 乾闥婆)들을 거느리고 모두 와서 모였고, 비류륵차천왕(毘留勒叉天王 : 增長天王)은 모든 염귀厭鬼를 거느리고 모두 와서 모였으며, 비류바차천왕(毘留跛叉天王 : 廣目天)은 모든 용龍의 무리를 거느리고 모두 와서 모였고, 비사문천왕毘沙門天王은 열차(閱叉 : 夜叉)와 나찰羅刹들을 거느리고 모두 와서 모였다.

이때 미륵 대사가 현겁賢劫 중의 여러 보살들에게 말하였다.

"그대들은 모든 족성자族姓子와 족성녀族姓女들에게 권하여 이 『증일아함』의 높은 법을 외우고 지니며 널리 펴서 하늘과 사람들로 하여금 받들어 행하게 하시오."

이런 말을 할 때에 모든 하늘과 세상 사람과 건답화・아수륜阿須倫・가류라(伽留羅 : 伽樓羅)・마후륵(摩睺勒 : 摩睺羅伽)・진타라(甄陀羅 : 緊那羅)들이 제각기 모두 아뢰었다.

"우리들은 모두 저 선남자와 선여인이 이 『증일아함』의 높은 법을 외우고 지니며 널리 펴는 것을 옹호해 주어서 끝내 끊어지지 않게 하겠습니다."

그때 존자 아난이 우다라優多羅에게 말하였다.

"나는 이제 이 『증일아함』을 너에게 부촉咐囑하노니 잘 외우고 읽어 쇠퇴하지 않게 하라. 왜냐하면 이 거룩한 경을 업신여기는 사람은 곧 타락하여 범부의 행을 하게 되겠기 때문이다. 그 까닭이 무엇인가? 우다라여, 이 『증일아함』에는 37도품道品[26]의 가르침이 나와 있고 또 모든 법도 다 이것으로 말미암아 생기기 때문이다."

그때 대가섭大迦葉이 아난에게 물었다.

"어떻습니까? 아난이여, 『증일아함』에는 37도품의 가르침이 나오고, 또 모든 법은 다 이것으로 말미암아 생기는가?"

아난이 대답하였다.

---

26 37보리분법菩提分法이라고도 하며, 4념처念處・4정근精勤・4여의족如意足・5근根・5력力・7보리분菩提分・8정도분正道分이니, 이를 모두 합하여 37도품이라고 한다.

"그렇습니다, 그렇습니다. 존자 가섭이시여, 『증일아함』은 37도품을 내고 또 모든 법은 다 이것으로 말미암아 생겨납니다. 우선 내버려 두십시오. 『증일아함』은 한 게송 가운데서 37도품과 모든 법을 냅니다."

가섭이 물었다.

"어떤 게송 가운데서 37도품과 모든 법을 내는가?"

그때 존자 아난이 곧 게송을 읊었다.

모든 악을 짓지 말고
온갖 선을 받들어 행하라.
스스로 그 마음을 깨끗하게 하는 것
이것이 곧 모든 부처님의 가르침이다.

"그 까닭은 '모든 악을 짓지 말라'는 말은 모든 법法의 근본으로서 곧 일체의 착한 법을 내고, 착한 법을 내기 때문에 그 마음이 청정하게 되는 것입니다. 그런 까닭에 가섭이시여, 모든 불세존佛世尊께서는 몸과 입과 뜻으로 짓는 행을 항상 닦아 청정하게 하시는 것입니다."

가섭이 물었다.

"어떠한가? 아난이여, 오직 이 『증일아함』만이 37도품과 모든 법을 내는가, 다른 세 아함도 또한 그런 것을 내는가?"

아난이 대답하였다.

"우선 그만두시오, 가섭이시여. 네 아함의 진리는 하나의 게송 가운데 모든 부처님의 가르침과 벽지불辟支佛과 성문聲聞의 가르침을 두루 갖추고 있습니다. 왜냐하면 '모든 악을 짓지 말라'는 말은 계율을 원만하게 갖춘 것으로서 맑고 깨끗한 행이기 때문이며, '온갖 선을 행하라'

는 말은 마음이 청정해지기 때문입니다. '스스로 그 뜻을 깨끗이 하라'는 말은 그릇된 뒤바뀜을 버리는 것이기 때문이며, '그것이 곧 모든 부처님의 가르침이다'라는 말은 어리석고 미혹한 생각을 버리는 것이기 때문입니다.

어떻습니까? 가섭이시여, 계율이 청정한데 그 뜻이 어찌 청정하지 않을 것이며, 뜻이 청정하면 뒤바뀌지 않을 것이요, 뒤바뀜이 없으면 어리석고 미혹한 생각이 사라져 37도품의 결과를 성취할 것이니, 이미 도의 결과를 성취하였으면 그것이 '모든 법'이 아니겠습니까?"

가섭이 물었다.

"어떤가? 아난이여, 이 『증일아함』을 우다라優多羅에게만 부촉하고 다른 비구에게는 모든 법을 부촉하지 않는가?"

아난이 대답하였다.

"『증일아함』이 곧 모든 법이요, 모든 법이 곧 『증일아함』입니다. 그것은 하나이지 둘이 아닙니다."

가섭이 물었다.

"무슨 이유로 이 『증일아함』을 우다라에게만 부촉하고 다른 비구에게는 부촉하지 않는가?"

아난이 대답하였다.

"가섭이시여, 마땅히 아셔야만 합니다. 옛날 91겁 이전에 비바시毘婆尸 여래·지진至眞·등정각等正覺께서 이 세상에 출현出現하셨습니다. 그때 이 우다라 비구의 이름은 이구우다라伊俱優多羅라고 하였습니다. 그때 저 부처님께서는 이 『증일아함』의 법을 이 사람에게 부촉하시며 외우고 읽게 하셨습니다. 그로부터 31겁이 지난 뒤에 식힐(式詰 : 尸棄) 여래·지진·등정각께서 출현하셨습니다. 그때 이 우다라 비구의 이름은 목가우다라目伽優多羅라고 하였습니다. 식힐여래께서도 역시 이 법을 그 사람에게 부촉하시며 외우고 읽게 하셨습니다. 바로 다음 31겁 동안에 비사바(毘舍婆 : 毘舍浮) 여래·지진·등정각께서 세상에 나오셨습니다. 그때 이 우다라 비구의 이름은 용우다라龍優多羅라고 하였습니다. 그 부처님께서도 이 법을 그 사람에게 부촉하시며 외우고 읽게 하셨습니다.

가섭이시여, 마땅히 아셔야만 합니다. 이 현겁賢劫 중에 구류손拘留孫 여래·지진·등정각께서 세상에 출현하셨습니다. 그때 이 우다라 비구의 이름은 뇌전우다라雷電優多羅라고 하였습니다. 그 부처님께서도 이 법을 그 사람에게 부촉하시며 외우고 읽게 하셨습니다. 이 현겁 중에 다시 구나함拘那含 여래·지진·등정각께서 이 세상에 출현하셨습니다. 그때 이 우다라 비구의 이름은 천우다라天優多羅라고 하였습니다. 그 부처님께서도 이 법을 그 사람에게 부촉하시며 외우고 읽게 하셨습니다. 이 현겁 동안에 가섭迦葉 여래·지진·등정각께서 이 세상에 출현하셨습니다. 그때 이 우다라 비구의 이름은 범우다라梵優多羅라고 하였습니다. 그 부처님께서도 이 법을 그 사람에게 부촉하시며 외우고 읽게 하셨습니다.

가섭이시여, 마땅히 아셔야만 합니다. 지금 석가모니釋迦牟尼 여래·지진·등정각께서 이 세상에 출현하셨습니다. 지금 이 비구의 이름은 우다라라고 합니다. 석가모니부처님께서 반열반般涅槃하셨지만 비구 아난은 아직 세상에 남아 있습니다. 세존께서는 법을 모두 나에게 부촉하셨고, 나는 지금 다시 이 법을 우다라에게 주었습니다. 왜냐하면 마땅히 그 그릇을 관찰하고 그 근본을 관찰한 뒤에 법을 주기 때문입니다.

무슨 까닭에 그렇게 하느냐 하면, 옛날 이 현겁 동안에 구류손 여래·지진·등정각·명행성위(明行成爲 : 明行足)·선서善逝·세간해世間

解 · 무상사無上師 · 도법어(導法御 : 調御丈夫) · 천인사天人師 · 불중우佛衆祐라는 이가 세상에 출현하셨습니다. 그때 마하제바摩訶提婆라는 왕이 있었습니다. 그 왕은 세상을 법으로 다스려 교화하였고, 한 번도 아첨하거나 비뚤어진 일을 한 적이 없었으며, 수명은 매우 길고 단정하기 짝이 없어 그 세상에 보기 드문 사람이었습니다. 그는 8만 4천 년 동안 동자童子의 몸으로 스스로 유희遊戲하였고, 8만 4천 년 동안 태자의 몸으로 이 세상을 법으로 다스렸으며, 8만 4천 년 동안 왕법王法으로 이 천하를 다스렸습니다.

가섭이시여, 마땅히 아셔야만 합니다. 그때 세존께서는 감리원甘梨園에 유람하시면서 관례적으로 오래전부터 해 오셨던 법대로 식사 후에 뜰 가운데를 거니셨고, 나는 시자侍子로 있었습니다. 그때 세존께서 갑자기 웃으셨는데 세존의 입에서 다섯 색깔의 광명이 나왔습니다. 나는 그것을 보고 앞으로 나아가 꿇어앉아 세존께 아뢰었습니다.

'부처님께서는 함부로 웃지 않으십니다. 지금 웃으신 이유를 말씀해 주십시오. 여래 · 지진 · 등정각께서는 결코 함부로 웃지 않으십니다.'

가섭이시여, 그때 부처님께서 나에게 말씀하셨습니다.

'과거 세상 현겁 중에 구류손 여래 · 지진 · 등정각께서 세상에 출현하시어 이곳에서 제자들을 위해 널리 설법하셨다. 또 그 현겁 중에 구나함 여래 · 지진 · 등정각께서 세상에 출현하셨는데, 그때 그 부처님께서도 이곳에서 널리 설법하셨다. 또 그 현겁 동안에 가섭 여래 · 지진 · 등정각께서 세상에 출현하셨는데, 그 여래께서도 이곳이서 널리 설법하셨느니라.'

이렇게 말씀하셨습니다.

가섭이시여, 그때 나는 부처님 앞에 꿇어앉아 아뢰었습니다.

'원컨대 뒷날 석가모니부처님도 또한 이곳에서 제자들을 위해 모두

갖추어 설법하게 하소서.'

그러므로 이곳은 네 분 여래의 금강좌金剛座가 되어 항상 끊이지 않았습니다. 가섭이시여, 그때 석가모니부처님께서는 저 자리에 앉으셔서 저에게 말씀하셨습니다.

'아난아, 옛날 이 자리는 현겁 중에 마하제바摩訶提婆라는 왕이 세상에 나와서……(이하 생략)……8만 4천 년 동안 왕법王法으로써 교화하고 덕으로써 훈계하면서 여러 해를 지낸 뒤에 겁비劫比에게 〈만일 내 머리에서 흰 털을 보거든 곧 내게 알리라〉라고 말하였다. 그때 그 사람은 왕의 분부를 받고 다시 몇 해를 지낸 뒤에 왕의 머리에서 흰 털이 난 것을 보았다. 그는 곧 왕 앞에 나아가 꿇어앉아 왕에게 아뢰기를, 〈대왕이시여, 마땅히 아십시오. 머리에 흰 털이 났습니다〉라고 하였다. 그때 왕이 그 사람에게 말하기를 〈금 족집게를 가지고 와서 흰 털을 뽑아 내 손바닥 위에 올려놓아라〉라고 하였다. 그 사람은 왕의 명령을 받고 곧 금 족집게를 가지고 와서 흰 털을 뽑았다. 그때 왕은 그 흰 털을 보고 곧 이 게송을 외웠다.

> 이제 내 머리에
> 벌써 흰 털이 났구나.
> 하늘의 사자가 이미 찾아왔으니
> 지금 출가해야 하겠노라.

〈나는 이미 인간의 복을 누릴 만큼 누렸다. 이제는 마땅히 하늘에 오를 덕을 스스로 힘써야 하겠다. 수염과 머리를 깎고 세 가지 법의法衣[27]를 입고, 견고한 믿음으로 출가하여 도를 배워 온갖 괴로움을 여의어야 하겠다.〉

그때 마하제바왕은 곧 첫째 태자 장수長壽에게 말하였다.

〈너는 지금 아느냐? 내 머리에는 벌써 흰 털이 났다. 나는 수염과 머리를 깎고 세 가지 법의를 입고, 견고한 믿음으로 출가하여 도를 배워 온갖 괴로움을 여의려고 한다. 너는 내 자리를 이어받아 법으로 나라를 다스리고 교화하라. 내 말을 어겨서 범부凡夫의 행을 하는 일이 없도록 하라. 왜냐하면 만일 네가 내 말을 어기면 곧 범부의 행을 행하게 될 것이요, 범부의 행을 행하면 그러한 범부는 오랜 세월 동안 세 갈래 나쁜 세계〔三塗〕[28]와 여덟 가지 어려움〔八難〕[29] 속에서 살게 될 것이기 때문이다.〉

그때 마하제바왕은 왕의 자리를 태자에게 물려주고 또 재물과 보배는 겁비에게 하사해 주고는 그 자리에서 수염과 머리를 깎고 세 가지 법의를 입고 견고한 믿음으로 출가하여 도를 배워서 온갖 괴로움을 여의었다. 그리고 8만 4천 년 동안 범행을 잘 닦고, 4등심等心[30]인,

---

27 비구가 항상 꼭 입고 다니는 세 가지 옷. 첫째는 승가리僧伽梨로 대의大衣 또는 구조의九條衣라고도 하고, 둘째는 울다라승鬱多羅僧으로 상의上衣 또는 칠조의七條衣라고도 하며, 셋째는 안타회安陀會로 내의內衣 또는 오조의五條衣라고도 한다.

28 화도火塗인 지옥地獄 세계, 혈도血塗인 축생畜生 세계, 도도刀塗인 아귀餓鬼 세계를 말한다.

29 8비시非時라 하기도 한다. 즉 부처님을 뵙고 법을 듣기가 용이하지 않은 여덟 가지 경우로 지옥・아귀・축생・북구로주北俱盧洲・장수천長壽天에 태어나는 것, 맹인이나 귀머거리나 벙어리로 태어나는 것, 세간의 지혜로 총명하고 말재주 뛰어난 것, 부처님보다 앞에 태어나거나 뒤에 태어나는 것이 그것이다. 지옥・아귀・축생은 업장業障이 심중하여 불법을 보고 듣기가 어렵고, 북구로주에 사는 사람은 비록 복의 분한은 많으나 즐거움만 있고 괴로움이 없기 때문에 불법에 뜻을 두지 않는다. 장수천이란 색계色界와 무색계無色界의 여러 하늘을 말하는 것으로서 수명장수하고 고요하며 안락하므로 스스로 그것이 열반涅槃인 줄 착각하기 때문에 불법을 배우기 어려우며, 맹인 귀머거리 벙어리는 자연적인 장애로 인해 불법을 듣기 어렵다. 세간 지혜로 총명하고 말재주 뛰어난 이는 세속의 총명함에 의거하여 뽐내면서 마음을 비우고 불법 닦기를 좋아하지 않을 뿐만 아니라 심지어는 불법을 비방하는 경우도 있으며, 부처님보다 앞에 태어나거나 뒤에 태어나면 그 또한 불법을 만나기 어렵다.

자애로운 마음〔慈〕·불쌍히 여기는 마음〔悲〕·기뻐하는 마음〔喜〕·평정한 마음〔護〕을 실천하다가 목숨을 마친 뒤에 범천梵天에 태어났다.

그때 장수왕은 아버지의 분부를 기억하고는 잠깐도 잊지 않고, 법으로 나라를 다스리고 교화하여 비뚤어진 일이 조금도 없었다. 그래서 열흘이 채 되지 못해 전륜성왕轉輪聖王이 되어 7보를 원만하게 갖추었다. 7보란 윤보輪寶·상보象寶·마보馬寶·주보珠寶·옥녀보玉女寶·전장보典藏寶·전병보典兵寶를 말한다. 또 천 명의 아들을 두었는데 그들은 다 용맹스럽고 지혜로워 온갖 고통을 없애줄 수 있고 사방을 다스릴 수 있었다.

그때 장수왕은 전왕前王의 법을 따라 위와 같은 게송을 지었다.[31]

이제 내 머리에
벌써 흰 털이 났구나.
하늘 사자가 이미 찾아왔으니
마땅히 출가해야 하겠노라.

〈나는 이미 인간의 복을 누릴 만큼 누렸다. 이제는 마땅히 하늘에 오를 덕을 닦는 일에 스스로 힘써야 하겠다. 수염과 머리를 깎고 세 가지 법의를 입고, 견고한 믿음으로 출가하여 도를 배워 온갖 괴로움을 여의어야 하겠다.〉

---

30 4무량심無量心이라고도 한다.

31 이 아래의 글 [이제 내 머리에……게송으로 말하였다]는 내용은 고려대장경 원문에 없는 부분이다. 신수대장경 각주에 "송宋·원元·명明 3본에는 이 아래에 '어금아수상於今我首上……변설계왈便說偈曰'까지 299자가 더 있다. 그 글을 이 경 제1권 끝 부분에 수록해 둔다"고 하였다. 또 대만에서 발행한 불광대장경에는 이 부분이 이 사이에 수록되어 있으므로 역자도 그것에 따라 [ ] 안에 넣어서 여기에 의역하였다.

그때 장수왕은 첫째 태자 선관善觀에게 분부하였다.

〈너는 지금 아느냐? 내 머리에는 벌써 흰 털이 났다. 나는 수염과 머리를 깎고 세 가지 법의를 입고, 견고한 믿음으로 출가하여 도를 배워 온갖 괴로움을 여의려고 한다. 너는 내 자리를 이어받아 법으로 나라를 다스리고 교화하라. 내 말을 어겨 범부의 행을 하는 일이 없도록 하라. 왜냐하면 만일 네가 내 말을 어기면 곧 범부의 행을 행하게 될 것이요, 범부의 행을 행하면 그러한 범부는 오랜 세월 동안 서 갈래 나쁜 세계와 여덟 가지 어려움 속에서 살게 될 것이기 때문이다.〉

그때 장수왕은 8만 4천 년 동안 범행을 잘 닦고, 4등심等心인 자애로운 마음·불쌍히 여기는 마음·기뻐하는 마음·평정한 마음을 실천하다가 목숨을 마친 뒤에 범천梵天에 태어났다. 그때 선관왕은 아버지의 분부를 기억하고는 잠깐도 잊지 않고, 법으로 나라를 다스리고 교화하여 비뚤어진 일이 조금도 없었다.'

가섭이시여, 아십니까? 그때의 마하제바가 어찌 다른 사람이겠습니까? 그렇게 생각하지 마십시오. 그때의 왕은 바로 지금의 석가모니〔釋迦文〕가 바로 그분이십니다. 그때의 장수왕은 바로 지금의 저 아난이고, 그때의 선관왕은 바로 지금의 우다라 비구입니다. 그 비구는 항상 왕의 법을 받들어 한 번도 버리거나 잊은 적이 없고, 또 끊어지게 한 일도 없습니다. 그때 선관왕은 다시 부왕의 경령을 더욱 일으켜 법으로 나라를 다스려 왕의 분부를 끊어지지 않게 하였습니다. 왜냐하면 부왕의 분부는 어기기 어려운 일이었기 때문입니다."

그때 존자 아난이 곧 게송으로 말하였다.

법을 공경하고 존경할 분을 받들고
본래의 은혜를 잊지 않고 갚으며

다시 세 가지 업을 숭상하는 일
지혜로운 사람이 귀히 여기는 것이라네.

나는 이런 이치를 관찰하였으므로 이 『증일아함』을 우다라 비구에게 주었던 것입니다. 왜냐하면 모든 법에는 다 이유가 있기 때문입니다."

그때 존자 아난이 우다라에게 말하였다.

"너는 옛날 전륜성왕이 되었을 때에 왕의 분부를 어기지 않았다. 그래서 지금 이 법을 너에게 부촉하는 것이니, 바른 가르침을 잃지 말고 범부의 행을 짓지 말라. 너는 이제 마땅히 알아야 한다. 만일 여래의 훌륭한 가르침을 어기면 곧 범부 자리에 떨어질 것이다. 왜냐하면 그때의 마하제바왕은 완전한 해탈의 자리를 얻지 못하였고 해탈하여 지극히 안온한 곳을 얻지 못하였기 때문이다. 비록 범천에 태어나는 복의 과보果報를 받긴 했지만, 구경究竟의 경지에 이르지는 못했고 여래의 훌륭한 업業은 얻지 못하였다. 그러다가 최고 경지의 안온한 곳에서 즐거움이 한이 없고 천상과 인간의 공경을 받으면서 반드시 열반涅槃을 얻게 될 것이다.

그러므로 우다라여, 마땅히 이 법을 받들어 지녀 외우고 읽고 생각하여 없어지지 않게 해야 한다."

그때 아난이 곧 게송으로 말하였다.

마땅히 법을 생각하기 때문에
그로 말미암아 여래가 태어나고
법이 일어나므로 정각正覺을 이루고
벽지불辟支佛과 아라한의 도를 이룬다.

법이란 능히 온갖 고통 없애고
또한 그 열매도 맺을 수 있나니
법 생각을 마음에서 여의지 않으면
금생今生에도 과보 받고 후생後生에도 받는다.

만일 부처가 되려고 하거든
마치 저 석가모니처럼
3장藏의 법을 받아 지녀
굳게 머물러 어지럽게 말아라.

비록 저 3장을 가지기 어려워서
그 뜻을 완전히 알지 못하더라도
네 가지 아함은 마땅히 읽어야 하나니
그래야 천상과 인간의 길을 곧 끊으리라.

네 아함은 비록 읽기 어려워서
경의 뜻을 완전히 알지 못하더라도
계율만은 범하지 않도록 하라.
그것은 곧 여래의 보배이기 때문이다.

계율 또한 지키기 어렵고
아함도 또한 그러하지만
아비담阿毘曇을 굳게 가지면
이내 외도外道의 술법〔術〕 항복 받으리.

아비담을 널리 알리고 펴거나

또는 그 뜻을 가지기 어렵거든
세 아함이라도 익히고 읽어
그 경에 머물러 떠나지 말라.

계경契經과 아비담과 또 계율을
세상에 널리 퍼뜨리면
하늘과 사람들이 받들어 행하여
그 덕으로 안온한 곳에 태어나리라.

설령 계경의 법이 없고
또한 계율도 없다면
장님이 어둠 속에 있는 것 같으리니
어느 때나 밝음을 볼 수 있으랴.

이것을 너에게 부탁하고
또 사부대중들에게 부탁하나니
그것을 가져 석가모니부처님을
부디 가벼이 여기지 말지니라.

존자 아난이 이렇게 말했을 때 천지는 여섯 가지로 진동하였고, 모든 신과 하늘들은 허공에서 손으로 하늘 꽃을 집어 존자 아난과 사부대중들 위에 뿌렸다. 그러자 모든 하늘과 용·귀신·건답화·아수륜·가류라·진타라·마휴륵 등도 모두 기뻐하면서 찬탄하였다.

"훌륭하고 장하다, 존자 아난이여. 처음 말이나 중간 말이나 마지막 말이 모두 훌륭하지 않은 것이 없다. 법에 대해서는 마땅히 공경하자는 말, 진실로 그 말과 같다. 모든 하늘이나 세상 사람들 어느 누구라도 법을 따른다면 성취하지 못할 이는 아무도 없을 것이요, 만일 악을 행하면 곧 지옥·아귀·축생에 떨어질 것이다."

그때 존자 아난이 사부대중들 가운데서 사자처럼 외쳐 모든 사람들에게 이 법을 받들어 행하라고 권고하였다. 그러자 그 자리에 모여 있던 모든 사람들은 법안法眼이 깨끗하게 되었다.

그때 사부대중과 모든 하늘과 세상 사람들은 존자의 말을 듣고 기뻐하며 받들어 행하였다.

2. 십념품十念品

〔 1 〕

이와 같이 들었다.

어느 때 부처님께서는 사위국 기수급고독원에 계셨다.

그때 세존께서 모든 비구들에게 말씀하셨다.

"마땅히 한 법을 닦아 행하고 한 법을 널리 펴면, 곧 신통을 이루고 온갖 어지러운 생각을 버리며, 사문과沙門果를 체득하고 스스로 열반을 이룰 것이다. 어떤 것을 한 법이라고 하는가? 이른바 부처님을 생각하는 것이다. 그 법을 잘 닦아 행하고 널리 연설해 펴면, 곧 신통을 이루고 온갖 어지러운 생각을 버리고, 사문과를 체득하고 스스로 열반을 이룰 것이다. 그러므로 비구들아, 너희들은 마땅히 한 법을 닦아 행하고 한 법을 널리 펴야 한다. 비구들아, 마땅히 이와 같이 배워야 한다."

그때 모든 비구들은 부처님의 말씀을 듣고 기뻐하며 받들어 행하였

다.

〔 2 〕

이와 같이 들었다.

어느 때 부처님께서는 사위국 기수급고독원에 계셨다.

그때 세존께서 모든 비구들에게 말씀하셨다.

"마땅히 한 법을 닦아 행하고 마땅히 한 법을 널리 펴면, 곧 신통을 이루고 온갖 어지러운 생각을 버리고, 사문과를 체득하고 스스로 열반을 이룰 것이다. 어떤 것을 한 법이라고 하는가? 이른바 법을 생각하는 것이다. 그 법을 잘 닦아 행하고 널리 연설해 펴면, 곧 신통을 이루고 온갖 어지러운 생각을 버리며, 사문과를 체득하고 스스로 열반을 이룰 것이다. 그러므로 비구들아, 너희들은 마땅히 한 법을 닦아 행하고 한 법을 널리 펴야 한다. 비구들아, 마땅히 이와 같이 배워야 한다."

그때 모든 비구들은 부처님의 말씀을 듣고 기뻐하며 받들어 행하였다.

〔 3 〕

이와 같이 들었다.

어느 때 부처님께서는 사위국 기수급고독원에 계셨다.

그때 세존께서 모든 비구들에게 말씀하셨다.

"마땅히 한 법을 닦아 행하고 마땅히 한 법을 널리 펴면, 곧 신통을 이루고 온갖 어지러운 생각을 버리며, 사문과를 체득하고 스스로 열반을 이룰 것이다. 어떤 것을 한 법이라고 하는가? 이른바 승가를 생각하는 것이다. 그 법을 잘 닦아 행하고 널리 연설해 펴면, 곧 신통을 이루고 온갖 어지러운 생각을 버리며, 사문과를 체득하고 스스로 열반을 이룰 것이다. 그러므로 비구들아, 너희들은 마땅히 한 법을 닦아 행하고 한 법을 널리 펴야 한다. 비구들아, 마땅히 이와 같이 배워야 한다."

그때 모든 비구들은 부처님의 말씀을 듣고 기뻐하며 받들어 행하였다.

〔 4 〕

이와 같이 들었다.

어느 때 부처님께서는 사위국 기수급고독원에 계셨다.

그때 세존께서 모든 비구들에게 말씀하셨다.

"마땅히 한 법을 닦아 행하고 마땅히 한 법을 널리 펴면, 곧 신통을 이루고 온갖 어지러운 생각을 버리며, 사문과를 체득하고 스스로 열반을 이룰 것이다. 어떤 것을 한 법이라고 하는가? 이른바 계율을 생각하는 것이다. 그 법을 잘 닦아 행하고 널리 연설해 펴면, 곧 신통을 이루고 온갖 어지러운 생각을 버리며, 사문과를 체득하고 스스로 열반을 이룰 것이다. 그러므로 비구들아, 너희들은 마땅히 한 법을 닦아 행하고 한 법을 널리 펴야 한다. 비구들아, 마땅히 이와 같이 배워야 한다."

그때 모든 비구들은 부처님의 말씀을 듣고 기뻐하며 받들어 행하였다.

〔 5 〕

이와 같이 들었다.

어느 때 부처님께서는 사위국 기수급고독원에 계셨다.

그때 세존께서 모든 비구들에게 말씀하셨다.

"마땅히 한 법을 닦아 행하고 마땅히 한 법을 널리 펴면, 곧 신통을 이루고 온갖 어지러운 생각을 버리며, 사문과를 체득하고 스스로 열반을 이룰 것이다. 어떤 것을 한 법이라고 하는가? 이른바 보시를 생각하는 것이다. 그 법을 잘 닦아 행하고 널리 연설해 펴면, 곧 신통을 이루고 온갖 어지러운 생각을 버리며, 사문과를 체득하고 스스로 열반을 이룰 것이다. 그러므로 비구들아, 너희들은 마땅히 한 법을 닦아 행하고 한 법을 널리 펴야 한다. 비구들아, 마땅히 이와 같이 배워야 한다."

그때 모든 비구들은 부처님의 말씀을 듣고 기뻐하며 받들어 행하였다.

〔 6 〕

이와 같이 들었다.

어느 때 부처님께서는 사위국 기수급고독원에 계셨다.

그때 세존께서 모든 비구들에게 말씀하셨다.

"마땅히 한 법을 닦아 행하고 마땅히 한 법을 널리 펴면, 곧 신통을 이루고 온갖 어지러운 생각을 버리며, 사문과를 체득하고 스스로 열반을 이룰 것이다. 어떤 것을 한 법이라고 하는가? 이른바 하늘을 생각하는 것이다. 그 법을 잘 닦아 행하고 널리 연설해 펴면, 곧 신통을 이루고 온갖 어지러운 생각을 버리며, 사문과를 체득하고 스스로 열반을 이룰 것이다. 그러므로 비구들아, 너희들은 마땅히 한 법을 닦아 행하고 한 법을 널리 펴야 한다. 비구들아, 마땅히 이와 같이 배워야 한다."

그때 모든 비구들은 부처님의 말씀을 듣고 기뻐하며 받들어 행하였

다.

〔 7 〕

이와 같이 들었다.

어느 때 부처님께서는 사위국 기수급고독원에 계셨다.

그때 세존께서 모든 비구들에게 말씀하셨다.

"마땅히 한 법을 닦아 행하고 마땅히 한 법을 널리 펴면, 곧 신통을 이루고 온갖 어지러운 생각을 버리며, 사문과를 체득하고 스스로 열반을 이룰 것이다. 어떤 것을 한 법이라고 하는가? 이른바 휴식休息을 생각하는 것이다. 그 법을 잘 닦아 행하고 널리 연설해 펴면, 곧 신통을 이루고 온갖 어지러운 생각을 버리며, 사문과를 체득하고 스스로 열반을 이룰 것이다. 그러므로 비구들아, 너희들은 마땅히 한 법을 닦아 행하고 한 법을 널리 펴야 한다. 비구들아, 마땅히 이와 같이 배워야 한다."

그때 모든 비구들은 부처님의 말씀을 듣고 기뻐하며 받들어 행하였다.

〔 8 〕

이와 같이 들었다.

어느 때 부처님께서는 사위국 기수급고독원에 계셨다.

그때 세존께서 모든 비구들에게 말씀하셨다.

"마땅히 한 법을 닦아 행하고 마땅히 한 법을 널리 펴면, 곧 신통을 이루고 온갖 어지러운 생각을 버리며, 사문과를 체득하고 스스로 열반을 이룰 것이다. 어떤 것을 한 법이라고 하는가? 이른바 안반(安般 : 들고나는 호흡)을 생각하는 것이다. 그 법을 잘 닦아 행하고 널리 연설해 펴면, 곧 신통을 이루고 온갖 어지러운 생각을 버리며, 사문과를 체득하고 스스로 열반을 이룰 것이다. 그러므로 비구들아, 너희들은 마땅히 한 법을 닦아 행하고 한 법을 널리 펴야 한다. 비구들아, 마땅히 이와 같이 배워야 한다."

그때 모든 비구들은 부처님의 말씀을 듣고 기뻐하며 받들어 행하였다.

〔 9 〕

이와 같이 들었다.

어느 때 부처님께서는 사위국 기수급고독원에 계셨다.

그때 세존께서 모든 비구들에게 말씀하셨다.

"마땅히 한 법을 닦아 행하고 마땅히 한 법을 널리 펴면, 곧 신통을 이루고 온갖 어지러운 생각을 버리며, 사문과를 체득하고 스스로 열반을 이룰 것이다. 어떤 것을 한 법이라고 하는가? 이른바 이 몸은 무상無常한 것이라고 생각하는 것이다. 그 법을 잘 닦아 행하고 널리 연설해 펴면, 곧 신통을 이루고 온갖 어지러운 생각을 버리며, 사문과를 체득하고 스스로 열반을 이룰 것이다. 그러므로 비구들아, 너희들은 마땅히 한 법을 닦아 행하고 한 법을 널리 펴야 한다. 비구들아, 마땅히 이와 같이 배워야 한다."

그때 모든 비구들은 부처님의 말씀을 듣고 기뻐하며 받들어 행하였다.

〔 10 〕

이와 같이 들었다.

어느 때 부처님께서는 사위국 기수급고독원에 계셨다.

그때 세존께서 모든 비구들에게 말씀하셨다.

"마땅히 한 법을 닦아 행하고 마땅히 한 법을 널리 펴면, 곧 신통을 이루고 온갖 어지러운 생각을 버리며, 사문과沙門果를 체득하고 스스로 열반을 이룰 것이다. 어떤 것을 한 법이라고 하는가? 이른바 죽음〔死〕을 생각하는 것이다. 그 법을 잘 닦아 행하고 널리 연설해 펴면, 곧 신통을 이루고 온갖 어지러운 생각을 버리며, 사문과를 체득하고 스스로 열반을 이룰 것이다. 그러므로 비구들아, 너희들은 마땅히 한 법을 닦아 행하고 한 법을 널리 펴야 한다. 비구들아, 마땅히 이와 같이 배워야 한다."

그때 모든 비구들은 부처님의 말씀을 듣고 기뻐하며 받들어 행하였다.

불佛·법法·성중聖衆을 생각함과
계戒·보시·하늘을 생각하는 것을 설하셨네.
휴식과 호흡이 들고남을 생각하는 것이며
몸과 죽음을 생각하는 것을 맨 뒤에 설하셨네.

증일아함경 제2권

3. 광연품廣演品

〔 1 〕

이와 같이 들었다.

어느 때 부처님께서는 사위국 기수급고독원에 계셨다.

그때 세존께서 모든 비구들에게 말씀하셨다.

"마땅히 한 법을 닦아 행하고, 마땅히 한 법을 널리 펴야 한다. 한 법을 닦아 행하면 곧 좋은 명예名譽가 있게 되고, 큰 과보果報를 성취하며 온갖 선善이 널리 모이고 감로甘露의 맛을 얻어 함이 없는 곳〔無爲處 : 涅槃〕에 이르게 될 것이다. 그리고 곧 신통을 이루고 온갖 어지러운 생각을 없애고 사문과를 체득하며, 스스로 열반을 이룰 것이다. 어떤 것을 한 법이라고 하는가? 부처님을 생각하는 것을 말한다."

부처님께서 모든 비구들에게 말씀하셨다.

"부처님을 생각하는 것을 닦아 행하면 좋은 명예가 있게 되고, 큰 과보를 성취하며 온갖 선이 널리 모이고 감로의 맛을 얻어 함이 없는 곳에 이르게 되며, 곧 신통을 이루고 온갖 어지러운 생각을 없애며 사문과를 체득하고 스스로 열반을 이룬다는 것은 무엇인가?"

그때 모든 비구들이 세존께 아뢰었다.

"모든 법의 근본은 여래께서 말씀하신 것입니다. 오직 바라건대 세존께서는 모든 비구들을 위하여 그 묘한 이치를 말씀하여 주십시오. 저희 비구들은 여래로부터 그 법을 듣고 꼭 받들어 가질 것입니다."

그때 세존께서 모든 비구들에게 말씀하셨다.

"자세히 듣고 잘 생각하여라. 내가 너희들을 위해 자세히 분별해 주리라."

대답하였다.

"그렇게 하겠습니다, 세존이시여."

모든 비구들은 앞으로 나아가 가르침을 듣고 있었다.

세존께서 말씀하셨다.

"혹 어떤 비구는 몸을 바르게 가지고 뜻을 바르게 하여 가부좌하고 앉아 생각을 매어 앞에 두고 다른 생각 없이 오로지 부처님만을 생각한다. 여래의 형상을 관觀하되 잠시도 눈을 떼는 일이 없게 하고, 눈을 떼지 않고 나선 곧 여래의 공덕을 생각한다.

'여래의 본체는 금강金剛으로 이루어졌고 10력力[1]을 원만하게 갖추

---

1 여래의 열 가지 힘을 말하는 것으로 첫째 여실如實하게 모든 이치와 이치 아님을 아는 힘[處非處智力], 둘째 여실하게 3세의 업業과 그 보報의 인과因果 관계를 아는 힘[業已熟智力], 셋째 모든 선정禪定과 삼매三昧의 순서와 깊고 얕음을 여실하게 아는 힘[靜慮解脫等持等至智力], 넷째 중생들의 능력이나 성질의 우열優劣 등을 여실하게 아는 힘[根上下智力], 다섯째 중생들의 요해단정了解斷定을 여실하게 아는 힘[種種勝解智力], 여섯째 중생들의 타고난 성품이나 소질素質 등을 여실하게 아는 힘[種種界智力], 일곱째 인천人天 등의 모든 세계에 태어나게 되는 행行의 인과에 대하여 여실하게 아는 힘[遍趣行智力], 여덟째 과거세상의 여러 가지 일을 기억해 내어 여실하게 아는 힘[宿住隨念智力], 아홉째 천안天眼으로 중생이 죽고 나고 할 때와 미래생에 어디에 태어나

었으며, 네 가지 두려움 없음〔四無畏〕이 없어 대중들 속에서 용감하고 씩씩하시다. 여래의 얼굴은 단정하기 그지없어 아무리 보아도 싫증이 나지 않는다. 계戒의 덕을 성취한 것이 마치 금강과 같아서 부술 수 없고 티가 없이 청정하기는 마치 유리와 같다.

또 여래의 삼매三昧는 일찍이 줄어든 일이 없다. 이미 쉬고 영원히 고요하여 다른 잡념이 전혀 없다. 교만하고 사납던 모든 마음은 편안하고 고요하며 욕심이 없게 되었고, 탐냄과 성냄과 어리석은 마음과 망설임과 교만하게 구는 모든 번뇌도 다 없어졌다. 여래의 지혜로운 몸은 그 지혜가 끝도 없고 밑도 없으며 걸리는 데도 없다. 여래의 몸은 해탈을 성취하여 모든 갈래의 세계가 이미 다해 다시 태어나는 일이 없어져서 〈나는 나고 죽음에 떨어질 것이다〉라고 말하는 일이 없다. 여래의 몸은 지견성知見城을 지나고 다른 사람의 근기〔根〕를 알아 제도할 것과 제도하지 못할 것을 구분하여 그에 따라 호응하시며, 여기에서 죽어 저기에 태어나고 두루두루 오가면서 생사生死의 경계를 해탈하는 이와 해탈하지 못하는 이를 모두 다 아신다.'

이것이 이른바 '부처님을 생각하는 것을 닦아 행하면, 좋은 명예가 있게 되고, 큰 과보를 성취하며, 온갖 선이 널리 모이고 감로의 맛을 얻어 함이 없는 곳에 이르게 되며, 곧 신통을 이루고 온갖 어지러운 생각을 없애며, 사문과를 체득하고 스스로 열반을 이룬다'고 하는 것이니라. 그러므로 비구들아, 너희들이 항상 사유하면서 부처님 생각하기를 여의지 않으면 곧 이런 온갖 훌륭한 공덕을 얻을 것이다. 이와 같으니, 비구들아, 마땅히 이와 같이 배워야 한다."

는가를 여실하게 아는 힘[死生智力], 열째 스스로 모든 번뇌가 다하여 다음 생에는 생명을 받지 않는다는 것을 알고 또 다른 사람이 번뇌를 끊는 것을 여실하게 보아 아는 힘[漏盡智力]이다.

그때 모든 비구들은 부처님의 말씀을 듣고 기뻐하며 받들어 행하였다.

〔 2 〕

이와 같이 들었다.

어느 때 부처님께서는 사위국 기수급고독원에 계셨다.

그때 세존께서 모든 비구들에게 말씀하셨다.

"마땅히 한 법을 닦아 행하고, 마땅히 한 법을 널리 펴야 한다. 한 법을 닦아 행하고 마땅히 널리 펴고 나면 곧 좋은 명예가 있게 되고, 큰 과보를 성취하며 온갖 선이 많이 모이고 감로의 맛을 얻어 함이 없는 곳에 이르게 될 것이다. 그리고 곧 신통을 이루고 온갖 어지러운 생각을 없애고 사문과를 체득하며, 스스로 열반을 이룰 것이다. 어떤 것을 한 법이라고 하는가? 법法을 생각하는 것을 말한다."

부처님께서 모든 비구들에게 말씀하셨다.

"법을 생각하는 것을 닦아 행하면 좋은 명예가 있게 되고, 큰 과보를 성취하며 온갖 선이 많이 모이고 감로의 맛을 얻어 함이 없는 곳에 이르게 되며, 곧 신통을 이루고 온갖 어지러운 생각을 없애며 사문과를 체득하고 스스로 열반을 이룬다는 것은 무엇인가?"

그때 모든 비구들이 세존께 아뢰었다.

"모든 법의 근본은 여래께서 말씀하신 것입니다. 오직 바라건대 세존께서는 모든 비구들을 위하여 그 묘한 이치를 말씀하여 주십시오. 저희 비구들은 여래로부터 그 법을 듣고 꼭 받들어 가질 것입니다."

그때 세존께서 모든 비구들에게 말씀하셨다.

"자세히 듣고 잘 생각하여라. 내가 너희들을 위해 자세히 분별해 주리라."

대답하였다.

"그렇게 하겠습니다, 세존이시여."

모든 비구들은 앞으로 나아가 가르침을 듣고 있었다.

세존께서 말씀하셨다.

"혹 어떤 비구는 몸을 바르게 가지고 뜻을 바르게 하여 가부좌하고 앉아 생각을 매어 앞에 두고 다른 생각 없이 오로지 법만을 생각한다.

'5욕欲의 모든 탐애貪愛를 버리고 번뇌〔塵勞〕가 없어지면 간절한 욕애欲愛의 마음이 다시는 일어나지 않는다. 대개 바른 법〔正法〕이란 탐욕에서 탐욕이 없는 데에 이르고, 모든 결박結縛을 여의고 온갖 덮개〔蓋〕의 폐단을 여의는 것이다. 그 법은 비유하면 마치 온갖 향기와 같아서 어떤 하자瑕疵나 어지러운 생각이 없는 것이다.'

비구들아, 이것을 일러 '법을 생각하는 것을 닦아 행하면, 좋은 명예가 있게 되고, 큰 과보를 성취하며 온갖 선이 많이 모이고 감로의 맛을 얻어 함이 없는 곳에 이르게 되며, 곧 신통을 이루고 온갖 어지러운 생각을 없애며 사문과를 체득하고 스스로 열반을 이룬다'고 하느니라. 그러므로 비구들아, 항상 사유하면서 법 생각하기를 여의지 않으면 곧 이런 온갖 훌륭한 공덕을 얻을 것이다. 비구들아, 마땅히 이와 같이 배워야 한다."

그때 모든 비구들은 부처님의 말씀을 듣고 기뻐하며 받들어 행하였다.

〔 3 〕

이와 같이 들었다.

어느 때 부처님께서는 사위국 기수급고독원에 계셨다.

그때 세존께서 모든 비구들에게 말씀하셨다.

"마땅히 한 법을 닦아 행하고, 마땅히 한 법을 널리 펴야 한다. 한 법을 닦아 행하고 마땅히 널리 펴고 나면 곧 좋은 명예가 있게 되고, 큰 과보를 성취하며 온갖 선이 많이 모이고 감로의 맛을 얻어 함이 없는 곳에 이르게 될 것이다. 그리고 곧 신통을 이루고 온갖 어지러운 생각을 없애고 사문과를 체득하며, 스스로 열반을 이룰 것이다. 어떤 것을 한 법이라고 하는가? 승가〔僧〕를 생각하는 것을 말한다."

부처님께서 모든 비구들에게 말씀하셨다.

"승가를 생각하는 것을 닦아 행하면 좋은 명예가 있게 되고, 큰 과보를 성취하며 온갖 선이 많이 모이고 감로의 맛을 얻어 함이 없는 곳에 이르게 되며, 곧 신통을 이루고 온갖 어지러운 생각을 없애고 사문과를 체득하고 스스로 열반을 이룬다는 것은 무엇인가?"

그때 모든 비구들이 세존께 아뢰었다.

"모든 법의 근본은 여래께서 말씀하신 것입니다. 오직 바라건대 세존께서는 모든 비구들을 위하여 그 묘한 이치를 말씀하여 주십시오. 저희 비구들은 여래로부터 그 설하시는 법을 듣고 꼭 받들어 가질 것입니다."

그때 세존께서 모든 비구들에게 말씀하셨다.

"자세히 듣고 잘 생각하여라. 내가 너희들을 위해 자세히 분별해 주리라."

대답하였다.

"그렇게 하겠습니다, 세존이시여."

모든 비구들은 앞으로 나아가 가르침을 듣고 있었다.

세존께서 말씀하셨다.

"혹 어떤 비구는 몸을 바르게 가지고 뜻을 바르게 하여 가부좌하고 앉아 생각을 매어 앞에 두고 다른 생각 없이 오로지 승가만을 생각한다.

'여래의 성중은 바른 업業을 성취하여 질박하고 곧은 이치를 따르며 삿된 업이 없고, 위아래가 화목하여 법과 법을 성취한다. 여래의 성중은 계戒를 성취하고 삼매를 성취하며, 지혜를 성취하고 해탈을 성취하며, 해탈지견을 성취한다.'

성중聖衆이란 사쌍팔배四雙八輩[2]를 일컫는 말이다. 이들을 마땅히 공경하고 받들어 섬기며 예배하고 순종해야 할 여래의 성중이라 한다. 왜냐하면 그들은 세상의 복밭〔福田〕이기 때문이다. 이 대중들도 다 동일同一한 그릇이기에 역시 제 자신을 제도하고 또 다른 사람도 제도하며, 3승乘의 도에 이르게 된다. 이러한 업을 이름하여 성중이라고 말한다.

비구들아, 이것을 일러 '만일 승가를 생각하는 것을 닦아 행하면, 좋은 명예가 있게 되고, 큰 과보를 성취하며 온갖 선이 널리 모이고 감로의 맛을 얻어 함이 없는 곳에 이르게 되며, 곧 신통을 이루고 온갖 어지러운 생각을 없애며 사문과를 체득하고 스스로 열반을 이룬다'고 하느니라. 그러므로 비구들아, 항상 사유하면서 승가 생각하기를 여의지 않으면 곧 이런 온갖 훌륭한 공덕을 얻을 것이다. 비구들아, 마땅히 이와 같이 배워야 한다."

그때 모든 비구들은 부처님의 말씀을 듣고 기뻐하며 받들어 행하였다.

〔 4 〕

이와 같이 들었다.

---

2 소승小乘의 4향向 4과果인 수다원향 · 수다원과 · 사다함향 · 사다함과 · 아나함향 · 아나함과 · 아라한향 · 아라한과의 성중을 말한다. 향과 과가 한 쌍이 되어 모두 4쌍이다.

어느 때 부처님께서는 사위국 기수급고독원에 계셨다.

그때 세존께서 모든 비구들에게 말씀하셨다.

"마땅히 한 법을 닦아 행하고, 마땅히 한 법을 널리 펴야 한다. 한 법을 닦아 행하고 마땅히 널리 펴고 나면 곧 좋은 명예가 있게 되고, 큰 과보를 성취하며 온갖 선이 많이 모이고 감로의 맛을 얻어 함이 없는 곳에 이르게 될 것이다. 그리하여 곧 신통을 이루고 온갖 어지러운 생각을 없애고 사문과를 체득하며, 스스로 열반을 이룰 것이다. 어떤 것을 한 법이라고 하는가? 계를 생각하는 것을 말한다."

부처님께서 모든 비구들에게 말씀하셨다.

"계를 생각하는 것을 닦아 행하면 좋은 명예가 있게 되고 큰 과보를 성취하며, 온갖 선이 많이 모이고 감로의 맛을 얻어 함이 없는 곳에 이르게 되며, 곧 신통을 이루고 온갖 어지러운 생각을 없애며 사문과를 체득하고 스스로 열반을 이룬다는 것은 무엇인가?"

그때 모든 비구들이 세존께 아뢰었다.

"모든 법의 근본은 여래께서 말씀하신 것입니다. 오직 바라건대 세존께서는 모든 비구들을 위하여 그 묘한 이치를 말씀해 주십시오. 저희 비구들은 여래로부터 그 설하시는 법을 듣고 꼭 받들어 가질 것입니다."

그때 세존께서 모든 비구들에게 말씀하셨다.

"자세히 듣고 잘 생각하여라. 내가 너희들을 위해 자세히 분별해 주리라."

대답하였다.

"그렇게 하겠습니다, 세존이시여."

모든 비구들은 앞으로 나아가 가르침을 듣고 있었다.

세존께서 말씀하셨다.

"혹 어떤 비구는 몸을 바르게 가지고 뜻을 바르게 하여 가부좌하고 앉아 생각을 매어 앞에 두고 다른 생각 없이 오로지 계戒만을 생각한다.

'이른바 계는 모든 악惡을 그치게 하기 때문에 능히 도를 이루고 사람을 기쁘게 한다. 계는 몸을 장식하여〔瓔珞〕 온갖 좋은 모양을 나타낸다. 대개 금계禁戒는 길상병吉祥甁과 같아서 소원을 곧 성취하게 한다. 모든 도품道品의 법은 다 계율로 말미암아 이루어진다.'

비구들아, 이것을 일러 '금계 생각하는 것을 닦아 행하면, 좋은 명예가 있게 되고, 큰 과보를 성취하며 온갖 선이 많이 모이고 감로의 맛을 얻어 함이 없는 곳에 이르게 되며, 곧 신통을 이루고 온갖 어지러운 생각을 없애며 사문과를 체득하고 스스로 열반을 이룬다'고 하느니라. 그러므로 비구들아, 항상 사유하면서 계율 생각하기를 여의지 않으면 곧 이런 온갖 훌륭한 공덕을 얻을 것이다. 비구들아, 마땅히 이와 같이 배워야 한다."

그때 모든 비구들은 부처님의 말씀을 듣고 기뻐하며 받들어 행하였다.

〔 5 〕

이와 같이 들었다.

어느 때 부처님께서는 사위국 기수급고독원에 계셨다.

그때 세존께서 모든 비구들에게 말씀하셨다.

"마땅히 한 법을 닦아 행하고, 마땅히 한 법을 널리 펴야 한다. 한 법을 닦아 행하고 마땅히 널리 펴고 나면 곧 좋은 명예가 있게 되고, 큰 과보를 성취하며 온갖 선이 많이 모이고 감로의 맛을 얻어 함이 없는 곳에 이르게 될 것이다. 그리고 곧 신통을 이루고 온갖 어지러운 생각을 없애고 사문과를 체득하며, 스스로 열반을 이룰 것이다. 어떤 것을 한 법이라고 하는가? 보시〔施〕를 생각하는 것을 말한다."

부처님께서 모든 비구들에게 말씀하셨다.

"보시 생각하는 것을 닦아 행하면 좋은 명예가 있게 되고, 큰 과보를 성취하며 온갖 선이 널리 많이 모이고 감로의 맛을 얻어 함이 없는 곳에 이르게 되며, 곧 신통을 이루고 온갖 어지러운 생각을 없애며 사문과를 체득하고 스스로 열반을 이룬다는 것은 무엇인가?"

그때 모든 비구들이 세존께 아뢰었다.

"모든 법의 근본은 여래께서 말씀하신 것입니다. 오직 바라건대 세존께서는 모든 비구들을 위하여 그 묘한 이치를 말씀하여 주십시오. 저희 비구들은 여래로부터 그 설하시는 법을 듣고 꼭 받들어 가질 것입니다."

그때 세존께서 모든 비구들에게 말씀하셨다.

"자세히 듣고 잘 생각하여라. 내가 너희들을 위해 자세히 분별해 주리라."

대답하였다.

"그렇게 하겠습니다, 세존이시여."

모든 비구들은 앞으로 나아가 가르침을 듣고 있었다.

세존께서 말씀하셨다.

"혹 어떤 비구는 몸을 바르게 가지고 뜻을 바르게 하여 가부좌하고 앉아 생각을 매어 앞에 두고 다른 생각 없이 오로지 보시만을 생각한다.

'내가 지금 보시하는 것은 보시 중에서도 최상의 보시이다. 아까워하는 마음이 아주 없고 되돌려 받을 생각이 없으면 좋은 이익을 얻을 것이다. 만약 어떤 사람이 나를 꾸짖어도 나는 끝내 되갚지 않을 것이요, 설령 어떤 사람이 나를 해치고 주먹으로 때리며, 칼이나 막대기를 들고 달려들고 기왓장이나 돌을 던지더라도, 나는 꼭 사랑하는 마음을 일으켜 성내지 않을 것이다. 나의 보시와 보시하는 마음은 끊어지지 않을 것이다.'

비구들아, 이것을 일러 '큰 보시로서 곧 큰 과보를 이루며 온갖 선이 많이 모이고 감로의 맛을 얻어 함이 없는 곳에 이르게 되며, 곧 신통을 이루고 온갖 어지러운 생각을 없애며 사문과를 체득하고 스스로 열반을 이룬다'고 하느니라. 그러므로 비구들아, 항상 사유하면서 보시 생각하기를 여의지 않으면 곧 이런 온갖 훌륭한 공덕을 얻을 것이다. 비구들아, 마땅히 이와 같이 배워야 한다."

그때 모든 비구들은 부처님의 말씀을 듣고 기뻐하며 받들어 행하였다.

〔 6 〕

이와 같이 들었다.

어느 때 부처님께서는 사위국 기수급고독원에 계셨다.

그때 세존께서 모든 비구들에게 말씀하셨다.

"마땅히 한 법을 닦아 행하고, 마땅히 한 법을 널리 펴야 한다. 이미 한 법을 닦아 행하고 마땅히 널리 펴고 나면 곧 좋은 명예가 있게 되고, 큰 과보를 성취하며 온갖 선이 많이 모이고 감로의 맛을 얻어 함이 없는 곳에 이르게 될 것이다. 그리고 곧 신통을 이루고 온갖 어지러운 생각을 없애고 사문과를 체득하며, 스스로 열반을 이룰 것이다. 어떤 것을 한 법이라고 하는가? 하늘〔天〕을 생각하는 것을 말한다."

부처님께서 모든 비구들에게 말씀하셨다.

"하늘 생각하는 것을 닦아 행하면 좋은 명예가 있게 되고, 큰 과보를 성취하며 온갖 선이 많이 모이고 감로의 맛을 얻어 함이 없는 곳에 이르게 되며, 곧 신통을 이루고 온갖 어지러운 생각을 없애며 사문과를 체득하고 스스로 열반을 이룬다는 것은 무엇인가?"

그때 모든 비구들이 세존께 아뢰었다.

"모든 법의 근본은 여래께서 말씀하신 것입니다. 오직 바라건대 세존께서는 모든 비구들을 위하여 그 묘한 이치를 말씀하여 주십시오. 저희 비구들은 여래로부터 그 설하시는 법을 듣고 꼭 받들어 가질 것입니다."

그때 세존께서 모든 비구들에게 말씀하셨다.

"자세히 듣고 잘 생각하여라. 내가 너희들을 위해 자세히 분별해 주리라."

모든 비구들이 대답하였다.

"그렇게 하겠습니다, 세존이시여."

모든 비구들은 앞으로 나아가 가르침을 듣고 있었다.

세존께서 말씀하셨다.

"혹 어떤 비구는 몸을 바르게 가지고 뜻을 바르게 하여 가부좌하고 앉아 생각을 매어 앞에 두고 다른 생각 없이 오로지 하늘만을 생각한다.

'몸과 입과 뜻이 깨끗하여 더러운 행을 짓지 말자. 계율을 행하여 몸을 이루고 몸에서 광명을 놓아 비추지 않는 곳이 없는 저 하늘 몸이 되자. 훌륭한 업의 과보로 저 하늘 몸이 되고, 온갖 행을 원만하게 갖추어 마침내 하늘의 몸을 성취하자.'

모든 비구들아, 이것을 일러 '하늘을 생각하는 것으로서 곧 큰 과보를 이루며 온갖 선이 많이 모이고 감로의 맛을 얻어 함이 없는 곳에 이르게 되며, 곧 신통을 이루고 온갖 어지러운 생각을 없애며 사문과를 체득하고 스스로 열반을 이룬다'고 하느니라. 그러므로 비구들아, 항상 사유하면서 하늘 생각하기를 여의지 않으면 곧 이런 온갖 훌륭한 공덕을 얻을 것이다. 비구들아, 마땅히 이와 같이 배워야 한다."

그때 모든 비구들은 부처님의 말씀을 듣고 기뻐하며 받들어 행하였다.

〔 7 〕

이와 같이 들었다.

어느 때 부처님께서는 사위국 기수급고독원에 계셨다.

그때 세존께서 모든 비구들에게 말씀하셨다.

"마땅히 한 법을 닦아 행하고, 마땅히 한 법을 널리 펴야 한다. 이미 한 법을 닦아 행하고 마땅히 널리 펴고 나면 곧 좋은 명예가 있게 되고, 큰 과보를 성취하며 온갖 선이 많이 모이고 감로의 맛을 얻어 함이 없는 곳에 이르게 될 것이다. 그리고 곧 신통을 이루고 온갖 어지러운 생각을 없애고 사문과를 체득하며, 스스로 열반을 이룰 것이다. 어떤 것을 한 법이라고 하는가? 휴식(休息 : 고요함)을 생각하는 것을 말한다."

부처님께서 모든 비구들에게 말씀하셨다.

"휴식 생각하는 것을 닦아 행하면 좋은 명예가 있게 되고, 큰 과보를 성취하며 온갖 선이 많이 모이고 감로의 맛을 얻어 함이 없는 곳에 이르게 되며, 곧 신통을 이루고 온갖 어지러운 생각을 없애며 사문과를 체득하고 스스로 열반을 이룬다는 것은 무엇인가?"

그때 모든 비구들이 세존께 아뢰었다.

"모든 법의 근본은 여래께서 말씀하신 것입니다. 오직 바라건대 세존께서는 모든 비구들을 위하여 그 묘한 이치를 말씀하여 주십시오. 저희 비구들은 여래로부터 그 설하시는 법을 듣고 꼭 받들어 가질 것입니다."

그때 세존께서 모든 비구들에게 말씀하셨다.

"자세히 듣고 잘 생각하여라. 내가 너희들을 위해 자세히 분별해 주리라."

모든 비구들이 대답하였다.

"그렇게 하겠습니다, 세존이시여."

모든 비구들은 앞으로 나아가 가르침을 듣고 있었다.

세존께서 말씀하셨다.

"혹 어떤 비구는 몸을 바르게 가지고 뜻을 바르게 하여 가부좌하고 앉아 생각을 매어 앞에 두고 다른 생각 없이 오로지 휴식만을 생각한다.

'휴식이란 마음과 뜻의 생각이 쉬고 의지와 성품이 조용하고 밝아지며, 또한 경솔하거나 사납지 않고, 항상 마음을 전일專一하게 하여 한가한 곳에서 지내기를 좋아하며, 언제나 방편을 구해 삼매 선정〔三昧定〕에 들어 뛰어난 광명이나 위로 오름을 탐하지 않으려고 생각하는 것이다.'

모든 비구들아, 이것을 일러 '휴식을 생각하는 것으로서 곧 큰 과보를 이루며 온갖 선이 많이 모이고 감로의 맛을 얻어 함이 없는 곳에 이르게 되며, 곧 신통을 이루고 온갖 어지러운 생각을 없애며 사문과를 체득하고 스스로 열반을 이룬다'고 하느니라. 그러므로 비구들아, 항상 사유하면서 휴식 생각하기를 여의지 않으면 곧 이런 온갖 훌륭한 공덕을 얻을 것이다. 비구들아, 마땅히 이와 같이 배워야 한다."

그때 모든 비구들은 부처님의 말씀을 듣고 기뻐하며 받들어 행하였

다.

〔 8 〕

이와 같이 들었다.

어느 때 부처님께서는 사위국 기수급고독원에 계셨다.

그때 세존께서 모든 비구들에게 말씀하셨다.

"마땅히 한 법을 닦아 행하고, 마땅히 한 법을 널리 펴야 한다. 이미 한 법을 닦아 행하고 마땅히 널리 펴고 나면 곧 좋은 명예가 있게 되고, 큰 과보를 성취하며 온갖 선이 많이 모이고 감로의 맛을 얻어 함이 없는 곳에 이르게 될 것이다. 그리고 곧 신통을 이루고 온갖 어지러운 생각을 없애고 사문과를 체득하며, 스스로 열반을 이룰 것이다. 어떤 것을 한 법이라고 하는가? 호흡의 들고남〔安般〕을 생각하는 것을 말한다."

부처님께서 모든 비구들에게 말씀하셨다.

"호흡의 들고남을 생각하는 것을 닦아 행하면 좋은 명예가 있게 되고, 큰 과보를 성취하며 온갖 선이 많이 모이고 감로의 맛을 얻어 함이 없는 곳에 이르게 되며, 곧 신통을 이루고 온갖 어지러운 생각을 없애며 사문과를 체득하고 스스로 열반을 이룬다는 것은 무엇인가?"

그때 모든 비구들이 세존께 아뢰었다.

"모든 법의 근본은 여래께서 말씀하신 것입니다. 오직 바라건대 세존께서는 여러 비구들을 위하여 그 묘한 이치를 말씀하여 주십시오. 저희 비구들은 여래로부터 그 설하시는 법을 듣고 꼭 받들어 가질 것입니다."

그때 세존께서 모든 비구들에게 말씀하셨다.

"자세히 듣고 잘 생각하여라. 내가 너희들을 위해 자세히 분별해 주

리라."

모든 비구들이 대답하였다.

"그렇게 하겠습니다, 세존이시여."

모든 비구들은 앞으로 나아가 가르침을 듣고 있었다.

세존께서 말씀하셨다.

"혹 어떤 비구는 몸을 바르게 가지고 뜻을 바르게 하여 가부좌하고 앉아 생각을 매어 앞에 두고 다른 생각 없이 오로지 호흡이 들고나는 것만을 생각한다.

이른바 호흡이 들고난다는 것은, 만일 숨이 길 때에는 '지금 나의 숨은 길다'고 관觀해 알고, 만일 숨이 짧으면 역시 마땅히 '지금 나의 숨은 짧다'고 관해 알며, 만일 숨이 매우 차가우면 또한 '지금 나의 숨은 차갑다'고 관해 알고, 만일 숨이 뜨거우면 역시 '지금 나의 숨은 뜨겁다'고 관해 안다. 그리고 머리에서부터 발끝까지 온몸을 두루 관해 안다. 만일 숨이 길기도 하고 짧기도 하면, 그 또한 '숨이 길기도 하고 짧기도 하다'고 관한다. 마음을 쓰고 몸을 단속해 숨의 길고 짧음을 모두 다 알며, 숨의 나고 들어감을 찾아서 분별해 분명히 안다. 혹은 마음이 몸을 단속해 숨의 길고 짧음을 아는 것까지도 또한 알며, 숨의 길고 짧음을 세어 분별해 분명하게 아는 것이다.

모든 비구들아, 이것을 일러 '호흡의 들고남을 생각하는 것으로서 곧 큰 과보를 이루어 온갖 선이 많이 모이고 감로의 맛을 얻어 함이 없는 곳에 이르게 되며, 곧 신통을 이루고 온갖 어지러운 생각을 없애며 사문과를 체득하고 스스로 열반을 이룬다'고 하느니라. 그러므로 비구들아, 항상 사유하면서 호흡의 들고남을 생각하기를 여의지 않으면 곧 이런 온갖 훌륭한 공덕을 얻을 것이다. 비구들아, 마땅히 이와 같이 배워야 한다."

그때 모든 비구들은 부처님의 말씀을 듣고 기뻐하며 받들어 행하였다.

〔 9 〕

이와 같이 들었다.

어느 때 부처님께서는 사위국 기수급고독원에 계셨다.

그때 세존께서 모든 비구들에게 말씀하셨다.

"마땅히 한 법을 닦아 행하고, 마땅히 한 법을 널리 펴야 한다. 이미 한 법을 닦아 행하고 마땅히 널리 펴고 나면 곧 좋은 명예가 있게 되고, 큰 과보를 성취하며 온갖 선이 많이 모이고 감로의 맛을 얻어 함이 없는 곳에 이르게 될 것이다. 그리고 곧 신통을 이루고 온갖 어지러운 생각을 없애고 사문과를 체득하며, 스스로 열반을 이룰 것이다. 어떤 것을 한 법이라고 하는가? 몸〔身〕을 생각하는 것을 말한다."

부처님께서 모든 비구들에게 말씀하셨다.

"몸 생각하는 것을 닦아 행하면 좋은 명예가 있게 되고, 큰 과보를 성취하며 온갖 선이 많이 모이고 감로의 맛을 얻어 함이 없는 곳에 이르게 되며, 곧 신통을 이루고 온갖 어지러운 생각을 없애며 사문과를 체득하고 스스로 열반을 이룬다는 것은 무엇인가?

그때 모든 비구들이 세존께 아뢰었다.

"모든 법의 근본은 여래께서 말씀하신 것입니다. 오직 바라건대 세존께서는 여러 비구들을 위하여 그 묘한 이치를 말씀하여 주십시오. 저희 비구들은 여래로부터 그 설하시는 법을 듣고 꼭 받들어 가질 것입니다."

그때 세존께서 모든 비구들에게 말씀하셨다.

"자세히 듣고 잘 생각하여라. 내가 너희들을 위해 자세히 분별해 주

리라."

모든 비구들이 대답하였다.

"그렇게 하겠습니다, 세존이시여."

모든 비구들은 앞으로 나아가 가르침을 듣고 있었다.

세존께서 말씀하셨다.

"혹 어떤 비구는 몸을 바르게 가지고 뜻을 바르게 하여 가부좌하고 앉아 생각을 매어 앞에 두고 다른 생각 없이 오로지 몸만을 생각한다. 이른바 몸만 생각한다는 것은, '모발 · 손톱 · 발톱 · 이 · 피부 · 살 · 힘줄 · 뼈 · 골수 · 쓸개 · 간 · 허파 · 심장 · 지라 · 신장 · 대장 · 소장 · 백직白膸 · 방광 · 똥 · 오줌 · 백엽百葉 · 창倉 · 창자 · 위 · 포脬 · 오줌 · 눈물 · 가래침 · 콧물 · 고름 · 피 · 기름덩이 · 침 · 머리뼈 · 뇌수 등, 이 어느 것이 내 몸인가? 흙이라는 원소〔地種〕가 바로 그것인가, 물이라는 원소〔水種〕가 곧 그것인가, 불이라는 원소〔火種〕가 곧 그것인가, 바람이라는 원소〔風種〕가 곧 그것인가? 아비 종자와 어미 종자로 만들어진 것인가? 어디서 왔는가, 누가 만든 것인가? 눈 · 귀 · 코 · 혀 · 몸 · 마음은 장차 어디에 태어날 것인가?'라고 생각하는 것을 말한다.

모든 비구들아, 이와 같은 것을 일러 '몸을 생각하는 것으로서 곧 큰 과보를 이루며 온갖 선이 많이 모이고 감로의 맛을 얻어 함이 없는 곳에 이르게 되며, 곧 신통을 이루고 온갖 어지러운 생각을 없애며 사문과를 체득하고 스스로 열반을 이룬다'고 하는 것이니라. 그러므로 비구들아, 항상 사유하면서 몸을 생각하기를 여의지 않으면 곧 이런 온갖 훌륭한 공덕을 얻을 것이다. 비구들아, 마땅히 이와 같이 배워야 한다."

그때 모든 비구들은 부처님의 말씀을 듣고 기뻐하며 받들어 행하였

다.

〔 10 〕

이와 같이 들었다.

어느 때 부처님께서는 사위국 기수급고독원에 계셨다.

그때 세존께서 모든 비구들에게 말씀하셨다.

"마땅히 한 법을 닦아 행하고, 마땅히 한 법을 널리 펴야 한다. 이미 한 법을 닦아 행하고 마땅히 널리 펴고 나면 곧 좋은 명예가 있게 되고, 큰 과보를 성취하며 온갖 선이 많이 모이고 감로의 맛을 얻어 함이 없는 곳에 이르게 될 것이다. 그리고 곧 신통을 이루고 온갖 어지러운 생각을 없애고 사문과를 체득하며, 스스로 열반을 이룰 것이다. 어떤 것을 한 법이라고 하는가? 죽음〔死〕을 생각하는 것을 말한다."

부처님께서 모든 비구들에게 말씀하셨다.

"죽음을 생각하는 것을 닦아 행하면 좋은 명예가 있게 되고, 큰 과보를 성취하며 온갖 선이 많이 모이고 감로의 맛을 얻어 함이 없는 곳에 이르게 되며, 곧 신통을 이루고 온갖 어지러운 생각을 없애며 사문과를 체득하고 스스로 열반을 이룬다는 것은 무엇인가?

그때 모든 비구들이 세존께 아뢰었다.

"모든 법의 근본은 여래께서 말씀하신 것입니다. 오직 바라건대 세존께서는 여러 비구들을 위하여 그 묘한 이치를 말씀하여 주십시오. 저희 비구들은 여래로부터 그 설하시는 법을 듣고 꼭 받들어 가질 것입니다."

그때 세존께서 모든 비구들에게 말씀하셨다.

"자세히 듣고 잘 생각하여라. 내가 너희들을 위해 자세히 분별해 주

리라.”

모든 비구들이 대답하였다.

“그렇게 하겠습니다, 세존이시여.”

모든 비구들은 앞으로 나아가 가르침을 듣고 있었다.

세존께서 말씀하셨다.

“혹 어떤 비구는 몸을 바르게 가지고 뜻을 바르게 하여 가부좌하고 앉아 생각을 매어 앞에 두고 다른 생각 없이 오로지 죽음만을 생각한다.

‘이른바 죽음이란, 여기에서 죽어 저기에 태어나며 온갖 갈래의 세계를 왕래하면서 목숨을 옮겨 멈추지 않는 것이다. 모든 감각기관은 허물어지고 흩어져 마치 썩은 나무처럼 되며, 목숨[命根]이 끊어지면 종족宗族은 서로 갈라져서 형체도 없고 소리도 없으며 또한 아무 모습도 없는 것이다.’

모든 비구들아, 이것을 일러 ‘죽음을 생각하는 것으로서 문득 구족具足함을 얻고 곧 큰 과보를 이루며 온갖 선이 닿이 모이고 감로의 맛을 얻어 함이 없는 곳에 이르게 되며, 곧 신통을 이루고 온갖 어지러운 생각을 없애며 사문과를 체득하고 스스로 열반을 이룬다’고 하느니라. 그러므로 모든 비구들아, 항상 사유하면서 죽음을 생각하기를 여의지 않으면 곧 이런 온갖 훌륭한 공덕을 얻을 것이다. 비구들아, 마땅히 이와 같이 배워야 한다.”

그때 모든 비구들은 부처님의 말씀을 듣고 기뻐하며 받들어 행하였다.

부처님과 법과 성중과
나아가 마지막으로 죽음을 생각하라 설하셨으니

비록 위의 것과 이름은 같으나
그 뜻은 제각기 다르니라.

증일아함경 제3권

4. 제자품弟子品[1]

〔 1 〕

이와 같이 들었다.

어느 때 부처님께서는 사위국 기수급고독원에 계셨다.

그때 세존께서 모든 비구들에게 말씀하셨다.

"내 성문聲聞 중 제일가는 비구로서, 너그럽고 어질며 아는 것이 많아 능히 잘 권유하고 교화하며 성중聖衆을 붙들어 기르면서 그 위의威儀를 잃지 않는 이는 바로 아야구린阿若拘鄰[2] 비구요, 처음으로 법의 뜻을 받고 4제諦[3]를 사유한 이도 바로 아야구린 비구이며, 능히 잘 권유

1 참고 경전으로는 송宋의 법현法賢이 한역한 『불설아라한구덕경佛說阿羅漢具德經』이 있다.

2 팔리어로는 Aññāta Koṇḍañña라고 하며, 또는 아야교진여阿若憍陳如로 음역하기도 한다. 교진여는 성姓이며, 부처님께서 녹야원에서 처음 법륜을 굴리실 적에 부처님의 제도를 받고 제일 먼저 깨달은 사람이다.

3 4제진법諦眞法이라고도 하며, 고苦·집集·멸滅·도道 4성제聖諦를 말한다.

하고 인도하여 사람들을 복으로 제도하는 이는 바로 우다이優陀夷[4] 비구이다. 빨리 신통을 이루어 중간에 후회가 없는 이는 바로 마하남摩訶男[5] 비구요, 항상 허공을 날아다니면서 발로 땅을 밟지 않는 이는 바로 선주善肘 비구이며, 허공을 타고 다니면서 교화하면서도 영화를 바라는 마음이 없는 이는 바로 바파婆破 비구이니라. 천상에 살기를 좋아하여 인간 세계에 살지 않는 이는 바로 우적牛跡 비구요, 항상 오로惡露와 같이 더럽다는 생각으로 관하는 이는 바로 선승善勝[6] 비구이며, 네 가지를 공양하여 성중을 보양하는 이는 우류비가섭優留毗迦葉[7] 비구요, 마음이 고요하여 모든 결(結 : 번뇌)을 항복 받은 이는 강가섭江迦葉[8] 비구이며, 모든 법을 밝게 관찰해 조금도 집착이 없는 이는 바로 상가섭象迦葉[9] 비구이니라."

4 팔리어로는 Udāyī라고 하며, 가류타이(迦留陀夷, kāḷudāyī)의 본명이다. 이를 의역하면 흑광黑光·흑요黑曜라고 한다. 피부가 검고 빛나 이런 이름이 붙여졌다고 한다.

5 팔리어로는 Mahānāma이며, 마하나미摩訶那彌로 표기하기도 한다. 의역하여 대명大名이라 하며, 부처님께서 성도成道하신 후에 최초로 제도 받은 5비구의 하나이다.

6 팔리어로는 Bhaddiya라고 하며, 발제리가跋提梨迦라고 쓰기도 하고, 부처님 성도 후에 제일 먼저 제도 받은 5비구의 한 사람이다.

7 팔리어로는 Uruvela-kassapa라고 하며, 또는 우루빈나가섭優樓頻那迦葉으로 표기하기도 하고 의역하여 모과림가섭木瓜林迦葉이라 한다. 그 이름의 의미에 세 가지 뜻이 있는데, 그의 부모가 모과림에 기도하여 낳았다고 하여 그렇게 이름을 지었다고 하기도 하고, 또는 가슴이 모과처럼 부풀어 있다 하여 그렇게 이름하였다고 하기도 하며, 또는 모과림에서 수행하였다 하여 그런 이름이 붙었다고 하기도 한다. 3가섭의 한 사람으로 원래는 불[火]을 숭배하던 외도였다.

8 팔리어로는 Nadī-kassapa로 쓰며, 또는 나제가섭那提迦葉으로 표기하기도 한다. 의역하여 하가섭河迦葉 또는 강가섭江迦葉이라 한다. 이 사람은 나제하那提河라는 강가에서 수행하였으며, 우루빈나가섭의 동생이다.

9 팔리어로는 Gayā-kassapa이라 하며, 또는 가야가섭伽耶迦葉·가이가섭伽夷迦葉으로 쓰기도 한다. 가야산伽耶山에 살았다 하여 그런 이름이 붙여졌다고 하며, 우루빈나가섭과 나제가섭의 동생으로 이 3인을 3가섭이라고 한다.

구린 · 우다이 · 마하남과
선주 · 바파까지 다섯이며
우적과 선승과
가섭 3형제에 대해 설하셨다.

〔 2 〕

"내 성문 중에 제일가는 비구로서, 얼굴이 단정하고 걸음걸이가 조용한 이는 바로 마사馬師[10] 비구요, 지혜가 끝이 없어 모든 의심을 분명하게 푸는 이는 바로 사리불舍利弗 비구이며, 신령스런 발을 가져 가볍게 들어 시방 곳곳을 날아다니는 이는 바로 마하목건련摩訶目揵連 비구요, 용맹스럽게 정진精進하여 고행을 견디어내는 이는 바로 이십억이二十億耳[11] 비구이며, 얻기 어려운 행인 12두타頭陀[12]를 행하는 이는 바로 마하가섭摩訶迦葉 비구이니라. 천안天眼이 제일이어서 시방을 두루 보는 이는 바로 아나율阿那律[13] 비구요, 좌선하여 선정에 들어 마음이 어지럽지 않은 이는 바로 이왈離曰[14] 비구이며, 능히 두루 권해 재

10 팔리어로는 Assaji라 한다. 또는 아설시阿說示 · 아습박씨다阿濕縛氏多로 표기하기도 하며, 의역하여 마승馬勝 · 마사馬師라 하는데, 이는 그의 거동이 단정하다 하여 붙여진 이름이라고 한다. 부처님께서 녹야원에서 처음 법륜을 굴리실 적에 최초로 제도받은 5비구의 하나이다.

11 팔리어로는 Soṇa-Kolivīsa라 한다. 부처님 재세在世 시에 아라한과를 얻은 비구로서 발 아래 털의 길이가 두 치[寸]이고, 발로 땅을 밟지 않아 제자 중에 정진 제일로 알려진 사람이다.

12 의衣 · 식食 · 주住에 대한 탐착貪着을 떨어버리고 심신心身을 수련하는 것을 말한다.

13 팔리어로는 Anuruddha라 한다. 아누루타阿㝹樓馱 · 아이로타阿儞嚕馱라고 음역하기도 하고, 의역하여 무멸無滅 · 여의如意 · 무탐無貪이라고 한다. 부처님의 사촌이다.

14 팔리어로는 Revata라고 한다. 또 다른 음사로는 이파다離婆多라고 하기도 한다. 완전한 이름은 호의난왈(狐疑難曰, Kaṅkhā-Revata)이며, 이를 의역하여 실성室星 · 성수星宿라고 한다. 그의 부모가 이파다離婆多라고 하는 별에 기도하여 그를 낳았다고 한다.

강齋講을 베푸는 이는 바로 타라바마라陀羅婆摩羅 비구요, 스님이 거처할 방사房舍를 세워 초제승招提僧[15]에게 주는 이는 바로 작은 타라바마라 비구이며, 귀하고 큰 종족으로 출가하여 도를 배운 이는 바로 라타파라羅吒婆羅[16] 비구요, 진리를 잘 분별해 도를 펴 연설하는 이는 바로 대가전연大迦旃延 비구이니라."

마사馬師와 사리불과
구율拘律과 이십억이 · 가섭이며
아나율과 이왈과
마라 · 뢰타화라 · 가전연에 대해 말씀하셨다.

〔 3 〕

"내 성문들 중에서 제일가는 비구로서, 산가지〔籌〕를 잘 받아 금지하는 법〔禁法〕을 어기지 않는 이는 군두파막軍頭波漠[17] 비구요, 외도外道를 항복 받고 바른 도를 행하는 이는 바로 빈두로賓頭盧[18] 비구이며, 병을 잘 보아 약을 주는 이는 바로 식識 비구요, 옷과 음식 등 네 가지를 공양하는 이도 바로 식 비구이다. 게송을 잘 지어 여래의 덕을 찬탄하는 이는 바로 붕기사鵬耆舍[19] 비구요, 언론으로 밝게 분별해 주어서 의심이 없게 하는 이도 바로 붕기사 비구이며, 4변재辯才[20]를 얻어

15 사방에서 수행하기 위해 모여든 스님들을 말한다.

16 팔리어로는 Raṭṭhapāla라고 한다. 또 다른 음역은 뢰타화라賴吒惒羅 · 뢰타바라賴吒婆羅 · 라타파라羅吒波羅라고 쓰기도 하며, 의역하여 호국護國이라 한다.

17 팔리어로는 Kuṇḍadhāna라고 한다. 또 다른 음사로는 군두파한軍頭波漢 · 군두파한君頭波漢이라고도 한다.

18 팔리어로는 Piṇḍola라고 한다. 부처님의 제자 가운데 복전福田 제일이다.

19 팔리어로는 Vaṅgīsa라고 한다. 또는 바기사婆耆舍라고 음역하며, 의역하여 취선取善이라 하고, 부처님의 제자 가운데 시詩에 제일가는 사람이다.

아무리 어려운 질문을 받아도 곧 대답하는 이는 바로 마하구치라摩訶拘絺羅 비구이니라. 깨끗하고 조용한 곳에 거처하면서 대중들을 좋아하지 않는 이는 바로 견뢰堅牢 비구이고, 걸식하고 욕辱을 잘 참아내면서 비바람을 피하지 않는 이는 바로 난제難提 비구이며, 혼자 고요히 앉아 오로지 도만을 생각하는 이는 바로 금비라今毘羅[21] 비구니이고, 한 자리에서만 공양을 하고〔一座一食〕[22] 자리를 옮기지 않는 이는 바로 시라施羅 비구이며, 세 가지 법의만을 가지고 먹고 쉬기를 여의지 않는 이는 바로 부미浮彌[23] 비구이니라."

군두軍頭와 빈두로賓頭盧와
붕기사와 구치라이며
견뢰와 난제, 그리고
금비라 · 시라 · 부미에 대해 말씀하셨다.

〔 4 〕

"내 성문 중에 제일가는 비구로서, 나무 밑에서 좌선하면서 마음이 흔들리지 않는 이는 바로 호의이왈狐疑離曰[24] 비구이고, 몸을 괴롭히면

---

20 법변法辯 · 의변義辯 · 사변辭辯 · 응변應辯을 네 가지 변재라고 하는데, 법변은 모든 법法의 명칭에 대하여 걸림 없이 말하는 것이고, 의변이란 모든 법에 대한 이치를 분명하게 걸림 없이 말해 주는 것이며, 사변이란 미묘하게 사용하는 일체의 언사言辭에 대하여 걸림 없이 말해 주는 것이고, 응변이란 중생들의 바람이 무엇인가를 알아서 거기에 맞추어 잘 설법해 주는 것을 말한다.

21 팔리어로는 Kimbila라고 한다. 또는 금비라金毘羅 · 구비라俱毘羅라고 표기하기도 하며, 이를 옮겨 시공비공是孔非孔이라고 한다.

22 두타행법頭陀行法의 하나로, 하루에 점심 한 끼만을 한 자리에서 먹고 여러 끼를 먹거나 장소를 옮겨 다니면서 먹지 않는 것을 말한다.

23 팔리어로는 Bhūmija라고 한다. 부미浮磨라고 쓰기도 하며, 의역하여 지地라고 한다.

24 앞에 나오는 이왈離曰이라는 비구와 같은 인물이다.

서 한데 앉아 비바람을 피하지 않는 이는 바로 바차婆嗟[25] 비구이며, 혼자서 텅 비고 한가한 곳에 있기를 좋아하고 뜻을 집중하여 사유하는 이는 바로 타소陀素[26] 비구이고, 다섯 가지 누더기 옷〔五納衣〕[27]을 입고 호화롭게 장식하지 않는 이는 바로 니바尼婆 비구이며, 항상 무덤 사이를 좋아하고 대중들 속에 있지 않는 이는 바로 우다라優多羅[28] 비구이고, 항상 풀 자리에 앉아 복밭이 되어 날마다 사람을 제도하는 이는 바로 노혜녕盧醯寧 비구이니라. 사람들과 만나 이야기하지 않고 땅만 보고 걸어가는 이는 바로 우겸마니강優鉗摩尼江 비구이고, 앉거나 일어나거나 다니거나 항상 삼매에 들어 있는 이는 바로 산제刪提[29] 비구이고, 먼 나라에 유람하기를 좋아하고 사람들을 잘 가르치는 이는 바로 담마류지曇摩留支[30] 비구이며, 성중聖衆을 모아서 법의 이치를 담론하기를 좋아하는 이는 바로 가루迦淚[31] 비구이니라."

호의와 바차리와
타소 · 니바 · 우다라와

25 팔리어로는 Vasabha라고 한다. 찰제리剎帝利 출신으로 리차족離車族 사람이다.
26 팔리어로는 Dāsaka라고 한다. 타삭가馱索迦 또는 타사陀娑로 쓰기도 한다. 의역하여 고苦라고 한다. 사위성 태생이며 급고독장자의 명으로 정사精舍를 돌보다가 출가하였다고 한다. 급고독장자의 여자 노예의 자식이라는 설도 있다.
27 첫째 길가에 버린 옷, 둘째 쓰레기를 버리는 곳에 있는 옷, 셋째 물가에 버려진 옷, 넷째 벌레들이 구멍을 뚫은 옷, 다섯째 다 떨어져 너덜너덜한 옷을 기워 만든 옷을 말한다.
28 팔리어로는 Uttara라고 한다. 오다라烏多羅라고 쓰기도 하며, 의역하여 선승善勝이라고 한다. 바라문 출신으로 사위성에서 부처님의 신통을 보고 감격하여 출가하였다.
29 팔리어로는 Sandita라고 한다. 교살라국 사람으로서 비사족毘舍族 장자의 아들이다.
30 팔리어로는 Dhammaruci라고 한다. 담마류지曇摩留枝로 쓰기도 하며, 의역하여 법락法樂이라고 한다.
31 팔리어로는 Kāmabhū라고 한다. 가마迦摩 또는 가마伽摩라고 쓰기도 한다.

노혜녕 · 우감마니강과
산제 · 담마류 · 가루에 대해 설하셨다.

〔 5 〕

"내 성문들 중에서 제일가는 비구로서, 수명이 매우 길어 끝내 요사夭死하지 않는 이는 바로 바구라婆拘羅[32] 비구이고, 언제나 한가한 곳에 있기를 좋아하여 대중들 속에 있지 않는 이도 바로 바구라 비구이며, 자세하게 설법하여 그 이치를 잘 분별해 주는 이는 바로 만원자(滿願子 : 富樓那) 비구이고, 계율을 받들어 지켜서 범하지 않는 이는 바로 우바리優波離 비구이며, 믿음의 해탈〔信解脫〕을 얻어 마음에 망설임이 없는 이는 바로 바가리婆迦利[33] 비구이고, 몸이 단정하여 세상과 다른 이는 바로 난타難陀[34] 비구이며, 모든 감각기관이 고요하고 마음이 변하여 바뀌지 않는 이도 바로 난타 비구이니라.

말재주가 넘쳐 쏟아져서 다른 이들의 의심을 시원하게 풀어 주는 이는 바로 바타婆陀[35] 비구이고, 진리를 자세하게 설명해 주어서 이치에 어긋나지 않게 하는 이는 바로 사니斯尼 비구이며, 좋은 옷 입기를 좋아하지만 행실이 본래 청정한 이는 바로 천수보리天須菩提 비구이고, 늘 후학後學들을 가르치기 좋아하는 이는 바로 난타가難陀迦[36] 비구이

32 팔리어로는 Bakkula라고 한다. 박구라薄拘羅로 쓰기도 하고 의역하여 선용善容이라고 한다.

33 팔리어로는 Vakkalin이라고 한다. 말가리末揭唎라고 쓰기도 하며, 의역하여 착수피의著樹皮衣라고 한다. 신앙이 견고하기로 제일이라고 칭찬을 받은 부처님의 제자이다.

34 팔리어로는 Nanda라고 한다. 난노難努로 쓰기도 하고, 의역하여 선환희善歡喜라고 한다. 부처님의 이복동생으로 부처님을 양육한 이모 마하파사파제의 아들이다.

35 팔리어로는 Bhadda Pātaliputta라고 한다. 발타라跋陀羅로 쓰기도 하며, 의역하여 현선賢善이라고 한다. 사위성 사람이고, 비사 종족의 장자의 아들이다.

36 팔리어로는 Nandaka라고 한다. 난나가難那哥로 쓰기도 한다.

며, 비구니 스님에게 계율을 잘 가르치는 이는 바로 수마나須摩那 비구이니라."

바구라 · 만원자 · 우바리와
바가리와 난타와
바타 · 사니 · 천수보리와
난타가와 수마나에 대하여 말씀하셨다.

〔 6 〕

"내 성문들 중에서 제일가는 비구로서, 공덕이 풍족하고 어디를 가든지 단점이 없는 이는 바로 시바라尸婆羅[37] 비구이고, 온갖 행과 도품道品의 법을 원만하게 갖춘 이는 바로 우파선가란타자優波先迦蘭陀子[38] 비구이며, 말하는 것이 온화하고 부드러워 남의 마음을 다치지 않게 하는 이는 바로 바타선婆陀先[39] 비구이고, 수식관〔安般〕을 닦고 오로惡露를 생각하는 이는 바로 마하가연나摩訶迦延那 비구이며, 나라고 하는 것은 덧없는 것임을 헤아려 마음에 생각이 없는 이는 바로 우두반牛頭槃 비구이고, 여러 가지로 논리를 펴서 마음을 시원하게 해 주는 이는 바로 구마라가섭拘摩羅迦葉[40] 비구이니라.

다 떨어진 더러운 옷을 입고도 부끄러워하지 않는 이는 바로 면왕面王[41] 비구이고, 계율을 헐지 않고 글 읽기를 게을리 하지 않는 이는 바

---

37 팔리어로는 Sīvalan이라고 한다. 시리라尸利羅로 쓰기도 한다.

38 팔리어로는 Upasene Vaṅgantaputta라고 한다. 오파세나말가리자烏波細那末揭梨子라고 쓰기도 한다.

39 팔리어로는 Bhaddasena라고 한다.

40 팔리어로는 Kumāra Kassapa라고 한다. 의역하여 동자가섭童子迦葉이라고 한다.

41 팔리어로는 Mogharāja라고 한다. 음역하여 모하라아謨賀羅惹라고도 한다.

로 라운(羅雲 : 羅睺羅) 비구이며, 신통의 힘으로써 잘 숨고 몸을 잘 감추는 이는 바로 반토般兎[42] 비구이고, 몸을 잘 변화해 여러 가지로 신통을 부리는 이는 바로 주리반토周利般兎[43] 비구이니라."

시바라 · 우파선가란타자와
바타선 · 가연나와
우두반 · 구마라가섭 · 면왕과
라운과 두 반토에 대해 말씀하셨다.

〔 7 〕

"내 성문들 중에서 제일가는 비구로서, 큰 종족으로 부富하고 귀貴하면서 천성이 부드럽고 온화한 이는 바로 석왕釋王 비구이고, 걸식하기를 싫어하지 않고 끝없이 교화하는 이는 바로 바제바라婆提波羅 비구이며, 기력이 강성하여 어려움을 두려워하지 않는 이도 바로 바제바라 비구이고, 음성이 맑고 트여 말소리가 범천梵天에까지 들리는 이는 바로 라바나바제羅婆那婆提 비구이며, 몸이 향기롭고 깨끗하여 그 향기가 사방에 풍기는 이는 앙가사鴦迦闍 비구이니라.

내 성문들 중에서 제일가는 비구로서, 때를 알고 사물이 밝아 어디에 가나 의심이 없고 잘 기억하여 잊지 않으며, 많이 들어 아는 게 많고 어른을 잘 받드는 이는 바로 아난阿難 비구이고, 옷을 잘 차려 입고

42 또는 마하 반토(摩訶般兎, Mahāpanthaka)라고 쓰기도 하고, 대반탁가大般託迦로 쓰기도 하며, 의역하여 대로大路라고 한다. 이 사람이 태어났을 적에 그 부모가 큰길에 놓아두었는데 등대等待 사문과 바라문이 주원呪願하고 기복祈福하였기 때문에 그렇게 이름하였다고 한다. 주리반토周利般兎의 형으로 총명하고 영리한 근기를 지녔다.

43 팔리어로는 Cūḷapanthaka라고 한다. 반탁가半託迦 · 주리반타가周利槃陀伽로 쓰기도 하고, 의역하여 소로小路라고 한다. 그는 품성이 우둔하였기 때문에 또 우로愚路라고 하기도 한다.

길을 걸을 때에 그림자를 자주 돌아보는 이는 바로 가지리迦持利 비구이며, 여러 임금들이 공경히 대접하고 많은 신하들이 존경하는 이는 바로 월광月光[44] 비구이고, 하늘 신의 받들어 모심을 받아 아침마다 인사를 받는 이는 바로 수제輸提[45] 비구이며, 사람 형상을 버리고 하늘 모양을 본뜨는 이도 바로 수제 비구이고, 하늘 스승의 인도를 받아 바른 법을 배우는 이는 바로 천天 비구이며, 자기 전생의 수없이 많은 겁劫 동안의 일을 기억하는 이는 바로 과의菓衣 비구이니라."

석왕과 바제바라와
라바나바제 · 앙가사와
아난 · 가지리 · 월광과
수제 · 천 · 과의에 대해 말씀하셨다.

〔 8 〕

"내 성문들 중에서 제일가는 비구로서, 성품이 영리하고 지혜가 너무 깊어 알기 힘든 이는 바로 앙굴마鴦掘魔[46] 비구이고, 마魔와 외도外道의 삿된 업을 잘 항복 받는 이는 바로 승가마僧迦摩[47] 비구이며, 수삼매水三昧에 드는 것을 어렵게 여기지 않는 이는 바로 질다사리불質多舍利弗[48] 비구이고, 아는 것이 많아 남의 존경을 받는 이도 바로 질다사

44 팔리어로는 Candapabha라고 하며, 전다파라비旃陀婆羅脾라고 쓰기도 한다.
45 팔리어로는 Jotidāsa라고 한다. 수제타사樹提陀娑로 쓰기도 하며, 바라문 출신으로 어른이 되어 대가섭을 공양하고 그에게 불법을 듣고 출가하였다.
46 팔리어로는 Aṅgulimāla라고 한다. 앙굴마라盎堀摩羅라고 쓰기도 하며, 의역하여 지만指鬘이라고 한다.
47 팔리어로는 Sabbakāma라고 한다. 승가라마僧伽羅摩라고 쓰기도 한다.
48 팔리어로는 Citta-Hatthirohaputta라고 한다. 상사리불象舍利弗이라고 쓰기도 하는데, 사위성에 살았던 농부의 아들로서 여섯 번 환속하고 일곱 번 출가한 끝에 결국 깨달

리불 비구이며, 화火삼매에 들어 시방을 두루 비추는 이는 바로 선래善來[49] 비구이고, 용龍을 항복 받아 3존尊[50]을 받들게 한 이는 바로 나라타那羅陀[51] 비구이니라.

귀신을 항복 받아 악惡을 고치고 선善을 닦게 하는 이는 바로 귀타鬼陀[52] 비구이고, 건답화(乾沓和 : 乾達婆)를 항복 받아 착한 행을 부지런히 행하게 하는 이는 바로 비로차毘盧遮 비구이며, 항상 공정公定을 좋아하고 공의 이치를 분별하여 해설하는 이는 바로 수보리須菩提 비구이고, 비고 고요하고 미묘한 덕업德業에 뜻을 두고 있는 이도 수보리 비구이며, 무상정無想定을 닦아 온갖 생각을 버리는 이는 바로 기리마난耆利摩難[53] 비구이고, 무원정無願定에 들어 뜻이 어지럽지 않은 이는 바로 염성焰盛 비구이니라."

앙굴마·승가마와
질다사리불·선래·나라타와
열차(閱叉 : 귀타)·부로차(浮盧遮 : 毘盧遮)와
선업(善業 : 須菩提)·기리마난·염성에 대해 말씀하셨다.

〔 9 〕

"내 성문들 중에서 제일가는 비구로서, 자삼매慈三昧에 들어 마음에

음을 얻었다고 한다.

49 팔리어로는 Sāgata라고 한다. 수가타修伽陀로 쓰기도 한다.

50 불·법·승 삼보를 말한다.

51 팔리어로는 Nārada라고 한다.

52 팔리어로는 Khitaka라고 한다. 바라문 종족으로 사위성 사람이다. 목건련의 신통에 대한 일을 듣고 출가하여 수행하였다고 한다.

53 팔리어로는 Girimānanda라고 한다. 왕사성 출신으로 바라문 종족이며 빈바사라왕頻婆娑羅王의 재상의 아들이라고 한다.

성냄이 없는 이는 바로 범마달梵摩達[54] 비구이고, 비삼매悲三昧에 들어 본래 업을 성취한 이는 바로 수심須深[55] 비구이며, 기뻐하는 행의 덕을 얻어 여러 갈래 생각이 없는 이는 바로 사미타娑彌陀[56] 비구이고, 항상 마음을 지키고 보호하여 뜻을 놓아 버리지 않는 이는 바로 약파가躍波迦 비구이며, 염성焰盛삼매를 닦아 끝내 해탈解脫[57]하지 않는 이는 바로 담미曇彌[58] 비구이니라. 말씨가 추하고 거칠어 높고 귀한 이를 가리지 않는 이는 바로 비리타바차比利陀婆遮[59] 비구이고, 금광金光삼매에 드는 이도 비리타바차 비구이며, 금강金剛삼매에 들어 있어서 무너뜨릴 수 없는 이는 바로 무외無畏[60] 비구이고, 주장이 확실하여 겁내거나 나약하지 않는 이는 바로 수니다須泥多[61] 비구이며, 항상 고요함을 좋아하여 마음이 어지러운 곳에 있지 않는 이는 바로 타마陀摩 비구이고, 이

---

54 팔리어로는 Brahmadatta라고 한다. 사위성 바사닉왕의 아들인데, 어느 날 탁발托鉢을 하다가 어떤 바라문에게 욕을 당했는데 아무 말 없이 인욕忍辱하여 마침내는 그 사람을 교화하였다고 한다.

55 팔리어로는 Susīma라고 한다. 의역하여 선결善結 또는 애념愛念이라고 한다. 처음에는 외도外道로 부처님 처소에 찾아가 출가할 것을 간청하여 불법을 도적질한 자였으므로 적주賊住 비구라고 하기도 한다. 나중에 부처님께 참회하고 지성으로 수학하여 과위果位를 이루었다.

56 팔리어로는 Samiddhi라고 한다. 왕사성에 살았던 사람으로 찰제리刹帝利 출신이다. 그가 태어난 후 그의 집안이 더욱 번영하였기 때문에 Samiddhi(성공, 번영)라고 이름을 지었다.

57 신수대장경 각주에 의하면 "성본聖本에는 해탈解脫 두 글자가 해타解惰로 되어 있다"고 되어 있다.

58 팔리어로는 Dhammika라고 한다. 달마가達磨哥라고 쓰기도 하며, 의역하여 완둔頑鈍이라고 한다.

59 팔리어로는 Pilinda-vaccha라고 한다. 필릉가바차畢陵伽婆蹉라고 쓰기도 한다.

60 팔리어로는 Abhaya라고 한다. 교살라국憍薩羅國 사위성 사람이며, 바라문 출신이다. 탁발을 하다가 아주 아름다운 여인을 보고 잠시 마음이 흔들렸으나 정사에 돌아와 부끄럽게 생각하고 더욱 열심히 수행하여 깨달음을 얻었다고 전해진다.

61 팔리어로는 Sunīta라고 한다. 왕사성 사람이며, 생활이 가난하여 도로를 청소하던 사람으로서 나중에 부처님께 출가하여 깨달음을 얻었다고 한다.

치로는 이길 수 없어 끝내 항복 받을 수 없는 이는 바로 수라타須羅陀[62] 비구이니라."

범마달과 수심마須深摩와
사미타·약파가·담미며
비리타바차와 무외와
수니다·타마·수라타에 대해 말씀하셨다.

〔 10 〕

"내 성문들 중에서 제일가는 비구로서, 별에 더하여 분명하게 알아 길흉吉凶을 점쳐 미래를 미리 아는 이는 바로 나가파라那伽波羅[63] 비구이고, 항상 삼매를 좋아하여 선정의 즐거움으로 밥을 삼는 이는 바로 바사타婆私吒[64] 비구이며, 항상 기쁨으로 밥을 삼는 이는 바로 수야사須夜奢 비구이고, 항상 인욕을 하여 어떤 대상〔對〕이 와도 일어나지 않는 이는 바로 만원성명滿願盛明 비구이니라.

또 일광日光삼매를 닦아 익히는 이는 바로 미해彌奚[65] 비구이고, 산술算術에 밝아 조금의 오차도 없는 이는 바로 니구류尼拘留[66] 비구이며, 평등한 지혜〔等智〕를 분별해 말해 주어 언제나 잊지 않게 하는 이는 바

62 팔리어로는 Surādha라고 한다. 의역하여 선득善得이라고 하며 왕사성 사람으로 바라문 출신이며, 라타羅陀 장로의 아우이다. 형의 인도에 따라 출가하여 수행하게 되었다고 한다.

63 팔리어로는 Nāgasamāla라고 한다. 의역하여 용호龍護라고 한다.

64 팔리어로는 Vāsettha라고 한다.

65 팔리어로는 Meghiyā라고 한다. 또는 미기가彌企哥로 표기하기도 한다.

66 팔리어로는 Nigrodha라고 한다. 의역하여 무에無恚라고 하고, 사위성舍衛城 사람으로 바라문 출신이다. 기원정사祇園精舍의 건립에 감격하여 부처님의 설법을 듣고 출가하였다고 한다.

로 녹두鹿頭[67] 비구이고, 뇌전雷電삼매를 얻어 두려움을 품지 않는 이는 바로 지地[68] 비구이며, 몸의 근본을 관찰하여 깨달은 이는 바로 두나頭那[69] 비구이고, 최후에 깨달아 누진통漏盡通을 얻은 이는 바로 수발須拔[70] 비구이니라."

나가파라 · 바사타 · 수야사와
미해 · 니구류이며
녹두 · 뇌전 · 지 · 두나에 대해 말씀하셨고
수발은 맨 뒤에 말씀하셨다.

이상 1백 명의 성현聖賢에 대하여 자세히 설명하였다.

5. 비구니품比丘尼品

〔 1 〕

"내 성문들 중에서 제일가는 비구니로서, 오랫동안 출가하여 도를 배워 국왕의 존경을 받은 이는 바로 대애도구담미大愛道瞿曇彌[71] 비구니이고, 지혜롭고 총명한 이는 바로 참마讖摩[72] 비구니이며, 신족神足이

67 팔리어로는 Migasīsa라고 한다.
68 팔리어로는 Bhūmija라고 한다. 부미浮彌로 쓰기도 한다.
69 팔리어로는 Doṇa라고 하며, 도로나徒盧那로 쓰기도 한다.
70 팔리어로는 Subhadda라고 한다. 또 수발須跋 · 수발타라須跋陀羅라고 쓰기도 하고, 의역하여 선현善賢이라고 한다. 원래는 바라문이었는데 옛것을 좋아하고 지혜가 많았다. 맨 마지막으로 부처님의 교화를 받아 아라한이 된 사람이다.
71 팔리어로는 Mahūpajūpatī Gotamī라고 한다. 마하파사파제摩訶波闍婆提라고 쓰기도 하고 마야摩耶부인의 누이이다. 세존世尊의 양모養母이고, 난타難陀의 생모이다.

으뜸이어서 모든 신들을 감동시키는 이는 바로 우발화색優鉢華色[73] 비구니이고, 두타법頭陀法의 11한애(限碍 : 不踰越)를 행하는 이는 바로 기리사구담미機梨舍瞿曇彌[74] 비구니이며, 천안天眼이 으뜸이어서 걸림 없이 비추어보는 이는 바로 사구리奢拘梨[75] 비구니이니라. 앉아 참선해 선정에 들어 마음이 흐트러지지 않는 이는 바로 사마奢摩[76] 비구니이고, 이치를 분별해 널리 도의 가르침을 펴는 이는 바로 파두란사나巴豆蘭闍那 비구니이며, 계율을 받들어 잘 지켜서 범하지 않는 이는 바로 파라차나波羅遮那[77] 비구니이고, 신해탈信解脫을 얻어 다시는 물러나지 않는 이는 바로 가전연迦旃延[78] 비구니이며, 4변재辯才를 얻어 두려워하지 않는 이는 바로 최승最勝 비구니이니라.”

대애도와 참마와
우발라색과 기리사구담미
사구리 · 사마 · 파두란사나와
파라차나 · 가전연 · 최승에 대해 말씀하셨다.

---

72 팔리어로는 Khemā라고 한다.

73 팔리어로는 Uppalavaṇṇā라고 하고, 의역하여 연화색蓮花色이라고 한다.

74 팔리어로는 Kisāgotamī라고 하며, 가리사訖哩舍로 쓰기도 한다.

75 팔리어로는 Sakulā라고 한다. 의역하여 현賢이라고 하며, 사위성 사람으로서 바라문 출신이다.

76 팔리어로는 Sāmā라고 하며, 교상미憍賞彌 사람이다. 우전왕于闐王의 부인과 절친한 친구였는데, 왕비가 죽고 나서 무상함을 느끼고 마침내는 출가하게 되었다고 한다.

77 팔리어로는 Paṭācārā라고 한다. 발타좌라鉢吒左羅라고 하기도 하며, 의역하여 미묘微妙라고 한다.

78 팔리어로는 Bhaddakaccānā라고 한다.

〔 2 〕

“내 성문들 중에서 제일가는 비구니로서, 자기 전생의 수없는 겁 동안의 일을 아는 이는 바로 발타가비리拔陀迦毘離[79] 비구니이고, 얼굴이 단정하여 남의 존경과 사랑을 받는 이는 바로 혜마사醯摩闍 비구니이며, 외도를 항복 받아 바른 가르침을 세우는 이는 바로 수나輸那[80] 비구니이고, 이치를 분별하여 널리 갈래〔分部〕를 설명하는 이는 바로 담마제나曇摩提那[81] 비구니이니라. 몸에 더러운 옷을 입고도 부끄러워하지 않는 이는 바로 우다라優多羅 비구니이고, 모든 감각기관이 고요하고 그 마음이 한결같은 이는 바로 광명光明 비구니이며, 옷을 잘 바로잡아 언제나 법다운 이는 바로 선두禪頭[82] 비구니이고, 여러 가지를 토론하되 의심나는 곳이나 걸림이 없는 이는 바로 단다檀多[83] 비구니이며, 게송을 잘 지어 여래의 덕을 찬탄한 이는 바로 천여天與 비구니이고, 많이 듣고 널리 알며 은혜로 아랫사람을 대접하는 이는 바로 구비瞿卑 비구니이니라.”

발타가비리 · 혜마사 · 수나와
담마나제 · 우다라와
광명 · 선두 · 단다와

---

79 팔리어로는 Bhaddākapilānī라고 한다. 발타라가비리야跋陀羅迦卑梨耶 · 바타婆陀라고 쓰기도 하고, 의역하여 묘현妙賢이라고 한다. 원래 대가섭과 함께 범행을 닦는 부부였는데 나중에 함께 출가하였다고 한다.

80 팔리어로는 Soṇā라고 한다. 수로輸盧라고 쓰기도 하는데, 일찍이 신통 변화를 보여 외도육사外道六師를 항복받았다고 전해진다.

81 팔리어로는 Dhammadinnā라고 하며, 의역하여 시법施法이라고 한다.

82 팔리어로는 Jentī이다.

83 팔리어로는 Dantikā라고 한다. 찰제리刹帝利 출신으로서 비사리성毘舍離城 이차족離車族의 딸이다. 혼인을 하였다가 남편이 죽자 출가하여 깨달음을 얻었다고 한다.

천여와 구비에 대해 말씀하셨다.

〔 3 〕

"내 성문들 중에서 제일가는 비구니로서, 항상 한가하고 고요한 곳에 살고 사람들 속에 살지 않는 이는 바로 무외無畏[84] 비구니이고, 몸을 괴롭히며 걸식하면서 귀천貴賤을 가리지 않는 이는 바로 비사가毘舍佉[85] 비구니이며, 어떤 곳에 한 번 앉으면 끝내 옮기지 않는 이는 바로 발타바라拔陀婆羅 비구니이고, 두루 다니며 구걸하면서 사람을 널리 제도하는 이는 바로 마노가리摩怒呵利 비구니이며, 도과道果를 빨리 이루어 중간에서 지체하지 않는 이는 바로 타마陀摩 비구니이고, 세 가지 법의를 가져 끝내 버리지 않는 이는 바로 수타마須陀摩 비구니이니라.

항상 나무 밑에 앉아 뜻을 바꾸지 않는 이는 바로 협수나瑒須那 비구니이고, 늘 한데〔露地〕에 있으면서 덮개〔覆蓋〕를 생각하지 않는 이는 바로 사타奢陀 비구니이며, 텅 비어 고요한 곳을 좋아하여 사람들 속에 있지 않는 이는 바로 우가라優迦羅 비구니이고, 항상 풀 자리〔草蓐〕에 앉아 화려함을 나타내지 않는 이는 바로 이나離那 비구니이며, 다섯 가지 누더기 옷을 입고 차례로 걸식〔分衛〕하는 이는 바로 아노파마阿奴波摩[86] 비구니이니라."

무외・비사가와
발타바라・마노가리와

---

84 팔리어로는 Abhayā라고 한다. 우선니국于禪尼國 사람이고 비사족毘舍族이다. 일찍이 왕사성 한림寒林에서 부정관不淨觀을 수행하였다고 한다.

85 팔리어로는 Visākhā라고 한다. 가유라위성迦維羅衛城 사람으로 찰제리종이다. 원래는 궁녀宮女였는데, 뒤에 마하파사파제摩訶波闍波提 등과 함께 출가하였다고 한다.

86 팔리어로는 Anopamā라고 하며, 의역하여 무비無譬라고 한다.

단수단檀須檀[87] · 협수나 · 사타와
우가라 · 이나 · 아노파마에 대해 말씀하셨다.

〔 4 〕

"내 성문들 중에서 제일가는 비구니로서, 쓸쓸한 무덤 사이를 좋아하는 이는 바로 우가마優迦摩 비구니이고, 불쌍하게 여기는 마음을 많이 내어 생물生物들을 가엾이 여기는 이는 바로 청명淸明 비구니이며, 도에 이르지 못한 중생을 슬피 여기는 이는 바로 소마素摩 비구니이고, 도를 얻은 이가 있으면 기뻐하고 소원이 일체에 미치게 하는 이는 바로 마타리摩陀利 비구니이며, 모든 행을 단속하고 지켜서 뜻이 멀리 떠나지 않게 하는 이는 바로 가라가迦羅伽 비구니이니라.

공空을 지키고 부질없는 것이라고 고집하여 존재함이 없다는 것을 깨달은 이는 바로 제바수提婆修 비구니이고, 마음이 생각 없음〔無想〕을 좋아하여 모든 집착을 버린 이는 바로 일광日光 비구니이며, 원願하는 게 없는 것을 닦아 익혀 마음으로 항상 넓게 제도하는 이는 바로 말나바末那婆 비구니이고, 모든 법에 의심이 없어 한량없이 많은 사람을 제도하는 이는 바로 비마달毘摩達 비구니이며, 진리를 널리 설명해 심오한 법을 분별해 주는 이는 바로 보조普照 비구니이니라."

우가마 · 청명 · 소마와
마타리 · 가라가 · 제바수와
일광과 말나바와
비마달과 보조에 대해 말씀하셨다.

87 단수단檀須檀은 아마도 타수타陀須陀의 잘못인 듯하다. 즉 타마陀摩와 수타마須陀摩가 되어야만 옳기 때문이다.

〔 5 〕

"내 성문들 중에서 제일가는 비구니로서, 마음으로 욕된 것을 참기를 마치 땅이 모든 것을 수용受容하는 것처럼 하는 이는 바로 담마제曇摩提 비구니이고, 사람을 잘 교화해 시주 모임〔檀會〕을 만들게 하는 이는 바로 수야마須夜摩 비구니이며, 평상 자리를 준비하는 이도 또한 수야마 비구니이고, 마음이 아주 쉬어져서 어지러운 생각을 일으키지 않는 이는 바로 인타사因陀闍 비구니이며, 모든 법을 관찰하여 분명하게 알되 만족할 줄 모르는 이는 바로 용龍 비구니이니라.

뜻이 굳세고 용맹스러워 더러운데 물들지 않는 이는 바로 구나라拘那羅 비구니이고, 수水삼매에 들어 일체를 두루 적시는 이는 바로 바수婆須 비구니이며, 염광焰光삼매에 들어 모든 중생들을 두루 다 비추는 이는 바로 항제降提 비구니이고, 오로惡露의 더러움을 관觀하여 연기緣起를 분별하는 이는 바로 차바라遮波羅 비구니이며, 모든 사람들의 모자라는 것을 공급해 주어 양육하는 이는 바로 수가守迦[88] 비구니이고, 내 성문들 중에서 최후로 제일가는 비구니는 바로 발타군타라구이국拔陀軍陀羅拘夷國[89] 비구니이니라."

담마제와 수야마와
인타사 · 용 · 구나라와

88 팔리어로는 Sukkā라고 한다. 또는 숙가라叔迦羅라고 쓰기도 하고, 의역하여 백정白淨 · 선백鮮白이라고 한다. 왕사성 사람이며 비사족毘舍族인데, 왕사성 사람들이 그를 공경하고 공양하기를 마치 아라한을 공경하듯이 하였는데, 하루는 일부러 그에게 공양하는 것을 중지했더니, 어떤 귀신이 그 시주 집을 찾아가 게송을 읊어 수가를 공양하라고 권유했다고 한다.

89 팔리어로는 Bhaddākuṇḍalakesā라고 하고, 군다라계두君荼羅繫頭르 쓰기도 한다. 원래는 니건자尼乾子의 제자였는데 뒤에 부처님께 출가하여 귀의하였다고 한다.

바수・항제・차바라와
수가・발타군타라구이국에 대해 말씀하셨다.

6. 청신사품淸信士品

〔 1 〕

“내 제자 중에 제일가는 우바새로서, 처음으로 법의 약〔法藥〕을 얻고 성현의 진리를 깨달은 이는 바로 삼과三果의 장사꾼[90]이고, 지혜가 제일인 이는 바로 질다質多[91] 장자長者이며, 신덕神德이 제일인 이는 바로 건제아람犍提阿藍이고, 외도를 항복 받은 이는 바로 굴다掘多 장자이다.

심오한 법을 잘 설명하는 이는 바로 우파굴優波掘 장자이고, 늘 앉아서 참선하며 사유하는 이는 바로 가치아라바呵侈阿羅婆[92]이며, 마魔의 궁전을 항복 받은 이는 바로 용건勇健[93] 장자이고, 복과 덕이 풍성하고 원만한 이는 바로 사리闍利 장자이며, 큰 시주의 주인공은 바로 수달須達[94] 장자이고, 일가친척이 많은 이는 바로 민토泯兎[95] 장자이니라.”

---

90 장사꾼 제바수提波須와 발리가跋利迦 두 형제이다. 이들 형제는 처음에 꿀을 부처님께 공양하다가 최초로 부처님께 귀의한 사람이 되었다.

91 팔리어로는 Citta라고 한다. 사위성 밖에 거주하던 우바새인데, 그는 항상 비구들과 법을 논하곤 하였으며 우바새 중에 설법이 제일 뛰어났다고 한다.

92 팔리어로는 Hatthaka Ālavaka라고 한다. 아타부가阿吒嚩哥・하실다가賀悉多哥라고 쓰기도 하며, 의역하여 수보상手寶象이라고 한다.

93 팔리어로는 Sūra-ambaṭṭha라고 하며, 또는 용맹勇猛이라고 쓰기도 한다.

94 팔리어로는 Sudatta라고 하며, 의역하여 선수善授라고 한다. 바사닉왕의 대신으로 성품이 인자하고 항상 불쌍하고 외로운 이들을 돌보아 의식을 제공해 주고 하였으므로 그 당시 사람들이 그를 급고독(給孤獨, Anāthapiṇḍika)이라고 부르곤 했다.

95 팔리어로는 Meṇḍaka라고 하며, 또는 민다民茶・민대民大라고 한다. 앙가국鴦伽國의 장자이다.

삼과 · 질다 · 건제아람과
굴다 · 우파굴 · 가치아라바와
용건 · 사리 · 수달이며
민토까지 모두 열이 된다.

〔 2 〕

"내 제자 중의 제일가는 우바새로서, 이치 묻기를 좋아하는 이는 바로 생루生漏[96] 바라문이고, 근기가 영리하고 밝게 통달한 이는 바로 범마유梵摩兪이며, 모든 부처님들께서 신임하는 사자는 바로 어마마납御馬摩納이고, 몸에 대해 생각하기를 '나라는 것은 없다'고 여기는 이는 바로 희문금喜聞衿 바라문이며, 논리로는 이길 수 없는 이는 바르 비구毘裘 바라문이고, 게송을 잘 짓고 외우는 이는 바로 우바리優波離[97] 장자이며, 말을 빨리 하는 이도 바로 우바리 장자이니라. 좋은 보배를 기꺼이 주고 아까워하는 마음이 없는 이는 바로 수제殊提 장자이고, 선善의 근본을 이룩한 이는 바로 우가비사리優迦毘舍離이며, 미묘한 법을 잘 설명하는 이는 바로 최상무외最上無畏 우바새이고, 두려움이 없이 설법하고 사람의 성질을 잘 살피는 이는 바로 두마대장頭摩大將 영비사리領毘舍離이니라."

생루 · 범마유와
어마마납 · 희문금과
비구 · 우바리와

---

96 팔리어로는 Jāṇussoṇī라고 하며, 의역하여 생문生聞이라고 한다.
97 팔리어로는 Upāli라고 한다. 원래는 니건자尼乾子의 제자였는데 부처님과 논란을 벌이려다가 도리어 부처님께 교화를 받은 사람이다.

수제 · 우가비사리 · 최상무외 · 두마에 대해 말씀하셨다.

〔 3 〕

"내 제자 중에 제일가는 우바새로서, 항상 자비한 마음 베풀기를 좋아하는 이는 바로 비사왕毘舍王[98]이고, 보시하는 것이 조금 덜한 이는 바로 광명왕光明王[99]이며, 선善한 근본을 건립한 이는 바사닉왕波斯匿王[100]이고, 뿌리〔根〕 없는 좋은 믿음〔無根善信〕[101]을 얻어 기뻐한 이는 바로 아사세왕阿闍世王[102]이며, 지극한 마음으로 부처님을 향해 뜻이 변하지 않는 이는 바로 우전왕優塡王[103]이고, 바른 법을 받들어 섬기는 이는 바로 월광月光 왕자이니라.

성중聖衆을 받들어 공양하되 뜻이 항상 평등한 이는 바로 조기원造祇洹 왕자[104]이고, 항상 남을 제도하기를 좋아하고 자기 자신만을 위하지 않는 이는 바로 사자師子 왕자이며, 남을 잘 공경하고 받들되 높고 낮은 이의 차별이 없는 이는 바로 무외無畏 왕자이고, 얼굴이 단정하

98 팔리어로는 Bimbisāra라고 한다. 또 빈바사라頻婆娑羅 · 병사甁沙라고 쓰기도 하고, 의역하여 광택제일光澤第一이라고 한다. 마갈타국摩竭陀國의 왕으로 아사세왕阿闍世王의 아버지이다.

99 팔리어로는 Caṇḍapajjota라고 하며, 맹광猛光 · 광명光明 · 악생惡生으로 쓰기도 한다. 그는 원래 성정性情이 포악하였기 때문에 사람들이 맹폭등광猛暴燈光이라고 불렀다. 나중에는 부처님께 귀의하였다.

100 팔리어로는 Pasenadi라고 한다. 의역하여 화열和悅 · 월광月光 · 승광勝光 · 승군勝軍이라고 하며, 교살라국憍薩羅國의 왕이다. 부처님과 생일이 같으며, 왕비 말리末利의 권유로 부처님께 귀의하게 되었다고 한다.

101 처음에는 비록 착한 뿌리[善根]가 없었지만 부처님의 힘에 의해 신심信心을 내게 되는 것을 말한다.

102 팔리어로는 Ajātasattu라고 한다. 의역하여 미생원未生怨이라고 한다.

103 팔리어로는 Udena라고 하고, 의역하여 일자日子라고 하며, 구섬미국拘睒彌國의 왕이다.

104 지타(祇陀, Jeta)라고도 하며, 바사닉왕의 아들이다.

여 남보다 뛰어난 이는 바로 계두雞頭 왕자이니라.'

비사왕 · 광명왕과
바사닉왕 · 아사세왕과
월광 왕자 · 기원 왕자 · 우전왕과
사자 왕자 · 무외 왕자 · 계두 왕자에 대해 말씀하셨다.

〔 4 〕

"내 제자 중에 제일가는 우바새로서, 항상 자애로운 마음〔慈心〕을 실천하는 이는 바로 불니不尼 장자이고, 마음속에 항상 모든 중생을 불쌍히 여기는 마음〔悲心〕을 내는 이는 바로 석가족인 마하납摩訶納[105]이며, 항상 기뻐하는 마음〔喜心〕을 실천하는 이는 바로 석가족인 발타拔陀이고, 항상 평정한 마음〔護心 : 捨心〕을 실천하여 착한 행을 잃지 않는 이는 바로 비사선毘闍先 우바새이며, 욕됨을 잘 참는 이는 바로 사자師子[106] 대장이니라.

여러 가지 논리를 잘 펴는 이는 바로 비사어毘舍御[107] 우바새이고, 성현의 침묵을 잘 행하는 이는 바로 난제바라難提婆羅[108] 우바새이며, 착한 행〔善行〕을 부지런히 닦고 중단하지 않는 이는 바로 우다라優多羅[109] 우바새이고, 모든 감각기관이 고요하고 조용해진 이는 바로 천

105 팔리어로는 Mahānāma라고 한다. 또 마하남摩訶男이라고 쓰기도 하고, 의역하여 대명大名이라고 한다.
106 팔리어로는 Sīha라고 한다. 또는 사하私呵로 쓰기도 하며, 비사리毘舍離의 장군으로서 원래는 니건尼乾 외도를 신봉信奉하였는데, 나중에 불타에게 귀의하였다.
107 신수대장경 각주에 의하면 "비사어毘舍御가 송宋 · 원元 · 명明 3본에는 모두 비사가毘舍佉라고 되어 있다"고 한다.
108 팔리어로는 Nandipāla라고 한다.
109 팔리어로는 Uttara라고 한다.

마天摩 우바새이며, 내 제자 중에서 맨 마지막으로 깨달은 이는 바로 구이나마라拘夷那摩羅이니라."

불니와 마하납과
발타와 비사선과
사자 · 비사어 · 난제바라와
우다라 · 천마 · 구이나마라에 대해 말씀하셨다.

이상 40명의 우바새에 대하여 모두 자세하게 설명하셨다.

7. 청신녀품淸信女品

〔 1 〕

"내 제자 중에 제일가는 우바사優婆斯[110]로서, 처음으로 도를 받아 깨달은 이는 바로 난타난타바라難陀難陀婆羅[111] 우바사이고, 지혜가 제일인 이는 바로 구수다라久壽多羅[112] 우바사이며, 항상 좌선坐禪하기를 좋아하는 이는 바로 수비야녀須毘耶女[113] 우바사이고, 지혜가 밝은 이

---

110 팔리어로는 Upāsikā라고 한다. 또는 우바이優婆夷라고 쓰기도 하고, 의역하여 근사녀近事女 · 청신녀淸信女라고 하는데, 이는 삼보를 가까이에서 받들어 모신다는 의미라고 한다.

111 이는 아마도 난타難陀와 난타바라難陀婆羅 두 사람이 아닌가 의심스럽다. 이 두 사람은 부처님께서 6년 고행을 마치시고 니련선하尼連禪河에서 목욕을 마치시고 강가에 올라오시자 유미乳糜죽을 부처님께 공양하였다고 한다.

112 팔리어로는 Khujjuttarā라고 한다. 또는 고몰유달라酤沒儒怛羅라고 쓰기도 하고, 의역하여 도승度勝이라고 한다.

113 팔리어로는 Suppiyā라고 하며, 또는 수비이須比耳로 쓰기도 한다.

는 바로 비부毘浮 우바사이다.

설법을 잘하는 이는 앙갈사鴦竭闍 우바사이고, 경문經文의 뜻을 잘 연설하는 이는 바로 발타사라수염마跋陀娑羅須焰摩 우바사이며, 외도를 항복 받은 이는 바로 바수타婆修陀 우바사이고, 음성이 맑고 트인 이는 바로 무우無憂 우바사이며, 여러 가지로 논리를 잘 전개하는 이는 바로 바라타婆羅陀 우바사이고, 용맹스럽게 정진하는 이는 바로 수두須頭 우바사이니라."

난타난타바라와 구수와
수비야녀 · 비부 · 앙갈사와
발타사라수염마 · 바수타[114] · 무우와
바라타 · 수두에 대해 말씀하셨다.

〔 2 〕

"내 제자 중에 제일가는 우바사로서, 여래를 공양한 이는 바로 마리摩利[115] 부인夫人이고, 바른 법을 받들어 섬기는 이는 바로 수뢰타須賴婆 부인이며, 성중을 공양한 이는 바로 사미捨彌 부인이고, 현재 · 미래 · 과거의 어진 선비를 우러러본 이는 바로 월광月光 부인이며, 보시〔檀越〕에 으뜸인 이는 바로 뇌전雷電 부인이고, 항상 자慈삼매를 실천하는 이는 바로 마하광摩訶光[116] 우바사이며, 불쌍히 여겨 가엾이 생각하는

114 고려대장경 원문에 바수타는 들어 있지 않으나 앞의 글 내용에 따라 역자가 넣었다.

115 팔리어로는 Mallikā라고한다. 또는 말리末利로 쓰기도 하고, 의역하여 승만勝鬘이라고 하며, 교살라국憍薩羅國 바사닉왕波斯匿王의 왕비이다. 교살라국의 화환 만드는 사람의 딸이었다. 부처님께 죽 공양을 하고 나서 교살라국의 왕비가 될 것이라는 수기를 받았다고 한다. 마갈타국 아사세왕과의 전투에서 패한 바사닉왕이 궁으로 돌아오다가 그녀가 있는 화원을 지나게 되었다. 화원에서 말리의 위로를 받은 왕은 그녀를 제1 왕비로 삼았다고 한다.

마음을 실천하는 이는 바로 비제毘提[117] 우바사이고, 기뻐하는 마음〔喜心〕을 끊지 않는 이는 바로 발제拔提[118] 우바사이며, 업業을 지켜 보호하기를 실천하는 이는 바로 난타難陀의 어머니[119]인 우바사이고, 신해탈信解脫을 얻은 이는 조요照耀 우바사이니라."

마리와 수뢰바와
사미 · 월광 · 뇌전과
대광(大光 : 摩訶光) · 비제와
발제 · 난타모難陀母 · 조요에 대해 말씀하셨다.

〔 3 〕

"내 제자 중에 제일가는 우바사로서, 항상 인욕忍辱을 실천하는 이는 바로 무우無優 우바사이고, 공空삼매[120]를 닦는 이는 바로 비수선毘讎先 우바사이며, 무상無想삼매[121]를 닦는 이는 바로 우나타優那陀 우바사이고, 무원無願삼매를 닦는 이는 바로 무구無垢[122] 우바사이며, 남을

116 신수대장경 각주에 의하면 "송 · 원 · 명 3본에는 마하광摩訶光이 마하선摩訶先으로 되어 있다"고 한다.

117 팔리어로는 Vedehīkrh라고 한다. 또는 위제희韋提希로 쓰기도 하고, 의역하여 승묘신勝妙身이라고 하며, 마가타국摩伽陀國 빈바사라왕頻婆娑羅王의 부인이고, 아사세왕阿闍世王의 어머니이다.

118 신수대장경 각주에 의하면 "송 · 원 · 명 3본에는 발제拔提가 발타拔陀로 되어 있다"고 한다.

119 팔리어본에는 난타지모우다라(難陀之母優多羅, Uttarā Nandamātā)로 되어 있다.

120 일체의 온갖 법은 그 자성自性이 본래 공한 것이어서 허망하여 진실하지 못한 것이라고 관觀하는 삼매를 말하는 것으로서 무상無相삼매 · 무원無願삼매와 더불어 3삼매라고 한다.

121 무상無相삼매를 말하는 것인 듯하다.

122 팔리어로는 Vimalā라고 한다. 그는 일찍이 부처님께 가르침을 청하여 몸소 불탑佛塔이 있는 자리를 청소하고 수리하였으며, 불탑에 공양을 올리고 네 가지 범행梵行

가르치기를 좋아하는 이는 시리尸利 부인인 우바사이고, 계율을 잘 지키는 이는 앙갈마鴦竭摩 우바사이니라.

얼굴 모습이 단정한 이는 바로 뇌염雷焰 우바사이고, 모든 감각기관이 고요하고 조용한 이는 바로 최승最勝 우바사이며, 많이 듣고 널리 아는 이는 바로 니라泥羅 우바사이고, 송게頌偈[123]를 잘 짓는 이는 바로 수달須達의 딸 수마가제脩摩伽提[124] 우바사이며, 겁내고 연약하지 않은 이도 바로 수달의 딸이고, 내 성문聲聞 가운데서 최후에 깨달은 우바사는 바로 람藍 우바사이니라."

무우와 비수선과
우나타 · 무구 · 시리와
앙갈마 · 뇌염 · 최승과
니라 · 수마가 · 람에 대해 말씀하셨다.

이 30명의 우바사에 대하여 위에서와 같이 자세하게 설명하였다.

8. 아수륜품阿修倫品

〔 1 〕

이와 같이 들었다.

을 닦아 삼귀오계三歸五戒의 복보福報를 얻게 되었다고 한다.

123 신수대장경 각주에 의하면 "송 · 원 · 명 3본에는 송게頌偈가 송게誦偈로 되어 있다"고 한다.

124 팔리어로는 Cūḷa-Subhaddā라고 한다. 또는 수마제須摩提라고 쓰기도 하고, 의역하여 선무독善無毒이라고 한다. 급고독給孤獨 장자 수달의 딸로, 원래는 외도를 신봉하는 장자의 집으로 시집갔었는데 나중에 부처님께 귀의하였다고 한다.

어느 때 부처님께서는 사위국 기수급고독원에 계셨다.

그때 세존께서 모든 비구들에게 말씀하셨다.

"몸은 아수륜왕阿須倫王보다 더 큰 것은 없다. 비구들아, 마땅히 알아야 한다. 아수륜의 몸은 폭과 길이가 각각 8만 4천 유순由旬이고, 입의 가로와 세로는 1천 유순이다. 비구들아, 마땅히 알아야 한다. 혹 때로 아수륜왕이 해에 부딪쳐 범犯하고자 할 때에는 몸을 갑절로 크게 변화하여 16만 8천 유순으로 변하여 해와 달 앞에 머무른다. 해와 달의 왕은 그것을 보고 나서는 각기 두려운 마음을 품고 제자리에 편히 있지 못한다. 왜냐하면 아수륜이 그 형상이 매우 무섭게 생겨서 저 해와 달의 왕은 두려운 마음을 품고 광명이 없어지기 때문이다.

그러나 아수륜은 감히 앞으로 나아가 해와 달을 잡지는 못한다. 왜냐하면 해와 달의 위엄과 덕에는 큰 신력神力이 있고 수명도 매우 길며, 얼굴이 단정하고 끝없는 즐거움을 누리며, 그 수명의 길이가 1겁이나 되기 때문이다. 또한 그동안의 중생의 복 때문에 해와 달이 아수륜에 부딪쳐 괴로움을 받지 않게 된다. 그때 아수륜은 근심에 잠겨 곧 거기서 사라진다.

이와 같이 비구들아, 폐마弊魔 파순波旬은 항상 너희들 뒤에 있으면서 방편을 구해 너희들의 선근善根을 파괴하여 없애려고 노력하여, 곧 매우 묘하고 기이한 빛깔·소리·냄새·맛과 섬세하고 보드라운 촉감을 만들어 모든 비구들의 마음을 어지럽히려고 한다. 파순은 이렇게 생각한다.

'나는 이제 저들과 만나서 비구들이 눈으로 잘못을 저지르는 틈을 엿보리라. 또 귀·코·혀·몸·뜻으로 잘못을 저지르는 틈을 엿보리라.'

그때 비구들이 비록 매우 즐거운 여섯 가지 욕정欲情을 보더라도 마음에 물들거나 집착하지 않으면 폐마弊魔 파순은 근심에 잠겨 곧 물러갈 것이다. 그 까닭은 다살아갈(多薩阿竭 : 如來) · 아라하(阿羅呵 : 應供)의 위신력 때문이다. 왜냐하면 또 그것은 비구들이 빛깔 · 소리 · 냄새 · 맛과 섬세하고 보드라운 촉감의 법을 가까이하지 않기 때문이니라.

비구는 항상 이와 같이 배워야 한다. 남의 보시를 받는 것은 매우 어렵게 생각해야 할 일이다. 그것을 잘 소화하지 못하면 틀림없이 다섯 갈래 세계에 떨어져 위없이 바르고 진실한 도에 이르지 못한다. 반드시 전일專一한 마음으로 거두지 못한 것은 거두고, 얻지 못한 것은 얻으며, 제도되지 못한 이는 제도하고 깨닫지 못한 이는 깨닫게 하라. 그러므로 모든 비구들아, 보시가 없더라도 받아야 한다는 생각을 내지 말고, 이미 보시가 있을 때에는 곧 잘 소화하여 물들거나 집착하지 말라. 비구들아, 마땅히 이와 같이 배워야 한다."

그때 모든 비구들은 부처님의 말씀을 듣고 기뻐하며 받들어 행하였다.

〔 2 〕

이와 같이 들었다.

어느 때 부처님께서는 사위국 기수급고독원에 계셨다.

그때 세존께서 모든 비구들에게 말씀하셨다.

"만일 어떤 사람이 세상에 출현하면 사람들을 이익되게 하고 중생들을 안온하게 하며, 세상의 뭇 생명을 가엾이 여기고, 천상天上과 인간으로 하여금 모두 복을 얻게 하려고 한다. 그는 어떤 사람인가? 이른바 다살아갈(多薩阿竭 : 如來) · 아라하(阿羅呵 : 應供) · 삼야삼불(三耶三佛 : 等正覺)이시다. 이것을 일러 어떤 사람이 세상에 출현하면 사람들을 이익되게 하고 중생들을 안온하게 하며, 세상의 숱한 생명을 가엾이 여기고, 천상과 인간으로 하여금 모두 복을 얻게 하는 것이라고 한다. 그러므로 비구들아, 항상 여래의 처소에서 공경하는 마음을 내어야 한다. 비구들아, 마땅히 이와 같이 배워야 한다."

그때 모든 비구들은 부처님의 말씀을 듣고 기뻐하며 받들어 행하였다.

〔 3 〕

이와 같이 들었다.

어느 때 부처님께서는 사위국 기수급고독원에 계셨다.

그때 세존께서 모든 비구들에게 말씀하셨다.

"만일 어떤 사람이 세상에 출현하면, 곧바로 그는 도에 든 채로 세상에 살며, 또 2제諦[125]와 3해탈문解脫門[126] · 4제진법諦眞法[127] · 5근根[128] · 6사견멸邪見滅 · 7각의覺意[129] · 현성賢聖의 8도품道品[130] · 9중생거衆生居[131] · 여래의 10력〔如來十力〕 · 11자심해탈慈心解脫도 곧 세상에 출현하게 된다. 그는 어떤 사람인가? 이른바 다살아갈多薩阿竭 · 아라하阿羅呵 · 삼야삼불三耶三佛覺이시다. 이것을 일러 한 사람이 세상에 나타나면 곧바로 그는 도에 든 채로 세상에 살며, 또 2제와 3해탈문 · 4

---

125 진제眞諦와 속제俗諦를 말한다.

126 공空삼매 · 무상無相삼매 · 무원無願삼매, 즉 3삼매를 말한다.

127 고苦 · 집集 · 멸滅 · 도道 4성제聖諦를 말한다.

128 신근信根 · 정진근精進根 · 염근念根 · 정근定根 · 혜근慧根을 말한다.

129 또는 7각지覺支 · 7등각지等覺支 · 7보리분菩提分이라고도 한다. 염각지念覺支 · 택법각지擇法覺支 · 정진각지精進覺支 · 희각지喜覺支 · 경안각지輕安覺支 · 정각지定覺支 · 사각지捨覺支를 말한다.

130 8정도正道를 말하며, 8성도聖道 혹은 8성도분聖道分 · 8정도분正道分이라고도 한다.

131 아홉 종류의 유정有情 중생들이 거처하는 곳으로서 인천人天 · 범천梵天 · 광음천光音天 · 변정천遍淨天 · 무상천無想天 · 공처空處 · 식처識處 · 무소유처無所有處 · 유상무상처有想無想處를 말한다.

제진법·5근·6사견멸·7각의·현성의 8도품·9중생거·여래의 10력·11자심해탈도 곧 세상에 출현하는 것이라고 한다. 그러므로 비구들아, 항상 여래의 처소에서 공경하는 마음을 내어야 한다. 비구들아, 마땅히 이와 같이 배워야 한다."

그때 모든 비구들은 부처님의 말씀을 듣고 기뻐하며 받들어 행하였다.

〔 4 〕

이와 같이 들었다.

어느 때 부처님께서는 사위국 기수급고독원에 계셨다.

그때 세존께서 모든 비구들에게 말씀하셨다.

"만일 어떤 한 사람이 세상에 출현하면, 곧 지혜의 광명이 세상에 출현한다. 그는 어떤 사람인가? 이른바 다살아갈多薩阿竭·아라하阿羅呵·삼야삼불三耶三佛이시다. 이것을 일러 한 사람이 세상에 출현하면 곧바로 지혜의 광명이 세상에 출현한다고 하는 것이다. 그러므로 모든 비구들아, 마땅히 믿는 마음으로 부처님께 향하고 기울거나 비뚤어짐이 없게 해야 한다. 비구들아, 마땅히 이와 같이 배워야 한다."

그때 모든 비구들은 부처님의 말씀을 듣고 기뻐하며 받들어 행하였다.

〔 5 〕

이와 같이 들었다.

어느 때 부처님께서는 사위국 기수급고독원에 계셨다.

그때 세존께서 모든 비구들에게 말씀하셨다.

"만일 어떤 한 사람이 세상에 출현하면, 매우 깜깜한 구명無明이 곧 저절로 사라진다. 그때 어리석은 범부들은 그 무명에 결박되어 나고 죽고 하면서 자신이 가는 곳을 사실 그대로 알지 못한다. 그리하여 이 세상에서 뒷세상으로 빙빙 돌며 가고 오고 하면서 겁劫에서 겁에 이르도록 해탈하지 못하는 것이다. 만일 다살아갈多薩阿竭・아라하阿羅呵・삼야삼불三耶三佛께서 세상에 출현하실 때라면 매우 깜깜한 무명이 곧 저절로 사라지는 것이다. 그러므로 비구들아, 마땅히 모든 부처님을 생각하고 받들어 섬겨야 한다. 비구들아, 마땅히 이와 같이 배워야 한다."

그때 모든 비구들은 부처님의 말씀을 듣고 기뻐하며 받들어 행하였다.

〔 6 〕

이와 같이 들었다.

어느 때 부처님께서는 사위국 기수급고독원에 계셨다.

그때 세존께서 모든 비구들에게 말씀하셨다.

"만일 어떤 한 사람이 세상에 출현하면, 곧 37품(品 : 助道品)이 세상에 출현한다. 어떤 것이 37품인가?

이른바 4의지意止・4의단意斷・4신족神足・5근根・5력力・7각의覺意・8진행眞行[132]이니, 이것이 곧 세상에 출현한다. 그는 어떤 사람인가? 이른바 다살아갈多薩阿竭・아라하阿羅呵・삼야삼불三耶三佛이시다. 그러므로 모든 비구들아, 항상 부처님을 받들어 섬기고, 또한 마땅히 이와 같이 공부해야 하느니라."

그때 모든 비구들은 부처님의 말씀을 듣고 기뻐하며 받들어 행하였

132 현성賢聖의 8품도品道라고도 하며, 8정도正道를 말한다.

다.

〔 7 〕

이와 같이 들었다.

어느 때 부처님께서는 사위국 기수급고독원에 계셨다.

그때 세존께서 모든 비구들에게 말씀하셨다.

“만일 어떤 한 사람이 세상에서 사라지면 인민人民의 무리들은 대부분 근심을 품게 될 것이요, 하늘과 사람들은 모두 덮개〔蔭覆 : 보호막〕를 잃을 것이다. 그는 어떤 사람인가? 이른바 다살아갈多薩阿竭·아라하阿羅呵·삼야삼불三耶三佛이시다. 이것을 일러 한 사람이 세상에서 사라지면 인류는 근심에 잠길 것이요, 하늘과 사람들은 모두 덮개를 잃을 것이라고 한다. 왜냐하면 만일 여래께서 세상에서 사라지면 37품品도 모두 사라지게 될 것이기 때문이다. 그러므로 모든 비구들아, 항상 부처님을 받들어 섬겨야 한다. 모든 비구들아, 마땅히 이와 같이 배워야 한다.”

그때 모든 비구들은 부처님의 말씀을 듣고 기뻐하며 받들어 행하였다.

〔 8 〕

이와 같이 들었다.

어느 때 부처님께서는 사위국 기수급고독원에 계셨다.

그때 세존께서 모든 비구들에게 말씀하셨다.

“만일 어떤 한 사람이 세상에 나타나면 그때 하늘과 인민들은 문득 그 광명을 입어 곧 믿는 마음이 생기고, 계율·보시·지혜도 오히려 원만해져서 마치 더러운 티끌이 없는 맑은 가을에 둥근 달빛이 널리 비치는 것과 같이 될 것이다. 이 또한 그와 같아서 만일 다살아갈 · 아라하 · 삼야삼불께서 세상에 출현하시면 하늘과 사람들은 문득 그 광명을 입어 곧 믿는 마음이 생기고, 계율 · 보시 · 지혜가 마치 달이 원만하여 일체를 두루 비추는 것과 같게 될 것이다. 그러므로 모든 비구들아, 항상 부처님을 받들어 섬겨야 한다. 모든 비구들아, 마땅히 이와 같이 배워야 한다."

그때 모든 비구들은 부처님의 말씀을 듣고 기뻐하며 받들어 행하였다.

〔 9 〕

이와 같이 들었다.

어느 때 부처님께서는 사위국 기수급고독원에 계셨다.

그때 세존께서 모든 비구들에게 말씀하셨다.

"만일 어떤 한 사람이 세상에 나타나면, 그때 하늘과 인민들은 모두 다 불꽃처럼 왕성해지고 세 갈래 나쁜 세계의 중생들은 곧 저절로 줄어들 것이다. 그것은 마치 거룩한 왕이 나라 경계를 다스릴 때에는 그 나라 안의 백성들은 불꽃처럼 왕성해지고 이웃 나라의 힘은 약해지는 것과 같다. 그와 같아서 만일 다살아갈 · 아라하 · 삼야삼불께서 세상에 출현하시면 세 갈래 나쁜 세계는 곧 저절로 줄어들 것이다. 이와 같아서 모든 비구들아, 마땅히 부처님을 향하여 믿음을 가져야 한다. 모든 비구들아, 마땅히 이와 같이 배워야 한다."

그때 모든 비구들은 부처님의 말씀을 듣고 기뻐하며 받들어 행하였다.

〔 10 〕

이와 같이 들었다.

어느 때 부처님께서는 사위국 기수급고독원에 계셨다.

그때 세존께서 모든 비구들에게 말씀하셨다.

“만일 어떤 한 사람이 세상에 출현하면, 어느 누구도 그와 더불어 동등할 만한 이가 없고 그와 같이 본보기로서 법이 될 만하지 못하며, 독보적인 존재라서 짝이 될 만한 이가 없고, 또 그와 짝할 만한 사람도 없어, 어떤 하늘이나 인민들 어느 누구도 그에게 미칠 만한 이가 없으며, 믿음 · 계율 · 보시 · 지혜에 있어서도 그에 미칠 이가 아무도 없다. 그는 어떤 사람인가? 이른바 다살아갈 · 아라하 · 삼야삼불이시다. 이것을 일러 한 사람이 세상에 출현하면, 어느 누구도 그와 더불어 동등할 만한 이가 없고 그와 같이 본보기로서 법이 될 만하지 못하며, 독보적인 존재라서 짝이 될 만한 이가 없고 또 그와 짝할 만한 사람은 아무도 없어서 어떤 하늘이나 인민들 어느 누구도 그에게 미칠 만한 이가 없으며, 믿음 · 계율 · 보시 · 지혜를 모두 완전히 갖추었다고 한다. 그러므로 모든 비구들아, 부처님을 믿고 공경해야 한다. 비구들아, 마땅히 이와 같이 배워야 한다.”

그때 모든 비구들은 부처님의 말씀을 듣고 기뻐하며 받들어 행하였다.

아수라와 유익한 한 가지 도와
광명과 또 어두움,
도품道品 · 사라짐 · 믿음과
치성熾盛과 견줄 데 없는 이에 대해 말씀하셨다.

증일아함경 제 4 권

9. 일자품一子品

〔 1 〕

이와 같이 들었다.

어느 때 부처님께서는 사위국 기수급고독원에 계셨다.

그때 세존께서 모든 비구들에게 말씀하셨다.

“비유하면 마치 독실한 믿음을 가진 어머니가 외아들을 두고 늘 생각하기를 ‘어떻게 저 아들을 가르쳐야 사람다운 사람으로 만들 수 있을까?’ 하는 것과 같으니라.”

그때 모든 비구들이 세존께 아뢰었다.

“세존이시여, 저희들은 그 뜻을 이해하지 못하겠습니다. 세존께서는 곧 모든 법의 근본이십니다. 여래께서 말씀하신 것을 저희들은 받들어 받아들이지 않는 것이 없습니다. 오직 바라건대 세존께서는 비구들을 위해 이 심오한 법을 말씀하여 주십시오. 저희들이 듣고 나서 받들어 행하겠습니다.”

그때 세존께서 모든 비구들에게 말씀하셨다.

"자세히 듣고 자세히 들어 잘 생각하라. 내 마땅히 너희들을 위해 그 이치를 분별해 주리라."

모든 비구들이 대답하였다.

"그렇게 하겠습니다, 세존이시여."

그때 모든 비구들은 부처님의 가르침을 듣고 있었다.

세존께서 말씀하셨다.

"비유하면 마치 저 믿음이 독실한 우바사優婆斯가 그 아들을 가르치는 것과 같다. 그는 그 아들을 이렇게 가르친다.

'네가 지금 속가俗家에 있으려면 저 질다質多 장자처럼 되든지, 아니면 상동자象童子처럼 되어라. 왜냐하면 그들이 곧 한계〔限 : 尺度〕이고, 곧 칭량〔量 : 秤量〕이기 때문이다. 세존께 인증을 받은 제자가 곧 질다 장자이며 상동자이다.

또 동자야, 네가 만일 수염과 머리를 깎고 세 가지 법의法衣를 입고 출가하여 도를 배우려거든 마땅히 저 사리불처럼 되거나 목건련 비구와 같이 되어라. 왜냐하면 그들은 곧 한계이고, 곧 칭량이기 때문이다. 말하자면 저 사리불과 목건련 비구는 바른 법〔正法〕 배우기를 좋아하고 삿된 업〔邪業〕을 짓거나 그릇된 법을 일으키지 않는다. 가령 네가 물들거나 집착하는 마음을 내면 곧 세 갈래 나쁜 세계에 떨어질 것이다. 그러므로 잘 생각하고 마음을 한 곳에 모아 얻지 못한 것은 얻고 거두지 못한 것은 거두며 깨닫지 못한 것은 이제 반드시 깨달아야 한다.'

왜냐하면 비구들아, 시주의 소중한 보시는 진실로 소화하기 어려워서 사람들로 하여금 도에 이르지 못하게 하기 때문이다. 그러므로 비구들아, 너희들은 물들거나 집착하는 마음을 내지 말고, 이미 생겼거든 마땅히 없애야 한다. 비구들아, 이렇게 공부해야 하느니라."

그때 모든 비구들은 부처님의 말씀을 듣고 기뻐하며 받들어 행하였다.

〔 2 〕

이와 같이 들었다.

어느 때 부처님께서는 사위국 기수급고독원에 계셨다.

그때 세존께서 모든 비구들에게 말씀하셨다.

"만일 믿음이 독실한 우바사가 외동딸을 두었다면 그는 그 딸을 어떻게 가르쳐 성취시키겠는가?"

그때 모든 비구들이 세존께 아뢰었다.

"세존이시여, 저희들은 그 뜻을 이해하지 못하겠습니다. 세존께서는 곧 모든 법의 근본이십니다. 여래께서 말씀하신 것을 저희들은 받들어 받아들이지 않는 것이 없습니다. 오직 바라건대 세존께서는 비구들을 위해 이 심오한 법을 말씀하여 주십시오. 저희들이 듣고 나서 받들어 행하겠습니다."

그때 세존께서 모든 비구들에게 말씀하셨다.

"자세히 듣고 자세히 들어 잘 생각하라. 내 마땅히 너희들을 위해 그 이치를 분별해 주리라."

모든 비구들이 대답하였다.

"그렇게 하겠습니다, 세존이시여."

그때 모든 비구들은 부처님의 가르침을 듣고 있었다.

세존께서 말씀하셨다.

"비유하면 믿음이 독실한 저 우바사가 자기의 딸을 가르치는 것과 같다. 그는 딸을 이렇게 가르친다.

'네가 지금 속가에 있으려거든 난타難陀의 어머니인 구수다라拘讎多羅

우바사와 같이 되어라. 왜냐하면 그는 곧 한계이고, 곧 칭량이기 때문이다. 세존께 인증認證을 받은 제자가 곧 난타의 어머니인 구수다라 우바사이기 때문이다. 만일 네가 머리를 깎고 세 가지 법의를 입고 출가하여 도를 배우려거든 참마讖摩 비구니나 우발화색優鉢華色 비구니와 같이 되도록 하라. 왜냐하면 그들은 곧 한계이고, 곧 칭량이기 때문이다. 이른바 참마 비구니와 우발화색 비구니는 바른 법 배우기를 좋아하고 삿된 업을 짓거나 그릇된 법을 일으키지 않는다. 가령 네가 물들거나 집착하는 마음을 내면 곧 세 갈래 나쁜 세계에 떨어질 것이다. 그러므로 잘 생각하고 마음을 한 곳에 모아 아직 이루지 못한 것은 이룩하고 얻지 못한 것은 얻으며 깨닫지 못한 것은 지금 반드시 깨달아야 한다.'

왜냐하면 비구들아, 시주의 소중한 보시는 진실로 소화하기 어려워서 사람들로 하여금 도에 이르지 못하게 하기 때문이다. 그러므로 비구들아, 너희들은 물들거나 집착하는 마음을 내지 말아야 할 것이요, 이미 그런 마음이 생겼거든 마땅히 없애야 한다. 비구들아, 마땅히 이와 같이 배워야 한다."

그때 모든 비구들은 부처님의 말씀을 듣고 기뻐하며 받들어 행하였다.

〔 3 〕

이와 같이 들었다.

어느 때 부처님께서는 사위국 기수급고독원에 계셨다.

그때 세존께서 모든 비구들에게 말씀하셨다.

"나는 마음보다 더 빠른 어떤 법도 보지 못하였다. 그것은 비유하려 해도 비유할 수도 없이 빠르다. 비유하면 마치 원숭이가 하나를 놓아

버리면 다른 하나를 잡아 마음이 안정되지 않은 것처럼 사람의 마음도 그와 같아서 앞생각과 뒷생각이 동일하지 않은 것은 어떤 방편을 써도 도모할 수가 없다. 마음이 빙빙 돌아다니는 것은 참으로 빠르다. 그러므로 비구들아, 범부로서는 그렇게 빠른 마음을 관찰할 수가 없다. 그런 까닭에 모든 비구들아, 너희들은 항상 마음을 항복 받아 착한 길로 나아가도록 그렇게 공부해야 하느니라."

그때 모든 비구들은 부처님의 말씀을 듣고 기뻐하며 받들어 행하였다.

〔 4 〕

이와 같이 들었다.

어느 때 부처님께서는 사위국 기수급고독원에 계셨다.

그때 세존께서 모든 비구들에게 말씀하셨다.

"나는 마음보다 더 빠른 어떤 법도 보지 못하였다. 그것은 비유할래야 비유할 수도 없이 빠르다. 비유하면 마치 원숭이가 하나를 놓아버리면 다른 하나를 잡아 마음이 안정되지 않은 것처럼 사람의 마음도 그와 같아서 앞생각과 뒷생각이 동일하지 않다. 그러므로 모든 비구들아, 범부로서는 그렇게 빠른 마음을 관찰할 수가 없다. 그런 까닭에 모든 비구들아, 너희들은 항상 마음을 항복 받아 착한 길로 나아가도록 꼭 그렇게 공부해야 하느니라."

그때 모든 비구들은 부처님의 말씀을 듣고 기뻐하며 받들어 행하였다.

〔 5 〕

이와 같이 들었다.

어느 때 부처님께서는 사위국 기수급고독원에 계셨다.

그때 세존께서 모든 비구들에게 말씀하셨다.

"내가 어떤 사람이 마음속으로 생각하는 일을 주시하여 관찰해 보니, 그는 팔을 한 번 굽혔다 펴는 것 같은 짧은 사이에 지옥에 떨어졌다. 왜냐하면 그는 악한 마음을 품었기 때문이다. 그는 다음에 병이 생겨 지옥에 떨어진 것이다."

그때 세존께서 곧 게송으로 말씀하셨다.

마치 어떤 사람이
마음에 성냄을 품은 것 같으니
이제 모든 비구들에게
그 이치 자세히 설명하리라.

지금이 바로 그때이거니
가령 목숨을 마친 이 있으면
지옥에 떨어질 것 분명하니
마음의 더러운 행行 때문이다.

"그러므로 비구들아, 너희들은 마음을 항복 받아 더러운 행을 짓지 말라. 모든 비구들아, 마땅히 이와 같이 배워야 한다."

그때 모든 비구들은 부처님의 말씀을 듣고 기뻐하며 받들어 행하였다.

〔 6 〕

이와 같이 들었다.

어느 때 부처님께서는 사위국 기수급고독원에 계셨다.

그때 세존께서 모든 비구들에게 말씀하셨다.

"내가 항상 어떤 사람이 마음속으로 생각하는 일을 관찰해 보니, 그는 팔을 굽혔다 펴는 동안에 천상에 태어난다. 왜냐하면 그는 착한 마음을 내었기 때문이다. 이미 착한 마음을 내고 나면 곧 천상에 태어나게 된다."

그때 세존께서 곧 게송으로 말씀하셨다.

만일 어떤 사람이
착하고 묘한 마음을 내었다면
나는 지금 모든 비구들에게
그 이치 자세히 설명해 주리라.

지금이 바로 그때이니
만일 목숨을 마친 이 있으면
그는 곧 천상에 태어나게 되리니
마음의 착한 행 말미암기 때문이다.

"그러므로 모든 비구들아, 너희들은 마땅히 깨끗한 뜻을 내고 더러운 행을 짓지 말라. 비구들아, 마땅히 이와 같이 배워야 한다."

그때 모든 비구들은 부처님의 말씀을 듣고 기뻐하며 받들어 행하였다.

〔 7 〕

이와 같이 들었다.

어느 때 부처님께서는 사위국 기수급고독원에 계셨다.

그때 세존께서 모든 비구들에게 말씀하셨다.

"나는 이 대중들 가운데에서는 어느 한 법도 가장 훌륭하거나 제일 미묘한 것을 보지 못했다. 그것은 세상 사람을 현혹眩惑시켜 자주 고요한 곳〔永寂 : 涅槃〕에 이르지 못하게 하고 단단한 지옥에 얽매어 풀릴 길이 없게 한다. 이른바 남자가 여인을 보고 나서는 곧 생각을 내고 애착하여 매우 사랑하고 공경하므로 사람들로 하여금 아주 고요한 곳에 이르지 못하게 하고 지옥에 얽매어 풀릴 길이 없게 한다. 그래서 마음에 그것을 버리지 못하고 금생今生과 후생後生을 오고 가면서 빙빙 돌아다닌다. 그렇게 다섯 갈래의 나쁜 세계를 돌다가 자칫하면 여러 겁을 지나게 되느니라."

그때 세존께서 곧 게송으로 말씀하셨다.

범음梵音의 부드럽고 연한 소리로
여래께서는 보기 어려운 이치 말씀하셨네.
혹 어떤 때 그것이 보이거든
생각을 한 곳에 매어 눈앞에 두라.

그리고 또 여자와 더불어
서로 왕래하거나 이야기를 나누지 말라.
사람을 잡아들이는 옥졸이 항상 널려 있어서
무위無爲에 이르지 못하게 한다.

"그러므로 비구들아, 너희들은 마땅히 모든 색色을 여의고, 생각을 일으키지 말아야 한다. 비구들아, 마땅히 이와 같이 배워야 한다."

그때 모든 비구들은 부처님의 말씀을 듣고 기뻐하며 받들어 행하였

다.

〔 8 〕

이와 같이 들었다.

어느 때 부처님께서는 사위국 기수급고독원에 계셨다.

그때 세존께서 모든 비구들에게 말씀하셨다.

"나는 이 대중들 가운데에서는 어느 한 법도 가장 훌륭하거나 제일 미묘한 것을 보지 못했다. 그것은 세상 사람들을 현혹시켜 자주 고요한 곳에 이르지 못하게 하고 단단한 지옥에 얽매어 풀릴 길이 없게 한다. 이른바 여자가 남자를 보고 나서는 곧 생각을 내어 집착하고 마음에 매우 사랑하고 공경하므로 사람들로 하여금 아주 고요한 곳에 이르지 못하게 하고 지옥에 얽매어 풀릴 길이 없게 한다. 그래서 마음에 그것을 버리지 못하고 금생과 후생을 오고 가면서 빙빙 돌아다닌다. 그렇게 다섯 갈래의 나쁜 세계를 돌다가 자칫하면 여러 겁을 지나게 되느니라."

그때 세존께서 곧 게송으로 말씀하셨다.

만일 뒤바뀐 생각을 내게 되면
은애恩愛하는 마음을 일으키나니
물들어 집착하는 생각 버리면
이내 그러한 더러움 없어지리라.

"그러므로 비구들아, 너희들은 마땅히 모든 색色을 여의고, 생각을 일으켜 집착하지 말아야 한다. 모든 비구들아, 마땅히 이와 같이 배워야 한다."

그때 모든 비구들은 부처님의 말씀을 듣고 기뻐하며 받들어 행하였다.

〔 9 〕

이와 같이 들었다.

어느 때 부처님께서는 사위국 기수급고독원에 계셨다.

그때 세존께서 모든 비구들에게 말씀하셨다.

"나는 이 대중들 가운데에서 어느 한 법도 보지 못하였다. 탐욕의 생각이 없는 데에서 곧 탐욕의 생각을 일으키고, 이미 일어난 탐욕의 생각은 자꾸만 더해간다. 성냄의 생각이 없는 데에서 곧 성냄의 생각을 일으키고, 이미 일어난 성냄의 생각은 자꾸만 더해간다. 수면의 생각이 없는 데에서 곧 수면의 생각을 일으키고, 이미 일어난 수면의 생각은 자꾸만 더해간다. 방일放逸한 생각이 없는 데에서 곧 방일한 생각을 일으키고, 이미 일어난 방일한 생각은 자꾸만 더해간다.

의심의 생각이 없는 데에서 곧 의심의 생각을 일으키고, 이미 일어난 의심의 생각은 자꾸만 더해간다. 그러므로 오로惡露처럼 더럽고 깨끗하지 못한 것이라고 관觀하라. 만일 어지러운 생각을 내면 탐욕의 생각이 없는 데에서 곧 탐욕의 생각을 일으키고, 이미 생겨난 탐욕의 생각은 자꾸만 많이 늘어나게 된다. 성냄과 수면도 그러하며, 본래 의심의 생각이 없는 데에서 곧 의심의 생각을 일으키고, 이미 일어난 의심의 생각은 더욱 많이 늘어나게 된다. 그러므로 모든 비구들아, 너희들은 어지러운 생각을 일으키지 말고 항상 마음을 전일하게 가져라. 모든 비구들아, 마땅히 이와 같이 배워야 한다."

그때 모든 비구들은 부처님의 말씀을 듣고 기뻐하며 받들어 행하였다.

〔 10 〕

이와 같이 들었다.

어느 때 부처님께서는 사위국 기수급고독원에 계셨다.

그때 세존께서 모든 비구들에게 말씀하셨다.

"나는 이 법 가운데에서 한 가지 법도 보지 못하였다. 탐욕의 생각이 생기지 않았으면 탐욕의 생각을 내지 않고 탐욕의 생각이 생겼으면 곧 그것을 없애며, 성내는 생각이 나지 않았으면 성내는 생각을 내지 않고 성내는 생각이 났으면 곧 그 생각을 없앤다. 수면에 대한 생각이 생기지 않았으면 그 생각을 내지 않고 수면에 대한 생각이 이미 일어났으면 곧 그 생각을 없앤다. 방일한 생각이 생기지 않았으면 방일한 생각을 내지 않고 방일한 생각이 이미 생겼으면 곧 그 생각을 없앤다. 의심의 생각이 생기지 않았으면 의심의 생각을 내지 않고 의심의 생각이 생겼으면 곧 그 생각을 없앤다.

그러므로 오로惡露처럼 더럽고 깨끗하지 못한 것이라고 관觀하라. 이미 오로와 같이 부정한 것이라고 관하고 나면, 아직 생기지 않은 탐욕의 생각은 생기지 않을 것이요 이미 생긴 것은 곧 없어질 것이며, 아직 생겨나지 않은 성냄의 마음은 생겨나지 않을 것이요 이미 생겨난 성냄의 마음은 곧 사라질 것이며……(이하 생략)……아직 생겨나지 않은 의심의 생각은 생기지 않을 것이요, 이미 생긴 의심의 생각은 곧 없어질 것이다. 그러므로 모든 비구들아, 너희들은 항상 마음을 오로지하여 부정한 것이라는 생각으로 관해야 한다. 모든 비구들아, 마땅히 이와 같이 배워야 한다."

그때 모든 비구들은 부처님의 말씀을 듣고 기뻐하며 받들어 행하였다.

두 우바사優婆斯와 두 마음과
하나는 지옥, 하나는 천상의 일,
남녀 애욕의 즐거운 느낌을 말씀하셨고
두 가지 탐욕에 대한 것은 맨 뒤에 설하셨다.

10. 호심품護心品

〔 1 〕

이와 같이 들었다.

어느 때 부처님께서는 사위국 기수급고독원에 계셨다.

그때 세존께서 모든 비구들에게 말씀하셨다.

"마땅히 한 법을 닦아 행하고 꼭 한 법을 널리 펴야 한다. 한 법을 닦아 행하고 또 그 한 법을 널리 펴면, 곧 신통神通을 얻고 모든 행이 고요해지며, 사문과沙門果를 얻어 니원의 경지[泥洹處 : 열반의 세계]에 이를 것이다. 어떤 것이 그 한 법인가?

이른바 방일放逸하지 않은 행行이다. 어떤 것이 방일하지 않은 행인가? 이른바 마음을 잘 보호하는 것이다. 어떤 것이 마음을 잘 보호하는 것인가? 비구가 항상 유루有漏[1]와 유루법有漏法[2]에서 마음을 잘 보호하는 것이다. 그가 마땅히 유루와 유루법에서 마음을 잘 지켜 보호함에 있어서 유루법에서 기쁨을 얻으면 또한 믿고 즐거워하며 거기 머물러 옮기지 않는다. 그러므로 항상 그 뜻을 전일하게 하여 스스로 부지런히 힘써야 한다. 이와 같아서 비구들아, 그가 방일한 행동이 없

1 욕유루欲有漏 · 유유루有有漏 · 무명유루無明有漏, 이 세 가지 유루를 말한다.

2 일체 번뇌법煩惱法으로서 열반으로 가는 것을 방해하는 모든 법을 말한다.

이 스스로 삼가고 조심하면, 아직 생기지 않은 욕루欲漏는 곧 생기지 않을 것이고 이미 생긴 욕루는 곧 사라지게 할 수 있으며, 아직 생기지 않은 유루有漏는 생기지 않을 것이고 이미 생긴 유루는 곧 사라지게 할 수 있으며, 아직 생기지 않은 무명루無明漏는 곧 생기지 않을 것이고 이미 생긴 무명루는 곧 사라지게 할 수 있다. 비구들아, 그가 방일하게 행동하지 않고 한적한 곳에서 늘 스스로 깨달아 알고 스스로 유희遊戲하면 욕루에서 마음이 해탈하고 유루에서 마음이 해탈하며 무명루에서 마음이 해탈한다. 이미 해탈하고 나면 곧 해탈의 지혜가 생겨 나고 죽음은 이미 다하였고 범행梵行이 이미 섰으며 할 일은 이미 다 마쳐 후생에 다시는 몸을 받지 않는다는 것을 사실 그대로 아느니라."

그때 세존께서 곧 게송으로 말씀하셨다.

교만 없는 것은 감로甘露의 자취요
방일한 행동은 죽음의 지름길이다.
교만함이 없으면 죽음도 없고
교만한 이는 곧 죽게 되리라.

"그러므로 모든 비구들아, 마땅히 수행하기를 생각하되 방일함이 없는 행을 닦아야 한다. 모든 비구들아, 마땅히 이와 같이 배워야 한다."

그때 모든 비구들은 부처님의 말씀을 듣고 기뻐하며 받들어 행하였다.

〔 2 〕

이와 같이 들었다.

어느 때 부처님께서는 사위국 기수급고독원에 계셨다.

그때 세존께서 모든 비구들에게 말씀하셨다.

"마땅히 한 법을 닦아 행하고 꼭 한 법을 널리 펴야 한다. 한 법을 닦아 행하고 또 그 한 법을 널리 펴고 나면, 곧 신통을 얻고 모든 행이 고요해지며 사문과沙門果를 얻어 니원의 경지〔泥洹處 : 열반의 세계〕에 이르게 될 것이다. 어떤 것이 그 한 법인가?

이른바 모든 선법善法을 행하고, 방일하지 않게 행동하는 것이다. 어떤 것이 방일하지 않게 행하는 것인가? 이른바 일체 중생들을 접촉하여 교란하게 하지 않고, 일체 중생들을 해치지 않으며, 일체 중생들을 괴롭히지 않는 것이니, 이것을 방일하지 않은 행이라고 한다. 어떤 것이 착한 법인가? 이른바 현성의 8도품道品이니 즉, 바른 소견〔等見〕·바른 방편〔等方便〕·바른 말〔等語〕·바른 행〔等行〕·바른 생활〔等命〕·바른 다스림〔等治〕·바른 생각〔等念〕·바른 선정〔等定〕이다. 이것을 착한 법이라고 말한다."

그때 세존께서 곧 게송으로 말씀하셨다.

일체 중생들에게 보시하는 것
그 중에서도 법보시法布施가 제일이니라.
아무리 많은 중생들에게 복을 보시하여도
한 사람에게 베푼 법보시가 더 훌륭하니라.

"그러므로 모든 비구들아, 너희들은 마땅히 착한 법을 닦아 행해야 한다. 모든 비구들아, 마땅히 이와 같이 배워야 한다."

그때 모든 비구들은 부처님의 말씀을 듣고 기뻐하며 받들어 행하였다.

〔 3 〕

이와 같이 들었다.

어느 때 부처님께서는 사위국 기수급고독원에 계셨다.

그때 세존께서 모든 비구들에게 말씀하셨다.

"신도들의 시주를 마땅히 어떻게 관찰해야 하겠느냐?"

그때 모든 비구들이 세존께 아뢰었다.

"세존께서는 모든 법의 왕이십니다. 오직 바라건대 세존께서 모든 비구들을 위하여 그 뜻을 말씀하여 주소서. 저희들이 그 법을 듣고 나서는 꼭 받들어 가지겠습니다."

그때 세존께서 모든 비구들에게 말씀하셨다.

"자세히 듣고 잘 생각하여라. 내가 마땅히 너희들을 위해 그 뜻을 해설해 주리라."

대답하였다.

"그렇게 하겠습니다, 세존이시여."

그때 모든 비구들은 부처님의 가르침을 듣고 있었다.

세존께서 말씀하셨다.

"신도들의 시주를 마땅히 공경해야 한다. 마치 자식이 부모에게 효순孝順하여 봉양하고 섬겨서 부모님의 몸을 오래 유익하게 하는 것처럼 너희들도 시주를 위하여 염부리(閻浮利 : 남섬부주)에 갖가지 이치를 나타내 주어야 한다.

너희들은 신자들의 시주를 생각하여 계율〔戒〕·들음〔聞〕·삼매三昧·지혜智慧를 성취하라. 그러면 시주들에게 유익함이 많아 너희들은 삼보三寶 가운데서 걸림이 없을 것이요, 그들은 너희들에게 의복·음식·평상·침구·병들고 마른 이를 치료해 줄 의약을 보시할 것이다. 그러므로 모든 비구들아, 마땅히 자애로운 마음으로 시주들을 대해야 한다. 작은 은혜라도 항상 잊지 않아야 하거늘 하물며 큰 것이야 두말할 나위가 있겠느냐? 항상 자애로운 마음으로 시주〔檀越〕를 향해 몸과 입과 뜻이 행하는 청정한 행에 대하여 설명해 주고, 헤아릴 수 없고 한정할 수 없을 정도의 몸과 입과 뜻으로 자애를 베풀어 저 신자들이 보시한 물건을 끝내 헛되게 저버리지 말고, 큰 과업을 이루고 커다란 복을 성취하며 큰 이름을 남겨서 감로법甘露法의 맛이 세상에 널리 퍼지게 하라. 모든 비구들아, 마땅히 이와 같이 배워야 한다."

그때 세존께서 곧 게송으로 말씀하셨다.

보시는 큰 재물을 이룩하게 하고
바라는 일도 성취하게 할 수 있나니
나라 왕이나 또 도둑이라 할지라도
그가 가진 것을 빼앗지 못하리라.

보시는 왕위를 얻을 수도 있고
또 전륜성왕의 지위를 이어받아서
7보를 완전히 갖추기도 하나니
그것은 본래 보시한 공덕 때문이니라.

보시함으로써 천신天身을 이루어
머리에는 갖가지 보배 갓 쓰고
온갖 기녀들과 함께 즐겁게 지내니

그것도 본래 보시한 과보이니라.

보시함으로써 제석천天帝釋이 되어
천왕天王의 그 위력 매우 장하다.
천 개의 눈이 얼굴을 장엄하였으니
그것은 본래 보시한 과보이니라.

보시함으로써 불도佛道를 이루어
32상을 갖추고
위없는 법륜法輪을 굴리나니
그것은 본래 보시한 과보이니라.

그때 모든 비구들은 부처님의 말씀을 듣고 기뻐하며 받들어 행하였다.

〔 4 〕

이와 같이 들었다.

어느 때 부처님께서는 사위국 기수급고독원에 계셨다.

그때 세존께서 모든 비구들에게 말씀하셨다.

"신심 있는 시주는 마땅히 열심히 정진精進하고 계율을 잘 지키는 모든 성현聖賢들을 어떻게 받들어 섬기고 공양해야 하겠느냐?"

그때 모든 비구들이 세존께 아뢰었다.

"세존께서는 모든 법의 왕이십니다. 오직 바라건대 세존께서 모든 비구들을 위하여 그 뜻을 말씀하여 주소서. 저희들이 그 법을 듣고 나서 꼭 받들어 가지겠습니다."

그때 세존께서 모든 비구들에게 말씀하셨다.

"자세히 듣고 잘 생각하여라. 내가 마땅히 너희들을 위해 그 뜻을 해설해 주리라."

대답하였다.

"그렇게 하겠습니다, 세존이시여."

그때 모든 비구들은 부처님의 가르침을 듣고 있었다.

세존께서 말씀하셨다.

"시주施主가 열심히 정진하고 계율을 지키는 많이 들어 아는 모든 성현들을 받들어 섬기고 공양하되, 마치 헤매는 이에게 바른 길을 가리켜 보여 주듯이, 양식이 떨어진 이에게 먹을 것을 주듯이, 두려워하는 이에게 근심과 걱정을 없게 해 주듯이, 놀라고 무서워하는 이에게 두려움이 없게 해 주듯이, 돌아갈 곳이 없는 이를 보호해 주듯이, 장님에게 눈이 되어 주듯이, 병든 이에게는 의사가 되어 주듯이 그들에게 그렇게 해야 되느니라. 마치 농부가 농사를 지을 때 잡초를 제거하여 곧 곡식이 잘 여물게 하는 것처럼 비구도 항상 5성음盛陰의 병을 버리고 두려움이 없는 니원성(泥洹城 : 涅槃城) 안에 들어가기를 구해야 한다. 이와 같으니 모든 비구들아, 시주는 열심히 정진하고 계율을 잘 지키며 많이 들어 아는 이들을 받들어 섬기고 공양하고 보시해야 하느니라."

그때 아나빈지阿那邠持 장자[3]가 그 대중들 가운데 있다가 세존께 아뢰었다.

"그렇습니다, 세존이시여. 그렇습니다, 여래시여. 일체 시주와 그것을 받는 이는 길상병吉祥瓶과 같고, 보시를 받는 모든 이는 비사왕(毘舍

3 팔리어로는 Anāthapiṇḍika라고 한다. 즉 급고독장자給孤獨長者인 수달다(須達多, sudatta)이다.

王 : 頻毘沙羅王)과 같으며, 사람을 권유하여 보시하게 하는 것은 부모와 친근히 하는 것과 같고 보시를 받는 사람은 곧 후세의 좋은 친구와 같으며, 모든 시주와 그것을 받는 이는 거사居士와 같습니다."

세존께서 말씀하셨다.

"그렇다, 장자여. 네 말과 같다."

아나빈지 장자가 아뢰었다.

"지금부터는 문門을 지키게 하지 않고, 또 비구·비구니·우바새·우바사와 양식이 떨어진 나그네들까지도 모두 거절하지 않겠습니다."

그때 아나빈지 장자가 세존께 아뢰었다.

"오직 바라건대 세존과 비구 대중들은 이 제자의 청을 받아 주십시오."

그때 세존께서 잠자코 장자의 청을 받아 주셨다. 그때 장자는 세존께서 잠자코 청을 받아들이시는 것을 보고 곧 부처님께 예배하고 부처님의 주위를 세 번 돌고 자기 집으로 돌아갔다. 집으로 돌아가자마자 그 밤으로 맛있는 반찬과 갖가지 음식을 준비해 놓고 자리를 편 다음 부처님께 나아가 아뢰었다.

"오실 때가 되었습니다. 공양이 다 준비되었습니다. 오직 원하건대 세존께서는 때를 맞춰 오십시오."

그때 세존께서 여러 비구 대중과 함께 가사를 입고 발우를 들고 사위성으로 가셔서 장자의 집에 이르렀다. 그곳에 이르러 자리에 앉으시자 여러 비구들도 차례대로 자리에 앉았다.

그때 장자는 부처님과 비구들이 자리에 앉은 것을 보고 손수 마실 것을 따르고 갖가지 음식을 공양하였다. 공양이 끝나고 나서 각각 발우를 거두고 일어나 아래로 내려앉아 여래 앞에서 법을 듣고자 하였다. 그때 장자가 세존께 아뢰었다.

"훌륭하십니다, 여래시여. 모든 비구들에게 필요한 물건인 3의衣 · 발우 · 침통鍼筒 · 니사단尼師壇[4] · 옷걸이〔衣帶〕 · 물통〔法澡罐〕과 그밖에 사문에게 필요한 모든 잡물雜物을 모두 이 제자의 집에서 가져다 쓰십시오."

그때 세존께서 모든 비구들에게 말씀하셨다.

"너희들이 만일 옷이나 발우 · 니사단 · 물통과 그밖의 사문에게 필요한 모든 잡물을 쓰고자 할 때에는 이 장자의 집에서 가져다 쓰는 것을 허락한다. 의심하거나 어려워하지 말 것이며, 그렇다고 해서 너무 집착하는 생각을 내지도 말라."

그때 세존께서 아나빈지 장자를 위해 미묘한 법을 연설하셨다. 미묘한 법을 연설하신 뒤에 곧 자리에서 일어나 떠나가셨다. 그때 아나빈지는 다시 네 성문城門에서 널리 보시하고, 다섯 번째는 저자에서, 여섯 번째는 집에서 보시를 행하였다. 음식이 필요한 사람에게는 음식을 주고, 장漿이 필요하다 하면 장을 주고, 수레 · 기악伎樂 · 향 · 영락瓔珞 등을 필요로 하면 그 모두를 달라는 대로 다 주었다.

그때 세존께서 아나빈지 장자가 네 성문에서 크게 보시하고 다시 저자에서 가난한 이들에게 보시하고, 또 집에서 한량없이 많은 보시를 했다는 말을 들으시고 모든 비구들에게 말씀하셨다.

"내 제자 중의 제일가는 우바새로서 보시하기를 좋아하는 이는 바로 아나빈지 장자이니라."

그때 모든 비구들은 부처님의 말씀을 듣고 기뻐하며 받들어 행하였다.

---

4 비구가 지녀야 할 여섯 가지 물건 중 하나이다. 비구가 좌선하거나 누울 때 땅에 펴거나 잠자리 위에 펼치는 직사각형의 깔개로, 땅 위에 있는 벌레들로부터 몸을 보호하고 옷과 잠자리가 더럽혀지는 것을 막는 역할을 한다.

〔 5 〕

이와 같이 들었다.

어느 때 부처님께서는 사위국 기수급고독원에 계셨다.

그때 아나빈지 장자가 세존께서 계신 곳으로 찾아가 세존의 발에 머리를 대어 예를 올리고 한쪽에 앉았다.

세존께서 말씀하셨다.

“어떤가? 장자여, 그대는 항상 가난한 이에게 보시를 하는가?”

장자가 대답하였다.

“그렇습니다, 세존이시여. 저는 항상 가난한 이에게 보시하고 있습니다. 네 성문城門에서 널리 보시하였고, 또 집에서도 저들이 필요로 하는 것들을 모두 보시하고 있습니다. 세존이시여, 저는 혹 어떤 때는 이렇게 생각합니다.

‘들에 날아다니는 새와 돼지와 개들에게도 보시하자.’

반면 저는 이런 생각은 하지 않습니다.

‘이들에게는 주고 저들에게는 주지 말자.’

저는 또 이런 생각은 없습니다.

‘이들에게는 많이 주고 저들에게는 적게 주자.’

저는 항상 이렇게 생각합니다.

‘모든 중생들은 다 먹음으로써 그 목숨을 보존한다. 먹으면 살고 먹지 않으면 곧 죽는다.’”

세존께서 말씀하셨다.

“훌륭하고 훌륭하구나. 장자야, 너는 보살의 마음을 가지고서 한결같고 순수한 뜻으로 널리 보시하는구나. 그렇다. 중생들은 먹어야 살고 먹지 않으면 곧 죽는다. 장자야, 너는 틀림없이 큰 결과〔大果〕를 얻게 될 것이요, 큰 명성과 큰 과보果報를 얻게 되어 그 이름이 시방에 사무치고 감로법甘露法의 맛을 얻게 될 것이다. 왜냐하면 보살은 항상 평등한 마음을 가지고 은혜롭게 보시하고 한결같고 순수한 뜻으로 '중생들은 먹어야 산다. 그러므로 먹을 것으로 그들을 구제해야 한다. 먹을 것이 없으면 곧 죽는다'고 생각하기 때문이다. 장자야, 이것을 일러, '보살은 편안한 마음으로 널리 보시하는 것'이라고 하느니라."

그때 세존께서 곧 게송으로 말씀하셨다.

> 있는 대로 모두 다 은혜롭게 보시하되
> 끝내 아끼거나 후회하는 마음 없으면
> 그는 반드시 좋은 벗 만나
> 저쪽 언덕에 이르게 될 것이다.

"그러므로 장자야, 마땅히 평등한 마음으로 널리 은혜롭게 보시해야 한다. 장자야, 마땅히 이와 같이 배워야 한다."

그때 장자는 부처님의 말씀을 듣고 기뻐하며 받들어 행하였다.

〔 6 〕

이와 같이 들었다.

어느 때 부처님께서는 사위국 기수급고독원에 계셨다.

그때 세존께서 모든 비구들에게 말씀하셨다.

"나는 지금 중생들이 원래 그 업業을 따라 가는 곳을 자세히 알고 또 보시의 과보에 대해서도 잘 안다. 최후에 남은 한 덩이 밥이라도 자기가 먹지 않고 남에게 베풀어 주되, 그때 털끝만큼도 미워하는 마음을 일으키지 말라. 만일 성을 내면 그 중생은 보시의 과보를 알지 못하게 되기 때문이다. 나는 다 안다. 보시의 과보는 평등하게 갚는 마음과 다름이 없다. 그런 까닭에 중생들은 평등하게 보시하지 못하여 스스로 타락하고 만다. 항상 아끼고 미워하는 마음이 있어서 제 마음을 얽어매기 때문이다.”

그때 세존께서 곧 게송으로 말씀하셨다.

저 여래가 가르치신 말씀을
중생들은 스스로 깨닫지 못한다.
언제나 두루 베풀어 보시하되
오로지 부처님의 처소를 향하라.

그 마음 맑고 깨끗하므로
그가 얻는 복은 배나 많으리.
꼭 같이 고루 그 복을 나누면
뒤에 반드시 큰 과보를 얻으리라.

보시하는 것은 금생에도 좋고
그 마음은 넓은 복밭을 향하네.
이 인간 세상에서 목숨 마치면
틀림없이 천상天上에 태어나리라.

저 좋은 곳에 태어나므로
모든 쾌락을 스스로 누리고
길吉하고 상서롭고 매우 즐거워
어느 것 하나 모자람이 없다.

하늘의 위엄과 덕의 업으로
옥녀玉女들 둘러싸 시종하나니

평등한 보시의 과보 때문에
그러한 복을 얻는 것이다.

그때 모든 비구들은 부처님의 말씀을 듣고 기뻐하며 받들어 행하였다.

〔 7 〕

이와 같이 들었다.

어느 때 부처님께서는 사위국 기수급고독원에 계셨다.

그때 세존께서 모든 비구들에게 말씀하셨다.

“너희들은 복福의 과보를 두려워하지 말라. 왜냐하면 그것은 곧 즐거움을 누리는 원인으로서 매우 사랑하고 공경할 만한 일이기 때문이다. 그것을 복이라고 부르는 까닭은 이 큰 과보가 있기 때문이다. 너희들은 마땅히 복이 없음을 두려워해야 한다. 왜냐하면 그것은 괴로움의 근본으로서 근심과 괴로움을 이루 다 말할 수 없으며 즐거움이 전혀 없기 때문이니, 이것을 일러 복이 없는 것이라고 말한다.

비구들아, 나는 기억한다. 옛날에 7년 동안 자애로운 마음〔慈心〕을 닦았고, 7겁劫을 지내도록 이 세상에 오지 않았으며, 또 7겁 동안은 광음천光音天에 태어났었고, 또 7겁 동안은 공범천空梵天에 태어나서 대범천大梵天이 되어 아무도 그와 짝할 이가 없었으며, 벽천 세계를 통솔하였다. 서른여섯 번이나 되풀이하여 제석천帝釋天이 되었었고, 수 없이 많은 세상에 전륜왕轉輪王이 되었었다.

그런 까닭에 모든 비구들아, 너희들은 복 짓기를 게을리 하지 말라. 왜냐하면 그것은 즐거움을 누리는 원인으로서 매우 사랑하고 공경할 만한 것이니, 이것을 복이라고 한다. 너희들은 복이 없음을 두려워하

라. 왜냐하면 그것은 괴로움의 근본으로서 근심과 괴로움을 이루 다 말할 수 없기 때문이니, 이것을 복이 없는 것이라고 하느니라."

그때 세존께서 곧 게송으로 말씀하셨다.

통쾌하여라, 복 지은 과보여.
원하는 것 무엇이든 다 얻고
어느새 모든 번뇌 다 멸하게 되어
함이 없는 그곳에 이르느니라.

가령 수억數億이나 되는
천마天魔 파순波旬이라도
복업福業을 닦은 사람은
도저히 현혹하지 못하리라.

저 사람은 항상
성현의 도를 스스로 찾아
온갖 괴로움 모두 없애버리고
후세에도 또한 근심 없으리.

"그런 까닭에 모든 비구들아, 복 짓기를 싫어하지 말라. 그러므로 모든 비구들아, 마땅히 이와 같이 배워야 한다."

그때 모든 비구들은 부처님의 말씀을 듣고 기뻐하며 받들어 행하였다.

〔 8 〕

이와 같이 들었다.

어느 때 부처님께서는 사위국 기수급고독원에 계셨다.

그때 세존께서 모든 비구들에게 말씀하셨다.

"만일 한 법을 받들어 따르고 한 법을 여의지 않으면 천가 파순도 그 틈을 얻지 못할 것이요, 또 와서 건드리거나 교란하지 못할 것이다. 어떤 것이 그 한 법인가? 이른바 공덕의 복업福業이니라.

왜냐하면 나는 기억한다. 나는 옛날 보리수〔道樹〕 밑에서 여러 보살과 한 곳에 모여 있었다. 그때 폐마弊魔 파순은 수천만억의 군사를 거느리고 있었는데, 짐승 머리에 사람의 몸을 한 갖가지 형상 등 이루 다 헤아릴 수 없을 만큼 많았고, 하늘·용龍·귀신·아수륜阿須倫·가류라伽留羅·마휴륵摩休勒 등이 모두 모여 구름처럼 몰려왔다. 그때 폐마 파순이 나에게 말하였다.

'사문이여, 빨리 땅에 엎드려라.'

그러나 나 부처는 복덕의 큰 힘으로 마군을 항복 받았다. 그리고 모든 번뇌의 때가 사라지고 온갖 더러운 것이 다 없어졌으며, 곧 무상정진도無上正眞道를 이루었다. 모든 비구들아, 마땅히 그 이치를 관찰해 보아야 한다. 공덕을 원만하게 갖춘 비구는 악마 파순도 그 틈을 타서 그 공덕을 부수지 못하느니라."

그때 세존께서 곧 게송으로 말씀하셨다.

> 복 있으면 유쾌하고 즐거우며
> 복이 없으면 괴롭기만 하다.
> 금생이나 후생에
> 복을 지었기에 즐겁기만 하다.

"그러므로 모든 비구들아, 너희들은 복 짓기를 게을리 하지 말라."

그때 모든 비구들은 부처님의 말씀을 듣고 기뻐하며 받들어 행하였다.

〔 9 〕

이와 같이 들었다.

어느 때 부처님께서는 사위국 기수급고독원에 계셨다.

그때 세존께서 모든 비구들에게 말씀하셨다.

“만일 어떤 비구가 한 법을 닦아 행하면 나쁜 세계를 부수지 못하리라. 한 법은 좋은 곳으로 나아가고 한 법은 열반으로 가느니라. 한 법을 닦아 행하면 나쁜 세계를 부수지 못한다는 것은 무엇인가? 마음에 독실한 믿음이 없는 것을 이르는 것이니, 이것이 ‘한 법을 닦으면 나쁜 세계를 부수지 못한다’는 것이다.

한 법을 닦아 행하면 좋은 곳으로 나아간다는 것은 무엇인가? 마음에 독실히 믿음이 있어 실천하는 것이니, 이것이 ‘한 법을 닦으면 좋은 곳으로 나아간다’는 것이다.

한 법을 닦으면 열반에 이른다는 것은 무엇인가? 마음을 전일하게 하는 것이니, 이것이 ‘한 법을 닦으면 열반에 이른다’는 것이다. 그런 까닭에 모든 비구들아, 너희들은 전일한 마음으로 모든 선善의 근본을 생각해야 한다. 모든 비구들아, 마땅히 이와 같이 배워야 한다.”

그때 모든 비구들은 부처님의 말씀을 듣고 기뻐하며 받들어 행하였다.

〔 10 〕

이와 같이 들었다.

어느 때 부처님께서는 사위국 기수급고독원에 계셨다.

그때 세존께서 모든 비구들에게 말씀하셨다.

"만일 어떤 한 사람이 이 세상에 출현하면, 그 세상의 중생들은 곧 수명이 늘어나서 나이가 더욱 많아지며, 얼굴빛은 빛나고 윤택해지며, 기력이 왕성하고 쾌락이 끝이 없으며, 음성은 온화하고 부드럽게 될 것이다. 어떤 사람이 그 한 사람인가? 그분은 여래·지진至眞·등정각等正覺이시니, 이것을 일러 '한 사람이 세상에 나타나면 그 세상 중생들은 곧 수명이 늘어나서 나이가 더욱 많아지며, 얼굴빛은 빛나고 윤택해지며, 기력이 왕성하고 쾌락이 끝이 없으며, 음성은 온화하고 부드럽게 된다'고 말하는 것이다. 그런 까닭에 비구들아, 너희들은 전일하고 순수하며 한결같은 마음으로 부처님을 생각해야 하느니라. 모든 비구들아, 마땅히 이와 같이 배워야 한다."

그때 모든 비구들은 부처님의 말씀을 듣고 기뻐하며 받들어 행하였다.

교만 없음에 대한 것 둘과 시주를 생각함과
두 가지 보시와 아끼고 만족 없음과
보시에 대한 복의 과보와 파순과
나쁜 세계와 한 사람에 대해 설하셨다.

증일아함경 제5권

11. 불체품不逮品

〔1〕

이와 같이 들었다.

어느 때 부처님께서는 사위국 기수급고독원에 계셨다.

그때 세존께서 모든 비구들에게 말씀하셨다.

"마땅히 한 법을 없애야 하느니라. 그러면 나는 그대들이 '아나함阿那含[1]을 이룰 것이다'라고 증명해 주리라. 어떤 것이 그 한 법인가? 탐욕貪欲을 말한다. 모든 비구들아, 너희들은 마땅히 탐욕을 없애야 하느니라. 그러면 나는 그대들이 '아나함을 얻을 것이다'라고 증명해 주리라."

그때 세존께서 곧 게송으로 말씀하셨다.

1 팔리어 anāgamin을 음사한 말. 불환不還・불래不來라고 옮긴다. 이제는 미혹한 욕계欲界로 다시 오지 않는다는 뜻이다.

탐심과 음욕에 물들기 때문에
중생들은 나쁜 세상에 떨어지나니
마땅히 부지런히 힘써 탐욕 버려라 .
그러면 곧 아나함을 이룰 것이다.

그때 모든 비구들은 부처님의 말씀을 듣고 기뻐하며 받들어 행하였다.

〔 2 〕

이와 같이 들었다.

어느 때 부처님께서는 사위국 기수급고독원에 계셨다.

그때 세존께서 모든 비구들에게 말씀하셨다.

"마땅히 한 법을 없애야 하느니라. 그러면 나는 그대들이 '아나함阿那含을 이룰 것이다'라고 증명해 주리라. 어떤 것이 그 한 법인가? 성냄〔瞋恚〕을 말한다. 모든 비구들아, 너희들은 마땅히 성냄을 없애야 하느니라. 그러면 나는 너희들이 '아나함을 얻을 것이다'라고 증명해 주리라."

그때 세존께서 곧 게송을 설하셨다.

성내는 마음에 물들기 때문에
중생들은 나쁜 세상에 떨어지나니
마땅히 부지런히 힘써 성냄을 버려라.
그러면 곧 아나함을 이룰 것이다.

그때 모든 비구들은 부처님의 말씀을 듣고 기뻐하며 받들어 행하였다.

〔 3 〕

이와 같이 들었다.

어느 때 부처님께서는 사위국 기수급고독원에 계셨다.

그때 세존께서 모든 비구들에게 말씀하셨다.

“마땅히 한 법을 없애야 하느니라. 그 한 법을 버리면 나는 너희들이 ‘아나함을 이룰 것이다’라고 증명해 주리라. 어떤 것이 그 한 법인가? 어리석음〔愚癡〕을 말한다. 그런 까닭에 모든 비구들아, 너희들은 마땅히 어리석음을 없애야 하느니라. 그러면 나는 너희들이 ‘아나함을 얻을 것이다’라고 증명해 주리라.”

그때 세존께서 곧 게송을 설하셨다.

어리석음에 물들기 때문에
중생들은 나쁜 세상에 떨어지나니
마땅히 부지런히 힘써 어리석음을 버려라.
그러면 곧 아나함을 이룰 것이다.

그때 모든 비구들은 부처님의 말씀을 듣고 기뻐하며 받들어 행하였다.

〔 4 〕

이와 같이 들었다.

어느 때 부처님께서는 사위국 기수급고독원에 계셨다.

그때 세존께서 모든 비구들에게 말씀하셨다.

“마땅히 한 법을 없애야 하느니라. 그 한 법을 버리면 나는 너희들이 ‘아나함을 이룰 것이다’라고 증명해 주리라. 어떤 것이 그 한 법인가? 간탐慳貪을 말한다. 그런 까닭에 모든 비구들아, 너희들은 마땅히 간탐을 버려야 하느니라. 그러면 나는 너희들이 '아나함을 얻을 것이다'라고 증명해 주리라."

그때 세존께서 곧 게송을 설하셨다.

> 간탐에 물들기 때문에
> 중생들은 나쁜 세상에 떨어지나니
> 마땅히 부지런히 힘써 간탐을 버려라.
> 그러면 곧 아나함을 이룰 것이다.

그때 모든 비구들은 부처님의 말씀을 듣고 기뻐하며 받들어 행하였다.

〔 5 〕

이와 같이 들었다.

어느 때 부처님께서는 사위국 기수급고독원에 계셨다.

그때 세존께서 모든 비구들에게 말씀하셨다.

"나는 이 중생들에게서 애초부터 이 한 법〔一法 : 마음〕처럼 항복 받을 수도 없고 때를 맞추기도 어려우며, 온갖 괴로운 과보를 받게 하는 것을 보지 못했다. 그 법은 곧 마음을 말하는 것이다. 모든 비구들아, 이 마음은 항복 받을 수도 없고 때를 맞추기도 어려우며 온갖 괴로운 과보만 받게 하는 것이다. 그러므로 모든 비구들아, 마음을 잘 분별해야 하고 또 잘 생각하며 모든 선善의 근본을 잘 기억해야 하느니라. 모든 비구들아, 마땅히 이와 같이 배워야 한다."

그때 모든 비구들은 부처님의 말씀을 듣고 기뻐하며 받들어 행하였

다.

〔 6 〕

이와 같이 들었다.

어느 때 부처님께서는 사위국 기수급고독원에 계셨다.

그때 세존께서 모든 비구들에게 말씀하셨다.

"나는 이 중생들에게서 애초부터 한 법처럼 항복 받기 쉽고 때를 맞추기도 쉬우며 온갖 좋은 과보를 받게 하는 것을 보질 못했다. 그 법은 곧 마음을 말하는 것이다.

모든 비구들아, 마땅히 마음의 선함을 잘 분별하고 또 모든 선善의 근본을 잘 기억하라. 모든 비구들아, 마땅히 이와 같이 배워야 한다."

그때 모든 비구들은 부처님의 말씀을 듣고 기뻐하며 받들어 행하였다.

〔 7 〕

이와 같이 들었다.

어느 때 부처님께서는 사위국 기수급고독원에 계셨다.

그때 세존께서 모든 비구들에게 말씀하셨다.

"이 대중들 중에서 어느 누가 어떤 생각을 하더라도 나는 그 생각을 다 안다. 이렇게 말씀하시고 나서 다시 어떤 사람이 '나는 음식 때문에 대중들에게 거짓말을 하지 않을 것이다'라고 하였는데, 혹 다른 어느 때에 이 사람이 재물에 물들어서 집착하는 마음을 내어 곧 대중들에게 거짓말을 하는 것을 나는 보았다. 그 까닭은 재물에 물들어 집착하는 것은 매우 버리기 어려워 사람들로 하여금 세 갈래 나쁜 세상에 떨어지게 하고 결국에는 함이 없는 곳〔無爲處 : 涅槃〕에 이르지 못하게 하기 때문이다.

그러므로 모든 비구들아, 이미 이런 마음〔此心 : 재물에 집착하는 마음〕이 생겼거든 마땅히 곧 버려야 할 것이요, 가령 아직 생기지 않았거든 다시는 재물에 물들어 집착하는 그런 마음이 일어나지 않게 해야 하느니라. 모든 비구들아, 마땅히 이와 같이 배워야 한다."

그때 모든 비구들은 부처님의 말씀을 듣고 기뻐하며 받들어 행하였다.

〔 8 〕

이와 같이 들었다.

어느 때 부처님께서는 사위국 기수급고독원에 계셨다.

그때 세존께서 모든 비구들에게 말씀하셨다.

"이 대중들 가운데 어떤 사람이 생각하기를 '설령 죽는 한이 있더라도 대중 가운데에서 거짓말을 하지 않으리라'라고 했는데, 뒷날 그 사람이 재물에 물들어 집착하더니 결국 대중들에게 거짓말을 하는 것을 나는 보았다. 그 까닭은 재물에 물들어 집착하는 것은 매우 버리기 어려워 사람들로 하여금 세 갈래 나쁜 세상에 떨어지게 하고 결국에는 함이 없는 곳에 이르지 못하게 하기 때문이다.

그러므로 모든 비구들아, 이미 이런 마음이 생겼거든 마땅히 곧 버려야 할 것이요, 가령 아직 생기지 않았거든 다시는 재물에 물들어 집착하는 그런 마음이 일어나지 않게 해야 하느니라. 모든 비구들아, 마땅히 이와 같이 배워야 한다."

그때 모든 비구들은 부처님의 말씀을 듣고 기뻐하며 받들어 행하였다.

〔 9 〕

이와 같이 들었다.

어느 때 부처님께서는 라열성(羅閱城 : 王舍城) 가란타죽원迦蘭陀竹園에서 대비구大比丘들 5백 명과 함께 계셨다.

세존께서 모든 비구들에게 말씀하셨다.

"어떤가? 비구들아, 혹 어느 누구라도 제바달두(提婆達兜 : 提婆達多)에게서 깨끗한 법을 보았느냐? 그렇다. 저 제바달두는 그가 지은 악惡이 너무도 무거워 1겁劫이 지나도록 죄를 받아도 치료할 수가 없으리라. 그에게서는 내 법 가운데에서 칭송할 만한 털끝만큼의 선善도 보지 못하였다. 그런 까닭에 나는 지금 제바달두의 온갖 죄의 근원을 치료할 수 없다고 말하는 것이다.

이를 비유하면 마치 어떤 사람이 깊은 뒷간에 떨어져 온몸에 더러운 것이 묻어 깨끗한 곳이라고는 단 한 군데도 없을 때, 어느 누가 와서 그를 건져내어 깨끗한 곳에 옮겨주기 위해 뒷간 곁이나 그 사람의 몸을 살펴보았다. 혹 깨끗한 곳이 있으면 손으로 잡아 건져내려고 하였던 것이다. 그러나 그 사람을 아무리 구석구석 살펴보아도 손으로 잡을 만한 깨끗한 곳이 없어 그냥 버려두고 떠나가는 경우와 같다.

그와 같아서 모든 비구들아, 나는 저 어리석은 제바달두에게서는 털끝만한 법도 이렇다 할 곳을 보지 못했다. 그는 겁이 지나도록 죄를 받아도 다 치료될 수가 없으리라. 왜냐하면 저 어리석은 제바달두는 오로지 이양利養에만 집착하여 5역죄逆罪[2]를 지었으므로 몸이 무너지고 목숨을 마친 뒤에는 나쁜 곳에 떨어질 것이기 때문이다.

---

2 또는 5무간업無間業이라고 하기도 하는데, 즉 첫째는 아버지를 죽인 죄, 둘째는 어머니를 죽인 죄, 셋째는 아라한을 죽인 죄, 넷째는 승가의 화합을 깨뜨린 죄, 다섯째는 부처님의 몸에서 피를 낸 죄를 말한다.

이와 같이 모든 비구들아, 이양에 대한 집착은 너무도 무거운 것이어서 사람들로 하여금 안온한 곳에 이르지 못하게 한다. 그러므로 모든 비구들아, 이양에 대해 집착하는 마음이 이미 생겼거든 곧 버리고, 아직 생기지 않았으면 다시는 그런 마음이 일어나지 않게 하라. 모든 비구들아, 마땅히 이와 같이 배워야 한다."

그때 모든 비구들은 부처님의 말씀을 듣고 기뻐하며 받들어 행하였다.

〔 10 〕

이와 같이 들었다.

어느 때 부처님께서는 라열성 가란타죽원에서 대비구들 5백 명과 함께 계셨다.

그때 어떤 비구가 여래께서 '조달(調達 : 提婆達多)은 한 겁 동안 죄를 받아도 다 치료되지 못하리라'고 수기授記하셨다는 말을 들었다. 그때 그 비구는 곧 존자 아난阿難의 처소를 찾아가서 서로 문안인사를 나누고 한쪽에 앉았다.

그때 그 비구가 아난에게 물었다.

"어떻습니까, 아난이여. 여래께서는 제바달두가 지은 업業의 근원根原을 모두 보신 뒤에 '한 겁 동안 죄를 받아도 다 치료되지 못하리라'고 수기授記를 하셨습니까? 아니면, 혹 다른 이유가 있어 그렇게 수기를 하셨습니까?"

그러자 아난이 말하였다.

"여래께서는 절대로 함부로 말씀하시지 않으신다. 행동이나 말씀이 사실과 조금도 다름이 없으시다. 여래께서는 진실로 '제바달두는 그 죄가 너무도 무거워 한 겁을 지내도 다 치료되지 못하리라'고 수기를 하신 것이다."

그때 존자 아난이 곧 자리에서 일어나 세존께 나아가 머리를 조아려 세존의 발에 예를 올리고 한쪽에 머물러 있었다.

그때 아난이 세존께 아뢰었다.

"어떤 비구가 저의 처소를 찾아와서 말하기를 '어떻습니까, 아난이여. 여래께서는 제바달두가 지은 업의 근원을 죄다 보신 뒤에 〈한 겁 동안 죄를 받아도 다 치료되지 못하리라〉고 수기를 하셨습니까? 아니면, 혹 다른 이유가 있어서 그렇게 수기를 하셨습니까?'라고 하였습니다. 이렇게 말하고는 그냥 헤어졌습니다."

세존께서 말씀하셨다.

"아마도 그 비구는 늦게 출가하여 우리 법에서 도道를 배운 지 그리 오래되지 않아서 그랬을 것이다. 여래는 절대로 함부로 말하지 않는다. 어떻게 그 말에 의심이 있을 수 있겠느냐?"

그때 세존께서 연이어 아난에게 말씀하셨다.

"너는 그 비구에게 가서 '여래께서 너를 부르신다' 하고 전하여라."

아난이 대답하였다.

"그렇게 하겠습니다, 세존이시여."

이때 아난이 세존의 분부를 받고 곧 그 비구가 머무는 곳으로 가서 그 비구에게 말하였다.

"여래께서 그대를 부르신다."

그 비구가 대답하였다.

"알았습니다, 존자여."

그때 그 비구는 곧 의복을 단정하게 갖추어 입고 아난과 함께 세존의 처소에 나아가 세존의 발에 예를 올리고 한쪽에 앉았다.

그러자 세존께서 그 비구에게 말씀하셨다.

"어리석은 사람아, 너는 왜 여래의 말을 믿지 않느냐? 여래의 가르침에는 조금도 거짓이 없다. 너는 이제 여래에게서 거짓말을 찾아보려고 하는구나."

그러자 그 비구가 세존께 아뢰었다.

"제바달두 비구는 큰 신통력이 있고 대단히 위엄스러운 세력이 있습니다. 어찌하여 세존께서는 '그는 한 겁 동안 무거운 죄를 받을 것이다'라고 그렇게 수기를 하셨습니까?"

세존께서 그 비구에게 말씀하셨다.

"너는 입을 조심하라. 그렇지 않으면 오랜 세월 동안 한량없는 괴로움을 받게 될 것이다."

그때 세존께서 곧 게송으로 말씀하셨다.

신神을 놀려 세속에 통하면[3]
끝끝내 해탈이 있을 수 없고
열반의 도〔滅盡跡〕를 닦지 않다가
다시 지옥에 떨어지리라.

"만일 내가 제바달두의 몸에서 털끝만한 착한 법이라도 보았다면, 나는 끝내 '제바달두는 한 겁 동안 죄를 받아도 다 치료될 수 없으리라'고 그렇게 수기를 하지는 않았을 것이다. 그러므로 어리석은 사람아, 나는 저 제바달두에게서 털끝만한 선행善行도 찾아볼 수가 없었기 때문에 '저 제바달두는 한 겁 동안 죄를 받아도 다 치료될 수 없으리

3 고려대장경 원문에는 이 부분이 유선통세속遊禪通世俗으로 되어 있는데, 선禪자는 글의 의미에 부합하지 않는다. 신수대장경 각주에 의하면 "원元·명明 2본에는 선禪자가 신神자로 되어 있다"고 하므로 역자도 이를 따라 의역하였다.

라'고 수기를 하였던 것이다. 왜냐하면 제바달두는 어리석어서 이양利養에만 탐착貪着하는데, 그는 그렇게 탐착하는 마음을 내어 5역죄逆罪를 지었으므로, 몸이 무너지고 목숨이 끝난 뒤에는 마침내 지옥에 들어갈 것이다. 왜 그런가 하면, 이양을 구하려는 마음이 중重하면 사람의 선善한 근본을 무너뜨려 사람들로 하여금 안온한 곳에 이르지 못하게 하기 때문이다.

그런 까닭에 모든 비구들아, 가령 이양을 구하려는 마음이 일어나거든 곧 없애기를 힘쓰고, 아직 일어나지 않았으면 다시는 일어나지 않게 하라. 모든 비구들아, 마땅히 이와 같이 배워야 한다."

그때 그 비구가 자리에서 일어나 옷을 여미고 세존의 발에 예를 올리고 세존께 아뢰었다.

"저는 지금 후회하고 있습니다. 원컨대 용서하여 주십시오. 어리석기 때문에 잘못을 저질렀습니다. 여래께서는 절대로 두 갈래의 말씀은 하시지 않으십니다. 그런데 제가 어리석어 의심을 내었습니다. 부디 바라건대 세존께서는 저의 참회懺悔를 받아들여 과거를 고치고 미래를 닦게 하소서."

이렇게 두 번 세 번 간청하였다.

세존께서 말씀하셨다.

"훌륭하다, 비구야. 네가 진정으로 참회하고 있구나. 너의 잘못을 용서하리라. 다시는 여래에 대해 의심을 내지 말라. 지금 너의 참회를 받아들이나니 다시는 잘못을 저지르지 말라."

이렇게 세 번 네 번 말씀하시고 게송을 설하셨다.

비록 중한 죄 지었다 하더라도
뉘우치고 다시 범하지 않으면

그는 계율을 잘 지키는 이라서
그 죄의 근원根原이 뽑히리라.

그때 그 비구와 사부대중들은 부처님의 말씀을 듣고 기뻐하며 받들어 행하였다.

네 가지 아나함과
두 가지 마음과 두 가지 음식과
제바달다에 대한 두 가지 경을 설하셨으니
지혜로운 이는 꼭 깨달아 알아야 한다.

12. 일입도품壹入道品

〔 1 〕

이와 같이 들었다.

어느 때 부처님께서는 사위국 기수급고독원에 계셨다.

그때 세존께서 모든 비구들에게 말씀하셨다.

"일입一入의 도道[4]가 있어서 중생들의 행行을 깨끗이 하고 시름과 근심을 제거하여 없애어 온갖 번뇌가 없는 큰 지혜를 얻어 니원(泥洹 : 涅槃)의 과果를 성취하게 한다. 그것은 곧 5개蓋[5]를 없애고 4의지意止[6]를

4 일입의 도[一入道]라고 하는 것은 오직 열반의 도에 들어가기 위하여 한결같이 행해야 하는 도를 이르는 말이다.

5 5장障이라고도 한다. 개蓋는 덮어 가리다[覆蓋]라는 뜻으로서 마음을 덮어 가려서 선善한 법을 내지 못하게 하는 다섯 가지 번뇌. 즉 탐욕개貪欲蓋·진에개瞋恚蓋·수면개睡眠蓋·도회개掉悔蓋·의개疑蓋를 말한다.

생각하는 것이다.

어떤 것을 일입一入이라고 하는가? 이른바 마음을 전일專一하게 하는 것이니, 이것을 일입이라고 말한다. 어떤 것을 도道라고 하는가? 이른바 현성의 8품도品道이니, 첫째는 바른 소견〔正見〕이요, 둘째는 바른 다스림〔正治〕이며, 셋째는 바른 행위〔正業〕요, 넷째는 바른 생활〔正命〕이며, 다섯째는 바른 방편〔正方便〕이요, 여섯째는 바른 말〔正語〕이며, 일곱째는 바른 생각〔正念〕이요, 여덟째는 바른 선정〔正定〕이다. 이것을 일러 일입도一入道라고 말하느니라.

5개蓋를 없애야 한다는 것은 무엇인가? 이른바 탐욕의 덮개〔貪欲蓋〕·성냄의 덮개〔瞋恚蓋〕·들뜸의 덮개〔掉悔蓋〕·잠의 덮개〔睡眠蓋〕·의심의 덮개〔疑蓋〕이니, 이 5개를 없애야 한다.

4의지를 사유한다는 것은 무엇인가? 비구가 안으로 제 몸을 관하여 나쁜 생각을 제거해 버려서 근심이 없게 하고, 밖으로 제 몸을 관하여 나쁜 생각을 제거해 없애서 근심을 없게 하며, 안팎으로 제 몸을 관하여 나쁜 생각을 제거해 버려서 근심을 없애야 한다.

안으로 느낌〔痛 : 受〕을 관하여 스스로 즐거워하고, 밖으로 느낌을 관하고 안팎으로 느낌을 관해야 한다. 안으로 마음을 관하여 스스로 즐거워하고 밖으로 마음을 관하고 안팎으로 마음을 관해야 한다. 안으로 법法을 관하고 밖으로 법을 관하며 안팎으로 법을 관하여 스스로 즐거워해야 한다.

어떤 것이 비구가 안으로 몸을 관하여 스스로 좋아하는 것인가? 비구가 그 몸을 관찰하되, 그 성행性行을 따라 머리에서부터 발끝까지, 발끝에서 머리 꼭대기까지 그 몸은 모두 더러운 것이라서 탐낼 만한

6 4념처念處를 일컫는 것으로서, 즉 신념처身念處·수념처受念處·심념처心念處·법념처法念處이다.

것이 못 된다고 관찰하고, 또 그 몸을 관찰하되 털·손톱·발톱·이·가죽·살·힘줄·뼈·골수·뇌·기름덩이·창자·밥통·심장·간·지라·콩팥 따위를 모두 관찰해 알고, 또 똥·오줌·생장生藏·숙장熟藏[7]·눈물·침·콧물·혈맥·지방·쓸개 따위를 다 관찰하여 어느 것 하나도 탐낼 것이 없다는 것을 알아야 한다. 이와 같이 모든 비구들은 그 몸을 관찰하여 스스로 즐거워하면서 나쁜 생각을 버리고 시름과 근심을 없애야 하느니라.

또 비구는 그 몸을 돌이켜 관찰하되 '이 몸에 흙의 요소가 있는가, 물·불·바람의 요소가 있는가?' 하고 이와 같이 그 몸을 관찰해야 한다.

또 비구는 그 몸을 관찰하여 모든 경계에 대하여 분별하여 '이 몸에는 4계界가 있다'고 알아야 한다. 마치 능숙하게 짐승을 도살하는 사람이나 그 제자가 소를 다룰 때 뼈마디를 갈라 스스로 관찰하기를 '이것은 다리이고 이것은 내장이며, 이것은 뼈이고 이것은 머리이다'라고 아는 것처럼, 비구도 그 경계를 분별하여 그 몸을 관찰하되 '이 몸에는 흙의 요소와 물·불·바람의 요소가 있다'고 그렇게 관찰해야 한다. 이와 같이 비구는 그 몸을 관찰하여 스스로 즐거워해야 하느니라.

또 비구는 그 몸을 관찰하되 '이 몸에는 온갖 구멍이 있어서 더러운 것이 새어나온다'고 알아야 한다. 비유하면 마치 어떤 사람이 대밭이나 갈대밭을 보는 것처럼, 비구도 그와 같이 그 몸을 관찰하되 '이 몸에는 여러 개의 구멍이 있어서 온갖 더러운 것이 그 구멍으로 새어나온다'고 알아야 하느니라.

또 비구는 죽은 시체를 관찰하되 '죽은 지 하루, 혹은 이틀·사흘·

---

7 처음 음식을 받아들이는 장기를 생장이라 하고, 음식물을 받아들여서 소화된 뒤에 그 찌꺼기가 머무는 장기를 숙장이라고 한다.

나흘·닷새·엿새, 혹은 이레가 지나 그 몸이 부어터지고 냄새가 나는 더러운 것이다'라고 관하고 나서는 제 몸도 저 시체와 다름이 없으니 '이 내 몸도 저렇게 될 걱정을 면하지 못하리라'고 관찰해야 한다.

또 비구는 시체가 까마귀·까치·독수리 따위에게 먹히거나 혹은 호랑이·이리·개·벌레들에게 먹히는 것을 관하고 나서 또 제 몸도 그것과 다름이 없어 '내 몸도 저렇게 되는 근심을 면하지 못하리라'고 관찰해야 한다. 이것을 일러 '비구가 제 몸을 관찰하여 스스로 즐거워하는 것'이라고 하느니라.

또 비구가 시체를 관찰하되 시체의 절반은 뜯어 먹히고 절반은 땅에 흩어져 있어 냄새나고 더러운 것이라고 알고 나서 또 제 몸에 대해서도 그것과 다름이 없어 '내 몸도 저런 법을 면하지 못하리라'고 관찰해야 한다. 또 시체를 관찰하되 송장이 살은 다 없어지고 뼈만 남은 채 피가 묻어 있는 것을 관하고는 또 '이 몸도 저 시체와 다름이 없다'고 관찰해야 한다. 비구는 이와 같이 그 몸을 관찰해야 한다.

또 비구는 시체의 힘줄이 나무에 걸린 것을 관하고 나서 제 몸도 그것과 다름이 없다고 관찰해야 한다. 비구는 이와 같이 그 몸에 대해 관찰해야 한다.

또 비구는 시체의 뼈가 여러 곳에 흩어져 있는데 손뼈·다리뼈가 각기 다른 곳에 있고, 혹은 장딴지뼈·허리뼈·엉덩이뼈·팔뼈·어깨뼈·옆구리뼈·등뼈·이마뼈·해골들이 제각기 흩어져 있는 것을 관하고 나서, 또 제 몸도 그것과 다름이 없어 '나도 저런 법을 면하지 못할 것이며, 내 몸도 무너져 없어지고 말 것이다'라고 관찰해야 한다. 비구는 이와 같이 그 몸에 대해 관찰하고 스스로 즐거워해야 한다.

또 비구는 시체가 흰빛과 흰 구슬 빛처럼 된 것을 관하고 나서, 제 몸도 그것과 다름이 없어 '나도 저런 법을 면하지 못할 것이다'라고 관찰해야 한다. 이것을 일러 '비구가 스스로 제 몸을 관찰하는 것'이라고 말한다.

또 비구는 시체의 뼈가 시퍼렇게 멍든 것 같아 탐낼 것이 없고 혹은 재나 흙과 그 빛깔이 같아서 분별할 수 없음을 본다. 이와 같이 비구는 그 몸을 관하여 나쁜 생각을 버리고 시름과 근심을 없애야 한다. 이 몸은 무상無常한 것이라서 결국에는 흩어지고 마는 법이다. 이와 같이 비구는 안으로 그 몸을 관찰하고 밖으로 그 몸을 관찰하며 안팎으로 그 몸을 관찰하여 아무것도 없는 것이라고 알아야 하느니라.

어떻게 하는 것이 비구가 안으로 느낌〔痛〕을 관하는 것인가? 비구가 즐거움을 느낄 때는 곧 스스로 '나는 즐거움을 느끼고 있다'고 깨달아 알고, 괴로움을 느낄 때에는 '나는 괴로움을 느끼고 있다'고 스스로 깨달아 알며, 괴롭지도 않고 즐겁지도 않음을 느낄 때에는 곧 '나는 괴롭지도 않고 즐겁지도 않음을 느끼고 있다'고 스스로 깨달아 알아야 한다.

먹는 즐거움을 느낄 때에는 곧 '나는 먹는 즐거움을 느끼고 있다'고 스스로 깨달아 알고, 먹는 괴로움을 느낄 때에는 곧 '나는 먹는 괴로움을 느끼고 있다'고 스스로 깨달아 알며, 먹는 것이 괴롭지도 않고 즐겁지도 않음을 느낄 때에는 곧 '나는 먹는 것이 괴롭지도 않고 즐겁지도 않음을 느끼고 있다'고 스스로 깨달아 알아야 한다.

먹지 않는 즐거움을 느낄 때에는 곧 '나는 먹지 않는 즐거움을 느끼고 있다'고 스스로 깨달아 알고, 먹지 않는 괴로움을 느낄 때에는 곧 '나는 먹지 않는 괴로움을 느끼고 있다'고 스스로 깨달아 알며, 먹지 않는 것이 괴롭지도 않고 즐겁지도 않음을 느낄 때에는 곧 '나는 먹지 않는 것이 괴롭지도 않고 즐겁지도 않음을 느끼고 있다'고 스스로 깨달아 알아야 한다. 비구가 이와 같이 안으로 느낌을 스스로 관찰하는 것이다.

또 비구는 즐거움을 느낄 때에는 괴로움을 느끼지 않는다. 그때 '나는 즐거움을 느낀다'고 스스로 깨달아 알고, 괴로움을 느낄 때에는 즐거움을 느끼지 않으니 '나는 괴로움을 느낀다'고 스스로 깨달아 알며, 괴롭지도 않고 즐겁지도 않음을 느낄 때에는 괴로움도 없고 즐거움도 없으니 '나는 괴롭지도 않고 즐겁지도 않음을 느낀다'고 스스로 깨달아 알아야 한다.

이것이 생겨나는 것〔習法〕[8]에 대하여 스스로 즐거워하고, 또 이것이 사라지는 것〔盡法〕[9]을 관찰하며, 또 이것이 생겨나고 사라지는 것〔習盡法〕[10]을 관찰한다. 혹은 느낌이 지금 앞에 나타나 있을 때에 느낌을 알 수 있고 볼 수 있으며, 그 근본에 대해 사유하여 의지할 만한 것이 없다고 알아 스스로 즐거워한다. 그래서 세상에 대한 생각을 일으키지 않고 거기서 두려워하지도 않는다. 두려워하지 않기 때문에 곧 열반을 얻어 나고 죽음은 이미 다하였고, 범행梵行은 이미 섰으며, 할 일을 이미 다 마쳐 다시는 후생에서 몸을 받지 않는다는 것을 사실 그대로 아느니라.

이와 같이 비구는 안으로 느낌을 관하여 어지러운 생각을 없애어 근심이 없고, 밖으로 느낌을 관하고 안팎으로 느낌을 관하여 어지러운 생각을 버려 근심이 없다.

이와 같이 비구는 안팎으로 느낌을 관찰해야 하느니라.

---

8 집법集法과 같은 말로 팔리어로는 samudaya-dhamma라고 한다. 생겨나는 속성을 가진 것이라는 뜻이다.

9 팔리어로 vaya-dhamma라고 한다. 사라지는, 즉 멸하는 속성을 가진 것이라는 뜻이다.

10 팔리어로 samudaya-vaya-dhamma라고 한다. 생겨나고 사라지는 속성을 가진 것이라는 뜻이다.

어떻게 비구는 마음과 마음의 법을 관찰하여 스스로 즐거워해야 하는가? 비구에게 애욕의 마음〔愛欲心〕이 있으면 곧 애욕의 마음이 있는 줄을 스스로 깨달아 알아야 하고, 애욕의 마음이 없으면 곧 애욕의 마음이 없는 줄을 스스로 깨달아 알아야 한다. 성내는 마음〔瞋恚心〕이 있으면 곧 성내는 마음이 있는 줄을 스스로 깨달아 알아야 하고, 성내는 마음이 없으면 성내는 마음이 없는 줄을 스스로 깨달아 알아야 한다. 어리석은 마음〔愚癡心〕이 있으면 곧 어리석은 마음이 있는 줄을 스스로 깨달아 알아야 하고 어리석은 마음이 없으면 곧 어리석은 마음이 없는 줄을 스스로 깨달아 알아야 한다.

사랑하는 마음〔愛念心〕이 있으면 곧 사랑하는 마음이 있는 줄을 스스로 깨달아 알아야 하고, 사랑하는 마음이 없으면 곧 사랑하는 마음이 없는 줄을 스스로 깨달아 알아야 한다. 받아들이는 마음〔受入心〕이 있으면 곧 받아들이는 마음이 있는 줄을 스스로 깨달아 알아야 하고, 받아들이는 마음이 없으면 곧 받아들이는 마음이 없는 줄을 스스로 깨달아 알아야 한다.

어지러운 마음〔亂心〕이 있으면 곧 어지러운 마음이 있는 줄을 스스로 깨달아 알아야 하고, 어지러운 마음이 없으면 곧 어지러운 마음이 없는 줄을 스스로 깨달아 알아야 한다.

흩어져서 서로 떨어진 마음〔散落心〕이 있으면 곧 흩어져서 서로 떨어진 마음이 있는 줄을 스스로 깨달아 알아야 하고, 흩어져서 서로 떨어진 마음이 없으면 곧 흩어져서 서로 떨어진 마음이 없는 줄을 스스로 깨달아 알아야 한다.

두루 미치는 마음〔普遍心〕이 있으면 곧 두루 미치는 마음이 있는 줄을 깨달아 알아야 하고, 두루 미치는 마음이 없으면 곧 두루 미치는 마음이 없는 줄을 스스로 깨달아 알아야 한다.

큰마음〔大心〕이 있으면 곧 큰마음이 있는 줄을 스스로 깨달아 알아야 하고, 큰마음이 없으면 큰마음이 없는 줄을 스스로 깨달아 알아야 한다. 한량없는 마음〔無量心〕이 있으면 곧 한량없는 마음이 있는 줄을 스스로 깨달아 알아야 하고, 한량없는 마음이 없으면 곧 한량없는 마음이 없는 줄을 스스로 깨달아 알아야 한다.

삼매의 마음〔三昧心〕이 있으면 곧 삼매의 마음이 있는 줄을 스스로 깨달아 알아야 하고 삼매의 마음이 없으면 곧 삼매의 마음이 없는 줄을 스스로 깨달아 알아야 한다.

해탈하지 못한 마음〔未解脫心〕이면 곧 해탈하지 못한 마음인 줄을 스스로 깨달아 알아야 하고, 해탈한 마음〔解脫心〕이면 곧 해탈한 마음인 줄을 스스로 깨달아 알아야 한다.

이와 같이 비구는 마음과 마음의 모양에서 그 뜻이 그침을 관찰해야 한다. 이것이 생겨나는 것〔習法〕과 사라지는 것〔盡法〕을 관찰하고, 아울러 생겨나고 사라지는 것〔習盡法〕을 관찰하며, 법을 사유하는 것을 관하고서 스스로 즐거워해야 한다.

알 수 있고, 볼 수 있으며, 생각할 수 있고, 생각할 수 없는 것에 의지할 수는 없다고 깨달아 세상에 대한 생각을 일으키지 않아야 한다. 그런 생각을 일으키지 않으므로 곧 두려움이 없어지고 두려움이 없어지므로 남음이 없으며, 이미 남음이 없으므로 곧 열반에 이르러서 나고 죽음이 이미 다하였고, 범행은 이미 확립되었으며 할 일은 이미 다 마쳐 다시는 후생에서 몸을 받지 않는다는 것을 사실 그대로 알게 된다.

이와 같이 비구는 안으로 마음과 마음에서 그 뜻이 그쳐짐을 관하여 어지러운 생각을 없애 근심이 없고, 밖으로 마음을 관찰하고, 안팎으로 마음과 마음에서 그 뜻의 그쳐짐을 관찰해야 한다.

이와 같이 비구는 마음과 마음의 모양에서 그 뜻이 그쳐지는 것을 관찰해야 하느니라.

어떻게 비구는 법과 법의 모양에서 그 뜻이 그쳐지는 것을 관찰해야 하는가? 비구가 염각의念覺意를 닦되 관觀을 의지하고, 욕심 없음〔無欲〕을 의지하며, 모두 사라짐〔滅盡〕을 의지하여 온갖 나쁜 법〔惡法〕을 다 버린다. 법각의法覺意를 닦고, 정진각의精進覺意를 닦으며, 염각의念覺意를 닦고, 의각의猗覺意를 닦고, 삼매각의三昧覺意를 닦으며, 호각의護覺意를 닦되, 관법觀法을 의지하고 욕심 없음〔無欲〕을 의지하며 모두 사라져서 다함〔滅盡〕을 의지하여 모든 나쁜 법을 버린다. 이와 같이 비구는 법과 법의 모양에서 그 뜻이 그쳐짐을 관찰해야 하느니라.

또 비구는 애욕에서 해탈하여 악하고 착하지 않은 법〔惡不善法〕을 버리고, 각(覺 : 거친 생각)이 있고, 관(觀 : 미세한 생각)이 있으며, 기쁨과 편안함〔喜安〕을 기억해 지니며 초선〔初善〕에서 노닌다. 이와 같이 비구는 법과 법의 모양에서 그 뜻이 그쳐짐을 관찰해야 하느니라

또 비구는 각覺과 관觀을 버려 안으로 기뻐하고 편안하며 그 마음을 전일하게 하여 각도 없고 관도 없음을 이룩하여 마음이 편안하게 의지할 생각이 있어 두 번째 선정에 들어가 즐거워한다. 이와 같이 비구는 법과 법의 모양에서 그 뜻이 그쳐짐을 관찰해야 한다.

또 비구는 기억〔念〕을 버리고 평정함〔護 : 捨〕을 닦아 즐거움으로 몸을 항상 알고 모든 성현들이 구하는 바인 평정한 기억이 청정한 세 번째 선정에 든다. 이와 같이 비구는 법과 법의 모양에서 그 뜻이 그쳐짐을 관찰해야 하느니라.

또 비구는 괴롭고 즐거운 마음을 버려 근심도 없고 기쁨도 없으며, 괴로움도 없고 즐거움도 없는 평정한 기억이 청정한 네 번째 선정을 즐거워한다. 이와 같이 비구는 법과 법의 모양에서 그 뜻이 그쳐짐을

관찰해야 하느니라.

이것이 생겨나는 것〔習法〕을 관찰하고 이것이 생겨나고 사라지는 것〔盡法〕을 수행하며, 또한 생겨나고 사라지는 것〔習盡法〕도 관찰하며 스스로 즐거워하며, 곧 법法에 생각이 그치게 되어 현재 세상에서 알 수도 있고 볼 수도 있어 어지러운 생각을 제거해 버리고, 의지하는 데가 없어 세상에 대한 생각을 일으키지 않는다. 이미 생각을 일으키지 않으면 곧 두려움이 없어지고 이미 두려움이 없어지고 나면 나고 죽음이 곧 다하고 범행梵行은 이미 섰으며, 할 일을 이미 다 마쳐 다시는 후생에서 몸을 받지 않는다는 것을 사실 그대로 안다.

비구들아, 일입一入의 도에 의하여 중생들은 청정함을 얻고, 근심을 멀리 여의며, 다시는 기뻐하는 생각이 없고, 곧 지혜를 체득하여 열반을 증득한다. 이것이 이른바 5개蓋를 없애고 4의지意止를 닦는다는 것이니라."

그때 모든 비구들은 부처님의 말씀을 듣고 기뻐하며 받들어 행하였다.

〔 2 〕

이와 같이 들었다.

어느 때 부처님께서는 사위국 기수급고독원에 계셨다.

그때 세존께서 모든 비구들에게 말씀하셨다.

"나는 이 가운데서 범행 닦는 이를 미워하고 시기하는 것보다 더 빨리 망하는 법은 보지 못하였다. 그런 까닭에 비구들아, 마땅히 자비와 인욕을 닦되 몸으로 자애를 실천하고 입으로는 자애로운 말을 하며 뜻으로 자애로움을 실천해야 한다. 모든 비구들아, 마땅히 이와 같이 배워야 한다."

그때 모든 비구들은 부처님의 말씀을 듣고 기뻐하며 받들어 행하였다.

〔 3 〕

이와 같이 들었다.

어느 때 부처님께서는 사위국 기수급고독원에 계셨다.

그때 세존께서 모든 비구들에게 말씀하셨다.

"만일 어떤 사람이 세상에 나타날 때에는, 모든 하늘・사람・마천魔天・사문沙門・바라문들 중에서 가장 높고 최상이 되는 분으로서 이 세상에 그와 견줄 이는 아무도 없을 것이며, 제일가는 복밭〔福田〕으로서 섬길 만하고 공경할 만할 것이다.

어떤 사람이 그런 사람인가? 다살아갈(多薩阿竭 : 如來) ・아라하阿羅呵・등정각等正覺을 그런 분이라고 말한다. 이것을 '한 사람이 세상에 나타날 때에는 모든 하늘・사람・아수륜阿須倫・마魔・마천魔天・사문・바라문들보다 뛰어나서 가장 높고 최상이 되는 분으로서 이 세상에 그와 견줄 이는 아무도 없을 것이며, 제일가는 복밭으로서 섬길 만하고 공경할 만하다'고 말하는 것이다. 그러므르 모든 비구들아, 항상 여래를 공양하는 것이 제일 잘하는 일이니라. 모든 비구들아, 마땅히 이와 같이 배워야 한다."

그때 모든 비구들은 부처님의 말씀을 듣고 기뻐하며 받들어 행하였다.

〔 4 〕

이와 같이 들었다.

어느 때 부처님께서는 사위국 기수급고독원에 계셨다.

그때 세존께서 모든 비구들에게 말씀하셨다.

"병든 사람을 돌보아 주는 것은 곧 나 부처를 돌보는 것이요, 병자를 간호하는 것은 곧 나를 간호하는 것이다. 왜냐하면 내가 지금 직접 병자를 간호해 주려고 하기 때문이다.

비구들아, 나는 어떤 사람이 하늘·세간·사문·바라문을 보시하는 것 중에 최상이어서 이 보시보다 더 훌륭한 것이 있는 것을 보지 못하였다. 그러니 이 보시를 행해야 비로소 참다운 보시가 되어 큰 과보果報를 얻고 큰 공덕을 얻어 그 명성이 널리 골고루 퍼지고 감로법甘露法의 맛을 얻게 될 것이다. 그 한 분이란 여래·지진至眞·등정각을 말하느니라.

온갖 보시 가운데에서 가장 훌륭한 것은 이 보시보다 더 나은 것이 없는 줄 알고 이 보시를 행하면, 그것은 곧 참다운 보시가 되어 큰 과보와 큰 공덕을 얻을 것이다. 그러므로 나는 지금 이런 인연으로 인하여 이렇게 말한다.

'병자를 돌보아 주는 이는 곧 나를 돌보는 것과 다름이 없다.'

그렇게 하면 너희들은 언제나 큰 복을 얻을 것이다. 모든 비구들아, 마땅히 이와 같이 배워야 한다."

그때 모든 비구들은 부처님의 말씀을 듣고 기뻐하며 받들어 행하였다.

〔 5 〕[11]

이와 같이 들었다.

어느 때 부처님께서는 사위국 기수급고독원에 계셨다.

11 이 소경은 『잡아함경』 제31권 892번째 소경인 「육내처경六內處經」과 내용이 비슷하다.

그때 세존께서 모든 비구들에게 말씀하셨다.

"아련야阿練若[12]를 찬탄하고 칭송하는 것은 곧 나를 찬탄하고 칭송하는 것이다. 왜냐하면 나는 항상 아련야행을 찬양하고 칭송하기 때문이다. 아련야를 비방하는 것은 곧 나를 비방하는 것이다. 걸식을 찬탄하여 말하는 것은 곧 나를 찬탄하고 칭송하는 것이다. 왜냐하면 나는 항상 걸식을 찬탄하여 말하기 때문이다. 걸식을 비방하는 것은 곧 나를 비방하는 것이다.

홀로 앉아 있는 이를 찬탄하여 말하는 것은 곧 나를 찬탄하여 말하는 것이다. 왜냐하면 나는 항상 홀로 앉아 있는 이를 찬양하여 말하기 때문이다. 홀로 앉아 있는 이를 비방하는 것은 곧 나를 비방하는 것이다.

한 자리에서만 먹고 옮겨 다니며 먹지 않는 이를 찬양하고 칭찬하는 것은 곧 나를 찬양하고 기리는 것이다. 왜냐하면 나는 항상 한 자리에서만 먹고 옮겨 다니며 먹지 않는 이를 찬양하고 칭찬하기 때문이다. 한 자리에서만 먹고 옮겨 다니며 먹지 않는 이를 비방하는 것은 곧 나를 비방하는 것이다.

나무 밑에 앉아서 수행하는 이를 찬탄하여 말하는 것은 곧 나를 찬탄하여 말하는 것이나 다름이 없다. 왜냐하면 나는 항상 나무 밑에 앉아 수행하는 이를 찬탄하여 말하기 때문이다. 저 나무 밑에 앉아서 수행하는 이를 비방하는 것은 곧 나를 비방하는 것이다.

한데 앉아서 수행하는 이를 찬탄하여 말하는 것은 곧 나를 찬탄하여 말하는 것이다. 왜냐하면 나는 항상 한데 앉아서 수행하는 이를 찬

12 팔리어로는 arañña라고 한다. 또는 아란야阿蘭若・아란나阿蘭拏라고 쓰기도 하며, 의역하여 최한처最閑處라고 한다. 아련야행이란 두타행頭陀行의 하나로 한가하고 고요한 곳에 머물면서 수행하는 것을 말한다.

탄하기 때문이다. 한데 앉아서 수행하는 이를 비방하는 것은 나를 비방하는 것이다.

비고 한적한 곳에 사는 이를 찬탄하여 말하는 것은 곧 나를 찬탄하여 말하는 것이다. 왜냐하면 나는 항상 비고 한적한 곳에 사는 이를 찬탄하여 말하기 때문이다. 비고 한적한 곳에 사는 이를 비방하는 것은 곧 나를 비방하는 것이다.

다섯 가지 누더기 옷〔五納衣〕을 입은 이를 찬탄하여 말하는 것은 곧 나를 찬탄하여 말하는 것이다. 왜냐하면 나는 항상 다섯 가지 누더기 옷을 입은 이를 찬탄하여 말하기 때문이다. 다섯 가지 누더기 옷을 입은 이를 비방하는 것은 곧 나를 비방하는 것이다.

세 가지 법의만 지니는 이를 찬탄하여 말하는 것은 곧 나를 칭찬하는 것이다. 왜냐하면 나는 항상 세 가지 법의만 지니는 이를 찬탄하여 말하기 때문이다. 세 가지 법의만 지니는 이를 비방하는 것은 곧 나를 비방하는 것이다.

무덤 사이에 앉아 수행하는 이를 찬탄하여 말하는 것은 곧 나를 찬탄하여 말하는 것이다. 왜냐하면 나는 항상 무덤 사이에 앉아서 수행하는 이를 찬탄하기 때문이다. 무덤 사이에 앉아 수행하는 이를 비방하는 것은 곧 나를 비방하는 것이다.

하루 한 끼니만 먹는 이를 찬탄하여 말하는 것은 곧 나를 찬탄하여 말하는 것이다. 왜냐하면 나는 항상 하루에 한 끼니만 먹는 이를 찬탄하여 말하기 때문이다. 하루 한 끼니만 먹는 이를 비방하는 것은 곧 나를 비방하는 것이다.

점심때만 먹는 이를 찬탄하여 말하는 것은 곧 나를 찬탄하여 말하는 것이다. 왜냐하면 나는 점심때만 먹는 이를 찬탄하여 말하기 때문이다. 점심때만 먹는 이를 비방하는 것은 곧 나를 비방하는 것이다.

온갖 두타행頭陀行을 하는 이를 찬탄하여 말하는 것은 곧 나를 찬탄하여 말하는 것이다. 왜냐하면 나는 항상 두타행을 수행하는 이를 찬탄하여 말하기 때문이다. 두타행을 수행하는 이를 비방하는 것은 곧 나를 비방하는 것이다.

나는 지금 모든 비구들에게 이르니, 너희들은 대가섭大迦葉처럼 수행하여 빠뜨림이 없게 하라. 그렇게 해야 하는 까닭은 대가섭은 이런 모든 행을 가지고 있기 때문이니라. 그러므로 모든 비구들은 항상 대가섭처럼 수행해야 한다. 모든 비구들아, 마땅히 이와 같이 배워야 한다."

그때 모든 비구들은 부처님의 말씀을 듣고 기뻐하며 받들어 행하였다.

〔 6 〕

이와 같이 들었다.

어느 때 부처님께서는 라열성羅閱城의 가란타죽원에서 대비구들 5백 명과 함께 계셨다. 그때 대가섭은 아련야에 머물고 있으면서 때가 되어 걸식할 적에는 가난한 집과 부자를 가리지 않았으며, 한 곳에 한 번 앉으면 끝끝내 자리를 옮기지 않았다. 나무 밑이나 한데나 비고 한적한 곳에 앉았으며, 다섯 가지 누더기 옷을 입고 세 가지 법의를 지니고 있었으며, 무덤 사이에서 수행을 하였다.

혹은 하루 한 끼니만 먹는데 그것도 점심때에만 먹었으며 두타행을 하는 사람들 중에 나이는 가장 많았다. 이때 존자 대가섭은 식사를 마친 뒤에 곧 어떤 나무 밑으로 가서 선정에 들어갔다. 선정에서 다시 일어나 옷을 여미고 세존께 나아갔다. 그때 세존께서 멀리서 가섭이 오는 것을 보고 곧 말씀하셨다.

"잘 왔다, 가섭아."

가섭은 세존께 나아가 머리를 조아려 그 발에 예를 올리고 한쪽에 앉았다.

세존께서 말씀하셨다.

"가섭아, 그대는 나이도 많고 노쇠하여 기력이 없을 것이다. 그대는 지금부터 걸식과 온갖 두타행을 중단하고 또 여러 장자의 공양과 그들이 주는 옷을 받도록 하라."

가섭이 대답하였다.

"저는 여래의 분부를 따르지 못하겠습니다. 왜 그런가 하면 여래께서 위없이 바르고 참된 도〔無上正眞道〕를 이루지 못하셨을 적에 저는 벽지불辟支佛이었습니다. 그런데 그 벽지불은 아련야행을 행하면서 때가 되어 걸식할 적에는 가난한 집과 부자를 가리지 않고 한 곳에 한번 앉으면 끝끝내 옮기지 않았으며, 나무 밑이나 한데나 혹은 비고 한적한 곳에 앉았으며, 다섯 가지 누더기 옷을 입고 세 가지 법의를 지녔으며, 무덤 사이에서 수행하였고 끼니는 하루에 한 끼니만 먹되 점심때에만 먹었으며, 또 두타행을 행하였습니다. 그러므로 이제 와서 본래 익힌 것을 버리고 다시 다른 행을 배울 수가 없사옵니다."

세존께서 말씀하셨다.

"장하고 장하구나, 가섭아. 그대는 중생들에게 많은 이익을 주어 한량없이 많은 사람들을 건지고, 널리 일체의 천상天上과 인간人間을 제도할 것이다. 왜냐하면 또 가섭아, 그 두타행이 세상에 남아 있으면 내 법도 또한 이 세상에 오래 남아 있을 것이기 때문이다. 만일 법이 이 세상에 남아 있으면 하늘 세계〔天道〕는 더욱 늘어나고 세 갈래 나쁜 세계는 점점 줄어들 것이며, 또 수다원須陀洹·사다함斯陀含·아나함阿那含의 3승도乘道를 성취하여 모두 세상에 존재하게 할 것이다. 그러므로 모든 비구들은 수행을 하되 가섭이 익혔던 것처럼 해야 하느니라. 모든 비구들아, 마땅히 이와 같이 배워야 한다."

그때 모든 비구들은 부처님의 말씀을 듣고 기뻐하며 받들어 행하였다.

〔 7 〕

이와 같이 들었다.

어느 때 부처님께서는 사위국 기수급고독원에 계셨다.

그때 세존께서 모든 비구들에게 말씀하셨다.

"이양利養은 너무도 무거운 것이라서 사람들로 하여금 위없이 바르고 참된 도〔無上正眞道〕에 이르지 못하게 한다. 왜냐하면 모든 비구들아, 저 제바달두(提婆達兜 : 提婆達多)는 사람됨이 어리석어서 저 왕자 바라류지婆羅留支[13]가 공양한 5백 개 가마솥의 밥을 받아 공양하였다. 만일 그가 공양하지 않았더라면 어리석은 제바달두는 끝내 그런 악을 짓지 않았을 것이다. 바라류지 왕자가 날마다 5백 개의 가마솥에 밥을 지어 가지고 가서 공양하였기 때문에 제바달두는 5역죄逆罪를 지었고 몸이 무너지고 목숨이 끝난 뒤에는 큰 아비지옥에 떨어진 것이다.

이런 사실로 미루어 볼 때 이양은 매우 무거운 것이라서 사람들로 하여금 위없이 바르고 참된 도에 이르지 못하게 하는 것임을 알 수 있

13 팔리어로는 Balaruci라고 한다. 의역하여 절지折指라고 하며, 마갈타국 빈바사라왕頻婆娑羅王의 태자 아사세阿闍世의 별명이다. 그는 일찍이 아버지를 시해하고 자신이 왕이 되었는데, 나중에는 과거에 지은 악업에 대하여 참회하고 부처님께 귀의하였다. 그가 태어났을 때에 관상 보는 사람이 그의 관상을 보고 나중에 틀림없이 아버지를 시해할 상이라고 하자 빈바사라왕이 두려운 마음이 생겨 왕자를 데리고 높은 누각에 올라가 그를 밀쳐 떨어뜨렸는데 죽지는 않고 다만 손가락 하나만 부러졌다. 이 왕자는 태어나기 전에 이미 서로 원한이 있었다 하여 그 이름을 아사세(阿闍世 : 未生怨)라고 하였고, 손가락이 부러졌으므로 또 바라류지(婆羅留支 : 折指)라고 하였다.

다. 만약 이양을 탐하는 마음이 생기지 않았거든 다시는 생기지 못하게 하고, 이미 생겼거든 곧바로 없애야 할 것이니라. 모든 비구들아, 너희들은 마땅히 이와 같이 배워야 한다."

그때 모든 비구들은 부처님의 말씀을 듣고 기뻐하며 받들어 행하였다.

〔 8 〕

이와 같이 들었다.

어느 때 부처님께서는 왕사성에 있는 기사굴산에서 대비구들 5백 명과 함께 계셨다.

그 무렵에 제바달두가 승가 대중을 혼란스럽게 만들고 여래의 발을 다치게 하고는 아사세를 시켜 그 부왕父王을 죽이게 하고 다시 아라한인 비구니를 죽이고는 대중들 앞에서 이렇게 말하였다.

"악惡이 어디에 있으며 악은 어디에서 생기는가? 누가 그 악을 지어 그 과보를 받는가? 나는 어떤 악을 지어도 그 과보를 받지 않는다."

그때 많은 비구들이 라열성羅閱城에 들어가서 걸식을 하다가 어리석은 제바달두가 대중들 앞에서 이렇게 말하는 것을 들었다.

"악이 어디에 있으며 악은 어디에서 생기는가? 누가 그 악을 지어 그 과보를 받는가?"

그때 많은 비구들은 공양을 마친 뒤에 가사와 발우를 챙겨 두고 니사단尼師壇을 오른쪽 어깨에 걸치고 세존께서 계시는 곳으로 찾아가서 머리를 조아려 그 발에 예를 올리고 한쪽에 앉았다.

많은 대중 비구들은 세존께 아뢰었다.

"저 어리석은 제바달두가 대중들 앞에서 말하기를 '어떤 악을 지어도 재앙이 없고, 어떤 복을 지어도 보답이 없다. 선과 악의 과보를 받는 경우는 전혀 없다'고 이렇게 말하였습니다."

세존께서 모든 비구들에게 말씀하셨다.

"악도 있고 죄도 있으며 선이나 악을 행했을 경우에는 틀림없이 그 과보가 있다. 만일 저 어리석은 제바달두가 선과 악의 갚음이 있는 줄을 안다면 몸이 바짝바짝 타고 초조해 하며, 근심스럽고 피가 끓어올라 얼굴에 있는 온갖 구멍으로 흘러나올 것이다. 저 제바달두는 선과 악의 갚음이 있다는 것을 알지 못하고 있기 때문에 대중들 앞에서 '선과 악의 갚음이 없다. 악을 행해도 재앙이 없고 선을 행하여도 복이 없다'고 그렇게 말하는 것이니라."

그때 세존께서 곧 게송으로 말씀하셨다.

어리석은 사람 스스로 지혜로운 체하며
악을 행해도 복이 있다 하네.
그러나 나는 지금 미리 아나니
선과 악에는 틀림없이 그 갚음 있다네.

"이와 같으니, 모든 비구들아, 너희들은 마땅히 악은 멀리 여의고 복 짓기를 게을리 하지 말아야 하느니라. 모든 비구들아, 마땅히 이와 같이 배워야 한다."

그때 모든 비구들은 부처님의 말씀을 듣고 기뻐하며 받들어 행하였다.

〔 9 〕

이와 같이 들었다.

어느 때 부처님께서는 사위국 기수급고독원에 계셨다.

그때 세존께서 모든 비구들에게 말씀하셨다.

"남에게서 이양을 받는다는 것은 매우 중重하고 쉽지 않은 일이어서 사람으로 하여금 함이 없는 곳〔無爲處 : 涅槃〕에 이르지 못하게 한다. 왜냐하면 이양의 갚음은 사람의 가죽을 들어가 끊고, 가죽을 끊고 나면 살을 끊으며, 살을 끊고 나면 뼈를 끊고, 뼈를 끊고 나면 골수를 끊기 때문이니라. 모든 비구들아, 이러한 일로써 이양이란 매우 무거운 줄을 알아야 한다. 만약 이양을 탐내는 마음이 아직 생기지 않았거든 다시는 생기지 못하게 하고, 이미 생겼거든 바로 없애야 한다. 모든 비구들아, 너희들은 마땅히 이와 같이 배워야 한다."

그때 모든 비구들은 부처님의 말씀을 듣고 기뻐하며 받들어 행하였다.

〔 10 〕

이와 같이 들었다.

어느 때 부처님께서는 사위국 기수급고독원에 계셨다.

그때 세존께서 모든 비구들에게 말씀하셨다.

"남에게서 이양을 받는다는 것은 매우 중하고 쉽지 않은 일이어서 사람으로 하여금 함이 없는 곳에 이르지 못하게 한다. 왜냐하면 만일 저 사리라師利羅 비구가 이양을 탐내지 않았더라면 저렇게 한량없는 살생을 하여 몸이 무너지고 목숨이 끝난 뒤에 지옥에 들어가지는 않았을 것이다."

그때 세존께서 곧 게송을 설하셨다.

남에게서 무거운 이양을 받으면
사람의 맑고 깨끗한 행 무너지나니

그러므로 마땅히 그 마음 제어하고
그 맛을 탐하여 집착하지 말지니라.

저 사리라 비구가 선정을 닦아
제석천궁에 태어났지만
그 신통력이 갑자기 퇴보하여
백정 노릇을 하는 처지로 타락하였다.

"모든 비구들아, 이러한 일로 볼 때에 남에게서 이양을 받는 것은 그리 쉽게 생각할 일이 아니라는 것을 알아야 한다. 이와 같으니, 모든 비구들은 마땅히 다음과 같이 배워야 하리라. 즉 이양을 탐내는 마음이 아직 생기지 않았거든 다시는 생기지 못하게 하고 이미 생겼거든 방편을 써서 바로 없애야 한다. 모든 비구들아, 너희들은 마땅히 이와 같이 배워야 한다."

그때 모든 비구들은 부처님의 말씀을 듣고 기뻐하며 받들어 행하였다.

증일아함경 제 6 권

13. 이양품利養品[1]

〔 1 〕

이와 같이 들었다.

어느 때 부처님께서는 사위국 기수급고독원에 계셨다.

그때 세존께서 모든 비구들에게 말씀하셨다.

"남에게서 이양을 받는다는 것은 매우 중하고 쉽지 않은 일이어서 사람으로 하여금 함이 없는 곳에 이르지 못하게 한다. 왜냐하면 만일 수라타修羅陀 비구가 이양을 탐내지 않았더라면 끝내 내 법 안에서 세 가지 법의法衣를 버리고 속가俗家로 돌아가지는 않았을 것이다.

수라타 비구는 예전 아련야행阿練若行을 할 때에 때가 되면 걸식乞食을 하였고 한 자리에서만 먹고 옮겨 다니며 먹지 않고, 하루에 점심 한 끼니만 먹었고 나무 아래나 한데〔露〕에 앉고 한적한 곳을 좋아하였

1 내용으로 보아 이 「이양품利養品」의 제명은 제5권 일곱 번째 소경에서부터 해당되는 것 같다. 제6권 말末의 올타남에서는 「이양품」의 내용을 그렇게 보고 있다. 아마도 소제명小題名을 잘못 여기에 달아놓은 것이 아닌가 의심스럽다.

으며, 다섯 가지 누더기 옷〔五納衣〕을 입고 혹은 세 가지 법의를 지녔으며, 혹은 무덤 사이를 좋아하였고 부지런히 고행을 닦는 등 이런 두타행頭陀行을 실천하였다.

그때 수라타 비구는 항상 포호국왕蒲呼國王으로부터 공양을 받았는데, 그 왕은 온갖 맛있는 음식을 날마다 가지고 왔다. 그래서 저 비구는 그 음식에 맛을 들여 점점 아련야행을 버리게 되었다. 즉 때가 되어 걸식하는 것, 한 자리에서만 먹고 옮겨 다니며 먹지 않는 것, 점심 때에만 끼니를 먹는 것, 나무 밑이나 한데에 앉는 것, 한적한 곳을 좋아하는 것, 다섯 가지 누더기 옷을 입는 것, 세 가지 법의를 지니는 것, 무덤 사이를 좋아하면서 부지런히 고행하는 것 등, 이런 일들을 다 버렸다. 세 가지 법의도 버리고 속가로 돌아가 백정이 되어서는 수없이 많은 소를 잡고 또 양羊을 죽였다. 그리하여 몸이 무너지고 목숨이 끝난 뒤에 지옥에 떨어진 것이다.

모든 비구들아, 이러한 일로써 이양이란 매우 무거운 것이어서 사람들로 하여금 바르고 참되며 위없는 도에 이르지 못하게 하는 것임을 알 수 있다. 그러니 만약 이양을 탐내는 마음이 아직 생기지 않았거든 다시는 생기지 못하게 하고 이미 생겼거든 방편을 구하여 바로 없애야 한다. 모든 비구들아, 너희들은 마땅히 이와 같이 배워야 한다."

그때 모든 비구들은 부처님의 말씀을 듣고 기뻐하며 받들어 행하였다.

〔 2 〕

이와 같이 들었다.

어느 때 부처님께서는 사위국 기수급고독원에 계셨다.

그때 세존께서 모든 비구들에게 말씀하셨다

"한 가지 법만은 꼭 없애라. 그러면 나는 너희들이 신통神通을 얻어 모든 번뇌〔漏〕를 다 끊게 될 것이라고 증명하리라. 어떤 것이 그 한 가지 법인가? 맛에 대한 욕심〔味欲〕을 말하는 것이다. 그런 까닭에 모든 비구들아, 너희들은 꼭 이 맛에 대한 욕심을 없애야 한다. 그러면 나는 너희들이 신통을 얻어 모든 번뇌를 다하게 될 것이라고 증명하리라."

그때 세존께서 곧 게송으로 말씀하셨다.

중생들이 만일 이 맛에 집착하면
죽어서 나쁜 세계에 떨어지리니
지금 꼭 그 탐욕을 버린다면
그는 곧 아라한이 되리라.

"그러므로 모든 비구들아, 너희들은 이 맛에 집착하는 생각을 항상 버려야 한다. 모든 비구들아, 마땅히 이와 같이 배워야 한다."

그때 모든 비구들은 부처님의 말씀을 듣고 기뻐하며 받들어 행하였다.

〔 3 〕

이와 같이 들었다.

어느 때 부처님께서는 사위국 기수급고독원에 계셨다.

그때 사위성에 살고 있던 어떤 장자가 마침 애지중지 사랑하여 잠깐도 놓지 않던 외동아들을 잃었다. 그 장자는 애지중지하던 아들이 죽자 그만 미쳐서 빙빙 온 사방을 돌아다니면서 한 곳에 가만히 머물러 있지 못하였다. 그는 사람을 볼 때마다 곧 이렇게 말하였다.

"혹 내 아들을 보았는가?"

그때 그 사람은 자꾸만 돌아다니다 기원정사祇園精舍까지 오게 되었고 세존의 처소에 이르러 한쪽에 머물렀다. 그때 그는 세존께 아뢰었다.

"사문 구담瞿曇이시여, 혹 제 아들을 보셨습니까?"

세존께서 그 장자에게 말씀하셨다.

"무슨 연고로 안색이 그리도 어둡고 모든 감관[根]이 그리도 산란한가?"

그때 장자가 구담에게 대답하였다.

"어떻게 그렇게 되지 않겠습니까? 왜냐하면 저에게 외동아들이 있었는데 그 아이가 저를 버리고 죽었습니다. 저는 그 아이를 너무도 애지중지하여 잠깐도 눈앞에서 떼어놓지 않았었습니다. 그런데 그 아들이 죽었으니 그 아이가 불쌍해 저는 미칠 것 같습니다. 저는 이제 사문께 여쭙니다. 혹 제 아들을 보셨습니까?"

세존께서 말씀하셨다.

"그렇겠구나. 장자여, 네가 질문한 것과 같다. 나고 늙고 병들고 죽는 것은 세상의 변하지 않는 법이다. 은애恩愛하는 이와 이별하는 것도 괴로운 일이고, 미워하는 사람끼리 만나는 것도 괴로운 일이니라. 사랑하던 아들이 너를 버리고 죽었으니 어찌 생각나지 않겠느냐?"

그때 장자는 세존의 말씀을 들었으나 마음이 들지 않아 그만 버리고 물러갔다. 길을 가다가 어떤 사람을 보고 또 이렇게 말하였다.

"사문 구담은 은애하는 이와 이별하는 것은 즐거운 일이라고 말합니다. 사문이 한 말이 옳습니까?"

그 사람이 대답하였다.

"은애하는 이와 이별하는데 무슨 즐거움이 있겠습니까?"

그때 사위성에서 그리 멀지 않은 곳에서 많은 사람들이 함께 어울려 도박판을 벌이고 있었다. 그 장자는 곧 이렇게 생각하였다.

'저 남자들은 총명하고 지혜로워 모르는 일이 없을 것이다. 나는 이제 저들에게 이 일에 대해 물어보리라.'

그는 곧 도박이 벌어진 곳으로 가서 그 사람들에게 물었다.

"사문 구담이 내게 '사랑하는 이와 이별하는 괴로움, 미운 이와 만나는 괴로움, 이런 것들을 즐거운 일이다'고 말했습니다. 여러분은 지금 어떻게 생각하십니까?"

그때 도박꾼들이 대답하였다.

"은애하는 사람과 이별하는데 무슨 즐거움이 있겠는가? 즐겁다고 말하는 것은 이치에 맞지 않다."

그때 그들은 곧 이렇게 생각하였다.

'여래께서 하시는 말씀은 절대로 거짓이 아니라는 것을 우리는 잘 안다. 그러나 어떻게 은애하는 이와 이별하는 데 즐거울 수 있을까? 그것은 이치에 맞지 않다.'

그때 그들은 사위성으로 들어가서 궁문 밖에 이르러 외쳤다.

"사문 구담이 '은애하는 이와 이별하고 미워하는 사람을 만나는 것은 즐거운 일이다'라고 가르친다."

그때 사위성과 궁중에 그 말이 두루 퍼져나갔다. 그때 대왕 바사닉波斯匿과 마리摩利 부인이 높은 누각 위에서 서로 즐기면서 놀고 있다가 바사닉왕이 마리 부인에게 말하였다.

"사문 구담께서 '은애하는 이와 이별하고 미워하는 이와 만나는 일이 즐거운 일이다'라고 말했다 하오."

부인이 대답하였다.

"저는 여래께서 그런 말씀을 하시는 것을 듣지 못하였습니다. 설령 여래께서 그렇게 가르치셨다 하더라도 거기에는 틀림없이 그럴 이유가 있을 것입니다."

바사닉왕이 말하였다.

"마치 스승이 제자에게 '이것은 하라. 이것은 버려라' 하고 가르치면 그 제자는 '네, 그렇게 하겠습니다. 스승님' 하고 대답하는 것처럼, 지금 그대 마리 부인도 또한 그와 같구려. 저 사문 구담이 비록 그런 말을 하였다 하더라도 부인께선 '그러하여 틀림이 없고 허망한 말이 아니다'라고 하는가? 그대는 썩 물러나시오. 잠시도 내 앞에 머물러 있지 마시오."

그러자 마리 부인은 죽부竹膊 바라문에게 말하였다.

"너는 지금 기원정사에 계시는 여래의 처소로 찾아가서 내 이름으로 여래의 발에 예를 올리고, 다시 이 뜻을 부처님께 자세히 아뢰어라. 즉 '사문 구담께서는 은애하는 이와 이별하고 미워하는 이와 만나는 것이 다 즐거운 일이라 말씀하셨다고 사위성 안과 궁중 사람들이 말합니다. 그 뜻을 알 수 없습니다. 세존께서 정말로 그렇게 가르치셨습니까?' 하고 말이니라. 만일 세존께서 무슨 말씀이 있으시거든 너는 잘 받들어 가지고 돌아와 내게 말해다오."

그래서 죽부 바라문은 부인의 분부를 받고 곧 기원정사의 세존께서 계시는 처소로 찾아가 문안을 올리고 한쪽에 앉았다.

그때 그 바라문이 세존께 아뢰었다.

"마리 부인이 세존의 발에 예배를 올리고 문안드리나이다.

'여래께서는 기거가 편안하시고 걸음 걸으시기가 건강하시며, 어리석어 아무것도 모르는 이들을 교화하시기에 얼마나 수고가 많으십니까?'

그리고 다시 이렇게 말하였습니다.

'이 사위성에 이런 말이 퍼졌습니다. 〈사문 구담께서는 은애하는 이를 이별하는 것과 미워하는 이와 만나는 것이 다 즐거운 일이라고 가르치신다〉고 말들을 합니다. 알 수 없습니다. 세존께서 과연 그렇게 가르치셨습니까?'라고 하였습니다."

그러자 세존께서 죽부 바라문에게 말씀하셨다.

"이 사위성에 사는 어떤 장자가 애지중지하던 외동아들을 잃었다. 그는 그 아들 생각 때문에 정신 이상이 생겨 동쪽 서쪽으로 이리 뛰고 저리 뛰면서 사람만 만나면 곧 '누가 내 아들을 보았느냐'고 묻곤 하였다. 그런 이유로 내가 '바라문아, 사랑하는 이와 이별하는 것은 괴로운 일이요, 미운 이와 만나는 것도 괴로운 일이다. 이 두 가지에는 아무런 즐길 만한 것이 없다'고 하였던 것이다.

또 옛날 이 사위성에 어떤 나이 많은 어머니가 죽었다. 그 아들이 미쳐서 동쪽과 서쪽을 분별하지 못하였다. 또 어떤 나이 많은 아버지가 죽었고, 또 형・동생・누이・누이동생이 모두 죽었다. 저들은 그렇게 죽어간 변란을 당하고는 모두들 정신 이상이 생겨 동쪽과 서쪽을 분별하지 못하였다. 바라문아, 옛날 이 사위성에 살았던 어떤 사람은 얼굴이 매우 단정한 아내를 새로 맞이했다. 그런데 그는 얼마 지나지 않아 갑자기 집안이 가난하게 되었다. 그의 장인과 장모는 그 사람이 가난해진 것을 보고 이렇게 생각하였다.

'우리가 딸을 빼앗아다가 다른 이에게 시집보내는 것이 타당한 일이다.'

그는 장인과 장모가 제 아내를 빼앗아 다른 이에게 주려 한다는 말을 몰래 전해 들었다. 그는 잘 드는 칼을 옷 속에 감추어 가지고 곧 처가로 달려갔다. 그때 그 아내는 담 밖에서 길쌈을 짜고 있었다. 그는 장인과 장모에게 가서 물었다.

'제 아내는 지금 어디 있습니까?'

장모가 대답했다.

'자네 아내는 담 밖의 그늘에서 베를 짜고 있네.'

그러자 그는 곧 그 아내에게로 달려가서 아내에게 물었다.

'그대의 부모가 그대를 빼앗아 다른 사람에게 시집보내려고 하는가?'

아내가 대답하였다.

'그런 말이 있었던 게 사실입니다. 그러나 저는 그 말을 듣지 않았습니다.'

그때 그는 예리한 칼을 빼어 아내를 찔러 죽이고 다시 그 칼로 자기의 배를 찌르고는 이렇게 말하였다.

'우리 둘이 함께 죽자.'

바라문아, 이 사실로 보더라도 사랑하는 이와 이별하는 것과 미워하는 사람이 서로 만나는 것이 괴로운 일임을 알 수 있을 것이다. 그 걱정과 근심은 사실 이루 다 말할 수 없느니라."

그때 죽부 바라문이 세존께 아뢰었다.

"그렇습니다, 세존이시여. 저 온갖 번뇌는 실로 괴로운 것이요 즐거운 것이 아닙니다. 그 이유를 말씀드리겠습니다. 옛날 제 외동아들이 저를 버리고 죽었습니다. 저는 밤낮으로 생각하며 마음에서 잠시도 잊어버리지 못했습니다. 그때 나는 아이 생각에 정신 이상이 생겨 동쪽과 서쪽으로 미친 듯이 치달리면서 누구나 만나면 '누가 내 아들을 보았느냐?'고 물었습니다. 지금 사문 구담께서 하신 말씀은 참으로 옳으신 말씀입니다. 나라 일이 많아 저는 이만 들아가고자 합니다."

세존께서 말씀하셨다.

“정히 그렇다면 좋을 대로 하여라.”

그러자 죽부 바라문은 곧 자리에서 일어나 부처님을 세 번 돌고 떠나갔다. 그는 마리 부인이 있는 곳으로 가서 그 동안의 경위를 자세히 설명하였다. 그러자 마리 부인이 다시 바사닉왕에게 찾아가 아뢰었다.

“지금 여쭐 일이 있습니다. 바라건대 대왕께서는 묻는 대로 대답해 주십시오. 어떻습니까? 대왕께서는 유리琉璃[2] 왕자를 사랑하십니까?”

왕이 대답하였다.

“매우 생각하고 사랑하여 한시도 잊을 수가 없소.”

부인이 다시 물었다.

“만일 장차 왕자에게 무슨 변이 생긴다면 대왕께서는 근심이 되시겠습니까?”

왕이 대답하였다.

“그럴 것이오. 부인이여, 그대의 말과 같을 것이오.”

부인이 또 물었다.

“대왕이시여, 꼭 아셔야 합니다. 은애하는 사람과 이별하는 데에는 반드시 근심이 생길 뿐입니다. 어떻습니까? 대왕이시여. 이라伊羅 왕자를 사랑하십니까?”

왕이 대답하였다.

“매우 사랑하오.”

부인이 또 물었다.

2 팔리어로는 Viḍūḍabha라고 한다. 비유리鞞留羅 또는 비유리毗瑠璃로 표기하기도 하며, 의역하여 악생왕惡生王이라고 한다. 바사닉왕과 살라타 부인과의 사이에서 태어난 왕자로서 뒤에 찬위簒位하여 형을 죽이고 가비라위국迦毘羅衛國의 석가 종족까지 섬멸하였다.

“대왕이시여, 만일 그 왕자에게 무슨 변이 생긴다면 대왕께서는 근심하시겠습니까?”

왕이 대답하였다.

“매우 근심할 것이오.”

부인이 말하였다.

“이러한 사실로 보아 은애하는 사람과 이별하는 데에는 기쁨과 즐거움이 없다는 것을 알 수 있습니다. 어떻습니까? 대왕께서는 찰리刹利 종족인 살라타薩羅陀 부인[3]을 사랑하십니까?”

왕이 대답하였다.

“몹시 사랑하고 소중하게 생각하오.”

부인이 말하였다.

“어떻습니까? 대왕이시여, 만일 살라타 부인에게 무슨 변이 생긴다면 대왕께서는 근심하시겠습니까?”

왕이 말하였다.

“나는 근심하고 걱정할 것이오.”

부인이 말하였다.

“대왕이시여, 그러므로 은애하는 이와 이별하는 것은 곧 괴로운 일이라는 것을 꼭 아셔야만 합니다.”

부인이 다시 말하였다.

“대왕께서는 저를 사랑하십니까?”

왕이 말하였다.

“나는 그대를 진실로 사랑하오.”

부인이 또 말하였다.

3 팔리어로 Vāsabhakhattiyā라고 한다. 석가족인 마하남Mahānāma과 노예 사이에서 태어난 딸로 후에 바사닉왕에게 보내져 유리Viḍūḍabha 왕자를 낳았다.

“만일 제 몸에 무슨 변이 생긴다면 대왕께서는 근심하시겠습니까?”

왕이 말하였다.

“만일 그대 몸에 무슨 변이 생기면 나는 진실로 근심하고 걱정이 될 것이오.”

부인이 말하였다.

“대왕이시여, 이런 사실로 미루어볼 때 은애하는 이와 이별하고 미워하는 사람과 만나는 것에는 기쁘고 즐거운 마음이 없다는 사실을 꼭 아셔야 합니다.”

부인이 다시 말하였다.

“어떻습니까? 대왕이시여. 가시迦尸와 구살라拘薩羅 백성들을 사랑하십니까?”

왕은 말하였다.

“나는 가시와 구살라 백성들을 매우 사랑하고 생각하오.”

부인이 말하였다.

“가시나 구살라에 살고 있는 백성들에게 혹 무슨 변이 생긴다면 대왕께서는 걱정하시겠습니까?”

왕이 말하였다.

“가시나 구살라 백성들에게 무슨 변이 생긴다면 내 목숨조차 보존할 수 없을 것이오. 어찌 근심하고 걱정하는 정도겠소? 왜냐하면 나는 가시와 구살라에 사는 백성들의 힘으로 살아가기 때문이오. 그러므로 나는 알고 있소. 목숨도 오히려 보존하지 못하겠거늘 어찌 근심하지 않겠소.”

부인이 말하였다.

“이로써 은애하는 이와 이별하는 데에는 모두 이런 고통이 있을 뿐, 즐거움은 전혀 없다는 사실을 알 수 있습니다.”

그때 바사닉왕은 오른쪽 무릎을 땅에 꿇어 합장하고 세존께서 계신 곳을 향해 말하였다.

"참으로 기이하고 기이하십니다. 저 세존께서 이러한 법을 말씀하시다니요. 만일 사문 구담께서 여기 오신다면 서로 이야기를 나누고 싶습니다."

그리고는 다시 부인에게 말하였다.

"지금부터는 평소 때보다 당신을 더 훌륭하고 어여쁘게 볼 것이요, 입는 옷도 나와 다름이 없게 하겠소."

그때 세존께서 마리 부인이 대왕과 이와 같은 이론의 원리를 주고받았다는 말을 듣고 여러 비구들에게 말씀하셨다.

"마리 부인은 매우 총명하다. 설사 바사닉왕이 나에게 그렇게 물었더라도 나 또한 저 부인의 말한 대로 왕에게 대답하였을 것이다. 그것은 부인이 왕에게 말한 것과 다름이 없기 때문이다."

다시 모든 비구들에게 말씀하셨다.

"내 성문聲聞들 중에서 제일 먼저 도를 깨달은 우바사優婆斯로서 믿음이 독실하고 견고한 이는 바로 저 마리 부인이니라."

그때 모든 비구들은 부처님의 말씀을 듣고 기뻐하며 받들어 행하였다.

〔4〕[4]

이와 같이 들었다.

어느 때 부처님께서는 발지국拔祇國에 있는 시목마라산尸牧摩羅山 귀림鬼林 녹원鹿園에 계셨다.

4 이 소경은 『잡아함경』 제5권 109번째 소경인 「모단경毛端經」과 내용이 비슷하다.

그때 나우라공那憂羅公[5] 장자가 세존의 처소로 찾아가 머리를 조아려 그 발에 예를 올리고 한쪽에 앉아 있었다. 조금 뒤에 물러나 앉아서 세존께 아뢰었다.

"저는 지금 늙어 나이도 많고, 게다가 또 질병도 있어서 온갖 근심과 번뇌가 많습니다. 바라건대 세존께서는 때를 따라 가르치고 훈계하셔서 중생들로 하여금 오랜 세월 동안 안온할 수 있게 해 주소서."

그때 세존께서 장자에게 말씀하셨다.

"네가 말한 것과 같이 몸에는 두려움과 고통이 많다. 어찌 믿을 만한 것이겠는가? 다만 엷은 가죽으로 그 위를 덮었을 뿐이니라. 장자야, 꼭 알아야 한다. 그 몸을 의지하는 사람들은 실로 잠시 동안 즐거움이 있을지라도 그것은 어리석은 마음으로서, 지혜로운 사람들이 귀하게 여기는 것은 아니니라. 그러므로 장자야, 비록 몸에 병이 있다 하더라도 마음은 병들지 않게 하라. 장자야, 마땅히 이와 같이 배워야 한다."

그때 장자는 그 말을 듣고 자리에서 일어나 세존의 발에 예를 올리고 곧 물러갔다.

그때 장자는 다시 이렇게 생각하였다.

'나는 지금 존자 사리불에게 가서 이 이치를 물어보리라.'

그때 사리불은 그곳에서 그리 멀지 않은 곳의 어느 나무 밑에 앉아 있었다. 나우라 장자가 사리불을 찾아가서 머리를 조아려 그 발에 예배하고 한쪽에 앉았다. 사리불이 장자에게 물었다.

"얼굴 모습이 화열和悅하고 모든 감각기관[根]은 고요하니 거기에는 틀림없이 그럴 만한 이유가 있을 것이다. 장자여, 그대는 부처님께 법

---

5 팔리어로는 Nakulapitā라고 한다. 또 나구라那拘羅라고 쓰기도 하고, 또는 나우라부那憂羅父, 나호라부那酤羅父라고도 한다.

을 들었는가?"

장자가 사리불에게 말하였다.

"존자 사리불이시여, 어떻게 제 얼굴에 기쁜 빛이 없을 수 있겠습니까? 왜냐하면 아까 세존께서 감로법甘露法을 제 가슴에 쏟아 부어 주셨기 때문입니다."

사리불이 말하였다.

"장자여, 어떻게 감로법을 그대 가슴에 쏟아 부으셨는가?"

장자가 대답하였다.

"사리불이시여, 저는 세존이 계신 곳으로 찾아가 머리를 조아려 세존의 발에 예를 올리고 한쪽에 앉았습니다. 그리고 세존께 아뢰었습니다.

'저는 나이 많고, 게다가 또 질병도 있어서 온갖 많은 고통을 이루 다 헤아릴 수가 없습니다. 오직 바라건대 세존께서는 이 몸에 대해 잘 분별해 주시어 널리 중생들로 하여금 오랜 세월 동안 안온함을 얻을 수 있게 해 주소서.'

그때 세존께서 곧 저에게 이렇게 말씀하셨습니다.

'그렇다, 장자야. 이 몸에는 온갖 쇠퇴만 따르고 고통만 많을 뿐이다. 이 몸은 다만 엷은 가죽으로 그 위를 덮은 것에 지나지 않는다. 장자야, 마땅히 알아야 한다. 이 몸을 믿고 따르는 이는 정녕 잠깐 동안의 즐거움은 있지만 오랜 세월 동안 한량없이 많은 괴로움을 받는다는 사실은 알지 못한다. 그런 까닭에 장자야, 이 몸에는 비록 근심이 있다 하더라도 반드시 그 마음에는 근심이 없게 하라. 장자야, 마땅히 이와 같이 배워야 한다.'

세존께서는 이와 같은 감로법을 내게 쏟아 부어 주셨습니다."

사리불이 말하였다.

"장자여, 왜 여래에게 '어떤 것이 몸에는 근심이 있으나 마음에는 근심이 없는 것이며, 어떤 것이 몸에는 병이 있는데 마음에는 병이 없는 것입니까' 하고 그 이치를 다시 묻지 않았는가?"

장자가 사리불에게 대답하였다.

"사실 세존께 그 뜻에 대해서는 거듭 물어보지 않았습니다. 몸에도 근심이 있고 마음에도 근심이 있는 것과 몸에는 근심이 있는데 마음에는 근심이 없는 이치를 존자 사리불께서는 틀림없이 아실 것이니 바라건대 자세히 분별하여 주십시오."

사리불이 말하였다.

"자세히 듣고 잘 들어라. 그리고 잘 생각해 보아라. 내가 너를 위해 자세하게 설명해 주리라."

장자가 대답하였다.

"그렇게 하겠습니다. 사리불이시여, 그 가르침을 잘 따르겠습니다."

사리불이 장자에게 말하였다.

"장자여, 범부들은 성인을 보지도 않고 성인의 가르침을 받지도 않으며, 그 교훈을 따르지도 않고 착한 벗을 만나지도 않으며, 착한 벗과 같이 일을 하지도 않는다. 그들은 '색色이 곧 나〔我〕다. 색은 곧 내 것〔我所〕이다. 나는 곧 색의 것〔色所〕이다. 색 안에 내가 있다. 나 안에 색이 있다. 저 색과 이 색이 한 곳에 합해져 있다. 저 색과 이 색이 한 곳에 모여있다'고 생각하다가 그 색이 갑자기 무너지고 변하여 그대로 있지 않게 되면 그로 인하여 근심·걱정·고통·번민을 일으킨다.

또 통(痛:受)·상想·행行에 대해서도 마찬가지며, 식識에 대해서 '나에게 식이 있다. 식 안에 내가 있다. 나 안에 식이 있다. 저 식과 내 식이 한 곳에 합해져 있다. 저 식과 내 식이 한 곳에 모여 있다'고 관찰하다가 식이 갑자기 무너지고 변하여 그대로 있지 않게 되면 그로 인하여 근심 · 걱정 · 고통 · 번민을 일으킨다. 장자여, 이것을 일러 '몸에도 근심이 있고 마음에도 근심이 있다'고 하는 것이다."

장자가 사리불에게 물었다.

"어떤 것이 몸에는 비록 근심이 있지만 마음에는 근심이 없다고 하는 것입니까?"

사리불이 말하였다.

"장자여, 현성의 제자〔賢聖弟子〕는 성현을 잘 받들어 섬기고 계율을 닦아 실천하며 착한 벗과 일을 같이 하고 착한 벗을 친근히 한다. 그러므로 그는 '나에게 색色이 있다'고 관찰하지 않고 '색은 내 것이다. 나는 색의 것이다'라고 보지 않는다. 그러므로 색이 자꾸 변해 그대로 있지 않아도 그 때문에 근심 · 걱정 · 고통 · 번민을 일으키지 않는다.

또 통(痛 : 受) · 상想 · 행行에 대해서도 마찬가지이다. 식識을 보지 않으며, '식 안에 내가 있다. 나 안에 식이 있다'고 보지 않고 '식은 내 것이다. 나는 식의 것이다'고 보지 않는다. 또 '저 식과 내 식이 한 곳에 모여 있다'고도 보지 않는다. 그러므로 식이 갑자기 무너져서 사라져도 그 때문에 근심 · 걱정 · 고통 · 번민을 일으키지 않는다. 장자여, 이것이 바로 '몸에는 근심이 있어도 마음에는 근심이 없다'고 하는 것이다.

그러므로 장자여, 그대는 꼭 이와 같이 익혀서 몸을 잊고 마음을 버려 집착하지 말아야 한다. 장자여, 반드시 이와 같이 공부해야 하느니라."

그때 나우라공 장자는 사리불의 말을 듣고 기뻐하며 받들어 행하였다.

〔 5 〕

이와 같이 들었다.

어느 때 부처님께서는 사위국 기수급고독원에 계셨다.

그때 수천만 대중들에게 앞뒤로 둘러싸여 설법하고 계셨다.

그때 강측江側 바라문[6]이 무거운 짐을 지고 갑자기 세존께서 계시는 곳에 이르러 짐을 내려놓고는 잠자코 한쪽에 머물러 있었다. 그 바라문은 이렇게 생각하였다.

'오늘 사문 구담은 수천만 대중들에게 앞뒤로 빙 둘러싸여 설법을 하고 있다. 청정하기로 말하면 지금 내가 사문 구담과 별반 다를 게 없다. 왜냐하면 사문 구담은 좋은 쌀밥에 갖가지 맛있는 반찬을 드시지만 나는 과일이나 오이 따위를 먹으면서 겨우 생명을 부지하고 있기 때문이다.'

그때 세존께서 그 바라문이 생각하고 있는 것을 아시고는 비구들에게 말씀하셨다.

"지금 어떤 중생은 21결結 때문에 마음이 더러워져 있다. 마땅히 잘 살펴보아야 하리라. 그 사람은 좋은 곳에 태어나지 못하고 틀림없이 나쁜 세계에 떨어질 것이다. 어떤 것이 그 스물한 가지인가? 성내는 마음의 번뇌〔瞋心結〕, 해치려는 마음의 번뇌〔恚害心結〕, 잠을 자려는 마음의 번뇌〔睡眠心結〕, 조롱하고 희롱하려는 마음의 번뇌〔調戱心結〕, 의심하는 마음의 번뇌〔疑是心結〕, 기피하려는 것이 마음의 번뇌가 되는 것〔忌爲心結〕, 고뇌가 마음의 번뇌가 되는 것〔惱爲心結〕, 시기함이 마음의 번뇌가 되는 것〔嫉爲心結〕, 미워함이 마음의 번뇌가 되는 것〔憎爲心結〕, 스스로 부끄러워할 줄 모르는 마음의 번뇌〔無慚心結〕, 남부끄러운 줄

6 팔리어로는 Sundarika-Bhāradvāja라고 하며, 또 손타라체리孫陀羅諦利라고 쓰기도 한다.

모르는 마음의 번뇌〔無愧心結〕·허깨비가 마음의 번뇌가 되는 것〔幻爲心結〕, 간사함이 마음의 번뇌가 되는 것〔姦爲心結〕, 거짓이 마음의 번뇌가 되는 것〔僞爲心結〕, 다툼이 마음의 번뇌가 되는 것〔諍爲心結〕, 교간함이 마음의 번뇌가 되는 것〔憍爲心結〕, 거만함이 마음의 번뇌가 되는 것〔慢爲心結〕, 질투가 마음의 번뇌가 되는 것〔妬爲心結〕, 증상만이 마음의 번뇌가 되는 것〔增上慢爲心結〕, 탐욕이 마음의 번뇌가 되는 것〔貪爲心結〕 등이니라. 모든 비구들아, 만일 어떤 사람이 이 21결結이 있어 마음으로 집착한다면, 마땅히 관찰해 보아야 할 것이다. 그 사람은 틀림없이 나쁜 세계에 떨어지고 좋은 곳에 태어나지 못할 것이다.

비유하면 마치 흰 천으로 만든 새 옷이 오래되어 먼지와 때가 많이 묻게 되면, 그것은 파랑·노랑·빨강·검정 등의 물감으로 물들이려고 하여도 끝내 뜻대로 되지 못하는 것과 같다. 왜냐하면 먼지와 때가 너무 많이 묻었기 때문이다. 그와 같으니 비구들아, 만일 어떤 사람이 저 21결結 때문에 마음에 집착이 생기게 되면 마땅히 관찰해 보아야 할 것이다. 그 사람은 틀림없이 나쁜 세계에 떨어지고 좋은 곳에 태어나지 못할 것이다.

만일 어떤 사람이 이 21결結로 인해 마음에 집착하는 법이 없다면 마땅히 알아야 한다. 그 사람은 틀림없이 천상에 태어나게 되고 나쁜 곳에 떨어지지 않을 것이다. 비유하면 마치 새롭고 깨끗한 흰 천은 파랑·노랑·빨강·검정 등 어떤 빛으로 물들이려고 해도 마음대로 무슨 색깔이든 만들 수 있고 또 끝내 지워지지 않는 것과 같다. 왜냐하면 그 바탕이 깨끗하기 때문이다. 그와 같이 21결結로 인한 마음의 집착이 없는 사람은 꼭 살펴 관찰해 보아라. 그 사람은 틀림없이 천상에 태어나게 되고 나쁜 곳에 떨어지지 않을 것이다.

만약 현성의 제자라면 성내는 마음의 번뇌가 일어날 때 그것을 관찰하고 나서 곧 그치게 한다. 해치려는 마음의 번뇌가 일어나거나, 수면의 마음의 번뇌가 일어나거나, 조롱하고 희롱하는 마음의 번뇌가 일어나거나, 의심하는 마음의 번뇌가 일어나거나, 화내는 마음의 번뇌가 일어나거나, 꺼리는 마음의 번뇌가 일어나거나, 번민하는 마음의 번뇌가 일어나거나, 시기하는 마음의 번뇌가 일어나거나, 미워하는 마음의 번뇌가 일어나거나, 스스로 부끄러워할 줄 모르는 마음의 번뇌가 일어나거나, 남부끄러운 줄 모르는 마음의 번뇌가 일어나거나, 허황한 마음의 번뇌가 일어나거나, 간사한 마음의 번뇌가 일어나거나, 거짓 마음의 번뇌가 일어나거나, 다투는 마음의 번뇌가 일어나거나, 교만한 마음의 번뇌가 일어나거나, 거만한 마음의 번뇌가 일어나거나, 질투하는 마음의 번뇌가 일어나거나, 뛰어난 체하는 마음의 번뇌가 일어나거나, 탐내는 마음의 번뇌 일어나면, 그것을 보고 나서는 곧 그쳐버린다.

만일 현성의 제자로서 성냄이 없고 분노함이 없으며 어리석고 미혹함이 없으면, 마음과 뜻이 화열和悅하게 되어 자애로운 마음〔慈心〕을 한 방위에 두루 채우고 스스로 즐거워한다. 그리하여 2방 · 3방 · 4방과 4유(維 : 間方)와 위아래 일체 가운데에도 또한 그러하며, 일체 세간에 한계가 없고 헤아릴 수 없으며, 무게를 달아 헤아릴 수도 없을 정도인 성냄이 없는 마음으로 스스로 즐겁게 노닌다. 이 자애로운 마음으로써 그 가운데를 두루 채워 즐거움을 얻고 나면 마음과 뜻이 곧 올바르게 된다.

다음에는 불쌍하게 여기는 마음〔悲心〕을 한 방위에 두루 채우고 스스로 즐거워한다. 그리하여 2방 · 3방 · 4방과 4유와 위아래 일체 가운데에도 또한 그러하며, 일체 세간에 한계가 없고 헤아릴 수 없으며, 무게를 달아 헤아릴 수도 없을 정도인 성냄이 없는 마음으로 스스로 즐겁게 노닌다. 이 불쌍하게 여기는 마음으로써 그 가운데를 두루 채워 즐거움을 얻고 나면 마음과 뜻이 곧 올바르게 된다.

다음에는 기뻐하는 마음〔喜心〕을 한 방위에 두루 채우고 스스로 즐거워한다. 그리하여 2방·3방·4방과 4유와 위아래 일체 가운데에도 또한 그러하며, 일체 세간에 한계가 없고 헤아릴 수 없으며, 무게를 달아 헤아릴 수도 없을 정도인 성냄이 없는 마음으로 스스로 즐겁게 노닌다. 이 기뻐하는 마음으로써 그 가운데를 두루 채워 즐거움을 얻고 나면 마음과 뜻이 곧 올바르게 된다.

다음에는 평정한 마음〔護心 : 捨心〕을 한 방위에 두루 채우고 스스로 즐거워한다. 그리하여 2방·3방·4방과 4유와 위아래 일체 가운데에도 또한 그러하며, 일체 세간에 한계가 없고 헤아릴 수 없으며, 무게를 달아 헤아릴 수도 없을 정도인 성냄이 없는 마음으로 스스로 즐겁게 논다. 이 보호하는 마음으로써 그 가운데를 두루 채워 즐거움을 얻고 나면 마음과 뜻이 곧 올바르게 된다.

그는 또 여래에 대해 믿음의 근원을 성취하여 그 근원이 흔들리지 않으며 높이 빛나는 깃대를 세워 움직일 수 없게 하여 모든 하늘·용·신·아수륜阿須倫·사문·바라문과 혹은 세상 인민들은 그 안에서 기쁨을 얻어 마음과 뜻이 곧 올바르게 된다.

그는 '이분을 여래如來·지진至眞·등정각等正覺·명행성위明行成爲·선서善逝·세간해世間解·무상사無上士·도법어道法御·천인사天人師·불중우佛衆祐라 부른다'고 생각하고 그 안에서 즐거움을 얻어 마음과 뜻이 곧 올바르게 된다.

다음에는 법을 성취한다. 여래의 법은 매우 청정하여 움직여 옮길 수 없고 사람들의 사랑과 존경을 받는다. 그러므로 지혜로운 사람은 이와 같이 관찰하고 나서 그 안에서 기쁨을 얻고 또한 승가 대중을 이룩한다.

그는 또 '여래의 성중은 매우 청정하여 성질과 행동이 순수하고 부드러우며, 모든 법을 다 성취하고 계율을 성취하며, 삼매를 성취하고 지혜를 성취하며, 해탈을 성취하고, 해탈지견解脫知見을 성취한다. 성중이란 곧 사쌍팔배四雙八輩를 이르는 말이다. 그들은 여래의 성중으로서 공경할 만하고 귀히 여길 만하며 진실로 받들어 섬길 만한 사람으로서, 그 안에서 즐겁고 기쁨을 얻어 마음과 뜻이 곧 올바르게 된다. 그는 다시 이 삼매로써 마음이 청정하게 되어 티와 더러움〔瑕穢〕이 없고, 모든 번뇌〔結使〕가 이내 사라져서 더러움이 없으며, 성질과 행동이 유연柔軟하여 신통神通을 얻는다. 그리하여 한량없이 많은 전생의 일들과 그가 어디에서 왔는가를 다 알지 못하는 것이 없다.

즉 '1생·2생·3생·4생·5생·10생·20생·30생·40생·50생·백 생·천 생·백천 생과 성패겁成敗劫·불성패겁不成敗劫·성패불성패겁·무수한 성패겁·무수한 불성패겁 동안 나는 어디서 태어났으며, 자字는 무엇이었고 이름은 무엇이었으며, 성은 무엇이었다. 이와 같은 삶을 누렸고 어떤 음식을 먹었으며, 이러이러한 괴로움과 즐거움을 받았고, 목숨의 길고 짧음과 여기서 죽어 저기에 태어나고 저기서 죽어 여기에 태어났다'고 하는 것들에 대해 이와 같이 수없이 많은 전생 일을 스스로 다 안다.

그는 또 이 삼매의 힘 때문에 마음이 청정하고 티와 더러움이 없어 중생들이 마음으로 생각하고 있는 것을 다 안다. 그는 또 천안天眼으로써 중생들이 태어나는 것과 죽는 것을 본다. 받는 몸의 아름답고 추함과 사는 곳의 좋고 나쁨까지도 다 본다. 또 좋거나 나쁜 것은 그 중생들이 지은 업을 따라 받는 과보라는 것을 모조리 다 안다.

'어떤 중생은 몸으로 악한 짓을 하였고 입으로 악한 말을 하였으며 마음으로 악을 행하였다. 성현을 비방하고 삿된 소견으로 그릇된 일을 하다가 몸이 무너지고 목숨이 끝난 뒤에는 세 갈래 나쁜 세계에 떨어져 지옥〔泥黎〕에 태어난다. 또 어떤 중생은 몸으로 선한 행동을 하고 입으로 선한 말을 하였으며 뜻으로 선을 행하였다. 성현을 비방하지 않고 바른 소견을 가졌고 그릇된 소견이 없어서 몸이 무너지고 목숨이 끝난 뒤에는 천상 같은 좋은 곳에 태어난다.'

이것을 일러 '깨끗한 천안으로써 중생들이 태어나는 것과 죽는 것, 받는 몸의 아름답고 추함과 사는 곳의 좋고 나쁨까지도 다 본다. 또 좋거나 나쁜 것은 그 중생들이 지은 업을 따라 받는 과보라는 것을 모조리 다 아는 것'이라고 한다.

그는 또 이 삼매로써 마음이 청정하여 아무 티와 더러움이 없고 번뇌〔結使〕가 없으며, 마음과 성질이 부드럽고 연해져서 신통을 얻는다. 그는 누진통漏盡通을 얻어 스스로 즐거워한다. 그는 이러한 괴로움을 관찰하여 그 괴로움에 대하여 사실 그대로 안다. 또 괴로운의 발생을 관찰하고 괴로움의 소멸을 관찰하며, 괴로움의 소멸에 이르는 길을 관찰하여 사실 그대로를 안다. 그는 이와 같이 관찰하고 난 뒤에는 욕루欲漏의 마음에서 해탈하고 유루有漏와 무명루無明漏의 마음에서 해탈한다. 거기서 이미 해탈하고 난 뒤에는 이내 해탈지解脫智를 얻어 '나고 죽음은 이미 다하고 범행梵行은 이미 섰으며, 할 일을 이미 마쳐 다시는 후세의 몸을 받지 않는다'고 사실 그대로 안다.

비구들아, 이와 같이 현성의 제자로서 마음이 해탈을 얻으면 비록 쌀밥과 여러 가지 맛있는 좋은 반찬을 수미산만큼 많이 먹는다 해도 마침내 허물이 없을 것이다.

왜냐하면 탐욕이 다하여 애착이 없어졌기 때문이요, 성냄이 다하여 분노가 다 없어졌기 때문이며, 어리석음이 다하여 어리석음이 다 없어졌기 때문이다. 이것을 일러 '비구 중에 참다운 비구로서 마음을 아주 깨끗이 씻었다'고 하는 것이니라."

그때 강측 바라문이 세존께 아뢰었다.

"사문 구담이시여, 손타라강孫陀羅江[7]에 가서 목욕하십시오."

세존께서 말씀하셨다.

"바라문아, 어찌하여 그 강을 손타라강이라고 부르는가?"

바라문이 대답하였다.

"손타라강의 물은 복福이 되는 깊은 못이요, 세상의 광명입니다. 만일 어느 누구라도 그 강물에 목욕을 하면 모든 악이 다 없어집니다."

그때 세존께서 곧 게송으로 말씀하셨다.

나는 무수한 겁을 지나는 동안
그 강물에 가서 목욕하였고
또 수없이 많은 작은 연못을
골고루 다니면서 목욕하였다.

어리석은 이들이 목욕을 즐기지만
남몰래 더러운 짓 저지른다.
묵은 죄 몸 안에 가득 찼는데
어떻게 저 강물이 그를 구하리.

깨끗한 이는 언제나 즐겁고
계율이 맑으면 그 또한 시원하다네.
맑은 사람은 맑은 행을 행하나니
그는 원하는 것을 반드시 이루리라.

---

7 팔리어로 Sundarikā이며, 아름다움 · 좋음 · 훌륭함이라는 뜻이다.

주지 않는 것 가지지 않고
자애로운 마음으로 살생하지 않으며
진실을 지켜 거짓말이 없으면
마음이 평등하여 더하고 덜함이 없으리.

네가 지금 이 계율에 목욕하면
반드시 편하고 아늑한 곳 얻으리라.
구태여 강물로 갈 것 없으니
장님을 어둠 속에 던진 것 같으리.

그때 바라문이 세존께 아뢰었다.

"이제 그만두십시오. 구담이시여, 마치 꼽추의 등을 펴게 하고, 어둠 속에서 빛을 보이며, 헤매는 이에게 길을 가르쳐 주고, 어두운 방에 등불을 켜주며, 장님에게 눈을 주듯이, 사문 구담께서는 무수한 방편으로 그 묘한 법을 말씀하셨습니다. 바라건대 저에게도 도 닦기를 허락해 주소서."

그때 강측 바라문은 곧 비구가 되어 구족계를 받았다. 그는 이름 있는 종족의 아들들이 출가하여 도를 배우는 목적대로 위없는 범행을 닦아 '나고 죽음은 이미 다하고 범행은 이미 섰으며, 할 일을 이미 마쳐 다시는 후세의 몸을 받지 않는다'고 사실 그대로 알았다. 그래서 손타라제리(孫陀羅諦利 : 江側)는 곧 아라한이 되었다.

그때 존자 손타라제리는 부처님의 말씀을 듣고 기뻐하며 받들어 행하였다.

〔 6 〕

이와 같이 들었다.

어느 때 부처님께서는 라열성羅閱城 기사굴산耆闍崛山에서 대비구들 5백 명과 함께 계셨다.

그때 석제환인釋帝桓因이 해질 무렵 세존께서 계시는 곳에 나아가 머리를 조아려 그 발에 예배하고 한쪽에 물러나 앉았다.

그때 석제환인이 곧 게송으로 여래에게 뜻을 여쭈었다.

잘 연설하시고 잘 선포하시며
흐름[8]을 건너고 무루無漏를 이루시어
나고 죽음의 깊은 바다 건너신
구담瞿曇께 이 뜻을 묻습니다.

저는 이제 이 모든 중생들이
짓는 복의 업을 관찰해 보았습니다.
그들이 짓는 여러 가지 보시 가운데
누구에게 베푸는 복이 가장 높습니까?

지금 영취산靈鷲山에 계시는 세존이시여
바라건대 그 이치를 말씀해 주셔서
부처님의 취향을 알려 주시고
보시하는 자들 위해 말씀해 주소서.

그때 세존께서 게송으로 답하여 말씀하셨다.[9]

네 갈래 중생들은 지은 복이 없다.

---

8 번뇌의 폭류暴流, 번뇌의 흐름을 말한다.

9 고려대장경에는 없지만 송·원·명 3본에는 '이시세존이게답왈爾時世尊以偈答曰'이라고 되어 있다.

4과果를 원만하게 이룩하여
도의 자취를 얻어 공부하는 이거든
마땅히 그 법을 믿고 받들어야 한다.

탐욕도 없고 성냄도 또한 없으며
어리석음도 다해 무루를 이루고
일체의 깊은 바다 모두 건넌 이
그에게 보시하면 큰 결과〔大果〕 있으리.

이 모든 중생계의 갖가지 무리
그들이 지은 복덕福德의 업도
짓고 행하는 것 여러 가지 있지만
비구에게 보시하면 많은 복 얻으리라.

그들은 한량없는 중생 건지나니
바다 속에 많은 보물이 있는 것처럼
성중도 그와 같아서
지혜 광명의 법을 널리 연설하네.

구담이 말씀하신 좋은 곳이란
여러 비구들에게 잘 보시하는 것이요
헤아릴 수 없는 복을 얻는다는 말
가장 훌륭한 이께서 말씀하신 것이라네.

그러자 석제환인은 부처님의 말씀을 듣고 부처님의 발에 예를 올리고는 곧 그곳에서 물러갔다.

그때 석제환인은 부처님의 말씀을 듣고 기뻐하며 받들어 행하였다.

〔 7 〕

이와 같이 들었다.

어느 때 부처님께서는 라열성 기사굴산에서 대비구들 5백 명과 함께 계셨다.

그때 존자 수보리須菩提도 왕사성王舍城 기사굴산 곁에서 따로 초막을 짓고 몸소 선정을 닦고 있었다.

그때 존자 수보리는 몸에 병이 들어 매우 위중하였다. 그는 갑자기 이렇게 생각하였다.

'지금 내가 받고 있는 이 고통은 무엇을 좇아 생기고 무엇을 좇아 멸하며 또 어디로 가는 것인가?'

그때 존자 수보리는 곧 한데에다 앉을 방석을 펴고 몸을 곧게 하고 뜻을 바르게 가지고 전일하고 순수한 마음으로 가부좌하고 앉아 모든 입入의 욕심과 해로움과 고통에 대하여 생각하고 있었다.

그때 석제환인은 존자 수보리가 무슨 생각을 하고 있는지를 알고 곧 파차순波遮旬[10]에게 명령하였다.

선업(善業 : 須菩提)께서는 모든 결박 벗어나
영취산에 머무시더니
이제 매우 위중한 병환을 얻어
공을 좋아하여 모든 감관 고요해졌네.

너는 빨리 가서 병문안하고
높은 이의 그 얼굴 직접 뵈어라.

10 팔리어로는 Pañcasikha라고 한다. 또 반차익般遮翼이라고 쓰기도 하며, 의역하여 오계五髻 또는 오결락자五結樂子라고도 하는데, 음악을 담당하는 신神의 이름이다. 늘 제석을 위해 연주하는 신이라고 한다.

그러면 큰 복을 얻을 것이요
덕을 심는 것 이보다 나은 것 없으리.

그때 파차순이 대답하였다.

"그렇게 하겠습니다. 존자여."

그때 석제환인이 5백 명 하늘 사람과 파차순을 데리고 장정이 팔을 굽혔다 펴는 동안만큼 짧은 시간에 곧 삼십삼천에서 사라져 영취산에 내려와 존자 수보리와 그리 멀리 떨어지지 않은 곳에서 다시 게송으로 파차순에게 말하였다.

네가 지금 선정에 들어 삼매를 즐기시는
저 선업을 깨울 수 있겠느냐?
부드럽고 맑고 깨끗한 소리로
저분을 선정에서 깨어나게 하여라.

파차순이 대답하였다.

"그렇게 해보겠습니다."

그때 파차순은 석제환인의 말을 듣고 곧 유리로 만든 거문고를 연주하며 수보리 앞으로 다가가 게송으로 수보리를 찬탄하였다.

번뇌가 영원히 다 끊어져 남음이 없고
모든 생각 고요해져 어지럽지 않네.
온갖 때와 티끌 다 없어졌으니
원컨대 빨리 선정에서 깨어나소서.

마음은 쉬어 생사의 강을 건너셨고
마魔를 항복 받고 모든 결박 벗어나

그 공덕은 마치 저 큰 바다와 같으니
원컨대 빨리 선정에서 깨어나시라.

눈〔眼〕 깨끗하기는 연꽃과 같아
더러운 때 다시는 붙지 못하네.
귀의할 곳 없는 이의 귀의할 곳 되었으니
저 공空의 선정에서 빨리 일어나소서.

네 흐름의 강〔四流〕[11] 건너 함이 없고〔無爲〕
늙고 병듦 없음을 잘 깨달아
함이 있는 재앙에서 벗어났으니
존자시여, 빨리 선정에서 깨어나소서.

지금 5백 명 하늘 사람 저 위에 있고
석제환인도 직접 오려고 하옵니다.
거룩한 님의 얼굴 뵙고자 하오니
해공(解空 : 須菩提)이시여, 빨리 선정에서 일어나소서.

그때 존자 수보리가 곧 자리에서 일어나 다시 파차순을 찬탄하였다.

"훌륭하다, 파차순이여. 지금 네 노래 소리는 거문고 소리와 잘 어울리고 거문고 소리는 노래 소리와 잘 어울려서 다름이 없구나. 그래서 거문고 소리는 노래 소리를 떠나지 않고 노래 소리는 거문고 소리를 떠나지 않아, 두 소리가 서로 잘 어울려 마침내 묘한 소리를 이루

11 4폭류와 같은 말이다. 4종 번뇌의 격한 흐름을 일컫는 말로, 욕폭류欲爆流·유폭류有爆流·견폭류見爆流·무명폭류無明爆流가 그것이다.

었구나."

그때 석제환인이 존자 수보리의 처소로 찾아와 머리를 조아려 그의 발에 예를 올리고 한쪽에 앉았다.

그때 석제환인이 수보리에게 아뢰었다.

"어떻습니까? 선업이시여, 병환은 좀 덜하십니까? 그런데 지금 그 병은 어디서 생겼습니까? 몸에서 생겼습니까, 아니면 마음에서 생겼습니까?"

그때 존자 수보리가 석제환인에게 말하였다.

"훌륭합니다, 구익(拘翼 : 석제환인)의 다른 이름이여. 모든 법은 저절로 생겨났다가 저절로 소멸하며, 모든 법은 스스로 서로 움직이고 스스로 그치는 것입니다. 구익이여, 비유하면 마치 독약이 있으면 또 그 독을 제거하는 약이 있는 것처럼, 법과 법은 서로 어지럽게 하고 법과 법은 스스로 그쳐 고요해집니다. 법이 곧 법을 생겨나게 합니다. 검은 법은 흰 법으로써 다스리고 흰 법은 검은 법으로써 다스립니다.

천제석天帝釋이여, 탐욕의 병은 더러운 것이라는 생각으로 다스리고 성내는 병은 사랑하는 마음으로 다스리며, 어리석은 병은 지혜로써 다스립니다. 석제환인이여, 이와 같이 일체의 존재는 다 공空으로 돌아갑니다. 즉 나라는 것도 없고 남이라는 것도 없으며, 수壽도 없고 명命도 없으며, 선비도 없고 지아비도 없으며, 얼굴도 없고 모양도 없으며, 남자도 없고 여자도 없는 것입니다.

석제환인이여, 비유하면 마치 바람이 큰 나무를 넘어뜨리면 가지와 잎사귀가 말라 떨어지고, 눈과 우박이 곡식을 때리면 꽃과 열매가 처음에는 무성하였다가 물이 없어지면 저절로 시들다가 하늘에서 비가 내리면 시들었던 싹이 다시 살아나서 존재하게 되는 것처럼 천제석이여, 그와 같이 법과 법이 서로 어지럽혔다가 법과 법이 서로 안정시킵니다. 내가 전에 앓던 아픔과 고통도 지금은 이미 다 사려져서 다시는 근심과 괴로움이 없습니다."

이때 석제환인이 수보리에게 아뢰었다.

"나도 역시 근심·걱정·고통·번민이 있었는데, 지금 그 법을 듣고 나니 다시는 근심과 걱정이 없어졌습니다. 여러 가지 일이 쓸데없이 많아서 이제 천상으로 돌아가려고 합니다. 전에도 일이 있었지만, 오늘따라 여러 하늘의 일들이 실없이 많습니다."

그때 수보리가 말하였다.

"이제 갈 때가 되었으니 가도록 하시오."

이때 석제환인은 곧 자리에서 일어나 수보리의 앞으로 나아가 그의 발에 예를 올리고 세 번 돌고 나서 떠나갔다.

그때 존자 수보리가 게송으로 말하였다.

능인能仁께서 말씀하시기를
그 근본을 완전히 갖추었으니
지혜로운 사람은 안온을 얻을 것이고
법을 들은 사람은 모든 병 나으리라.

그때 석제환인은 존자 수보리의 말을 듣고 기뻐하며 받들어 행하였다.

조달에 대한 두 가지 경과
피皮와 사리라師利羅[12]와

12 고려대장경 원문에는 이사라利師羅로 되어 있는데, 앞에 나온 경, 즉 제5권 맨 마지막 경의 내용에 의거하여 사리라師利羅로 바꾸었다.

수라타 · 죽부 · 손타리 · 선업과
석제환인에 대해 말씀하셨다.

증일아함경 제7권

14. 오계품五戒品

〔 1 〕

이와 같이 들었다.

어느 때 부처님께서는 사위국 기수급고독원에 계셨다.

그때 세존께서 모든 비구들에게 말씀하셨다.

"이 중생들 가운데에서, 나는 이 한 가지 법만큼, 그것을 많이 익히고 나면 지옥으로 가는 업이 되고 축생이 되는 업이 되며 아귀가 되는 업이 되며, 혹 사람으로 태어나더라도 목숨이 매우 짧아지는 것을 보지 못하였다. 그 한 가지 법이란 살생을 말한다.

모든 비구들아, 만일 어떤 사람이 살생을 좋아하면 곧 지옥·아귀·축생의 세계에 떨어질 것이요, 혹 사람으로 태어나더라도 받는 수명이 매우 짧을 것이다. 왜냐하면 남의 목숨을 끊었기 때문이다. 그러므로 비구들아, 너희들은 살생하지 않는 것을 배워야 하느니라. 모든 비구들아, 마땅히 이와 같이 배워야 한다."

그때 모든 비구들은 부처님의 말씀을 듣고 기뻐하며 받들어 행하였

다.

〔 2 〕

이와 같이 들었다.

어느 때 부처님께서는 사위국 기수급고독원에 계셨다.

그때 세존께서 모든 비구들에게 말씀하셨다.

“이 중생들 가운데에서, 나는 이 한 가지 법만큼, 그것을 많이 닦아 실천하고 나면 인간 세상에서 복을 받거나 천상에서 복을 받으며 열반〔泥洹〕을 증득하게 되는 것을 보지 못하였다. 그 한 가지 법이란 살생하지 않는 법을 말한다.”

부처님께서 모든 비구들에게 말씀하셨다.

“만일 어떤 사람이 살생하지 않고 또 죽이려는 생각을 하지 않는다면 매우 긴 수명을 누리게 될 것이다. 왜냐하면 그는 남을 요란嬈亂하지 않았기 때문이다. 그러므로 모든 비구들아, 너희들은 마땅히 살생하지 않는 것을 배워야 하느니라. 모든 비구들아, 꼭 이와 같이 배워야 하느니라.”

그때 모든 비구들은 부처님의 말씀을 듣고 기뻐하며 받들어 행하였다.

〔 3 〕

이와 같이 들었다.

어느 때 부처님께서는 사위국 기수급고독원에 계셨다.

그때 세존께서 모든 비구들에게 말씀하셨다.

“이 중생들 가운데에서, 나는 이 한 가지 법만큼, 그것을 많이 익히고 나면 지옥으로 가는 업이 되고 아귀가 되는 업이 되고 축생이 되는 업이 되며, 혹 사람으로 태어나더라도 매우 가난하여 몸을 가릴 옷도 없고 배를 채울 음식도 없이 그렇게 되는 것을 보지 못하였다. 그 한 가지 법이란 남의 물건을 겁탈하거나 도둑질하는 것을 말한다.

모든 비구들아, 만일 어떤 사람이 겁탈하고 도둑질하기를 좋아하여 남의 재물을 취해 가면 곧 지옥・아귀・축생의 세계에 떨어질 것이요, 혹 사람으로 태어나더라도 매우 가난하게 될 것이다. 왜냐하면 그는 다른 사람의 생업生業을 끊었기 때문이다. 그러므로 모든 비구들아, 너희들은 마땅히 도둑질하는 것 멀리 여의기를 배워야 하느니라. 모든 비구들아, 꼭 이와 같이 배워야 하느니라."

그때 모든 비구들은 부처님의 말씀을 듣고 기뻐하며 받들어 행하였다.

〔 4 〕

이와 같이 들었다.

어느 때 부처님께서는 사위국 기수급고독원에 계셨다.

그때 세존께서 모든 비구들에게 말씀하셨다.

"이 중생들 가운데에서, 나는 이 한 가지 법만큼, 그것을 많이 닦아 실천하고 나면 인간 세상에서 복을 받거나 천상에서 복을 받으며, 열반을 증득하게 되는 것을 보지 못하였다. 그 한 가지 법이란 널리 보시하는 법을 말한다."

부처님께서 모든 비구들에게 말씀하셨다.

"만일 어떤 사람이 널리 보시를 행하면 현재 세상에서 아름다운 몸을 얻고 큰 세력을 얻으며, 온갖 덕을 원만하게 갖추어 천상과 인간의 복을 한량없이 누릴 것이다. 그러므로 모든 비구들아, 너희들은 마땅히 보시를 행하되 아까워하는 마음을 가지지 말아야 한다. 모든 비구들아, 꼭 이와 같이 배워야 하느니라."

그때 모든 비구들은 부처님의 말씀을 듣고 기뻐하며 받들어 행하였다.

〔 5 〕

이와 같이 들었다.

어느 때 부처님께서는 사위국 기수급고독원에 계셨다.

그때 세존께서 모든 비구들에게 말씀하셨다.

"이 중생들 가운데에서, 나는 이 한 가지 법만큼, 그것을 많이 익히고 나면 지옥으로 가는 업이 되고 아귀가 되는 업이 되고 축생이 되는 업이 되며, 혹 사람으로 태어나더라도 속가에서 지내며 간음을 행하여 깨끗한 행실을 갖추지 못함으로서 사람들에게 조롱을 당하고 비방을 받게 되는 것을 보지 못하였다. 그 한 가지 법이란 사음을 달한다."

부처님께서 모든 비구들에게 말씀하셨다.

"만일 어떤 사람이 음란하고 절도가 없어서 남의 아내 범하기를 좋아한다면 곧 지옥·아귀·축생의 세계에 떨어질 것이요, 혹 사람으로 태어나더라도 규문閨門의 처녀 때부터 음란할 것이다. 그러므로 모든 비구들아, 항상 꼭 뜻을 바르게 하여 음탕한 생각을 내지 말고 부디 남의 아내에게 음란한 마음을 내지 말아야 한다. 모든 비구들아, 반드시 이와 같이 공부해야 하느니라."

그때 모든 비구들은 부처님의 말씀을 듣고 기뻐하며 받들어 행하였다.

〔 6 〕

이와 같이 들었다.

어느 때 부처님께서는 사위국 기수급고독원에 계셨다.

그때 세존께서 모든 비구들에게 말씀하셨다.

"이 중생들 가운데에서, 나는 이 한 가지 법만큼, 그것을 많이 닦아 실천하고 나면 인간 세상에서 복을 받거나 천상에서 복을 받으며, 열반을 증득하게 되는 것을 보지 못하였다. 그 한 가지 법이란 다른 사람의 아내에 대해 음심을 가지지 않고 몸이 깨끗하며 또한 삿된 생각이 없는 것을 말한다."

부처님께서 모든 비구들에게 말씀하셨다.

"만일 어떤 사람이 정숙하고 깨끗하며 음행을 행하지 않는다면 천상이나 인간 세상의 복을 받을 것이다. 그러므로 모든 비구들아, 사음을 행하지 말고 음탕한 생각을 내지 말아야 한다. 모든 비구들아, 반드시 이와 같이 공부해야 하느니라."

그때 모든 비구들은 부처님의 말씀을 듣고 기뻐하며 받들어 행하였다.

〔 7 〕

이와 같이 들었다.

어느 때 부처님께서는 사위국 기수급고독원에 계셨다.

그때 세존께서 모든 비구들에게 말씀하셨다.

"이 중생들 가운데에서, 나는 이 한 가지 법만큼, 그것을 많이 익히고 나면 지옥으로 가게 되고 아귀의 세계에 가거나 축생의 세계로 가게 되며, 혹 사람으로 태어나더라도 입에서 나쁜 냄새가 나서 남의 미움을 받게 되는 것을 보지 못하였다. 그 한 가지 법이란 거짓말하는 것을 말한다.

모든 비구들아, 만일 어떤 사람이 거짓말과 꾸며대는 말로 서로 싸우고 시비하면 곧 지옥・아귀・축생의 세계에 떨어질 것이다. 왜냐하면 거짓말을 했기 때문이다. 그러므로 모든 비구들아, 너희들은 항상 진실한 말을 하고 절대로 거짓말을 하지 말아야 한다. 모든 비구들아, 마땅히 이와 같이 배워야 한다."

그때 모든 비구들은 부처님의 말씀을 듣고 기뻐하며 받들어 행하였다.

〔 8 〕

이와 같이 들었다.

어느 때 부처님께서는 사위국 기수급고독원에 계셨다.

그때 세존께서 모든 비구들에게 말씀하셨다.

"이 중생들 가운데에서, 나는 이 한 가지 법만큼, 그것을 많이 닦아 실천하고 나면 인간 세상에서 복을 받거나 천상에서 복을 받으며, 열반을 증득하게 되는 것을 보지 못하였다. 그 한 가지 법이란 거짓말하지 않는 것을 말한다.

모든 비구들아, 만일 거짓말하지 않으면 입에서 향기가 나고 명예와 덕망이 멀리 퍼지게 될 것이다. 그런 까닭에 모든 비구들아, 마땅히 거짓말을 하지 말아야 한다. 모든 비구들아, 마땅히 이와 같이 배워야 한다."

그때 모든 비구들은 부처님의 말씀을 듣고 기뻐하며 받들어 행하였다.

〔 9 〕

이와 같이 들었다.

어느 때 부처님께서는 사위국 기수급고독원에 계셨다.

그때 세존께서 모든 비구들에게 말씀하셨다.

"이 중생들 가운데에서, 나는 한 가지 법만큼, 그것을 많이 익히고 나면 축생의 몸을 받게 되거나 아귀의 몸을 받게 되거나 지옥에 떨어져 죄를 받으며, 혹 사람으로 태어나더라도 어리석고 미혹하여 진실과 거짓을 분별하지 못하게 되는 그런 것을 보지 못하였다. 그 한 가지 법이란 술을 마시는 것을 말한다.

모든 비구들아, 만일 어떤 사람이 술 마시기를 좋아한다면 그는 태어나는 곳마다 지혜가 없고 항상 어리석을 것이다. 이와 같으니 모든 비구들아, 부디 술을 마시지 말아야 할 것이다. 모든 비구들아, 마땅히 이와 같이 배워야 한다."

그때 모든 비구들은 부처님의 말씀을 듣고 기뻐하며 받들어 행하였다.

〔 10 〕

이와 같이 들었다.

어느 때 부처님께서는 사위국 기수급고독원에 계셨다.

그때 세존께서 모든 비구들에게 말씀하셨다.

"이 중생들 가운데서 어느 한 법도 이 법보다 더 훌륭한 법은 없다. 만약 그 법을 많이 닦아 행한다면 인간 세상에서 복을 받거나 천상의 복을 받을 것이며 열반을 증득하게 될 것이다. 그 한 가지 법이란 술을 마시지 않는 것이다.

모든 비구들아, 만일 어떤 사람이 술을 마시지 않는다면 태어나면서부터 총명하여 조금도 어리석지 않고 경전을 해박하게 알며 마음이 뒤섞이거나 혼란스럽지 않을 것이다. 이와 같으니 모든 비구들아, 마땅히 이와 같이 배워야 한다."

그때 모든 비구들은 부처님의 말씀을 듣고 기뻐하며 받들어 행하였다.

지옥으로 가는 다섯 가지 길을
이름하여 착하지 않는 행이라 하시고
천상과 인간의 복을 누리는 다섯 가지
그러한 일들을 차례로 알게 하셨다.

15. 유무품有無品

〔 1 〕

이와 같이 들었다.

어느 때 부처님께서는 사위국 기수급고독원에 계셨다.

그때 세존께서 모든 비구들에게 말씀하셨다.

"두 가지 견해가 있다. 어떤 것이 그 두 가지 견해인가? 있다〔有〕는 견해와 없다〔無〕는 견해이다. 사문이나 바라문들이 이 두 가지 견해를 익히고 외워서 끝끝내 바른 법은 좇지 않는 이가 있다. 만일 그것을 사실 그대로 알지 못한다면 그는 사문沙門이 아니요 바라문도 아니다. 그는 사문으로서 사문의 법을 범하고 바라문으로서 바라문의 법을 범하는 것이다. 이런 사문이나 바라문은 마침내 몸으로 도를 증득하여 스스로 즐겁게 노닐지 못할 것이다.

어떤 사문이나 바라문들은 이 두 가지 견해에 대하여 읽고 외우고 생각하고는 버려야 할 것임을 알고 사실 그대로를 안다. 그는 사문으로서 사문의 행行을 지키고 바라문으로서 바라문의 행을 알아 자신이 직접 증득하여 스스로 즐기며 노닌다. 그래서 '나고 죽음은 이미 다하고 범행은 이미 섰으며, 할 일을 이미 마쳐 다시는 후세의 몸을 받지 않는다'고 사실 그대로 안다.

그런 까닭에 모든 비구들아, 이 두 가지 견해는 익혀 행하지 말아야 하고 외우지도 말아야 하며 마땅히 모두 다 버려야 한다. 모든 비구들아, 마땅히 이와 같이 배워야 한다."

그때 모든 비구들은 부처님의 말씀을 듣고 기뻐하며 받들어 행하였다.

〔 2 〕

이와 같이 들었다.

어느 때 부처님께서는 사위국 기수급고독원에 계셨다.

그때 세존께서 모든 비구들에게 말씀하셨다.

"여기 두 가지 견해가 있다. 어떤 것이 그 두 가지 견해인가? '있다고 하는 견해〔有見〕'와 '없다고 하는 견해〔無見〕'이다. 어떤 것을 있다고 하는 견해라고 하는가? 욕계〔欲〕가 있다는 견해 · 색계〔色〕가 있다고 하는 견해 · 무색계〔無色〕가 있다고 하는 견해이니라.

어떤 것이 욕계가 있다고 하는 견해인가? 이른바 다섯 가지 욕망이 그것이다.

어떤 것을 다섯 가지 욕망이라고 하는가? 즉 눈으로 빛깔을 보고 매우 좋아하고 경건하게 기억하여 세상 사람들이 숭상하고 받드는 것을 버리지 못하는 것이다. 또 귀로 소리를 듣고, 코로 냄새를 맡고, 혀로 맛을 느끼고, 몸으로 촉감을 느끼며, 뜻으로 법을 분별하는 것이니, 이것을 욕계가 있다고 하는 견해라고 말한다.

어떤 것을 없다고 하는 견해라고 하는가? 이른바 항상함이 있다고 하는 견해와 항상함이 없다고 하는 견해, 단멸斷滅이 있다고 하는 견해와 단멸이 없다고 하는 견해, 끝이 있다고 하는 견해와 끝이 없다고 하는 견해, 몸이 있다고 하는 견해와 몸이 없다고 하는 견해, 목숨이 있다고 하는 견해와 목숨이 없다고 하는 견해, 몸이 다르다고 하는 견해와 목숨이 다르다고 하는 견해이니라. 이런 예순두 가지 견해를 없다고 하는 견해라고 하는데, 그것은 참된 견해가 아니다. 이것을 없다고 하는 견해라고 말하느니라.

그런 까닭에 모든 비구들아, 이 두 가지 견해는 마땅히 버려야 한다. 모든 비구들아, 마땅히 이와 같이 배워야 한다."

그때 모든 비구들은 부처님의 말씀을 듣고 기뻐하며 받들어 행하였다.

〔 3 〕

이와 같이 들었다.

어느 때 부처님께서는 사위국 기수급고독원에 계셨다.

그때 세존께서 모든 비구들에게 말씀하셨다.

"여기에 두 가지 보시가 있다. 어떤 것이 그 두 가지인가? 법의 보시〔法施〕와 재물의 보시〔財施〕를 말한다.

모든 비구들아, 온갖 보시 중에서 최상의 보시로는 법의 보시보다 더한 것은 없느니라. 그런 까닭에 모든 비구들은 항상 법의 보시를 배워야 한다. 모든 비구들아, 마땅히 이와 같이 배워야 한다."

그때 모든 비구들은 부처님의 말씀을 듣고 기뻐하며 받들어 행하였다.

〔 4 〕

이와 같이 들었다.

어느 때 부처님께서는 사위국 기수급고독원에 계셨다.

그때 세존께서 모든 비구들에게 말씀하셨다.

“여기에 두 가지 업業이 있다. 어떤 것이 그 두 가지인가? 법업法業과 재업財業이다. 온갖 업 중에서 최상의 업으로는 법업보다 더 나은 것이 없다.

그런 까닭에 모든 비구들은 마땅히 법업을 힘써 배워야 할 것이요, 재업은 배우지 말아야 하느니라. 모든 비구들아, 마땅히 이와 같이 배워야 한다.”

그때 모든 비구들은 부처님의 말씀을 듣고 기뻐하며 받들어 행하였다.

〔 5 〕

이와 같이 들었다.

어느 때 부처님께서는 사위국 기수급고독원에 계셨다.

그때 세존께서 모든 비구들에게 말씀하셨다.

“여기 두 가지 은혜〔恩〕가 있다. 어떤 것이 그 두 가지인가? 법을 베푸는 은혜와 재물을 베푸는 은혜를 말한다. 은혜 중에서 최상의 은혜로는 법을 베푸는 은혜보다 더 나은 것이 없다. 그런 까닭에 모든 비구들은 마땅히 법의 은혜를 닦고 실천해야 한다. 모든 비구들아, 마땅히 이와 같이 배워야 한다.”

그때 모든 비구들은 부처님의 말씀을 듣고 기뻐하며 받들어 행하였다.

〔 6 〕

이와 같이 들었다.

어느 때 부처님께서는 사위국 기수급고독원에 계셨다.

그때 세존께서 모든 비구들에게 말씀하셨다.

"어리석은 이에게는 두 가지 모양이 있다. 어떤 것이 그 두 가지인가? 저 어리석은 이에게는 제가 성취할 수 없는 일을 굳이 하려고 하는 것과, 제가 성취할 수 있는 일을 싫어해서 버리는 것이 있다. 모든 비구들아, 이것이 어리석은 이의 두 가지 모양이다.

또 비구들아, 지혜로운 사람에게도 두 가지 모양이 있다. 어떤 것이 그 두 가지인가? 지혜로운 사람은 자신이 성취할 수 없는 일은 하지 않고, 할 수 있는 일 또한 싫어하여 버리지 않느니라.

그러므로 모든 비구들아, 어리석은 사람의 두 가지 모양은 마땅히 버려 여의고 지혜로운 사람의 두 가지 모양은 닦고 실천해야 한다. 모든 비구들아, 마땅히 이와 같이 배워야 한다."

그때 모든 비구들은 부처님의 말씀을 듣고 기뻐하며 받들어 행하였다.

〔 7 〕

이와 같이 들었다.

어느 때 부처님께서는 사위국 기수급고독원에 계셨다.

그때 세존께서 모든 비구들에게 말씀하셨다.

"여기에 두 가지 법이 있다. 비구는 안으로 스스로 사유思惟하고 전일하고 순수하게 마음을 한결같이 하여 마땅히 여래에게 예를 올려야 한다. 어떤 것이 그 두 가지 법인가? 하나는 지혜이고 다른 하나는 멸진(滅盡 : 涅槃의 다른 이름)이다. 이것을 일러 비구가 안으로 스스로 사유하고 전일하고 순수하게 마음을 한결같이 하여 마땅히 여래에게 예를 올려야 하는 것이라 한다. 이와 같으니, 모든 비구들은 마땅히 이와 같이 배워야 한다.”

그때 모든 비구들은 부처님의 말씀을 듣고 기뻐하며 받들어 행하였다.

〔 8 〕

이와 같이 들었다.

어느 때 부처님께서는 사위국 기수급고독원에 계셨다.

그때 세존께서 모든 비구들에게 말씀하셨다.

“여기에 두 가지 법이 있다. 비구는 안으로 스스로 사유하고 전일하고 순수하게 마음을 한결같이 하여 마땅히 법보法寶에 예를 올려야 한다. 어떤 것이 그 두 가지 법인가? 힘이 있는 것과 두려움 없음을 말한다.

이것을 일러 비구는 이 두 가지 법에 대하여 안으로 스스로 사유하고 전일하고 순수하게 마음을 한결같이 하여 마땅히 법보와 여래에게 예를 올려야 한다고 하는 것이니라. 이와 같으니, 모든 비구들은 마땅히 이와 같이 배워야 한다.”

그때 모든 비구들은 부처님의 말씀을 듣고 기뻐하며 받들어 행하였다.

〔 9 〕

이와 같이 들었다.

어느 때 부처님께서는 사위국 기수급고독원에 계셨다.

그때 세존께서 모든 비구들에게 말씀하셨다.

“여기에 두 가지 법이 있다. 비구는 안으로 스스로 사유하고 전일하고 순수하며 한결같은 마음으로 여래의 사탑寺塔에 예를 올려야 한다.

어떤 것이 그 두 가지 법인가? 여래는 세간의 인민人民들로서는 도저히 견줄 수가 없는 분이고, 여래는 큰 자애로움〔慈〕과 크게 불쌍하게 여기시는 마음이 있어 시방의 중생들을 가엾게 여기는 것을 말한다.

이것을 일러 비구는 이 두 가지 법에 대하여 안으로 스스로 사유하고 전일하고 순수하며 한결같은 마음으로 여래의 사탑寺塔에 예를 올려야 한다고 하는 것이니라. 이와 같으니, 모든 비구들아, 마땅히 이와 같이 배워야 한다."

그때 모든 비구들은 부처님의 말씀을 듣고 기뻐하며 받들어 행하였다.

〔 10 〕

이와 같이 들었다.

어느 때 부처님께서는 사위국 기수급고독원에 계셨다.

그때 세존께서 모든 비구들에게 말씀하셨다.

"두 가지 인因과 두 가지 연緣이 있어서 바른 소견을 일으킨다. 어떤 것이 그 두 가지인가? 법의 교화를 받는 것과 마음으로 지관止觀을 생각하는 것을 말한다.

이것을 일러 비구는 두 가지 인과 두 가지 연이 있어서 바른 소견을 일으킨다고 하는 것이다. 이와 같으니, 모든 비구들아, 마땅히 이와 같이 배워야 한다."

그때 모든 비구들은 부처님의 말씀을 듣고 기뻐하며 받들어 행하였다.

두 가지 견해와 두 가지 보시
어리석은 이의 두 가지 모양

법보와 여래 신묘에 예배하는 것
맨 마지막에 바른 소견에 대한 말씀이 있다.

16. 화멸품火滅品

〔 1 〕

이와 같이 들었다.

어느 때 부처님께서는 사위국 기수급고독원에 계셨다. 그때 존자 난타難陀는 사위성舍衛城에 있는 상화원象華園에 있었다.

그때 존자 난타는 한가롭고 고요한 곳에서 갑자기 이런 생각을 하였다.

'여래께서 세상에 출현하시는 것을 만나는 것은 매우 어려운 일이다. 억 겁劫을 지내야 비로소 출현하시니 참으로 뵐 수가 없다. 여래는 참으로 오랜 세월이 흘러서야 비로소 세상에 출현하신다. 마치 우담발화優曇鉢華가 오랜만에 피는 것처럼 여래께서 세상에 출현하시는 것을 만나는 일도 매우 어려운 일이다. 억 겁을 지내야 비로소 나타나시니 참으로 뵐 수가 없다. 여래께서 출현하시는 그곳도 또한 만나기 어렵다. 여래께서는 모든 행行이 다 쉬었고 애욕도 다하여 남음이 없으시며, 물들고 더러움도 없으시고 아주 사라져 열반에 들어가셨다.'

그때 어떤 마행魔行 천자가 존자 난타가 마음속으로 생각하고 있는 것을 알고는 곧 석가 종족의 딸 손타리孫陀利에게로 가서 허공을 날면서 게송으로 찬탄하였다.

그대는 이제 기쁜 마음을 내어
몸을 단장하고 풍악을 울려라.

난타가 지금 법복을 버리고
그대에게 찾아가 즐겁게 놀리라.

그때 석가 종족의 딸 손타리는 천자의 말을 듣고 기뻐 뛰면서 어쩔 줄을 몰라 했다. 그녀는 곧 몸을 단장하고 방을 꾸미고 좋은 자리를 펴고 풍악을 울렸다. 마치 난타가 전에 속가에 있을 때와 다름이 없게 꾸며 놓았다.

그때 바사닉왕波斯匿王은 보회普會 강당에 있다가 난타 비구가 법복을 벗어버리고 속가로 돌아간다는 소식을 들었다. 그 말을 듣게 된 까닭은 어떤 천자가 허공에서 그 아내에게 알려 주었기 때문이었다.

바사닉왕은 그 소식을 듣고 나서 문득 마음속에 시름이 생기고 걱정되어 곧 흰 코끼리를 타고 그 동산으로 찾아갔다. 그 동산에 이르러 곧 화상지華象池로 들어가 멀리서 존자 난타를 바라보고 앞으로 난타가 있는 곳으로 나아가 머리를 조아려 그의 발에 예배하고 한쪽에 앉았다.

그때 존자 난타가 바사닉왕에게 말하였다.

"대왕이시여, 무슨 연고로 여기에 오셨습니까? 얼굴빛이 변하고 달라졌습니다. 그런데 여기는 무슨 일로 왔습니까?"

바사닉왕이 말하였다.

"존자께서는 마땅히 아셔야 합니다. 나는 좀 전에 보회 강당에 있다가, 존자께서 법복을 버리고 세속의 옷으로 갈아입는다는 소식을 들었습니다. 그 말을 듣고 나는 일부러 여기까지 온 것입니다. 존자께서 누구에게 그런 말씀을 하셨는지 모르겠습니다."

그때 난타는 빙그레 웃으면서 천천히 왕에게 말하였다.

"보지도 않고 직접 듣지도 않았으면서, 대왕께서는 무슨 이유로 그런 말씀을 하십니까? 대왕이여, 어찌 여래의 주변 사람들로부터 내가 모든 번뇌를 이미 다 제거하여 '나고 죽음은 이미 다하고 범행梵行은 이미 섰으며, 할 일은 이미 마쳐 다시는 사람의 태胎를 받지 않는다'고 사실 그대로 알며, 지금은 아라한이 되어 마음의 해탈을 얻었다는 말을 듣지 못하였습니까?"

바사닉왕이 말하였다.

"나는 여래로부터 '난타 비구는 나고 죽음이 이미 다하였고 아라한이 되어 마음이 해탈하였다'는 말씀을 듣지 못하였습니다. 왜냐하면 나는 '어떤 천자가 석가 종족의 딸인 손타리라는 여인에게 와서 말하자 손타리 부인은 그 말을 듣고 곧 풍악을 울리고 복장을 꾸미고 자리를 폈다'는 말만 들었기 때문입니다. 나는 그 소식을 듣고 곧 존자의 처소로 달려온 것입니다."

난타가 말하였다.

"왕은 알지도 못하고 직접 듣지도 못했으면서 왜 그런 말씀을 하십니까? 모든 사문 바라문들은 휴식의 즐거움・잘 가는 즐거움・사문의 즐거움・열반의 즐거움을 즐거워하지 않는 이가 없습니다. 그리고 음욕의 불구덩이는 바라보지도 않습니다. 그러니 다시 그런 일에 나아간다는 것은 당치도 않은 일입니다.

뼈는 마치 쇠사슬 같고 살은 돌을 모아놓은 것 같아서, 마치 꿀을 칼날에 발라놓으면 사람들은 앉아서 조그만 이익을 탐내면서 뒷날의 걱정을 염려하지 않는 것과 같습니다. 또 열매가 너무 번성하면 가지가 부러지는 것과 같으며, 또 빌린 물건은 오래지 않아 꼭 갚아야 하는 경우와 같습니다. 또 그것은 칼나무〔劍樹〕 숲과 같고 또한 독이 들어 있어 사람을 해치는 약과 같으며, 독이 들어 있는 꽃이나 과일과 같은 것입니다. 이 음욕 보기를 이와 같이 하면서 거기에 집착한다는 것은 있을 수 없는 일입니다.

저 불구덩이로부터 시작하여 나아가 독한 과일에 이르기까지의 이런 일들을 관찰하지 않고서 애욕의 흐름〔欲流〕·존재의 흐름〔有流〕·소견의 흐름〔見流〕·무명의 흐름〔無明流〕을 건너고자 한다면, 그 일은 그렇게 되지 않을 것입니다. 애욕의 흐름·존재의 흐름·소견의 흐름·무명의 흐름을 건너지도 못했으면서 무여열반無餘涅槃의 세계에 들어가 반열반〔般泥洹〕을 얻으려고 한다면 그 일은 그렇게 되지 않을 것입니다.

대왕이시여, 꼭 아셔야만 합니다. 저 사문 바라문들이 휴식의 즐거움·잘 가는 즐거움·사문의 즐거움·열반의 즐거움을 관찰하는 일은 필연적인 것입니다. 저들은 이러한 관찰로써 음욕 구덩이의 불을 분명하게 깨달아, 뼈는 마치 쇠사슬 같고 살은 돌을 모아놓은 것 같으며, 마치 꿀을 칼날에 발라놓은 것 같고 또 열매가 너무 번성하면 가지가 부러지는 것과 같으며, 빌린 물건은 오래지 않아 꼭 갚아야 하는 경우와 같고 또 그것은 칼나무 숲이나 독한 나무나 독이 들어 있어 사람을 해치는 약과 같은 것이라고 모두 그렇게 관찰하여 깨달아 안다는 것은 그럴 수 있는 일입니다.

이미 음욕의 불이 일어나는 것을 깨달아 알고 나면, 곧 애욕의 흐름·존재의 흐름·소견의 흐름·무명의 흐름을 건너게 될 것이니, 그 일은 필연적인 일입니다. 그가 이미 애욕의 흐름·존재의 흐름·소견의 흐름·무명의 흐름을 건넜다면, 그 일도 필연적인 일입니다.

어떻습니까? 대왕께서는 무엇을 보고 무엇을 알았기에 그런 말씀을 하십니까? 대왕이시여, 지금 나는 이미 아라한이 되었습니다. 그리하여 나고 죽음은 이미 끝났고 범행梵行은 이미 섰으며 해야 할 일을 이미 마쳐 다시는 어머니 태에 드는 일이 없으며, 마음의 해탈〔心解脫〕을 얻었습니다.”

그때 바사닉왕이 마음속으로 매우 기뻐하고 즐거워하며 착한 마음이 생겨 존자 난타에게 아뢰었다.

“나는 지금 털끝만한 의심도 없습니다. 이제야 비로소 존자께서 아라한이 된 줄을 알았습니다. 저는 이제 나라 일이 바빠 하직인사를 하고 돌아가고자 합니다.”

난타가 대답하였다.

“좋을 대로 하십시오.”

그때 바사닉왕은 곧 자리에서 일어나 머리를 조아려 그의 발에 예배하고 곧 물러나 떠나갔다. 바사닉왕이 떠나간 지 그리 오래되지 않았을 무렵, 그때 마천魔天이 존자 난타의 처소로 찾아와 허공에 머물러 있으면서 다시 아래와 같은 게송으로 난타에게 말하였다.

부인의 얼굴 모습 달과 같으며
금과 은과 영락으로 단장한 몸
저 아름다운 모습을 생각해 보오
다섯 가지 풍악으로 늘 즐긴다오.

거문고 타고 노래도 부르는데
그 소리 매우 부드럽고 아름답네.
온갖 근심 걱정을 떨쳐버리고
이 숲에서 즐길 수 있으리라.

그때 곧 존자 난타는 ‘이것은 마행천인魔行天人의 짓이다’라고 생각하였다. 그런 사실을 깨닫고 나서 곧 게송으로 대답하였다.

나도 옛날엔 그런 마음이 있어
음란에 빠져 만족할 줄 모르고
애욕에 얽히고 또한 쌓인 채
늙고 병들고 죽는 줄을 깨닫지 못하였다.

나는 이미 애욕의 깊은 못 건너
더러움 없고 물들 것도 없으니
영화와 지위는 모두가 괴로운 것
나 홀로 진여眞如의 법의 맛 즐기노라.

나는 이제 그 어떤 번뇌〔結〕도 없고
음욕과 성냄과 어리석음 없어졌다.
다시는 그런 짓을 익히지 않으리니
너 어리석은 자여 마땅히 그런 줄 알라.

그때 저 마행천인은 이 말을 듣고 곧 근심에 잠겨 곧 그곳에서 사라지더니 나타나지 않았다.

그때 많은 비구들은 이러한 사실을 세존께 자세하게 아뢰었다. 세존께서 모든 비구들에게 말씀하셨다.

"단정하기로 말하면 난타 비구보다 더 나은 이가 없다. 모든 감각기관이 담박澹泊한 이도 또한 난타 비구이니라. 욕심이 없는 이도 역시 난타 비구이고, 성냄이 없는 이도 난타 비구이며, 어리석음이 없는 이도 바로 난타 비구요, 아라한阿羅漢이 된 이도 또한 난타 비구이다. 왜냐하면 난타 비구는 단정하고 모든 감각기관이 고요해졌기 때문이다."

그때 세존께서는 이어 모든 비구들에게 말씀하셨다.

"내 성문聲聞 제자들 중에 제일 단정한 이도 바로 난타 비구요, 모든 감각기관이 고요한 이도 바로 난타 비구이니라."

그때 모든 비구들은 부처님의 말씀을 듣고 기뻐하며 받들어 행하였다.

〔 2 〕

이와 같이 들었다.

어느 때 부처님께서는 사위국 기수급고독원에 계셨다.

그때 세존께서 모든 비구들에게 말씀하셨다.

"두 가지 열반 세계가 있다. 어떤 것이 그 두 가지인가? 유여열반有餘涅槃[1]의 세계와 무여열반無餘涅槃[2]의 세계이니라.

어떤 것을 유여열반의 세계라고 하는가? 비구가 5하분결下分結[3]을 없애고 저 반열반般涅槃에 들어 이 세상에 다시는 돌아오지 않는 것을 곧 유여열반의 세계라고 한다. 저 어떤 것을 무여열반의 세계라고 하는가? 비구가 번뇌를 다 끊고 번뇌가 없어져서 마음이 해탈하고 지혜로 해탈하며 몸으로 증득하여 스스로 즐겁게 노닐며, '나고 죽음은 이미 다하고 범행은 이미 섰으며, 해야 할 일을 이미 마쳐 다시는 후세의 몸을 받지 않는다'고 사실 그대로 알면, 이것을 무여열반의 세계라고 한다.

이것이 두 가지 열반의 세계이다. 마땅히 방편을 구해 무여열반의 세계로 가도록 하라. 비구들아, 마땅히 이와 같이 배워야 한다."

그때 모든 비구들은 부처님의 말씀을 듣고 기뻐하며 받들어 행하였

---

1 또는 유여의열반有餘依涅槃이라고도 한다. 탐貪·진瞋·치癡 따위의 모든 번뇌煩惱는 다 끊어졌으나 업보로 받은 육신은 없애지 못한 열반을 말한다.

2 또는 무여의열반無餘依涅槃이라고도 한다. 탐·진·치 따위의 모든 번뇌가 다 끊어졌고, 업보로 받은 육신까지 모두 없앤 열반을 말한다.

3 욕계欲界 중생들의 다섯 가지 번뇌. 즉, 신견身見·의疑·계금취견戒禁取見·욕탐欲貪·진에瞋恚를 말한다.

다.

〔 3 〕

이와 같이 들었다.

어느 때 부처님께서는 사위국 기수급고독원에 계셨다.

그때 세존께서 모든 비구들에게 말씀하셨다.

"내 이제 까마귀로 비유를 들어 말하고, 또 돼지로 비유를 들어 말하리니 잘 사유하라. 내가 이제 자세히 설명하리라."

대답하였다.

"그렇게 하겠습니다, 세존이시여."

그때 모든 비구들은 부처님의 말씀을 듣고 있었다.

세존께서는 말씀하셨다.

"어떤 사람을 까마귀 같다고 비유하는가? 어떤 사람은 적막하고 고요한 곳에 있으면서 항상 음욕淫欲을 익히고 온갖 악한 짓을 하다가 나중에 갑자기 부끄러워하고 스스로 뉘우쳐서, 사람들을 향해 제가 한 일을 모두 말한다. 그 까닭은 혹 범행을 닦는 모든 사람들이 그를 보고 '이 사람은 음욕을 익히고 온갖 악한 짓을 저질렀다'고 조롱하고 나무랄까 두려워해서이다. 그래서 제가 지은 악한 짓들을 다 남들 앞에서 뉘우치고 스스로 부끄러워하는 것이다.

비유하면 마치 저 까마귀가 늘 배고픔에 고통 받다가 문득 더러운 것을 먹고는 곧 주둥이를 닦는데, 그것은 다른 새들이 그것을 보고 '이 까마귀는 더러운 것을 먹었다'고 말할까 두려워해서 그렇게 하는 것과 같다. 그 사람들도 또한 그와 같아서 적막하고 고요한 곳에서 음욕을 익히고 온갖 좋지 못한 짓을 하다가 나중에 스스로 부끄러워하고 뉘우쳐서 제가 한 일을 모두 남에게 말한다. 그 까닭은 혹 범행을 닦는 사람들이 그것을 보아 알고 '이 사람은 음욕을 익히고 온갖 나쁜 짓을 저질렀다'고 말할까 두려워하기 때문이다. 이것이 곧 어떤 사람은 까마귀와 같다고 비유하는 것이니라.

어떤 사람을 돼지와 같다고 비유하는가? 어떤 사람은 적막하고 조용한 곳에서 오래도록 음욕을 익히고 온갖 나쁜 짓을 행하고도 부끄러워할 줄도 모르고 또 뉘우치지도 않을 뿐만 아니라, 남에게 뽐내고 자랑하며 '나는 다섯 가지 욕락欲樂을 누리는데 저 모든 사람들은 다섯 가지 욕락도 누리지 못한다'고 말한다. 그는 나쁜 짓을 하고도 부끄러워할 줄 모른다.

이런 사람을 비유하면 마치 저 돼지가 항상 더러운 것을 먹고 더러운 곳에 누워 지내면서 다른 돼지들에게 뽐내는 것처럼, 어떤 사람은 음욕을 익히고 온갖 나쁜 짓을 하고도 부끄러워할 줄도 모르고 뉘우치지도 않을 뿐만 아니라, 도리어 남에게 뽐내고 자랑하기를 '나는 다섯 가지 욕락을 누리는데 저 모든 사람들은 저 다섯 가지 욕락도 누리지 못한다'고 말한다. 이것이 곧 어떤 사람은 돼지와 같다고 비유하는 것이니라.

그러므로 비구들아, 너희들은 마땅히 그런 짓을 버리고 멀리 여의어야 한다. 모든 비구들아, 꼭 이와 같이 배워야 하느니라."

그때 모든 비구들은 부처님의 말씀을 듣고 기뻐하며 받들어 행하였다.

〔 4 〕[4]

이와 같이 들었다.

---

4 이 소경은 『잡아함경』 제29권 828번째 소경인 「여경驢經」과 내용이 비슷하다.

어느 때 부처님께서는 사위국 기수급고독원에 계셨다.

그때 세존께서 모든 비구들에게 말씀하셨다.

"내 이제 노새와 같고 소와 같은 사람에 대해 설명하리니 자세히 듣고 잘 사유하라."

"그렇게 하겠습니다, 세존이시여."

비구들은 부처님 말씀을 듣고 있었다.

세존께서 말씀하셨다.

"어떤 사람을 노새와 같은 사람이라고 하는가? 어떤 사람은 수염과 머리를 깎고 세 가지 법의法衣를 입고, 신심信心을 굳게 가지고 출가出家하여 도를 배운다. 그러나 그때 그 사람은 감각기관〔根〕이 안정되지 못하여, 만약 눈으로 빛깔을 보면 그것을 따라 빛깔이라는 생각을 일으켜 만 갈래로 마음이 치달리지 않는 곳이 없다. 그때 눈이 깨끗하지 못해 온갖 어지러운 생각을 내어 제어할 수가 없게 되고 온갖 악이 두루 모여 그 눈마저도 보호하지 못하고 만다.

귀로 소리를 듣고, 코로 냄새를 맡으며, 혀로 맛을 보고, 몸으로 보드라움을 느끼는 것도 마찬가지이며, 뜻으로 법을 알면 이내 의식의 병을 일으켜 마음이 치달리지 않는 곳이 없다. 그때 뜻이 깨끗하지 못해 온갖 어지러운 생각을 내어 제어할 수가 없게 되고 온갖 악이 두루 모여 그 뜻마저도 보호하지 못하고 만다.

그래서 위의威儀와 예절禮節의 법도가 없어 걸음걸이와 나아가고 그치며, 굽히고 펴며, 숙이고 쳐다보며, 가사를 입고 발우를 가지는 것 등에서 모두 계율을 어긴다. 그래서 범행을 닦는 사람들은 그를 보고는 '쯧쯧, 이 어리석은 사람은 모양만 사문 같구나'라고 조롱하고 나무라고는 곧 '만일 올바른 사문이라면 그렇게 해서는 안 된다'고 하며 꾸짖어 쫓아낼 것이다.

그래도 그는 말하기를 '나도 비구다, 나도 비구야'라고 한다. 그러나 그것은 마치 노새가 소의 무리 속에 들어가서 스스로를 일컬어 '나도 소다, 나도 소야'라고 하지만, 그 두 귀를 보아도 소와 닮지 않았고 뿔이나 꼬리도 닮지 않았으며 소리도 서로 다른 것과 같다. 그때 소들은 혹은 뿔로 떠받고 발로 짓밟으며 혹은 입으로 문다.

이제 그 비구도 그와 같아서 온갖 감각기관이 안정되지 않아 눈으로 빛깔을 보면 그것을 따라 빛깔이라는 생각을 일으켜 마음이 치달리지 않는 곳이 없다. 그때는 눈이 깨끗하지 못해 온갖 어지러운 생각을 내어 제어할 수가 없게 되고 온갖 악이 두루 모여 그 눈마저도 보호하지 못하고 만다.

귀로 소리를 듣고, 코로 냄새를 맡으며, 혀로 맛을 보고, 몸으로 부드러움을 느끼는 것도 마찬가지이며, 뜻으로 법을 분별해 알면 그것을 따라 의식의 병을 일으켜 마음이 치달리지 않는 곳이 없다.

그때는 뜻이 깨끗하지 못해 온갖 어지러운 생각을 내어 제어할 수가 없게 되어서 온갖 악이 두루 모여 그 뜻마저도 보호하지 못하고 만다.

그래서 위의威儀와 예절의 법도가 없어 걸음걸이와 나아가고 그치며, 굽히고 펴며, 숙이고 쳐다보며, 가사를 입고 발우를 가지는 것 등에 있어서 모두 계율을 어긴다. 그래서 범행을 닦는 사람들은 그를 보고는 '쯧쯧, 이 어리석은 사람은 모양만 사문 같구나'라고 조롱하고 나무라고는 곧 '만일 올바른 사문이라면 그렇게 해서는 안 된다'고 하며 꾸짖어 쫓아낼 것이다.

그래도 그는 말하기를 '나도 사문이다'라고 한다. 그러나 그것은 마치 노새가 소의 무리 속에 끼여 있는 것과 같다. 이것이 곧 어떤 사람은 노새와 같다는 것이니라.

어떤 사람을 소와 같은 사람이라고 하는가? 어떤 사람은 수염과 머리를 깎고 세 가지 법의法衣를 입고, 신심信心을 굳게 가지고 출가出家하여 도를 배운다. 그때 그 사람은 모든 감각기관[根]이 고요하고 음식도 절도 있게 먹으며, 온종일 거닐면서 일찍이 버리는 일이 없이 마음이 37조도품助道品에서 노닌다. 그는 눈으로 빛깔을 보고도 빛깔이라는 생각을 내지 않고 또한 치달리는 생각도 없다. 그럴 때엔 눈은 깨끗하고 온갖 착한 생각을 내며, 또 잘 억제하여 모든 악한 생각이 없으며, 언제나 그 눈을 잘 보호한다. 귀로 소리를 듣고, 코로 냄새를 맡으며, 혀로 맛을 보고, 몸으로 부드러움을 느끼는 것도 마찬가지이며, 뜻이 법에 대해서도 의식의 병을 일으키지 않는다. 그때는 뜻이 깨끗하게 되어 범행을 닦는 사람들에게 가면 범행을 닦는 사람들은 그가 오는 것을 멀리서 보고 모두들 '잘 오셨소, 벗이여'라고 하면서 제 때에 공양을 올리고 모자람이 없게 해줄 것이다.

비유하면 마치 좋은 소가 소들의 무리 속에 들어가서 '나도 소다'라고 스스로 일컬으면, 그 소는 털 · 꼬리 · 귀 · 뿔 · 소리까지 모두 소와 똑같아서 다른 소들이 그것을 보고는 제각기 와서 몸을 핥아 주는 것과 같다.

그와 같아서 어떤 사람은 수염과 머리를 깎고 세 가지 법의를 입고 견고한 믿음을 가지고 출가하여 도를 배운다. 그때 그 사람은 모든 감각기관이 안정되어 고요하고 음식에도 절도가 있으며, 온종일 거닐면서 일찍이 버리는 일이 없이 마음이 37조도품에 노닌다. 그는 눈으로 빛깔을 보고도 빛깔이라는 생각을 내지 않고 또한 치달리는 생각도 없다. 그럴 때엔 그의 눈은 깨끗하고 온갖 착한 생각을 내며, 또 잘 억제하여 모든 악한 생각이 없으며, 언제나 그 눈을 잘 보호한다. 귀로 소리를 듣고, 코로 냄새를 맡으며, 혀로 맛을 보고, 몸으로 부드러움을 느끼는 것도 마찬가지이며, 뜻이 법에 대해서도 의식의 병을 일으키지 않는다. 그때는 뜻이 원만함을 얻게 된다. 이것이 어떤 사람은 소와 같다고 말하는 것이니라.

그러므로 모든 비구들이여, 그대들은 소와 같기를 배우고 노새를 본받지 말라. 모든 비구들아, 꼭 이와 같이 배워야 하느니라."

그때 모든 비구들은 부처님의 말씀을 듣고 기뻐하며 받들어 행하였다.

〔 5 〕

이와 같이 들었다.

어느 때 부처님께서는 사위국 기수급고독원에 계셨다.

그때 세존께서 모든 비구들에게 말씀하셨다.

"내 이제 착한 행과 착하지 못한 행에 대하여 설명하리니, 자세히 듣고 잘 사유하라."

모든 비구들이 대답하였다.

"그렇게 하겠습니다, 세존이시여."

세존께서 그들에게 말씀하셨다.

"어떤 것이 착하지 못한 행이며, 어떤 것이 착한 행인가? 말하자면, 살아 있는 목숨을 죽이는 것은 착하지 못한 행이요, 살아 있는 목숨을 죽이지 않는 것은 착한 행이다. 주지 않는 것을 취하는 것은 착하지 못한 행이요, 주지 않는 것을 취하지 않는 것은 착한 행이다. 음탕한 짓을 하는 것은 착하지 못한 행이요, 음탕한 짓을 하지 않는 것은 착한 행이다. 거짓말을 하는 것은 착하지 못한 행이요, 거짓말을 하지 않는 것은 착한 행이다.

비단처럼 번지르르한 말을 하는 것은 착하지 못한 행이요, 비단처럼 번지르르한 말을 하지 않는 것은 착한 행이다. 이간하는 말을 하는 것은 착하지 못한 행이요, 이간하는 말을 하지 않는 것은 착한 행이다. 남과 싸우는 것은 착하지 못한 행이요, 남과 싸우지 않는 것은 착한 행이다. 남의 것을 탐내는 것은 착하지 못한 행이요, 남의 것을 탐내지 않는 것은 착한 행이다. 성을 내는 것은 착하지 못한 행이요, 성을 내지 않는 것은 착한 행이다. 삿된 소견을 일으키는 것은 착하지 못한 행이요, 바른 소견을 내는 것은 착한 행이다.

이와 같으니, 비구가 이런 악한 일을 행하면 축생·아귀·지옥의 세계에 떨어질 것이요, 만약 선한 일을 행하면 인간과 천상 같은 좋은 세계나 혹은 아수라로 태어날 것이다. 그러므로 나쁜 행을 멀리 여의고 착한 행을 닦아 익혀야 한다. 모든 비구들아, 꼭 이와 같이 배워야 하느니라."

그때 모든 비구들은 부처님의 말씀을 듣고 기뻐하며 받들어 행하였다.

〔 6 〕

이와 같이 들었다.

어느 때 부처님께서는 사위국 기수급고독원에 계셨다.

그때 세존께서 모든 비구들에게 말씀하셨다.

"내 이제 너희들을 위해 묘한 법을 설하리라. 그것은 처음도 좋고 중간도 좋으며 마지막까지 다 좋다. 뜻도 있고 맛도 있으며, 범행을 원만하게 갖추는 법을 닦을 수 있는 것이니, 그것은 이른바 두 가지 법이니라. 자세히 듣고 잘 사유하라. 내 이제 너희들을 위해 자세히 설명하리라."

모든 비구들이 대답하였다.

"그렇게 하겠습니다, 세존이시여.

그때 모든 비구들은 부처님의 가르침을 받고 있었다.

세존께서 말씀하셨다.

"어떤 것이 두 가지 법인가? 말하자면 삿된 소견〔邪見〕과 바른 소견〔定見〕이요, 삿된 다스림〔邪治〕과 바른 다스림〔正治〕이며, 삿된 말〔邪語〕과 바른 말〔正語〕이요, 삿된 업〔邪業〕과 바른 업〔正業〕이며, 삿된 생활〔邪命〕과 바른 생활〔正命〕이요, 삿된 방편〔邪方便〕과 바른 방편〔正方便〕이며, 삿된 기억〔邪念〕과 바른 기억〔正念〕이요, 삿된 삼매〔邪三昧〕와 바른 삼매〔正三昧〕이다. 비구들아, 이것을 두 가지 법이라고 말한다.

나는 지금 너희들을 위해 이미 이 두 가지 법을 말하였다. 내가 꼭 해야 할 일은 이제 모두 다 마쳤다. 잘 사유하고 관찰하고 외우되 게을리 하지 말라. 지금 수행하지 않으면 뒷날 후회해도 소용이 없으리라."

그때 모든 비구들은 부처님의 말씀을 듣고 기뻐하며 받들어 행하였다.

〔 7 〕

이와 같이 들었다.

어느 때 부처님께서는 사위국 기수급고독원에 계셨다.

그때 세존께서 모든 비구들에게 말씀하셨다.

"내 이제 밝은 등불의 법과 또한 등불로 말미암아 도道에 나아가는 업業을 말해 주리라. 자세히 듣고 자세히 들어서 잘 사유하고 기억하라."

모든 비구들이 아뢰었다.

"그렇게 하겠습니다, 세존이시여."

그때 세존께서 모든 비구들에게 말씀하셨다.

"어떤 것을 밝은 등불이라고 하는가? 탐냄·성냄·어리석음이 없어진 것을 말한다. 어떤 것을 등불로 말미암아 도에 나아가는 업이라고 하는가? 바른 소견·바른 다스림·바른 말·바른 행위·바른 생활·바른 방편·바른 기억·바른 삼매를 말하는 것이다. 이것을 등불로 말미암아 도에 나아가는 업이라고 한다.

나는 이로 말미암아 등불을 말하였고, 또 등불로 인하여 도에 나아가는 업에 대하여 말하였다. 내가 마땅히 해야 할 일을 이제 완전히 마쳤다. 잘 생각하고 관찰하고 외우되 게을리 하지 말라. 지금 수행하지 않으면 뒷날 후회해도 소용이 없으리라."

그때 모든 비구들은 부처님의 말씀을 듣고 기뻐하며 받들어 행하였다.

〔 8 〕

이와 같이 들었다.

어느 때 부처님께서는 사위국 기수급고독원에 계셨다.

그때 세존께서 모든 비구들에게 말씀하셨다.

"여기 두 가지 힘〔力〕이 있다. 어떤 것이 두 가지 힘인가? 참는 힘〔忍力〕과 사유하는 힘〔思惟力〕을 말하는 것이다. 만일 나에게 이 두 가지 힘이 없었더라면 끝내 위없이 바르고 참된 등정각等正覺을 이루지 못하였을 것이다. 또 이 두 가지 힘이 없었더라면 끝끝내 우류비優留毗[5]에서 6년 동안 고행하지 못하였을 것이요, 또 마魔를 항복 받고 위없이 바르고 참된 도를 이루어 도량에 앉아 있지 못하였을 것이다.

5 팔리어로는 Uruvelā라고 한다. 지명으로 니련선하尼連禪河에서 1리쯤 떨어진 곳에 있으며 부처님께서 성도하시기 전에 이곳에서 고행苦行을 닦으셨다고 전해진다.

나에게 이 참는 힘과 사유하는 힘이 있었기 때문에 곧 악마를 항복받고 위없이 바르고 참된 도를 이루어 도량에 앉을 수 있었던 것이다.

그러므로 모든 비구들아, 그대들은 꼭 방편方便을 구하여 이 두 가지 힘인 참는 힘과 사유하는 힘을 닦아 수다원도須陀洹道·사다함도斯陀含道·아나함도阿那含道·아라한도阿羅漢道를 이루어 저 무여열반無餘涅槃의 세계에서 반열반般涅槃해야 하느니라. 모든 비구들아, 꼭 이와 같이 배워야 하느니라."

그때 모든 비구들은 부처님의 말씀을 듣고 기뻐하며 받들어 행하였다.

〔 9 〕

이와 같이 들었다.

어느 때 부처님께서는 사위국 기수급고독원에 계셨다. 존자 아나율阿那律은 옛날 자기가 태어났던 곳인 구시나갈국拘尸那竭國에 있었다.

그때 제석천帝釋天과 범천梵天과 사천왕四天王 및 5백 천인天人과 28명의 큰 귀신왕들이 존자尊者 아나율의 처소로 찾아와 머리를 조아려 그 발에 예를 올리고 한쪽에 앉아 게송으로 아나율을 찬탄하였다.

사람 중의 높은 분께 귀명歸命하나니
뭇 사람의 존경을 받는 분이시여
우리들은 지금 어떤 선정禪定을
의지해 닦아야 할지 모르겠습니다.

그때 사발타闍拔吒라는 범지梵志가 있었다. 그는 범마유梵摩喩의 제자였다. 그 또한 아나율의 처소로 찾아와 머리를 조아려 그 발에 예를 올리고 한쪽에 앉아 아나율에게 물었다.

"나는 옛날에 왕궁에 태어났지만 일찍이 이런 자연自然의 향기를 맡아 본 적이 없습니다. 어떤 사람이 여기에 와 있기에 이런 향기가 납니까? 혹 하늘입니까, 용입니까, 귀신입니까? 그도 아니면 혹 사람인 듯 사람 아닌 것입니까?"

그러자 아나율이 범지에게 대답하였다.

"아까 제석천과 범천과 사천왕과 5백 천인, 그리고 28명의 큰 귀신왕들이 내게 찾아와 머리를 조아려 내 발에 예를 올리고 한쪽에 앉아 다시 이런 게송으로 나를 찬탄하였다."

사람 중의 높은 분께 귀명하나니
뭇 사람의 존경을 받는 분이시여
우리들은 지금 어떤 선정을
의지해 닦아야 할지 모르겠습니다.

범지가 물었다.

"무슨 까닭으로 나는 그들의 형상을 볼 수 없습니까? 제석천·범천·사천왕들은 지금 어디에 있습니까?"

아나율이 대답하였다.

"너는 천안天眼이 없기 때문에 제석천·범천·사천왕·5백 천인·28명의 큰 귀신왕들을 보지 못하는 것이다."

범지가 물었다.

"만일 내가 천안을 얻는다면 이 제석천·범천·사천왕·5백 천인·28명의 큰 귀신왕들을 볼 수 있습니까?"

아나율이 대답하였다.

"만일 천안을 얻는다면 곧 제석천·범천·사천왕·5백 천인과 28명의 큰 귀신왕들을 볼 수 있을 것이다. 그러나 또 범지여, 그 천안은 그리 기이한 것이 아니다. 천안千眼이라는 범천왕이 있다. 그는 눈이 있는 사람이 자기 손바닥 위에 있는 보배 갓〔寶冠〕을 들여다보듯이 이 1천 세계를 본다. 이 범천은 이처럼 이 1천 세계를 보는데 아무 걸림이 없다. 그러나 그 범천은 제 몸에 입고 있는 제 옷은 보지 못한다."

범지가 물었다.

"무슨 까닭에 천안 범천은 제가 입고 있는 옷을 보지 못합니까?"

아나율이 대답하였다.

"그 하늘은 최상의 지혜의 눈〔慧眼〕이 없기 때문에 제가 입고 있는 제 옷을 보지 못한다."

범지가 물었다.

"만일 그가 최상의 지혜의 눈을 얻는다면 자신의 몸에 입고 있는 옷을 볼 수 있습니까?"

아나율이 대답하였다.

"만일 최상의 지혜의 눈을 얻는다면 곧 제가 입고 있는 옷을 충분히 볼 수 있을 것이다."

범지는 말하였다.

"원컨대 존자는 나에게 지극히 미묘한 법을 설명하여 나로 하여금 최상의 지혜의 눈을 얻게 해 주십시오."

아나율이 말하였다.

"너는 계율을 지키느냐?"

범지가 물었다.

"어떤 것을 계율이라고 합니까?"

아나율이 말하였다.

"어떤 악도 짓지 않고 그릇된 법을 행하지 않는 것이다."

범지가 대답했다.

"그런 것이 계율이라면 나는 받들어 가질 수 있습니다."

아나율이 말하였다.

"범지여, 너는 지금부터 꼭 계율을 가져 털끝만큼도 잃어버리지 말고, 또한 교만憍慢이라는 번뇌〔結〕를 반드시 버리고, 또 우주적인 나〔吾〕다, 나〔我〕다 하는 오염된 생각에 집착하지 말라."

그러자 범지가 다시 물었다.

"어떤 것을 우주적인 나〔吾〕라 하고 어떤 것을 나〔我〕라 하며, 어떤 것을 교만의 번뇌라고 합니까?"

아나율이 말하였다.

"우주적인 나〔吾〕란 곧 신식神識을 말하는 것이고, 나〔我〕란 곧 이렇게 형체形體를 갖추고 있는 것을 말한다. 거기서 식識이 생겨 '우주적인 나다, 나다' 하고 주장하는 것을 교만의 번뇌라고 말한다. 그런 까닭에 범지여, 그대는 꼭 방편을 구해 그런 온갖 번뇌를 버려야 한다. 범지여, 반드시 이와 같이 배워야 하느니라."

범지는 곧 자리에서 일어나 아나율의 발에 예를 올리고 세 바퀴 돌고 떠나갔다.

그는 집으로 가는 도중에 그 이치를 곰곰이 생각하다가 모든 티끌과 때〔塵垢〕가 없어지고 법안法眼이 깨끗하게 되었다.

그때 옛날에 이 범지와 친한 벗이었던 어떤 하늘이 있었다. 그 친구는 범지의 마음속에서 모든 티끌과 때가 없어지고 법안이 깨끗하게 된 것을 알고 다시 존자 아나율에게 가서 머리를 조아려 그 발에 예배하고 한쪽에 머무른 채 곧 게송으로 아나율을 찬탄하였다.

범지는 자기 집에 이르기도 전에
도중에서 도의 자취〔道跡〕를 얻어

때가 다하고 법안이 깨끗하여
의심도 없고 망설임도 없어졌네.

그러자 존자 아나율도 다시 게송으로 하늘에게 답하였다.

나는 아까 그의 마음 관찰하고
도중에서 도 얻을 것 이미 알았다.
그 사람은 저 가섭迦葉부처님 때에
일찍이 이 법을 들었었느니라.

그때 존자 아나율은 바로 그곳을 떠나 인간 세상을 유행하며 점점 사위성으로 갔다. 그는 세존께서 계시는 곳을 찾아가 머리를 조아려 그 발에 예배하고 한쪽에 서 있었다. 세존께서는 아나율에게 법을 자세히 갖추어 말씀해 주셨다. 아나율은 부처님의 가르침을 받고 나서 곧 자리에서 일어나 머리를 조아려 그 발에 예배하고 이내 물러갔다.

그때 세존께서 모든 비구들에게 말씀하셨다.

"내 성문 제자들 중에서 천안天眼이 제일인 사람은 바로 아나율 비구이니라."

그때 모든 비구들은 부처님의 말씀을 듣고 기뻐하며 받들어 행하였다.

〔 10 〕

이와 같이 들었다.

어느 때 부처님께서는 사위국 기수급고독원에 계셨다

그때 존자 라운羅雲은 계율을 받들어 잘 지키며 조금도 범하지 않았다. 작은 허물이 될 만한 일도 피하거늘 더구나 큰 허물이 될 일이야

말할 것도 없었다. 그러나 번뇌의 마음에서 해탈하지 못하였다.

그때 많은 비구들이 갑자기 세존의 처소에 이르러서 머리를 조아려 그 발에 예를 올리고 한쪽에 앉았다.

많은 비구들이 세존께 아뢰었다.

"라운 비구는 계율을 닦고 잘 지키며 조금도 범하는 일이 없습니다. 그러나 여전히 번뇌의 마음에서 해탈하지 못하고 있으니 무슨 까닭입니까?"

그때 세존께서 곧 게송을 설하셨다.

금하는 계율을 완전히 갖추면
모든 감각기관도 성취하리라.
차츰 차츰 체득하게 되어
마침내 모든 번뇌 끊어지리라.

"그런 까닭에 모든 비구들아, 항상 바른 법 닦기를 생각하여 실수가 없도록 하라. 비구들이여, 이와 같이 공부해야 하느니라."

그때 모든 비구들은 부처님의 말씀을 듣고 기뻐하며 받들어 행하였다.

난타·열반·까마귀와
노새와 두 가지 착하지 못한 일과
등불·참음·사유와
범지와 라운에 대하여 설하셨다.

17. 안반품安般品 ①

〔 1 〕

이와 같이 들었다.

어느 때 부처님께서는 사위국 기수급고독원에 계셨다.

그때 세존께서 때가 되어 가사를 입고 발우를 가지고 라운(羅雲 : 羅睺羅)을 데리고 사위성舍衛城으로 가서 걸식〔分衛〕을 하셨다. 세존께서 오른쪽으로 고개를 돌려 라운을 돌아보시면서 말씀하셨다.

"너는 지금 색色을 무상한 것이라고 관찰하느냐?"

라운이 대답하였다.

"그렇습니다, 세존이시여. 색은 무상한 것입니다."

세존께서 말씀하셨다.

"라운아, 통(痛 : 受)·상想·행行·식識도 다 무상한 것이니라."

라운이 대답하였다.

"그렇습니다, 세존이시여. 통·상·행·식도 모두 무상한 것입니다."

그때 존자 라운은 또 이렇게 생각하였다.

'여기에 무슨 인연이 있을까? 지금은 걸식하기 위해 성으로 들어가는 중이고 또 길을 가는 중이다. 무슨 까닭으로 세존께서는 직접 나를 가르치시는 것일까? 나는 지금 당장 내 처소로 돌아가야겠다. 성으로 들어가 걸식할 때가 아니다.'

그때 존자 라운은 도중에 다시 기환정사祇桓精舍로 되돌아가 옷과 발우를 두고 어떤 나무 밑으로 갔다. 그곳에서 몸을 바르게 하고 마음을 바르게 가지고는 가부좌하고 앉아 전일한 마음으로 색은 무상한 것이라고 생각하고, 통·상·행·식도 모두 무상한 것이라고 생각하였다.

그 무렵 세존께서는 사위성에 가셔서 걸식을 마치시고, 식사가 끝난 뒤에 기환정사에서 혼자 경행經行하시다가 라운이 있는 곳으로 가셔서 라운에게 말씀하셨다.

"너는 꼭 안반(安般 : 數息觀)을 닦아야 한다. 그 법을 닦으면 가지고 있던 모든 근심과 걱정이 죄다 사라지게 될 것이다. 또 오로惡露와 같이 부정不淨한 것이라는 생각을 닦아라. 그렇게 하면 온갖 탐욕貪欲이 당장 다 사라지게 될 것이다.

라운아, 너는 지금 마땅히 자애로운 마음〔慈心〕을 닦아야 하느니라. 자애로운 마음을 닦고 나면 온갖 성내는 마음이 다 사라지게 될 것이다. 라운아, 너는 마땅히 불쌍히 여기는 마음〔悲心〕을 닦아야 한다. 불쌍히 여기는 마음을 닦고 나면 온갖 남을 해치려는 마음이 다 없어지게 될 것이다. 라운아, 너는 꼭 기뻐하는 마음〔喜心〕을 닦아야 한다. 그렇게 기뻐하는 마음을 닦고 나면 온갖 시기하는 마음이 다 없어지게 될 것이다. 라운아, 너는 마땅히 평정한 마음〔護心 : 捨心〕을 닦아야 한다. 평정한 마음을 닦고 나면 온갖 교만憍慢이 다 없어지게 될 것이다."

그때 세존께서 라운을 향해 게송을 읊으셨다.

집착하는 생각을 자주 일으키지 말고
항상 마땅히 스스로 법을 따라야 한다.
그렇게 하는 지혜로운 사람은
좋은 이름이 널리 퍼지리라.

사람들을 위해 횃불을 밝혀
큰 어두움을 깨뜨려 주면
저 하늘과 용들이 떠받들어 공경하여

> 마치 스승과 어른을 공경하고 섬기듯이 하리라.

그러자 라운 비구도 게송으로 아뢰었다.

> 저는 집착하는 생각 일으키지 않고
> 언제나 법만을 따르나이다.
> 이러한 지혜로운 사람이라면
> 스승과 어른을 섬길 수 있으리.

그때 세존께서는 이와 같이 가르치고 나서 그를 두고 고요한 방으로 돌아가셨다. 그때 존자 라운은 다시 이렇게 생각하였다.

'어떻게 안반安般을 닦아야 근심과 걱정을 없애고 모든 생각을 끊을 수 있을까?'

그렇게 생각한 라운은 곧 자리에서 일어나 세존께서 계신 곳으로 나아가 머리를 조아려 그 발에 예배하고 한쪽에 앉았다. 조금 뒤에 다시 자리에서 조금 비껴 앉아 세존께 아뢰었다.

"어떻게 안반을 닦아야 근심과 걱정을 없애고 온갖 생각이 끊어지며 큰 과보를 성취하여 감로甘露의 맛을 얻게 되겠습니까?"

세존께서 말씀하셨다.

"훌륭하고 훌륭하구나. 라운아, 네가 능히 내 앞에서 사자의 외침으로 그런 이치를 묻는구나.

'어떻게 수식관을 닦아야 근심과 걱정을 없애고 온갖 생각이 끊어지며 큰 과보를 성취하여 감로의 맛을 얻게 되겠습니까?'

라운아, 자세히 듣고 자세히 들어 잘 사유하고 기억하라. 내 너를 위해 자세히 분별해 주리라."

대답하였다.

"그렇게 하겠습니다, 세존이시여."

그때 존자 라운은 세존의 가르침을 받고 있었다.

세존께서 말씀하셨다.

"그렇다. 라운아, 어떤 비구가 아무도 없는 한가하고 고요한 곳을 좋아하여 몸과 마음을 바르게 가지고 가부좌하고 앉아 다른 생각 없이 뜻을 코끝에 매어두고 내쉬는 숨이 길면 긴 줄을 알고 들이쉬는 숨이 길어도 긴 줄을 알며, 내쉬는 숨이 짧으면 짧은 줄을 알고 들이쉬는 숨이 짧아도 짧은 줄을 안다. 내쉬는 숨이 차가우면 차가운 줄을 알고 들이쉬는 숨이 차가와도 차가운 줄을 알며, 내쉬는 숨이 따뜻하면 따뜻한 줄을 알고 들이쉬는 숨이 따뜻해도 따뜻한 줄을 알아서 온몸의 들이쉬는 숨과 내쉬는 숨을 관찰하여 모두 다 안다.

어떤 때에는 숨이 있으면 있는 줄을 알고 어떤 때에는 숨이 없으면 없는 줄도 안다. 만일 그 숨이 심장心臟에서 나오면 심장에서 나오는 줄을 알고 혹은 그 숨이 심장으로 들어가면 심장으로 들어가는 줄을 안다.

라운아, 이와 같이 안반을 닦아 행하면 곧 근심·걱정·번민·어지러운 생각 따위가 다 없어지고 큰 과보를 성취하여 감로의 맛을 얻게 될 것이다."

그때 세존께서는 라운을 위해 미묘한 법을 자세히 갖추어 말씀해 주셨다. 라운은 곧 자리에서 일어나 부처님의 발에 예배하고 세 번 돌고 떠나갔다.

그는 안다安陀 동산에 있는 어떤 나무 밑으로 가서 몸과 마음을 바르게 하고 가부좌하고 앉아 다른 생각 없이 마음을 코끝에 매어두고 내쉬는 숨이 길면 긴 줄을 알고 들이쉬는 숨이 길어도 긴 줄을 알며, 내쉬는 숨이 짧으면 짧은 줄을 알고 들이쉬는 숨이 짧아도 짧은 줄을 알았다. 내쉬는 숨이 차가우면 차가운 줄을 알고 들이쉬는 숨이 차가와도 차가운 줄을 알며, 내쉬는 숨이 따뜻하면 따뜻한 줄을 알고 들이쉬는 숨이 따뜻해도 따뜻한 줄을 알아서 온몸의 들이쉬는 숨과 내쉬는 숨을 관찰하여 모두 다 알았다.

어떤 때에는 숨이 있으면 있는 줄을 알고 어떤 때에는 숨이 없으면 없는 줄을 알았다. 만일 그 숨이 심장心臟에서 나오면 심장에서 나오는 줄을 알고 혹은 그 숨이 심장으로 들어가면 심장으로 들어가는 줄을 알았다.

그때 라운은 이와 같이 사유하여 욕심에서 곧 해탈解脫하여 다시는 어떤 악惡도 없고, 다만 각覺과 관觀이 있어서 기쁨과 편안함〔喜安〕을 기억해 지니며 초선初禪에서 노닐었다. 다음에는 각覺과 관觀이 없어지고 안으로 스스로 기뻐하면서 그 마음을 전일하게 하여 각과 관이 없는 삼매三昧를 얻고, 거기서 생기는 기쁨을 기억하며 제2선에서 노닐었다. 다음에는 기쁜 기억도 없어지고 스스로 지켜 몸이 즐거운 것을 깨달아 알며, 모든 성현聖賢들이 늘 구하는 바인 평정한 기쁨의 기억으로 제3선에서 노닐었다. 그는 다시 괴로움과 즐거움이 이미 사라지고 다시는 근심·걱정이 없으며 괴로움도 즐거움도 없는 평정한 기억이 청정한 제4선에서 노닐었다.

그는 이 삼매의 힘으로 마음은 깨끗하여 아무 더러움도 없고, 몸은 부드럽고 연해져서 자기가 온 곳을 알고 과거에 했던 일을 기억하여 수없이 많은 겁劫 동안의 전생 일들을 모두 분별分別하였다. 그리고 또 1생·2생·3생·4생·5생과 10생·20생·30생·40생·50생과 백 생·천 생·만 생·수십만 생과 성겁成劫·괴겁壞劫·수없이 많은 성겁·수없이 많은 괴겁과 억 년 동안의 셀 수 없는 긴 세월 동안에 '나는 저기에 태어났을 때 이름은 무엇이었고 성은 무엇이었다'는 것과 어떤 음식을 먹었고 어떤 고락苦樂을 받았었다는 것과 목숨이 길고 짧았던 것과 저기서 죽어 여기에 태어나고, 여기서 죽어 저기에 태어났었다는 것을 모조리 다 알았다.

그는 또 이 삼매의 힘으로 마음이 청정해져 더러운 티가 없어지고, 또한 온갖 번뇌도 없어졌으며, 또 중생들이 마음먹은 것을 다 알았다.

그는 또 천안이 깨끗하고 티가 없어서 중생들을 보되 태어나고 죽는 것, 그들이 받는 몸의 좋고 나쁜 것, 그들이 사는 곳의 좋고 나쁜 것, 그 얼굴의 곱고 추한 것, 그 행한 일과 지은 업을 모두 관찰해 사실 그대로 알았다.

또 혹 어떤 중생이 몸으로 나쁜 짓을 행하고, 입으로 나쁜 말을 하며, 뜻으로 나쁜 마음을 먹어 성현을 비방誹謗하고 삿된 소견으로 삿된 짓을 저지르다가 몸이 무너지고 목숨이 끝난 뒤에는 지옥에 들어가며, 어떤 중생이 몸으로 착한 일을 행하고, 입으로 착한 말을 하며, 뜻으로 착한 마음을 먹어 성현을 비방하지 않고, 항상 바른 소견을 가지고 바른 일을 행함으로써 몸이 무너지고 목숨이 끝난 뒤에 천상天上의 좋은 곳에 태어나는 것을 다 보아 알았다.

이것이 이른바 '천안이 깨끗하고 티가 없어서 중생들을 보되 태어나고 죽는 것, 그들이 받은 몸의 좋고 나쁜 것, 그들이 사는 곳의 좋고 나쁜 것, 그 얼굴의 곱고 추한 것, 그 행한 일과 지은 업을 모두 관찰해 사실 그대로 안다'는 것이다.

그는 다시 뜻으로 번뇌가 없어진 마음을 성취하여 괴로움을 관찰하여 사실 그대로 알고, 다시 괴로움의 발생과 괴로움의 소멸과 괴로움의 소멸에 이르는 길을 관찰하여 사실 그대로 알았다. 그는 이와 같이 관찰함으로써 욕루欲漏에서 마음이 해탈하고 유루有漏와 무명루無明漏에서 마음이 해탈하며, 이미 해탈을 얻고 나서는 거기서 해탈했다는 지혜가 생겼다. 그리하여 '나고 죽음은 이미 끝나고 범행梵行은 이미 섰으며, 할 일을 이미 마쳐 다시는 후세의 몸을 받지 않는다'고 사실 그대로 알았다.

그때 존자 라운은 이미 아라한이 되었다. 그는 곧 자리에서 일어나 옷을 여미고 세존께 나아가 머리를 조아려 그 발에 예를 올리고 한쪽에 머물러 세존께 아뢰었다.

"저는 이제 구하던 것을 이미 얻었으며, 모든 번뇌가 다 없어졌습니다."

그때 세존께서 모든 비구들에게 말씀하셨다.

"아라한이 된 사람 중에 라운만한 이가 없다. 온갖 번뇌가 다한 이를 논하더라도 그 또한 라운 비구요, 계율을 잘 지키는 자를 따져보아도 곧 라운 비구이다. 왜냐하면 과거의 모든 여래如來·등정각等正覺 때에도 저 라운 비구가 있었고, 부처의 아들로 말하여도 그는 곧 라운 비구이다. 그는 직접 부처에게서 몸을 받아 법의 으뜸가는 사람이 되었기 때문이다."

그때 세존께서 모든 비구들에게 말씀하셨다.

"내 성문聲聞들 중에 제일가는 제자로서 계율을 잘 지키는 이는 바로 라운 비구이니라."

세존께서 곧 게송을 설하셨다.

계율을 원만하게 갖추어
모든 감관을 잘 성취하면
그는 그 길로 점점 나아가
마침내 모든 번뇌 다 끊으리.

그때 비구들은 부처님의 말씀을 듣고 기뻐하며 받들어 행하였다.

증일아함경 제8권

17. 안반품 ②

〔 2 〕

이와 같이 들었다.

어느 때 부처님께서는 사위국 기수급고독원에 계셨다.

그때 세존께서 모든 비구들에게 말씀하셨다.

“두 사람이 이 세상에 출현하기는 매우 어려운 일이다. 어떤 사람이 그 두 사람인가? 여래·지진(至眞 : 아라한)·등정각이 세상에 출현하기는 매우 어려운 일이며, 전륜성왕轉輪聖王이 세상에 출현하는 것도 매우 어려운 일이다. 이 두 사람이 세상에 함께 출현하기는 매우 어려운 일이니라.”

그때 모든 비구들은 부처님의 말씀을 듣고 기뻐하며 받들어 행하였다.

〔 3 〕

이와 같이 들었다.

어느 때 부처님께서는 사위국 기수급고독원에 계셨다.

그때 세존께서 모든 비구들에게 말씀하셨다.

"두 사람이 세상에 출현하기는 매우 어려운 일이다. 어떤 사람이 그 두 사람인가? 벽지불辟支佛이 세상에 출현하기는 매우 어려운 일이며, 여래의 제자로서 번뇌가 다한〔漏盡〕 아라한이 이 세상에 출현하기도 매우 어려운 일이다.

비구들아, 이것이 '두 사람이 세상에 출현하기는 매우 어려운 일이다'고 말하는 것이니라."

그때 모든 비구들은 부처님의 말씀을 듣고 기뻐하며 받들어 행하였다.

〔 4 〕

이와 같이 들었다.

어느 때 부처님께서는 사위국 기수급고독원에 계셨다.

그때 세존께서 모든 비구들에게 말씀하셨다.

"두 가지 법이 있어서 세상을 살아가는데 심한 번뇌를 일으킨다. 어떤 것이 그 두 가지 법인가? 이른바 온갖 악惡의 근본을 만들어 여러 가지 원망과 미움을 일으키는 것이요, 또 한 가지는 착한 행으로 여러 가지 덕의 근본을 짓지 않는 것이다. 비구들아, 이것을 일러 '두 가지 법이 있어서 심한 번뇌가 된다'고 한다.

그러므로 모든 비구들아, 마땅히 이 번뇌를 일으키는 법을 깨달아 알아야 하고, 또 번뇌를 일으키지 않는 법에 대해서도 깨달아 알아 모든 번뇌를 일으키는 법을 끊어야 하겠다고 생각하고, 번뇌를 일으키지 않는 법을 닦아야 하겠다고 생각해야 한다. 모든 비구들아, 마땅히 이와 같이 배워야 한다.

그때 모든 비구들은 부처님의 말씀을 듣고 기뻐하며 받들어 행하였다.

〔 5 〕

이와 같이 들었다.

어느 때 부처님께서는 사위국 기수급고독원에 계셨다.

그때 세존께서 모든 비구들에게 말씀하셨다.

“삿된 소견을 가진 중생들이 생각하고 행하는 것과 그밖의 모든 행은 다 귀하게 여길 만한 것이 못 되어 세상 사람들이 탐내고 즐기지 않는다. 왜냐하면 그 삿된 소견은 좋지 않기 때문이다.

그것은 마치 저 쓴 과일의 종자와 같다. 쓴 과일이라고 말한 것은 고삼苦蔘 종자·정력자葶藶子·필지반지자畢地槃持子와 그밖의 쓴 종자를 말한 것이다. 아무리 좋은 땅에 심어도 이 모든 씨앗들은 나중에 싹이 나면 옛것이나 다름없이 쓰다. 왜냐하면 그 종자가 본래부터 쓰기 때문이니라.

저 삿된 소견을 가진 중생도 그와 같아서 그가 몸으로 짓는 행·입으로 짓는 행·뜻으로 짓는 행과, 취향하고 생각하는 모든 악행은 귀하게 여길 것이 못 되므로 세상 사람들이 탐하고 좋아하지 않는다. 왜냐하면 그 삿된 소견은 악하고 착하지 못하기 때문이다.

그러므로 모든 비구들아, 너희들은 마땅히 삿된 견해를 버리고 바른 견해를 익히고 행해야 한다. 모든 비구들아, 마땅히 이와 같이 배워야 한다.”

그때 모든 비구들은 부처님의 말씀을 듣고 기뻐하며 받들어 행하였다.

〔 6 〕

이와 같이 들었다.

어느 때 부처님께서는 사위국 기수급고독원에 계셨다.

그때 세존께서 모든 비구들에게 말씀하셨다.

"바른 소견을 가진 중생들이 기억하고 취향하는 것과 그밖의 모든 나머지 행行은 다 귀하게 여길 만하고 공경할 만하여 세상 사람들이 탐하고 좋아할 만한 것이다. 왜냐하면 그 바른 소견은 미묘한 것이기 때문이다. 그것은 마치 저 단 과일인 감자·포도와 그밖의 달고 맛있는 과일과 같다. 어떤 사람이 좋은 땅을 일구어 그와 같은 단 과일의 종자를 뿌리면, 거기에서 나는 열매는 모두 달고 맛이 있어서 사람들이 탐하고 좋아한다. 왜냐하면 그 과일 종자는 본래부터 달고 맛있던 것이기 때문이다.

저 바른 소견을 가진 중생들도 또한 그와 같아서 기억하고 취향하는 것과 그밖의 모든 나머지 행은 다 탐하고 좋아할 만하여 세상 사람들이 모두 좋아한다. 왜냐하면 그 올바른 견해는 미묘하기 때문이다.

그러므로 모든 비구들아, 너희들은 마땅히 바른 견해를 익히고 행해야 한다. 모든 비구들아, 마땅히 이와 같이 배워야 한다."

그때 모든 비구들은 부처님의 말씀을 듣고 기뻐하며 받들어 행하였다.

〔 7 〕[1]

이와 같이 들었다.

---

1 이 소경의 내용은 『중아함경』 제11권 60번째 소경인 「사주경四洲經」과 비슷하며, 이역경異譯經으로는 서진西晉 시대 법거法炬가 한역한 『정생왕고사경頂生王故事經』과 북량北涼 시대 담무참曇無讖이 한역한 『문타갈왕경文陀竭王經』이 있다.

어느 때 부처님께서는 사위국 기수급고독원에 계셨다.

그때 존자 아난阿難은 한적하고 고요한 곳에서 홀로 있다가 문득 이렇게 생각하였다.

'세상 사람들은 애욕愛欲에 대한 생각을 내고 곧 욕애에 대한 생각을 낸 다음에는 밤낮으로 그것을 익히면서 만족할 줄을 모른다.'

그때 존자 아난이 해질 무렵에 자리에서 일어나 옷을 바르게 입고는 세존께서 계신 곳으로 찾아가서 머리를 조아려 그 발에 예를 올리고 한쪽에 앉았다.

그때 존자 아난이 세존께 아뢰었다.

"저는 아까 한가하고 고요한 곳에 홀로 있다가 문득 이런 생각을 하였습니다.

'모든 중생들은 욕애欲愛에 대한 생각을 내고 곧 애욕에 대한 생각을 낸 다음에는 오랜 세월 동안 그것을 익히면서 만족할 줄 모른다.'

세존께서 말씀하셨다.

"그렇다. 아난아, 네 말과 같다. 모든 사람들은 애욕에 대한 생각을 내고 곧 그 생각을 더욱 키워 오랜 세월 동안 익히면서 만족할 줄 모른다. 왜냐하면 아난아, 과거 어느 세상에 정생頂生이라는 전륜성왕이 있었다. 그는 법으로써 나라를 다스리고 교화하여 간사한 짓을 하거나 속이는 일이 없었고 7보를 성취하였다. 이른바 7보란 윤보輪寶 · 상보象寶 · 마보馬寶 · 주보珠寶 · 옥녀보玉女寶 · 거사보居士寶 · 전병보典兵寶이다.

그에게는 또 1천 명의 아들이 있었는데, 그 아들들은 모두 용맹스럽고 강하고 씩씩하여 모든 악을 항복 받고 온 천하를 통솔하면서도 칼이나 몽둥이를 쓰지 않았다.

아난아, 마땅히 알아야 한다. 그때 그 정생 성왕聖王은 문득 이렇게 생각하였다.

'나는 지금 이 염부제閻浮提 땅을 다 차지했다. 백성들도 번성하고 온갖 보배도 많다. 나는 전에 덕망 높은 장로長老들로부터 들은 말이 있다. 〈서쪽에 구야니瞿耶尼라고 하는 땅이 있는데 백성들은 번성하고 온갖 보배가 많다〉고 하였으니, 나는 지금 거기 가서 그 나라를 통치해야겠다.'

아난아, 그 정생 성왕은 이렇게 생각하고는 네 종류의 군사를 거느리고 이 염부지閻浮地에서 사라져 곧 구야니에 나타났다. 그때 그 나라 백성들은 이 성왕이 오는 것을 보고 모두 나와 맞이하며 예배하고 꿇어앉아 문안하였다.

'잘 오셨습니다, 대왕이시여. 지금 이 구야니 나라는 백성들이 불꽃처럼 번성합니다. 오직 바라건대 성왕께서는 이곳에서 이 백성들을 다스리고 교화하여 법의 가르침을 따르게 하소서.'

아난아, 그래서 그 성왕 정생은 구야니에서 그곳 백성들을 통치하면서 수백천 년을 지냈다. 그때 저 정생은 또 다른 날 문득 이런 생각을 하였다.

'나는 저 염부제를 소유하고 있었는데, 백성들이 번성하였고 온갖 보배도 많았다. 또 7보가 비처럼 내려 무릎까지 쌓였다. 나는 또 이 구야니를 소유하고 있는데, 백성들이 번성하고 온갖 보배도 많다. 나는 전에 또 노인들에게서 〈불우체弗于逮라는 나라가 있는데, 백성은 불꽃처럼 번성하고 온갖 보배도 많다〉는 말을 들은 적이 있다. 나는 지금 그곳에 가서 그 나라를 통치하리라.'

아난아, 그 정생 성왕은 이렇게 생각하고는 네 종류 군사를 거느리고 구야니에서 사라져 곧 불우체에 나타났다. 그 나라 백성들은 이 성왕이 오는 것을 보고 모두 나와 맞이하며 예배하고 꿇어앉아 문안을 올리고 똑같은 말로 이렇게 말하였다.

'잘 오셨습니다. 대왕이시여, 이 불우체에는 백성들이 불꽃처럼 번성하고 온갖 보배도 많습니다. 오직 바라건대 성왕께서는 이곳에서 이 백성들을 다스리고 교화하여 법의 가르침을 따르게 하소서.'

아난아, 그래서 그 정생 성왕은 불우체에서 그곳 백성들을 통치하면서 백천만 년을 지냈다. 그때 저 성왕 정생은 또 다른 날 문득 이런 생각을 하였다.

'나는 저 염부제를 소유하고 있었는데, 백성들이 번성하였고 온갖 보배도 많았다. 또 7보가 비처럼 내려 무릎까지 쌓였다. 나는 또 구야니를 소유하고 있었는데, 백성들이 번성하고 온갖 보배도 많았다. 지금은 또 이 불우체 나라를 소유하고 있는데, 백성들이 불꽃처럼 번성하고 온갖 진보珍寶도 많다. 나는 또 전에 덕 있는 노인들에게서 〈울단월鬱單越이라는 나라가 있는데, 백성은 불꽃처럼 번성하고 온갖 보배도 많으며, 하는 일이 자유로워 고집스럽게 지키는 것이 없고, 요사夭死하는 일도 없어서 정해진 수명은 천 살이며, 그 수명을 마치고 나면 반드시 천상에 태어나고 다른 나쁜 세계에는 떨어지지 않으며, 무명옷〔劫波育衣〕을 입고 저절로 나는 쌀을 먹는다〉는 말을 들은 적이 있다. 나는 지금 그곳에 가서 그 나라를 통치하되 법으로 다스리고 교화하리라.'

아난아, 저 정생 성왕은 이렇게 생각하고는 곧 네 종류의 군사를 거느리고 불우체에서 사라져 곧 울단월에 나타났다. 그는 멀리서 그 나라에 푸른빛이 울창한 모습을 보고 좌우의 신하들에게 물었다.

'너희들도 저 땅의 울창한 푸른빛이 보이는가?'

신하들이 대답하였다.

'그렇습니다, 아주 잘 보입니다.'

왕이 여러 신하들에게 말하였다.

'이것은 부드러운 풀이다. 그 부드럽기가 하늘 옷과 다름이 없다. 여기에 사는 모든 현인賢人들은 저 풀 위에 앉느니라.'

정생 성왕은 앞으로 조금 더 나아가다가 멀리서 그 땅의 황홀하게 눈부신 노란빛을 보고 모든 신하들에게 물었다.

'너희들은 이 땅의 황홀하게 눈부신 노란빛이 보이는가?'

대답하였다.

'다 잘 보입니다.'

대왕이 말하였다.

'저것은 저절로 나는 쌀이다. 여기 모든 사람들은 늘 이 쌀을 먹고 살아간다. 그대들도 이 쌀을 먹게 될 것이다.'

그때 성왕은 조금 더 나아가다가 다시 그 땅이 다 평평한데, 멀리 높은 누각들이 우뚝 솟아 있는 것을 보고 신하들에게 물었다.

'너희들은 저 땅이 평평하고 넓은 것이 보이는가?'

대답하였다.

'그렇습니다, 다 잘 보입니다.'

대왕이 말하였다.

'저것의 이름은 무명나무〔劫波育樹〕인데 그것으로 옷을 만든다. 너희들도 이 나무로 만든 옷을 입게 될 것이다.'

아난아, 그때 그 나라 백성들은 이 대왕이 오는 것을 보고 모두 일어나 맞이하여 예배하고 꿇어앉아 문안을 올리고 똑같은 말로 이렇게 말하였다.

'잘 오셨습니다. 대왕이시여, 이 울단월에는 백성들이 불꽃처럼 번성하고 온갖 보배도 많습니다. 오직 바라건대 성왕께서는 이곳에서 이 백성들을 다스리고 교화하여 법의 가르침을 따르게 하소서.'

아난아, 그래서 그 정생 성왕은 울단월에서 그곳 백성들을 통치하면서 백천만 년을 지냈다. 그러다 저 성왕 정생은 또 다른 때에 문득 이런 생각을 하였다.

'나는 저 염부지閻浮地를 소유하고 있었는데, 백성들이 번성하였고 온갖 보배도 많았다. 또 7보가 비처럼 내려 무릎까지 쌓였다. 나는 또 구야니·불우체·울단월을 소유하고 있었는데, 백성들이 번성하였고 온갖 보배도 많았다. 나는 또 전에 덕이 있는 노인들에게서 〈삼십삼천三十三天이 있는데, 쾌락은 견줄 데 없고 수명은 매우 길며, 옷과 밥은 저절로 생기고 모시는 옥녀玉女들도 헤아릴 수 없다〉는 말을 들은 적이 있다. 나는 지금 그곳에 가서 그 천궁天宮을 통치하되 법으로 다스리고 교화하리라.'

그때 아난아, 그 정생 성왕은 이렇게 생각하고는 곧 네 종류의 군사를 거느리고 울단월에서 사라져 삼십삼천에 나타났다. 그때 천제석天帝釋이 멀리 정생 성왕이 오는 것을 보고 곧 이렇게 말하였다.

'잘 오셨습니다. 대왕이여, 이 자리에 앉으십시오.'

아난아, 정생 성왕은 곧 석제환인釋帝桓因과 한 자리에 앉았다. 두 사람이 같이 앉으니 모습이 닮아 분별할 수가 없었다. 얼굴이나 행동이나 말소리도 똑같아 조금도 다르지 않았다.

아난아, 그때 정생 성왕은 그곳에서 수천 백 년을 지내고 나서, 그는 또 이렇게 생각하였다.

'나는 저 염부지를 소유하고 있었는데, 백성들이 번성하였고 온갖 보배도 많았다. 또 7보가 비처럼 내려 무릎까지 쌓였다. 나는 또 이 구야니·불우체·울단월을 소유하고 있었는데, 백성들이 번성하였고 온갖 보배도 많았었다. 나는 지금 이 삼십삼천에 왔다. 나는 지금 이 천제석을 죽이고, 여기서 나 혼자 이 하늘의 왕이 되리라.'

아난아, 그때 정생 성왕은 이런 마음을 먹자마자 곧 자리에서 떨어져 염부리지閻浮里地로 가게 되었고, 네 종류의 군사들도 모두 떨어져 나가고 말았다. 그런 일이 있고 나서는 윤보輪寶도 사라져 있는 곳을 알 수 없었으며, 상보象寶와 마보馬寶는 한꺼번에 죽고, 주보珠寶는 저절로 사라지고 옥녀보玉女寶・거사보居士寶・전병보典兵寶도 다 목숨을 마치고 말았다.

그때 정생 성왕은 몸에 중한 병이 들었다. 친척들이 모두 모여 문병을 하고 안부를 물었다.

'어떠하십니까? 대왕이시여, 만일 대왕이 세상을 떠나고 난 뒤에 어떤 사람이 와서 정생 성왕은 임종할 때 무슨 말을 하였느냐고 물으면 무어라고 대답하리까?'

정생 성왕은 대답하였다.

'만일 내가 죽은 뒤에 누가 와서 묻거든 〈정생 성왕은 이 온 천하를 통치하면서도 만족할 줄을 모르고, 다시 삼십삼천에 가서 수백천 년을 지냈다. 거기서 탐욕이 생겨 천제를 해치려 하다가 인간에 떨어져 목숨을 마쳤다〉고 이렇게 대답하라.'

아난아, 너는 의심하지 말라. 그때 그 정생 성왕이 어찌 다른 사람이겠느냐? 다른 생각을 내지 마라. 왜냐하면 그때의 정생 성왕은 바로 나였기 때문이니라. 그때 나는 온 천하를 차지하고 또 삼십삼천에 가서 다섯 가지 욕망〔五欲〕을 누리면서도 만족할 줄을 몰랐다. 아난아, 이런 사실을 거울삼아 자기가 나아갈 바를 깨달아 알아야 한다. 만일 탐욕을 일으키면 그 생각이 더욱 자라 배로 늘어나며, 애욕에 빠져 만족할 줄 모르나니, 만일 만족할 줄 알기를 구하려고 하거든 마땅히 성현의 지혜 가운데서 그것을 구해야 할 것이니라."

그때 세존께서 대중 가운데서 곧 게송으로 말씀하셨다.

탐욕이란 때맞추어 오는 비처럼
그 욕심 자꾸 자라 만족할 줄 모른다.
즐거움은 적고 괴로움만 많으니
지혜로운 사람은 그것을 떨어버린다.

비록 하늘의 즐거움 받아
다섯 가지 욕망을 누리더라도
그것은 저 애욕의 마음을 끊어버린
부처님의 제자만 못하느니라.

탐욕으로 여러 억 겁 오래 살아도
복이 다하면 다시 지옥에 떨어지네.
향락을 누리는 것 얼마이던가?
이내 곧 지옥의 고통 받느니라.

"그런 까닭에 아난아, 마땅히 이런 이치로서 탐욕을 알아서 그 탐욕을 버리고 다시는 그런 생각을 일으키지 않도록 공부해야 하느니라."

그때 아난은 부처님의 말씀을 듣고 기뻐하며 받들어 행하였다.

〔 8 〕[2]

이와 같이 들었다.

어느 때 부처님께서는 사위국 기수급고독원에 계셨다.

그때 생루生漏 바라문이 부처님 계신 곳으로 찾아와 문안드리고 한쪽에 앉았다.

2 이 소경은 『중아함경』 제36권 148번째 소경인 「하고경何苦經」과 내용이 비슷하고 『잡아함경』의 제94번째 소경과도 내용이 유사하다.

그때 생루 바라문이 세존께 아뢰었다.

"나쁜 벗은 어떻게 보아야 합니까?"

세존께서 말씀하셨다.

"달을 보듯이 그렇게 보아라."

바라문이 여쭈었다.

"좋은 벗은 어떻게 보아야 합니까?"

세존께서 말씀하셨다.

"달을 보듯이 그렇게 보아라."

바라문이 말하였다.

"사문 구담瞿曇께서 지금 말씀하신 것은 그 요점만 간단히 말씀하신 것이라 저는 그 뜻을 자세히 이해할 수가 없습니다. 바라건대 구담께서는 그 뜻을 자세히 설명하시어 이해할 수 있도록 해 주소서."

세존께서는 말씀하셨다.

"바라문아, 자세히 듣고 자세히 들어 잘 사유하고 기억하라. 내가 너를 위해 그 뜻을 자세히 설명해 주리라."

바라문이 대답하였다.

"그렇게 하겠습니다, 세존이시여."

바라문은 부처님의 가르침을 듣고 있었다. 세존께서 말씀하셨다.

"바라문아, 마치 보름이 지나면 달은 밤낮 돌아가도 다만 줄어들기만 할 뿐 커지는 일이 없는 것과 같다. 그 달은 자꾸만 줄어들다가 마지막에는 나타나지 않아 사람들이 볼 수 없게 된다. 바라문아, 이것도 그와 같아서 만일 나쁜 벗〔惡知識〕이라면 그는 시일이 지날수록 점점 믿음이 없어지고 계율도 지키지 못하며, 들음도 없고 보시도 없으며, 지혜도 없어진다. 그때 그는 믿음·계율·들음·보시·지혜가 없기 때문에 몸이 무너지고 목숨이 끝난 뒤에는 지옥에 떨어진다. 그러므로 바라문아, 나는 지금 나쁜 벗을 보름이 지나서 뜨는 달과 같다고 비유하여 말하였다.

바라문아, 초승달은 날이 가면 갈수록 광명이 점점 늘어나고 커져서 보름이 되면 완전하게 둥글게 되어 중생들이 모두 다 볼 수 있게 된다. 이와 같아서 바라문아, 만일 착한 벗〔善知識〕이라면 날이 가면 갈수록 믿음·계율·들음·보시·지혜가 더욱 늘어나고, 그는 믿음·계율·들음·보시·지혜가 더욱 늘어남으로 말미암아 몸이 무너지고 목숨이 끝난 뒤에는 천상天上처럼 좋은 곳에 태어난다. 그런 까닭에 바라문아, 나는 지금 착한 벗에게 나아가는 것을 마치 달이 둥글게 되는 것과 같다고 말하는 것이다."

그때 세존께서 곧 게송으로 말씀하셨다.

사람이 만일 탐욕이 있고
성냄과 어리석음이 다하지 않으면
착한 일이 차츰 줄어드는 것
마치 달이 그믐으로 향하는 것 같다.

사람이 만일 탐욕이 없고
성냄과 어리석음 모두 다하면
착한 일이 갈수록 늘어나는 것
마치 달이 둥글게 되는 것 같다.

"그러므로 바라문아, 마땅히 초승달처럼 되기를 공부해야 하느니라."

그때 생루 바라문이 세존께 아뢰었다.

"거룩하십니다, 구담이시여. 마치 꼽추의 등을 펴주고 소경에게 눈을 주며 헤매는 이에게 길을 보이고 어둠 속에 등불을 밝힌 것처럼 이제 사문 구담께서는 수없이 많은 방편으로 저를 위해 설법하셨습니다. 저는 지금 세존·법·승가에 귀의합니다. 지금부터 제가 우바새가 되는 것을 허락해 주시면, 저는 이 목숨이 다할 때까지 생물을 죽이지 않겠습니다."

그때 생루 바라문은 부처님의 말씀을 듣고 기뻐하며 받들어 행하였다.

〔 9 〕[3]

이와 같이 들었다.

어느 때 부처님께서는 사위국 기수급고독원에 계셨다.

그때 세존께서 모든 비구들에게 말씀하셨다.

"나는 지금 착한 벗의 법에 대하여 말하고 또 악한 벗의 법에 대하여 말할 것이니, 자세히 듣고 자세히 들어 잘 사유하고 기억하라."

모든 비구들이 대답하였다.

"그렇게 하겠습니다, 세존이시여."

그때 모든 비구들은 부처님의 가르침을 듣고 있었다.

세존께서 말씀하셨다.

"저 어떤 것을 나쁜 벗의 법이라고 하는가? 비구들아, 어떤 나쁜 벗은 곧 이렇게 생각한다.

'나는 귀한 집안에서 출가하여 도를 배우는데 다른 비구는 빈천貧賤한 집안에서 출가하여 도를 배운다.'

---

3 이 소경은 『중아함경』 제21권 85번째 소경인 「진인경眞人經」과 내용이 비슷하며, 이역경으로는 후한後漢 시대 안세고安世高가 한역한 『불설시법비법경佛說是法非法經』이 있다.

이렇게 자기의 집안과 명망을 믿고 다른 사람을 헐뜯고 나무라면, 이것을 나쁜 벗이 하는 법이라고 말한다.

또 어떤 나쁜 벗은 곧 이렇게 생각한다.

'나는 몹시 노력하여 여러 가지 바른 법을 받드는데, 다른 비구들은 정진하지도 않고 계율을 지키지도 않는다.'

그가 이런 생각으로 남을 헐뜯고 나무라며 스스로 뽐내면, 이것을 나쁜 벗이 하는 법이라고 말한다.

또 어떤 나쁜 벗은 이렇게 생각한다.

'나는 삼매三昧를 성취하였는데, 다른 비구들은 삼매가 없어 마음이 어지럽고 고요하지 못하다.'

그는 이 삼매를 믿고 항상 스스로 교만하게 굴면서 남을 헐뜯고 나무란다. 이것을 나쁜 벗이 하는 법이라고 말한다.

또 어떤 나쁜 벗은 이렇게 생각한다.

'나는 지혜가 제일인데, 다른 비구들은 지혜가 없다.'

그는 그 지혜를 믿고 스스로 교만하게 굴면서 남을 헐뜯고 나무란다. 이것을 나쁜 벗이 하는 법이라고 말한다.

또 어떤 나쁜 벗은 이렇게 생각한다.

'나는 지금 항상 음식 · 앉을 평상 · 침구 · 병들었을 때에 먹는 약을 받는데, 다른 비구들은 그런 공양을 받지 못한다.'

그는 이런 이양利養하는 물질의 공양을 믿고 스스로 교만하게 굴면서 남을 헐뜯고 나무란다. 이것을 나쁜 벗이 하는 법이라고 말한다.

비구들아, 이를 두고 나쁜 벗은 이런 삿된 행동을 한다고 말하는 것이니라.

저 어떤 것이 착한 벗이 하는 일인가? 비구들아, 착한 벗이라면 '나는 귀한 종족으로 태어났는데, 다른 비구들은 귀한 종족으로 태어나지 않았다'고 이렇게 생각하지 않는다. 자신도 저들과 다름이 없다고 생각한다.

이것을 착한 벗이 하는 일이라고 말한다.

또 착한 벗은 '나는 지금 계율을 지키고 있는데, 다른 비구들은 계율을 지키지 않는다'고 이렇게 생각하지 않는다. 자신도 저들과 다름이 없다고 생각한다. 그래서 그는 계율을 빙자하여 스스로 잘난 체하지 않고 남을 헐뜯지도 않는다. 이것을 착한 벗이 하는 일이라고 말한다.

또 비구들아, 착한 벗은 '나는 삼매를 성취하였는데, 다른 비구들은 마음이 어지러워 안정되지 않았다'고 이렇게 생각하지 않는다. 자신도 저들과 다름이 없다고 생각한다. 그래서 그는 이 삼매를 빙자하여 스스로 잘난 체하지 않고 남을 헐뜯지도 않는다. 이것을 착한 벗이 하는 일이라고 말한다.

또 비구들아, 착한 벗은 '나는 지혜를 성취하였는데, 다른 비구들은 지혜가 없다'고 이렇게 생각하지 않는다. 자신도 저들과 다름이 없다고 생각한다. 그래서 그는 지혜를 빙자하여 스스로 잘난 체하지 않고 남을 헐뜯지도 않는다. 이것을 착한 벗이 하는 일이라고 말한다.

또 비구들아, 착한 벗은 '나는 의복·음식·평상·침구·질병을 치료할 약을 받는데, 다른 비구들은 그런 것을 받지 못한다'고 이렇게 생각하지 않는다. 자신도 저들과 다름이 없다고 생각한다. 그래서 그는 저런 이양을 가지고 스스로 잘난 체하지 않고 남을 헐뜯지도 않는다. 이것을 착한 벗이 하는 일이라고 말한다."

그때 세존께서 모든 비구들에게 말씀하셨다.

"나는 지금 너희들에게 나쁜 벗이 하는 짓과 착한 벗이 하는 일을 분별해 말하였다. 그러므로 모든 비구들아, 너희들은 나쁜 벗이 하는 짓은 멀리 여의고, 착한 벗이 하는 일을 늘 생각하고 그와 똑같이 수행해야 하느니라. 모든 비구들아, 마땅히 이와 같이 배워야 한다."

그때 모든 비구들은 부처님의 말씀을 듣고 기뻐하며 받들어 행하였다.

〔 10 〕

이와 같이 들었다.

어느 때 부처님께서는 석시釋翅 니구류원尼拘留園에서 대비구들 5백 명과 함께 계셨다.

그때 그 나라의 5백여 부유하고 귀한 큰 석가 종족들이 의논할 일이 있어 보의강당普義講堂에 모여 있었다.

그때 세전世典이라는 바라문이 그 석가 종족들이 있는 곳에 가서 말하였다.

"어떤가, 여러분. 이 가운데 사문이나 바라문이나 혹은 세속 사람들 중에 나와 변론할 사람이 있는가?"

그때 여러 석가 종족들이 세전 바라문에게 말하였다.

"우리 가운데 지금 재주가 많고 학식이 많은 두 사람이 있다. 그들은 지금 가비라월국迦毘羅越國에서 지내고 있다. 누가 그 두 사람인가? 한 사람은 주리반특周利槃特 비구이고, 다른 한 사람은 석씨 종족인 구담瞿曇 여래·지진至眞·등정각等正覺이시다. 여기 있는 대중들은 아는 것이 적고 들은 것이 없다. 또 지혜도 없고 말은 추잡하며, 나아가고 물러날 줄을 분별하지 못하는 것이 저 주리반특과 같은 사람들이다. 또 이 가비라월국에서 아는 것도 없고, 사람됨이 추하고 더러운 이는 저 구담 같은 사람이다. 너는 지금 가서 저들과 변론해 보아라. 저들과 변론하여 네가 이기면 우리 5백 사람은 때에 따라 필요로 하는 물건을 즉시 너에게 공양할 것이요, 또 순금 천 일鎰을 너에게 주리라."

그때 바라문은 이렇게 생각하였다.

'이 가빌라월의 석씨釋氏들은 모두 총명하고 온갖 기술이 많으며, 간특姦慝하고 거짓이 많고 바른 행동이 없다. 비록 내가 저들과 변론辯論해 이긴다 하더라도 무엇이 그리 대단하겠는가? 만일 혹시라도 저들이 나를 이긴다면, 내가 저 어리석은 자에게 항복한 꼴이 될 것이다. 이 두 가지 이치를 생각하면 내가 저들과 논란을 벌여서는 안 된다.'

이렇게 생각하고 그는 곧 떠나갔다.

그때 주리반특은 때가 되어 발우를 가지고 가비라월에 들어가 걸식을 하였다. 그때 세전 바라문은 멀리서 주리반특이 오는 것을 보고 생각하였다.

'나는 지금 저 사람에게 가서 이치를 물어보아야겠다.'

그는 곧 주리반특 비구에게로 가서 말하였다.

"사문의 이름은 무엇인가?"

주리반특이 대답하였다.

"그만두시오. 바라문이여, 이름은 무엇 때문에 묻습니까? 이치를 물으러 왔으면 곧 그것이나 물으시오."

바라문은 말하였다.

"사문이여, 나와 한 번 논의해 보겠는가?"

주리반특이 말하였다.

"나는 지금 오히려 저 범천梵天과도 논의할 수 있는데, 하물며 너같이 눈 없는 장님이야 말할 것도 없다."

바라문이 말하였다.

"장님이면 곧 눈 없는 사람이 아니겠는가, 눈이 없으면 곧 장님이 아닌가? 그것은 같은 뜻인데, 어찌 번거롭게 겹말을 쓰는가?"

그때 주리반특은 곧 공중에 솟아올라 열여덟 가지 변화를 부렸다. 바라문은 생각하였다.

'이 사문은 신통력은 있지만 변론할 줄은 모른다. 만일 나와 같이 이치를 환히 잘 안다면 나는 그 제자가 될 것이다.'

이때 존자 사리불舍利弗이 천이天耳로 주리반특과 세전 바라문이 주고받는 이야기를 들었다. 그는 곧 몸을 변화해 반특의 모습을 하고는, 반특의 몸을 숨겨 나타나지 못하게 하였다. 그리고 바라문에게 말하였다.

"바라문이여, 네가 만일 '이 사문은 신통력만 있고 변론은 감당하지 못한다'고 생각한다면, 너는 이제 자세히 들어라. 내가 아까 그대가 물은 뜻에 대하여 대답하리라. 그리고 이 문제의 근본에 대해서도 비유를 들어 말하리라. 바라문이여, 지금 그대 이름은 무엇인가?"

바라문이 대답하였다.

"내 이름은 범천이다."

주리반특이 물었다.

"그대는 장부인가?"

바라문이 대답하였다.

"나는 장부다."

또 물었다.

"그대는 사람인가?"

바라문이 대답하였다.

"사람이다."

주리반특이 물었다.

"어떤가? 바라문이여, 장부는 곧 사람이요, 사람은 곧 장부이다. 그것은 같은 뜻이니 어찌 번거롭지 않겠는가? 그러나 바라문이여, 장님과 눈이 없다는 것은 그 뜻이 같질 않다."

바라문이 물었다.

"사문이여, 어떤 것을 장님이라고 하는가?"

주리반특이 말하였다.

"그것은 마치 금세今世와 후세後世에 태어나는 이와 죽는 이, 좋은 몸과 나쁜 몸, 고운 것과 추한 것이며, 중생들이 짓는 선악善惡의 행行을 사실 그대로 보아 알지 못하면, 영원히 보는 것이 없으므로 장님이라고 말한다."

바라문이 말하였다.

"눈이 없다는 것은 무엇인가?"

주리반특이 말하였다.

"눈이라고 말한 것은 위없는 지혜의 눈을 말하는 것이다. 그런 사람은 이 지혜의 눈이 없기 때문에 눈이 없다고 말한 것이다."

바라문은 말하였다.

"그만두라, 그만두라. 사문이여, 나는 이제 그런 쓸데없는 변론은 그만두고 깊은 이치에 대하여 물어보겠다. 어떤가? 사문이여, 혹 법을 의지하지 않고도 열반을 얻을 수 있는가?"

주리반특이 대답하였다.

"5성음盛陰을 의지하지 않고 열반涅槃을 얻는다."

바라문이 말하였다.

"어떤가? 사문이여, 이 5성음은 어떤 인연이 있어야만 생기는가? 아니면 인연이 없어도 생기는가?"

주리반특이 대답하였다

"그 5성음은 인연이 있어서 생기는 것이요, 인연이 없는 것이 아니다."

바라문이 말하였다.

"어떤 것이 그 5성음의 인연이 되는가?"

비구가 말하였다.

"애욕이 바로 그 인연이다."

바라문이 말하였다.

"어떤 것이 애욕인가?"

비구가 대답하였다.

"나는 것〔生〕이 곧 애욕이다."

바라문이 말하였다.

"어떤 것을 나는 것이라 하는가?"

비구가 말하였다.

"애욕이 곧 나는 것이다."

바라문이 말하였다.

"애욕에는 어떤 길〔道 : 방법〕이 있는가?"

사문이 말하였다.

"현성賢聖의 8품도品道가 바로 그것이다. 즉 바른 소견〔正見〕·바른 업〔正業〕·바른 말〔正語〕·바른 생활〔正命〕·바른 행〔正行〕·바른 방편〔正方便〕·바른 기억〔正念〕·바른 선정〔正定〕이다. 이것을 현성의 8품도라고 한다."

그때 주리반특이 이렇게 자세히 설법하여 마치자, 바라문은 비구로부터 이 법을 듣고는 모든 티끌과 때가 없어져 법안法眼이 깨끗하게 되었다. 그리고 그 자리에서 몸 가운데에서 도풍刀風이 일어나 목숨이 끊어졌다. 그때 존자 사리불은 본래의 모습으로 변신하여 허공을 날아 그의 처소로 돌아갔다.

그때 존자 주리반특 비구가 석씨 종족들이 닳이 모여 있는 보집강당普集講堂으로 가서 그들에게 말하였다.

"너희들은 빨리 소유酥油와 섶나무를 준비해 가지고 가서 세전 바라문을 화장하라."

그때 석씨 종족들은 곧 소유와 섶나무〔薪柴〕를 가지고 가서 세전 바라문을 화장〔耶維 : 闍維〕한 뒤에 네거리에 탑을 세웠다. 그리고 존자 주리반특에게로 가서 머리를 조아려 그 발에 예를 올리고 한쪽에 앉았다.

모든 석가 종족들은 이런 게송으로 존자 주리반특에게 말하였다.

화장한 뒤에 탑 세웠으니
존자의 분부 어기지 않았네.
이제 우리들은 큰 이익 얻어
이러한 복을 만나게 되었네.

이때 존자 주리반특도 게송으로 대답하였다.

존자는 이제 법륜法輪을 굴려
모든 외도들을 항복 받았으니
그 지혜 마치 큰 바다와 같아
여기 와서 저 범지를 항복 받았네.

과거와 미래와 또 현재에
지은 바 갖가지 선과 악의 행은
억 겁이 지나도 없어지지 않으니
그러므로 복을 꼭 지어야 하네.

그때 존자 주리반특은 여러 석씨들에게 자세히 설법하였다. 여러 석씨들이 주리반특에게 말하였다.

"만일 존자께서 의복 · 음식 · 평상 · 침구 · 의약이 필요하시면 우리가 하나하나 다 대어드리겠습니다. 바라건대 이 청을 받아들여 조그만 정을 물리치지 마십시오."

존자 주리반특은 묵묵히 허락하였다.

그때 여러 석씨들은 존자 주리반특의 말을 듣고 기뻐하며 받들어 행하였다.

〔 11 〕

이와 같이 들었다.

어느 때 부처님께서는 라열성羅閱城 가란타죽원迦蘭陀竹園에서 대비구들 5백 명과 함께 계셨다.

그때 악한 사람 제바달두提婆達兜가 바라류지(婆羅留支 : 阿闍世) 왕자에게 가서 말하였다.

"옛날에는 백성들의 수명이 매우 길었다는데, 지금 사람들의 수명은 백 년을 넘기지 못합니다. 왕자께서는 꼭 아셔야 합니다. 사람의 목숨이란 정말 무상無常하답니다. 왕위에 오르기도 전에 목숨을 마친다면 어찌 애통하지 않겠습니까?

왕자여, 지금 곧 부왕父王의 목숨을 끊고 이 나라 백성들을 직접 통치하십시오. 나는 이제 사문 구담瞿曇을 죽이고 가장 높은 지진(至眞 : 아라한) · 등정각等正覺이 될 것입니다. 그렇게만 되면 이 마갈국摩竭國의 새 임금과 새 부처가 되리니 어찌 통쾌하지 않겠습니까? 그것은 마치 해가 구름을 뚫고 어디든 비추지 않는 곳이 없는 것과 같고, 구름이 사라진 하늘에 달이 많고 많은 별 가운데서 제일 밝은 것과 같습니다."

그때 바라류지婆羅留支 왕자는 곧 부왕을 무쇠로 만든 감옥에 잡아 가두고 대신을 바꿔 다시 세우고 백성들을 다스렸다.

이때 비구 대중들이 라열성에 들어가 걸식하다가, 제바달두가 왕자를 시켜 그 부왕을 무쇠감옥에 잡아 가두고 대신들을 바꿔 세웠다는 말을 들었다. 그때 모든 비구들은 걸식을 마치고 있던 곳으로 돌아와서 가사와 발우를 거두어 놓고 세존께 나아가 머리를 조아려 그 발에 예를 올리고 세존께 아뢰었다.

"저희들이 아침에 성에 들어가서 걸식하다가 저 어리석은 제바달두가 왕자를 시켜 그 부왕을 감옥에 가두고 대신들을 바꿔 세웠다는 말을 들었습니다. 그는 다시 왕자에게 '당신이 부왕을 죽이고 내가 여래를 죽이면, 이 마갈국의 새 임금과 새 부처가 되리니 어찌 통쾌하지 않겠는가?'라고 말했다고 합니다."

그때 세존께서 모든 비구들에게 말씀하셨다.

"만일 임금으로서 정치와 교화를 바른 도리로 행하지 않으면 그때는 대신들도 법이 아닌 일을 행할 것이요, 대신들이 이미 법이 아닌 일을 행하게 되면 그때는 왕태자도 법이 아닌 일을 행할 것이다. 태자가 이미 법이 아닌 일을 행하게 되면 그때는 신하들과 관리들도 법이 아닌 일을 행할 것이요, 신하들과 관리들이 이미 법이 아닌 일을 행하고 나면 그때는 백성들도 법이 아닌 일을 행할 것이다. 나라 안에 백성들이 이미 법이 아닌 일을 행하고 나면 그때는 군대도 법이 아닌 일을 행할 것이요, 군대가 이미 법이 아닌 일을 행하고 나면 그때는 해와 달이 운행運行을 잘못하여 때를 잃게 될 것이다.

해와 달이 때를 잃게 되면 곧 연세年歲가 없어질 것이요, 연세가 없어지고 나면 해와 달은 자리를 잃을 것이고 또한 광채가 없어질 것이다. 해와 달이 이미 광채가 없어지면 그때는 별〔星宿〕들이 변괴를 나타낼 것이요, 별들이 변괴를 나타내면 폭풍暴風이 일어날 것이다. 폭풍이 이미 일어나고 나면 하늘과 땅의 신神이 성을 낼 것이요, 하늘과 땅의 신이 성을 내면 그때는 바람과 비가 때를 맞추지 못할 것이니, 그때는 곡식이 땅에 있어도 자라지 못할 것이요, 사람이나 짐승이나 벌레들까지 모두 형색이 변하고 수명이 매우 짧아질 것이다.

만일 어떤 때에 어떤 왕이 법으로 바르게 다스리면 그때는 신하들도 바른 법을 행할 것이요, 많은 신하들이 이미 바른 법을 행하고 나면 그때는 왕태자도 바른 법을 행할 것이다. 왕태자가 이미 바른 법을 행하고 나면 그때는 관리들도 바른 법을 행할 것이요, 관리들이 이미 바른 법을 행하면 백성들도 바른 법을 행할 것이다.

그리하여, 해와 달은 제대로 돌아가고 바람과 비가 때를 잘 맞추어 재변이 나타나지 않을 것이며, 하늘·땅·신도 기뻐하고 곡식도 풍년이 들 것이다. 임금과 신하가 서로 화목하여 마치 형제처럼 지나 마침내 증손增損이 없을 것이며, 중생들의 형색에서 광채光彩가 나고 먹는 것은 잘 소화되어 아무 재해災害가 없으며, 수명은 매우 길고 사람들의 사랑과 존경을 받을 것이다."

그때 세존께서 곧 게송으로 말씀하셨다.

마치 소 떼가 물을 건널 때처럼
길잡이 소가 바로 가지 못하면
그 소 떼는 모두 바로 가지 못하나니
그것은 길잡이 소를 따르기 때문이다.

중생도 또한 그와 같아서
대중들에게는 반드시 길잡이가 있나니
만일 길잡이가 나쁜 법을 행하면

그 뒤를 따르는 이는 말할 것도 없다네.

백성들이 모두 괴로움을 받는 것은
왕의 법이 바르지 못한 데 있네.
그러므로 알아라. 나쁜 법 행하면
백성들도 따라서 그러하리라.

마치 소 떼가 물을 건널 때처럼
길잡이 소가 바르게 가면
그 뒤를 따르는 소도 모두 바르나니
그것은 길잡이 소를 따라가기 때문이다.

중생들도 또한 그와 같아서
대중들에게는 반드시 길잡이가 있나니
만일 길잡이가 바른 법을 행하면
그 뒤를 따르는 이들은 말할 것도 없다네.

백성들 모두 즐거움 누리는 것
그것은 왕의 법이 바르기 때문이라네.
그러므로 알아라. 바른 법을 행하면
백성들도 그를 따라 편안하리라.

"그러므로 모든 비구들아, 부디 나쁜 법을 버리고 바른 법을 행해야 하느니라. 모든 비구들아, 꼭 그렇게 공부해야 하느니라."

그때 모든 비구들은 부처님의 말씀을 듣고 기뻐하며 받들어 행하였다.

증일아함경 제9권

18. 참괴품慚愧品

〔1〕[1]

이와 같이 들었다.

어느 때 부처님께서는 사위국 기수급고독원에 계셨다.

그때 세존께서 모든 비구들에게 말씀하셨다.

“두 가지 묘한 법이 있어서 세상을 잘 옹호擁護한다. 어떤 것이 그 두 가지인가? 이른바 제 자신에 대한 부끄러움〔慚〕과 남에 대한 부끄러움〔愧〕이 그것이다.

비구들아, 만약 이 두 가지 법이 없다면 세상에는 부모·형제·처자·지식知識·존장·노소의 구별이 없어져 돼지·개·소·양 등의 6 짐승과 같을 것이다.

세상에 이 두 가지 법이 있어서 세상을 잘 옹호해 주기 때문에 부

---

1 후한後漢 시대 안세고安世高가 한역한 『불설칠처삼관경佛說七處三觀經』의 제40번째 소경과 『잡아함경』 제47권 1,243번째 소경인 「이정법경二諍法經」과 내용이 비슷하다.

모 · 형제 · 처자 · 어른 · 노소의 구별이 있어서 여섯 짐승처럼 되지 않는 것이다.

그러므로 모든 비구들아, 너희들은 부끄러워할 줄을 알아야 한다. 모든 비구들아, 마땅히 이와 같이 배워야 한다."

그때 모든 비구들은 부처님의 말씀을 듣고 기뻐하며 받들어 행하였다.

〔 2 〕

이와 같이 들었다.

어느 때 부처님께서는 사위국 기수급고독원에 계셨다.

그때 세존께서 모든 비구들에게 말씀하셨다.

"세상에 두 종류의 사람이 있는데, 그들은 다 만족할 줄을 모르고 목숨을 마친다. 어떤 것이 그 두 종류의 사람인가? 이른바 재물을 얻어 간직하기만 하다가 아주 거덜나는 사람과 재물을 얻으면 남에게 주기를 좋아하는 사람이다. 이것을 만족할 줄을 모르고 목숨을 마치는 두 종류의 사람이라고 말하느니라."

그때 어떤 비구 세존께 아뢰었다.

"세존께서 너무 간략히 말씀하시니 저희들은 그 뜻을 이해할 수 없습니다. 어떤 것이 재물을 얻어 간직하기만 하다가 아주 거덜나는 것이며, 어떤 것이 재물을 얻으면 남에게 주기를 좋아하는 것입니까? 원컨대 세존께서는 그 뜻을 자세히 설명하여 주십시오."

세존께서 말씀하셨다.

"자세히 듣고 자세히 들어 잘 사유해 기억하라. 내가 마땅히 너희들을 위하여 그 뜻을 분별해 주리라."

대답하였다.

"예, 그렇게 하겠습니다."

그때 부처님께서 모든 비구들에게 말씀하셨다.

"여기 어떤 족성자族姓子가 있다. 그들은 여러 가지 기술을 배우는데, 혹은 농사짓는 법을 배우기도 하고 혹은 문학을 익히기도 하며, 혹은 계산법을 익히고 혹은 천문天文을 익히기도 하며, 혹은 지리地理를 익히기도 하고 혹은 점치기〔卜相〕를 익히기도 하며, 혹은 사신의 일을 익히기도 하고 혹은 왕을 보필하는 일을 하기도 하는데, 추위와 더위를 피하지 않고 굶주림과 헐벗음으로 고통 받으면서 스스로 경영한다. 그는 이렇게 노력하여 재물을 얻으면 저도 잘 먹지 않고 처자妻子나 종들이나 친척들에게도 나누어 주지 않는다.

그는 그렇게 애써 벌어놓은 재물을 혹 왕에게 수탈당하기도 하고, 혹은 도둑에게 빼앗기기도 하며, 혹은 불에 타거나 물에 떠내려 보내는 둥 다른 곳에 흩어버려 큰 손해를 보게 된다. 또는 그 집안사람이 그 재물을 탕진하여 그것을 보존하지 못한다. 비구들아, 이것을 재물을 얻어 간직하기만 하다가 아주 거덜나는 것이라고 하느니라.

어떤 것이 재물을 얻으면 잘 나누어 주는 것인가? 여기 어떤 족성자가 있다. 그들은 여러 가지 기술을 배우는데, 혹은 농사짓는 법을 배우기도 하고 혹은 문학을 익히기도 하며, 혹은 계산법을 익히고 혹은 천문天文을 익히기도 하며, 혹은 지리地理를 익히기도 하고 혹은 점치기〔卜相〕를 익히기도 하며, 혹은 사신의 일을 익히기도 하고 혹은 왕을 보필하는 일을 하기도 하는데, 추위와 더위를 피하지 않고 굶주림과 헐벗음으로 고통 받으면서 스스로 경영한다.

그는 이렇게 노력하여 재물을 얻으면 중생들에게 보시한다. 즉 부모・종・처자를 돌보고, 나아가서는 사문沙門이나 바라문婆羅門에게 보시하여 많은 공덕을 짓고 천상의 복을 심는다. 비구들아, 이것을 재물을 얻으면 잘 보시하는 것이라고 말한다.

비구들이여, 이것을 만족할 줄 모르는 두 종류의 사람이라고 말한다. 앞의 한 사람은 재물을 모았다가 거덜나는 것이니 그런 일에 대해서는 버려야겠다고 생각하고, 뒷사람은 애써 모은 재물을 널리 보시하는 것이니 그런 일은 본받아야 한다. 모든 비구들아, 마땅히 이와 같이 배워야 한다."

그때 모든 비구들은 부처님의 말씀을 듣고 기뻐하며 받들어 행하였다.

〔 3 〕[2]

이와 같이 들었다.

어느 때 부처님께서는 사위국 기수급고독원에 계셨다.

그때 세존께서 모든 비구들에게 말씀하셨다.

"항상 마땅히 법을 보시해야 할 것이요, 음식을 보시하는 것은 익히지 말라. 왜냐하면 너희들에겐 지금 과보果報의 도움이 있고, 내 제자들로 하여금 법을 공경하고 이양利養을 탐내지 않게 하기 때문이다. 만일 이양을 탐하면 곧 여래의 처소에 큰 허물이 있을 것이다.

무슨 까닭인가 하면, 중생들은 법을 분별分別하지 못하여 세존의 가르침을 비방할 것이요, 이미 세존의 가르침을 비방하고 나면 나중에 다시는 열반涅槃의 길〔道〕에 이르지 못할 것이니, 나에게 곧 부끄러움이 될 것이다. 왜냐하면 여래의 제자로서 이양을 탐하여 법을 행하지 않고 법을 분별하지 못하면 세존의 가르침을 비방하고 바른 법을 따르지 않을 것이요, 세존의 가르침을 비방하면 다시는 열반의 길에 나

2 이 소경은 『중아함경』 제22권 88번째 소경인 「구법경求法經」과 내용이 비슷하다.

아가지 못하기 때문이다.

그러므로 지금 너희 비구들은 법法 보시하기를 생각하고, 재물을 보시하려고 생각지 말라. 그러면 좋은 이름이 사방에 펴지게 될 것이요, 법을 공경恭敬하고 재물을 탐내지 않으면 거기에는 부끄러움이 없을 것이다. 왜냐하면 여래의 제자는 법보시를 좋아하고 욕구를 바라는 보시를 탐하지 않기 때문이다. 비구들아, 이것을 '마땅히 법을 보시하기를 생각해야 하고 욕구를 바라고 보시하는 것을 좋아하지 말아야 한다'고 말한다.

너희 비구들아, 나는 여기에서 인因이 되는 이치를 말하였다. 그러면 무슨 뜻으로 나는 이 사실을 말하였는가?"

그때 모든 비구들이 세존께 아뢰었다.

"바라건대 세존께서 일일이 자세하게 분별하여 말씀해 주십시오."

그러자 세존께서 모든 비구들에게 말씀하셨다.

"옛날 어떤 사람이 나를 초청하여 공양한 적이 있었다. 그리그 나에게는 그때 버려야 할 남은 음식이 있었다. 때마침 멀리서 두 비구가 찾아왔는데, 그들은 몸이 매우 피로해 보였고 얼굴도 수척하였다.

그때 나는 그 비구들에게 이렇게 말하였다.

'여기 남은 음식이 있어 버려야 할 처지이다. 필요하거든 마음대로 먹고 시장기를 면하도록 하라.'

그때 한 비구는 이렇게 생각하였다.

'지금 세존께서 남은 음식이 있어 버려야 할 처지이니 필요하거든 마음대로 먹고 시장기를 면하라고 하신다. 가령 우리가 그것을 먹지 않는다 하더라도 곧 이 음식은 깨끗한 땅에 버려지거나 또는 물에 버려질 것이다. 그러니 우리는 그 음식을 가져다 먹고 시장기를 면하고 기운을 차리자.'

그러나 그 비구는 다시 이렇게 생각하였다.

'부처님께서는 〈마땅히 법보시를 행하고 어떤 욕구를 바라고 보시하지 말라. 왜냐하면 보시 중에 재물을 보시하는 것보다 더 나은 것은 없지만 그러나 또 법을 보시하는 것은 그 중에서도 최상最上이기 때문이다〉라고 이렇게 말씀하셨다. 나는 지금 종일 먹지 않는다 해도 그런 대로 견딜 수 있다. 꼭 저 시주의 복福을 받을 필요는 없다.'

그래서 그 비구는 곧 스스로 단념하고 그 밥을 먹지 않았고, 몸이 매우 지쳤지만 목숨을 돌아보지 않았다.

그때 또 다른 한 비구는 이렇게 생각하였다.

'세존께서는 남은 음식이 있어서 버려야 할 처지라고 하신다. 우리는 그것을 가져다 먹지 않으면 매우 곤란을 당할 것이다. 지금 저 음식을 가져다 먹고 허기를 면하고 기력氣力을 얻으면 이 밤을 편히 지낼 수 있을 것이다.'

그래서 그 비구는 그 밥을 가져다 먹고 기력이 회복되어 그 밤을 편히 지냈느니라."

부처님께서 모든 비구들에게 말씀하셨다.

"그 비구는 그 밥을 가져다 먹고 허기를 면하고 기력을 얻었지만, 공경할 만하고 귀히 여길 만하며 매우 존중할 만한 앞에서 말한 비구만 못하다. 앞에서 말한 비구는 오랜 세월 동안 좋은 이름이 멀리 퍼지고 만족할 줄 알아 쉽게 채워지고 쉽게 가득해졌느니라. 그런 까닭에 비구들아, 마땅히 법보시를 배워야 하고 어떤 욕구를 바라고 하는 보시는 배우지 말아야 하느니라. 내가 앞에서 말한 것은 이런 인연 때문이니라."

그때 세존께서는 이런 말씀을 하시고는 곧 자리에서 일어나 떠나가셨다.

그때 많은 비구들이 이렇게 생각하였다.

'아까 세존께서는 그 요점만 간략히 말씀하셨을 뿐 자세히 해설해 주지 않으시고 곧 자리에서 일어나 적막하고 고요한 방으로 들어가셨다. 지금 이 대중들 가운데 이렇게 간략하게 말씀하신 것에 대하여 그 뜻을 자세히 설명해 줄 만한 사람이 누가 있을까?'

그리고 또 이렇게 생각하였다.

'지금 저 존자 사리불舍利弗은 세존의 칭찬을 받는 분이다. 우리 저 사리불에게 가보자.'

그들은 곧 사리불의 처소로 찾아가 서로 인사를 나누고 한쪽에 앉았다. 많은 비구들은 세존께 들은 일을 모두 사리불에게 말하였다.

이때 존자 사리불이 모든 비구들에게 말하였다.

"어떤 것이 세존의 제자로서 이양利養만을 탐하고 집착하여 법을 수행하지 못하는 것이며, 어떤 것이 세존의 제자로서 법 수행하기를 탐하고 이양을 탐하지 않는 것입니까?"

그때 비구 대중이 아뢰었다.

"우리들은 먼 곳에서 와서 그 뜻을 청해 묻고 수행하려고 합니다. 존자 사리불께서는 그 일을 충분히 감당할 수 있는 분입니다. 우리에게 그 뜻을 자세히 말씀해 주십시오."

사리불이 말하였다.

"자세히 듣고 자세히 들어 잘 사유하고 기억하시오. 내 그대들을 위해 그 뜻을 자세히 설명해 드리리다."

그때 많은 비구들이 대답하였다.

"그렇게 하겠습니다."

사리불이 말하였다.

"세존의 제자로서 꼭 배워야 할 것은 적막하고 고요한 곳에서 편안함을 생각하는 것인데, 성문聲聞 제자들이 그렇게 배우고 있지 않습니다. 세존께서는 반드시 없애야 할 법들을 가르치시는데, 비구들은 그것도 없애지 못하고 있습니다. 그리곤 그 가운데서 게으름을 피우고 온갖 어지러운 생각을 일으켜, 꼭 해야 할 일은 즐겨 실천하지 않고 해서는 안 될 일만을 굳이 익히고 실천합니다.

그렇게 할 때 여러 장로長老 비구들은 세 가지 일에 대하여 곧 부끄러움이 있습니다. 어떤 것이 그 세 가지인가? 세존께서는 항상 적막하고 고요한 곳을 좋아하시는데, 그런데도 성문들이 그렇게 배우지 않으니 거기에 장로 비구들은 곧 부끄러움이 있습니다. 세존께서는 반드시 이 법만은 없애야 한다고 가르치시는데, 비구들은 그 법을 없애지 못하고 있으니 거기에 장로 비구들은 곧 부끄러움이 있습니다. 그리고 그 가운데서 어지러운 생각을 일으켜 뜻이 전일專一하지 못하니 거기에 장로 비구들은 곧 부끄러움이 있습니다.

여러분은 꼭 알아야만 합니다. 중년 비구도 세 가지 일에 대하여 곧 부끄러움이 있습니다. 어떤 것이 그 세 가지인가? 세존께서는 항상 적막하고 고요한 곳을 좋아하시는데, 그런데도 성문들이 그렇게 배우지 않으니 거기에 중년 비구들은 곧 부끄러움이 있습니다. 세존께서는 반드시 이 법만은 없애야 한다고 가르치시는데, 저 비구들은 그 법을 없애지 못하고 있으니 거기에 중년 비구들은 곧 부끄러움이 있습니다. 그리고 그 가운데서 다시 어지러운 생각을 일으켜 뜻이 전일하지 못하니 거기에 중년 비구들은 곧 부끄러움이 있습니다.

여러분은 꼭 알아야만 합니다. 연소年少 비구도 세 가지 일에 대하여 곧 부끄러움이 있습니다. 어떤 것이 그 세 가지인가? 세존의 제자들은 항상 적막하고 고요한 곳을 좋아하는데, 그런데도 성문들은 그렇게 배우지 않으니 거기에 연소 비구들은 곧 부끄러움이 있습니다.

세존께서는 사람들에게 반드시 이 법만은 없애야 한다고 가르치시는데, 저 비구들은 그 법을 없애지 못하고 있으니 거기에 연소 비구들은 곧 부끄러움이 있습니다. 그리고 그 가운데에서 다시 어지러운 생각을 일으켜 뜻이 전일하지 못하니 거기에 연소 비구들은 곧 부끄러움이 있습니다.

이것이 이른바 여러분이 재물을 탐하고 집착하면서 법은 탐하지 않는다고 말하는 것입니다."

모든 비구들이 사리불에게 아뢰었다.

"어떤 것이 비구들이 법을 탐하고 집착하며 재물을 탐하지 않는 것입니까?"

사리불이 말하였다.

"비구들이여, 세존께서는 적막하고 고요한 곳을 좋아하시면 성문들도 적막하고 고요한 곳을 좋아하고, 세존께서 마땅히 그 법만은 없애야 한다고 말씀하시면 모든 비구들은 곧 그 법을 없앱니다. 그리하여 게으름을 피우지 않고 마음이 어지럽지 않으며, 꼭 행해야 할 것은 곧 닦아 행하고, 행해서 안 될 것은 곧 행하지 않는 것입니다.

여러분은 마땅히 알아야만 합니다. 장로 비구는 이 세 가지 일에 대하여 명예가 있습니다. 어떤 것이 그 세 가지인가? 세존께서 적막하고 고요한 곳을 좋아하시면 성문들도 적막하고 고요한 곳을 좋아합니다. 거기에 장로 비구의 명예가 있습니다. 세존께서 사람들에게 그 법만은 꼭 없애야 한다고 가르치시면, 그때 비구들은 곧 그 법을 없앱니다. 거기에 장로 비구의 명예가 있습니다. 그리고 그 가운데에서 어지러운 생각의 기억을 일으키지 않고 뜻이 항상 전일專一하면 거기에 장로 비구의 명예가 있습니다.

여러분은 마땅히 알아야만 합니다. 중년 비구도 이 세 가지 일에 대하여 명예가 있습니다. 어떤 것이 그 세 가지인가? 세존께서 적막하고 고요한 곳을 좋아하시면 성문들도 적막하고 고요한 곳을 좋아합니다. 거기에 중년 비구의 명예가 있습니다. 세존께서 사람들에게 그 법만은 꼭 없애야 한다고 가르치시면, 그때 비구들은 곧 그 법을 없앱니다. 거기에 중년 비구의 명예가 있습니다. 그리고 그 가운데에서 어지러운 생각의 기억을 일으키지 않고 뜻이 항상 전일하면 거기에 중년 비구의 명예가 있습니다.

여러분은 마땅히 알아야만 합니다. 연소 비구도 이 세 가지 일에 대하여 명예가 있습니다. 어떤 것이 그 세 가지인가? 비구들이여, 세존께서 적막하고 고요한 곳을 좋아하시면 연소 비구도 적막하고 고요한 곳을 좋아합니다. 거기에 연소 비구의 명예가 있습니다. 세존께서 사람들에게 그 법만은 꼭 없애야 한다고 가르치시면, 그때 비구들은 곧 그 법을 없앱니다. 거기에 연소 비구의 명예가 있습니다. 그리고 그 가운데에서 어지러운 생각의 기억을 일으키지 않고 뜻이 항상 전일하면 거기에 연소 비구의 명예가 있습니다.

여러분은 마땅히 알아야만 합니다. 탐욕貪欲은 병이 되고, 아주 큰 재앙입니다. 성내는 것도 또한 그러합니다. 탐욕·음욕·성냄을 없애면, 곧 중도를 얻어 눈이 생기고 지혜가 생겨 모든 얽매임을 풀고 열반涅槃에 이르게 될 것입니다.

간탐과 질투가 병이 되는 것도 또한 매우 중하고, 번뇌는 사람을 불사르고 볶으며, 교만 역시 심각합니다. 거짓되어 진실하지 못한 것과 스스로 부끄러워할 줄 모르고 남부끄러운 줄도 모르는 것과 바른 마음을 해치는 음욕을 버리지 못하는 것도 마찬가지입니다. 만慢과 증상만增上慢을 버리지 못하는데, 만일 만과 증상만을 버린다면 곧 중도中道를 얻어 눈이 생기고 지혜가 생겨 온갖 얽매임을 풀고 열반에 이르게 될 것입니다."

비구들이 아뢰었다.

"존자 사리불이여, 어떻게 하면 중도를 얻어 눈이 생기고 지혜가 생겨 온갖 얽매임을 풀고 열반에 이르게 되겠습니까?"

사리불이 대답하였다.

"여러분은 마땅히 알아야만 합니다. 현성賢聖의 8품도가 바로 그것입니다. 이른바 바른 소견〔正見〕·바른 다스림〔正治〕·바른 말〔正語〕·바른 행위〔正行〕·바른 생활〔正命〕·바른 방편〔正方便〕·바른 기억〔正念〕·바른 삼매〔正三昧〕입니다. 여러분, 이것이 '성현이 중도에 이르러 눈이 생기고 지혜가 생겨, 온갖 얽매임을 풀고 열반에 이르게 된다'고 말하는 것입니다."

그때 많은 비구들은 존자 사리불의 말을 듣고 기뻐하면서 받들어 행하였다.

〔 4 〕

이와 같이 들었다.

어느 때 부처님께서는 라열성羅閱城의 가란타죽원迦蘭陀竹園에서 대비구들 5백 명과 함께 계셨다.

그때 세존께서는 때가 되어 가사袈裟를 입고 발우를 들고 라열성에 들어가 걸식乞食하시며 어떤 골목에 계셨다. 그때 그 골목에 어떤 범지梵志의 아내가 바라문婆羅門에게 밥을 차려 주려고 바라문을 찾아 문을 나섰다가 멀리서 세존을 보고는 곧 세존 앞으로 다가와 물었다.

"혹 바라문을 보셨습니까?"

그때 존자 대가섭大迦葉이 그 골목에 벌써부터 와 있었다. 세존께서는 손으로 그를 가리키며 말씀하셨다.

"저 사람이 바라문이다."

그 범지의 아내는 여래如來를 물끄러미 보고는 잠자코 아무 말이 없었다. 그때 세존께서 곧 다음 게송으로 말씀하셨다.

욕심이 없고 성냄 없으며
어리석음을 버려 어리석음 없으며
온갖 번뇌 다 버린 아라한이면
그런 사람을 범지라고 말한다.

욕심이 없고 성냄 없으며
어리석음을 버려 어리석음 없으며
번뇌〔結使〕의 무더기 버려버리면
그런 사람을 범지라고 말한다.

욕심이 없고 성냄 없으며
어리석음을 버려 어리석음 없으며
나를 내세우는 교만함을 끊으면
그런 사람을 범지라고 말한다.

만일 네가 삼불〔三佛 : 等正覺〕께서 말씀하신
바른 법을 알고자 한다면
지극한 정성으로 저분께 귀의하라
그는 가장 존귀한 최상의 분이시다.

그때 세존께서 대가섭에게 말씀하셨다.

"너는 저 범지의 아내에게 가서 그 부인을 위해 곧 몸을 나타내어 전생의 죄를 면하게 하라."

그래서 가섭은 부처님의 분부를 받고 그 범지 아내의 집으로 가서 자리에 앉았다. 그때 그 바라문의 아내가 갖가지 맛있는 음식을 장만해 가섭에게 바쳤다. 그러자 가섭은 그 음식을 받고 그 부인을 제도하기 위해 다음 게송을 읊어 법보시法布施를 하였다.

제사祭祀에는 불이 으뜸이 되고
여러 글 중에는 게송偈頌이 제일이며
사람 중에는 임금이 제일 높고
모든 물에서는 바다가 으뜸이다.

뭇 별 중에는 달이 우두머리요
밝은 것에는 해가 첫째가 되며
모든 방위와 지역 경계에는
동·서·남·북과 상·하가 있다.

천상이나 세간의 사람 중에는
부처님이 가장 높으신 분이니
그 복을 구하려 하는 사람은
마땅히 삼불께 귀의해야 하리라.

그때 그 범지의 아내는 이 말을 듣고 기뻐 뛰며 어쩔 줄을 모르면서 대가섭 앞으로 다가가 아뢰었다.

"원컨대 범지시여, 제 청請을 받아 항상 저희 집에서 공양하소서."

대가섭은 그 청을 받아들여 그 집에서 공양하였다. 그때 바라문의 부인은 가섭의 공양이 끝난 것을 보고 낮은 평상을 가지고 와서 가섭 앞에 앉았다. 그러자 가섭은 미묘한 법을 차례로 말하였다. 그 자리에서 논한 것은 보시론布施論·계율론戒律論·생천론生天論이었고, 탐욕은 깨끗하지 못한 것이므로 번뇌를 끊는 것이 제일이며, 그러기 위해서는 출가하는 것이 중요하다는 것 등이었다.

존자尊者 대가섭은 범지 아내의 마음이 열리고 뜻이 풀려 못내 기뻐하는 줄을 알고 나서, 모든 부처님께서 늘 말씀하셨던 괴로움〔苦〕·괴로움의 발생〔集〕·괴로움의 소멸〔盡〕·괴로움의 소멸에 이르는 길〔道〕에 대하여 설명하였다. 범지의 아내는 그 자리에서 온갖 번뇌의 때가 다 없어지고 법안法眼이 깨끗하게 되었다. 마치 새롭고 깨끗한 흰 천은 때가 없어서 색깔이 쉽게 물이 드는 것처럼, 범지의 아내도 그와 같아서 그 자리에서 법안이 깨끗하게 되었다. 그는 이미 법을 얻었고 법을 보았으며 법을 분별하였으므로 의심이 없어지고 두려움이 없어져 3존尊인 불佛·법法·승僧에 귀의하여 5계를 받아 가졌다.

그때 존자 대가섭은 거듭 범지의 아내를 위해 미묘한 법을 설명하고는 곧 자리에서 일어나 떠나갔다.

가섭이 떠나간 지 그리 오래되지 않아 그 남편이 집에 돌아왔다. 바라문은 아내의 얼굴빛이 매우 빛나고 부드러워 보통 사람과 다른 것을 보고 아내에게 물었다. 아내는 그 동안에 있었던 사실을 그 남편에게 자세히 말하였다. 그러자 바라문은 그 말을 듣고 나서 곧 아내를 데리고 정사精舍에 계신 세존을 찾아갔다. 바라문은 세존께 문안을 드리고 한쪽에 앉았다. 바라문의 아내는 세존의 발에 머리를 대어 예를 올리고 나서 한쪽에 앉았다. 그때 바라문이 세존께 아뢰었다.

"아까 어떤 바라문이 저희 집에 오셨다가 가셨다는데 지금 어디에 계십니까?"

그때 존자 대가섭은 세존께서 계신 곳에서 그리 멀지 않은 곳에서 가부좌하고 앉아 몸과 마음을 바르게 하고 묘한 법을 생각하고 있었다.

그때 세존께서 멀리서 대가섭을 가리키셨다.

"저 사람이 존장尊長 바라문이다."

바라문이 말하였다.

"구담瞿曇이시여, 어찌하여 사문沙門을 바라문이라 말씀하십니까? 사문과 바라문은 다르지 않습니까?"

세존께서 말씀하셨다.

"사문을 말하려면 내가 바로 사문이다. 왜냐하면 나는 곧 사문으로서 사문이 받들어 가지는 모든 계율을 이미 다 성취하였기 때문이다. 만일 또 바라문을 논하려고 하면 내가 바로 바라문이다. 왜냐하면 나는 곧 바라문으로서 과거 바라문들이 가졌던 법法과 행行을 이미 다 알았기 때문이다.

만일 사문을 논하려고 하면, 대가섭이 바로 사문이다. 왜냐하면 사문이 지녀야 할 모든 계율을 가섭 비구는 다 거두어 지니고 있기 때문이다. 만일 바라문을 논하려고 하면 가섭 비구가 바로 바라문이다. 왜냐하면 모든 바라문이 받들어 가져야 하는 계율을 가섭 비구는 다 환히 알고 있기 때문이다."

그때 세존께서 다음 게송으로 말씀하셨다.

나는 저 주술呪術을 아는 이를
범지梵志라 말하지 않는다.
범천에 태어난다 외쳐대지만
아직 결박〔縛〕을 벗어나지 못했다.

결박도 없고 태어나는 세계도 없고
일체의 번뇌〔結〕를 능히 벗어나
다시 천상의 복을 일컫지 않으면
그것이 사문이요 범지니라.

그때 바라문이 세존께 아뢰었다.

“결박結縛이란 어떤 것입니까?”

세존께서 말씀하셨다.

“욕애欲愛가 곧 결박이요, 성냄〔瞋恚〕과 어리석음〔愚癡〕이 곧 결박이다. 여래는 이 욕애가 아주 사라져 남음이 없고 성냄과 어리석음도 또한 그와 같다. 여래는 그런 결박이 다시는 없느니라.”

바라문이 말하였다.

“원컨대 세존께서는 깊고 묘한 법을 말씀하시어, 다시는 저희에게 그런 결박이 없게 하여 주소서.”

세존께서는 그 바라문을 위해 미묘한 논을 차례로 말씀하셨다. 이른바 논이란 보시론·계율론·천상에 태어나는 것에 대한 논이며, 탐욕은 더러운 것이므로 번뇌를 끊는 것이 제일이요, 그러기 위해서는 출가하는 것이 중요하다는 내용이었다.

그때 세존께서는 그 바라문의 마음이 열리고 뜻이 풀려 매우 기뻐하고 있음을 아시고는, 옛날의 여러 부처님들께서 늘 말씀하셨던 괴로움〔苦〕·괴로움의 발생〔集〕·괴로움의 소멸〔盡 : 滅〕·괴로움의 소멸에 이르는 길〔道〕의 법에 대하여 설명하셨다. 세존께서 그 바라문을 위한 설법을 마치자, 바라문은 곧 그 자리에서 번뇌의 때가 없어지고 법안이 깨끗하게 되었다. 마치 새롭고 깨끗한 흰 천은 빛깔이 쉽게 물이 드는 것처럼 그 바라문도 그와 같아서 그 자리에서 곧바로 법안이 깨끗해졌다.

그는 법을 얻고 법을 보고 그 법을 분별하여 의심이 없어졌다. 두려움이 없게 되어 3존인 불·법·승에 귀의하고 5계를 받아 가져 여래의 참다운 제자가 되어 다시는 물러나지 않았다.

그때 그 바라문 부부는 부처님의 말씀을 듣고 기뻐하며 받들어 행하였다.

〔 5 〕

이와 같이 들었다.

어느 때 부처님께서는 라열성의 가란타죽원에서 대비구들 5백 명과 함께 계셨다.

그때 아사세왕阿闍世王에게는 나라기리那羅祇梨라는 코끼리가 있었다. 그 코끼리는 흉악하고 사나우며 모질고 용감하여 능히 바깥에서 침략해 들어오는 도적들을 항복 받았다. 또 그 코끼리의 힘으로 마갈타摩竭陀의 온 나라를 모두 항복 받았다.

그때 제바달다提婆達多는 아사세왕에게 찾아가 이렇게 말하였다.

"대왕이시여, 마땅히 아셔야만 합니다. 저 코끼리는 매우 사나워서 어떤 원수든 다 항복 받습니다. 그러니 저 코끼리에게 독毒한 술을 먹여 취하게 한 뒤에, 내일 아침이면 사문 구담이 틀림없이 성에 들어와 걸식할 것이니, 그때 그 취한 코끼리를 풀어놓아 그를 밟아 죽이게 하십시오."

그때 아사세왕은 제바달다의 말을 듣고 곧 나라에 영令을 내렸다.

"내일 아침에는 술에 취한 코끼리를 풀어놓을 것이니 아무도 길에 나와 다니지 말라."

제바달다가 아사세왕에게 말하였다.

"만일 사문 구담에게 일체지一切智가 있어서 닥쳐올 일을 미리 안다면, 내일은 분명히 성에 들어와 걸식하지 않을 것입니다."

왕이 말하였다.

"존자의 말씀과 같이 만일 그에게 일체지가 있다면 내일 아침에는 반드시 성에 들어와 걸식하지 않을 것입니다."

그때 왕사성 안에 살고 있던 부처님을 섬기는 남녀男女와 노소老少들은 아사세왕이 이른 아침에 취한 코끼리를 풀어놓아 부처님을 해치려 한다는 소문을 듣고, 모두들 걱정하면서 세존께 나아가 머리를 조아려 그 발에 예를 올리고 한쪽에 물러서서 세존께 아뢰었다.

"세존이시여, 원컨대 내일 아침에는 성에 들어가지 마십시오. 왜냐하면 아사세왕이 영을 내려 '성안 사람들은 내일 아침에 거리에 나와 다니지 말라. 내가 술 취한 코끼리를 풀어놓아 사문 구담을 죽이려고 한다. 만일 저 사문에게 일체지가 있다면 내일 아침에는 성에 들어와 걸식하지 않을 것이다'라고 말하였습니다. 그러니 바라건대 세존께서는 성에 들어가지 마십시오. 만일 세존께서 다치시면 세상 사람들은 눈을 잃게 되고 다시는 구호救護해줄 이가 없게 될 것입니다."

세존께서 말씀하셨다.

"그만두라, 그만두라. 모든 우바새優婆塞들은 걱정하지 말라. 왜냐하면 여래의 몸은 세속 무리들의 몸이 아니다. 그래서 남의 해침을 받지 않는다. 결코 그런 일은 없을 것이다. 우바새들아, 꼭 알아야 한다. 이 염부리閻浮里 땅은 동서東西의 너비가 7천 유순由旬이요, 남북南北의 길이는 2만 1천 유순이나 된다. 또 구야니瞿耶尼는 길이와 너비가 8천 유순인데 반달 모양처럼 생겼다. 또 불우체弗于逮는 길이와 너비가 9천 유순인데 그 지형은 네모나다. 또 울단월鬱單越은 길이와 너비가 1만 유순인데 땅이 보름달처럼 둥글다.

가령 이러한 네 천하를 벼나 삼대나 나무숲처럼 많은 취한 코끼리로 가득 채운다 하더라도 여래의 털끝 하나도 움직이지 못하거늘, 하물며 여래를 해칠 수 있겠느냐? 결코 그런 일은 없을 것이다.

이 네 천하는 고사하고, 다시 천 개의 천하・천 개의 해와 달・천 개의 수미산・천 개의 네 바다・천 개의 염부제・천 개의 구야니・천 개의 불우체 · 천 개의 울단월과 1천의 사천왕四天王 · 1천의 삼십삼천三十三天 · 1천의 도술천兜術天 · 1천의 염천豔天 · 1천의 화자재천化自在天 · 1천의 타화자재천他化自在天을 천 세계라 하고, 나아가 2천 세계를 중천세계中千世界라고 하며, 3천 세계를 삼천대천세계三千大天世界라고 한다. 이 삼천대천세계에 이라발伊羅鉢용왕을 가득 채우더라도 여래의 털끝 하나 움직이지 못할 것인데, 하물며 저 코끼리가 여래를 해치겠는가? 결코 그런 일은 없을 것이다.

왜냐하면 여래의 신력神力은 불가사의不可思議하기 때문이다. 여래는 세상에 나와 결코 남의 해침을 받지 않는다. 너희들은 각기 자기 집으로 돌아가라. 여래가 스스로 알아서 그 일을 처리할 것이니라."

그때 세존께서는 다시 사부대중을 위해 미묘한 법을 자세하게 설명하셨다. 그러자 우바새優婆塞와 우바이優婆夷들은 바른 법을 듣고는 각각 자리에서 일어나 머리를 조아려 부처님 발에 예를 올리고 이내 물러갔다.

그때 세존께서 이른 아침에 가사를 입고 발우를 가지고 라열성에 들어가 걸식하려고 하셨다. 이때 제두뢰타천왕提頭賴吒天王은 건답화乾沓和 무리들을 거느리고 동쪽으로부터 와서 세존을 모셨고, 비류륵왕毗留勒王은 구반다拘槃茶 무리들을 거느리고 남쪽으로부터 와서 세존을 모셨으며, 서방의 비류바차毗留波叉는 모든 용의 무리들을 거느리고 와서 세존을 모셨고, 북방 천왕 구비라拘毗羅는 나찰귀羅刹鬼 무리들을 거느리고 와서 세존을 모셨다.

이때 석제환인釋提桓因은 하늘 사람 수천만을 거느리고 도술천兜術天에서 사라져 세존에게로 내려왔고, 범천왕도 범천 수천만을 거느리고 범천에서 세존이 계신 곳으로 왔다. 제석천 · 범천 · 사천왕과 또 28천과 큰 귀신왕들이 각각 말하였다.

'우리 오늘 저 용과 코끼리 두 신이 싸우는 것을 구경하자, 누가 이기고 누가 질까?'

그때 라열성에 있던 사부대중들은 부처님께서 비구들을 데리고 걸식하기 위해 성안으로 들어오는 모습을 멀리서 보았고, 이때 성안 사람들은 모두 환호성을 질렀다. 아사세왕은 그 소리를 듣고 좌우 신하들에게 물었다.

"저 소리는 무슨 소리기에 여기까지 들리는가?"

신하들이 대답하였다.

"저 소리는 여래가 걸식하러 성으로 들어오는 것을 보고 사람들이 지르는 소리입니다."

아사세왕이 말하였다.

"사문 구담도 성인의 도가 없구나. 사람의 마음에 닥쳐오는 변고變故의 징조를 알지 못하는구나."

아사세왕은 곧 코끼리 조련사에게 명령했다.

"너는 빨리 코끼리에게 독한 술을 먹이고, 그 코에 날카로운 칼을 달고는 곧 풀어놓아 제멋대로 달리게 하라."

그때 세존께서는 비구들을 데리고 성문城門에 이르러 성문에 발을 막 들여놓으셨다. 이때 천지天地는 크게 진동하였고 모든 귀신과 하늘들은 허공에서 갖가지 꽃을 뿌렸다. 그때 5백 비구들은 술에 취한 코끼리가 오는 것을 보고 저마다 달아나며 어찌할 바를 몰랐다. 그때 그 사나운 코끼리는 멀리서 세존이 오는 것을 보고 곧 달려왔다. 시자侍者 아난阿難은 술 취한 코끼리가 오는 것을 보고 세존의 뒤에서 어쩔 줄 모르면서 세존께 아뢰었다.

"저 코끼리는 매우 사납습니다. 장차 해칠까 두려우니 마땅히 피하시는 것이 옳을 듯합니다."

세존께서 말씀하셨다.

“아난아, 두려워하지 말라. 내가 이제 여래의 신력으로 저 코끼리를 항복 받으리라.”

세존께서는 사나운 코끼리로부터 가깝지도 멀지도 않은 곳에서 자세히 관찰하시고는, 곧 좌우 사람을 변화시켜 사자왕師子王을 만들고, 그 코끼리 뒤쪽에는 큰 불구덩이를 만들었다. 그때 그 사나운 코끼리는 좌우의 사자왕과 또 뒤의 불구덩이를 보고 그만 오줌과 똥을 싸고 말았다. 그러나 달아날 곳이 없게 되자 여래를 향해 앞으로 나아왔다.

그때 세존께서 곧 다음 게송으로 말씀하셨다.

너는 이 용을 해치지 말라.
용을 만나 보기는 매우 어렵다.
만일 이 용을 해치지 않으면
그로써 좋은 곳에 태어나리라.

그때 사나운 코끼리는 세존께서 설하신 이 게송을 듣고 불에 덴 듯 곧 스스로 칼을 풀더니, 여래를 향해 두 무릎을 꿇고 땅에 엎드려 코로 여래의 발을 핥았다. 그러자 세존께서 오른손을 펴 코끼리의 머리를 쓰다듬으시면서 다음 게송을 설하셨다.

성내거나 분노하면 지옥에 태어나고
나중에는 또 뱀이나 독사의 몸 받는다.
그러므로 마땅히 성냄을 버려
다시는 그런 몸 받지 말아라.

그때 모든 신과 하늘 사람들은 허공에서 백천 가지 꽃을 여래 위에 뿌렸다. 이때 세존께서는 사부대중들과 하늘·용·귀신들을 위해 미묘한 법을 연설하셨다. 그때 코끼리를 항복 받는 것을 본 남녀 6만여 명은 온갖 번뇌의 때가 없어지고 법안法眼이 깨끗해졌으며, 또 하늘 사람 8만여 명도 법안이 깨끗해졌다. 그리고 술에 취한 코끼리는 몸에 칼바람〔刀風〕[3]을 일으키더니 몸이 무너지고 목숨을 마친 뒤에 사천왕의 궁전에 태어났다."

그때 비구・비구니・우바새・우바이와 하늘・용・귀신들은 세존의 말씀을 듣고 기뻐하며 받들어 행하였다.

〔 6 〕[4]

이와 같이 들었다.

어느 때 부처님께서는 사위국 기수급고독원에 계셨다.

그때 존자 난타難陀는 눈이 부시도록 빛깔이 찬란하고 매우 아름다운 옷을 입고, 금金으로 장식한 신을 신고, 또 두 눈썹을 예쁘게 그리고는 발우를 들고 사위성舍衛城으로 들어가 걸식乞食을 하려고 하였다. 그때 많은 비구들은 존자 난타가 매우 아름다운 옷을 입고 사위성으로 들어가 걸식하려고 하는 것을 멀리서 보았다. 많은 비구들은 곧 세존의 처소로 찾아가 머리를 조아려 그 발에 예를 올리고는 한쪽에 물러나 앉았다가 조금 뒤에 세존께 아뢰었다.

"아까 난타 비구가 매우 아름다운 옷을 입었는데, 그 빛깔이 사람의 눈을 부시게 하였습니다. 그런 옷을 입고 사위성에 들어가 걸식하였습니다."

3 중생이 목숨을 마치려고 할 즈음 일어나는 바람의 기운. 사지 마디마디를 칼로 해체하듯 한다고 해서 도풍刀風이라고 한다.

4 이 소경은 『잡아함경』 제38권 1,067번째 소경인 「난타경難陀經」과 『별역잡아함경別譯雜阿含經』 제1권 5번째 소경과 내용이 비슷하다.

그때 세존께서 한 비구에게 말씀하셨다.

"너는 빨리 난타에게 가서 여래가 부른다고 일러라."

대답하였다.

"예, 그렇게 하겠습니다. 세존이시여."

그 비구는 세존의 분부를 받고 머리를 조아려 세존의 발에 예를 올린 다음 난타에게 가서 말하였다.

"세존께서 그대를 부르십니다."

난타는 그 비구의 말을 듣고 곧 세존의 처소로 찾아가 머리를 조아려 그 발에 예를 올리고 한쪽에 앉았다.

그때 세존께서 난타에게 말씀하셨다.

"너는 지금 어쩌자고 그렇게 아름다운 옷을 입고, 게다가 금으로 꾸민 신까지 신고 사위성에 들어가 걸식하려고 하였느냐?"

존자 난타는 잠자코 대답하지 않았다.

세존께서 다시 말씀하셨다.

"어떠냐? 난타야, 너는 견고한 믿음으로 출가하여 도를 배우고 있지 않은가?"

난타가 대답하였다.

"그렇습니다, 세존이시여."

세존께서 말씀하셨다.

"너는 족성자로서 율律에 맞지 않는 행위를 했다. 견고한 믿음으로 출가하여 도를 배우면서 어쩌자고 또 그렇게 아름다운 옷을 입고 몸을 다듬고 사위성에 들어가 걸식하려고 하느냐? 저 속인〔白衣〕들과 무슨 차이가 있겠느냐?"

그때 세존께서 곧 다음 게송으로 말씀하셨다.

내가 언제나 난타가
아련야행阿練若行을 능히 닦으며
사문沙門의 법을 좋아하면서
두타頭陀 바라밀〔度無極〕 행하는 걸 보려나.

“난타야, 너는 다시는 그런 행行을 하지 말아라.”

그때 존자 난타와 사부대중들은 부처님의 말씀을 듣고 기뻐하며 받들어 행하였다.

〔 7 〕

이와 같이 들었다.

어느 때 부처님께서는 사위국 기수급고독원에 계셨다.

그때 존자 난타는 범행梵行 닦기를 견디지 못해 법의法衣를 벗고 속인〔白衣〕의 행行을 익히려고 하였다. 그때 많은 비구들이 세존께서 계신 곳으로 찾아가 머리를 조아려 부처님 발에 예를 올리고 한쪽에 앉았다.

그때 많은 비구들이 세존께 아뢰었다.

“난타 비구가 범행 닦기를 견디지 못하여 법의를 벗고 속인의 행을 익히려고 합니다.”

그러자 세존께서는 한 비구에게 말씀하셨다.

“너는 난타가 있는 곳으로 가서 여래가 부른다고 일러라.”

대답하였다.

“예, 그렇게 하겠습니다. 세존이시여.”

그 비구는 세존의 분부를 받고 곧바로 자리에서 일어나 머리를 조아려 세존의 발에 예를 올린 다음 물러갔다. 그리고는 난타가 있는 곳으로 가서 말하였다.

"세존께서 그대를 부르십니다."

대답하였다.

"곧 가겠소."

난타 비구는 잠시 뒤에 그 비구를 따라서 곧 세존의 처소로 찾아가 머리를 조아려 그 발에 예를 올리고 한쪽에 앉았다.

그때 세존께서 난타에게 말씀하셨다.

"어떠냐? 난타야, 범행 닦기를 좋아하지 않아 법의를 벗고 속인의 행을 따르려 하느냐?"

난타가 대답하였다.

"그렇습니다. 세존이시여."

세존께서 말씀하셨다.

"무슨 까닭이냐? 난타야."

난타가 대답하였다.

"음욕이 불꽃처럼 일어나 스스로 억제할 수가 없습니다."

세존께서 말씀하셨다.

"어떠냐? 난타야, 너는 족성자로서 출가하여 도를 배우고 있지 않느냐?"

난타가 대답하였다.

"그렇습니다, 세존이시여. 족성자로서 견고한 믿음으로 출가하여 도를 배우고 있습니다."

세존께서 말씀하셨다.

"네가 족성자로서 그런 일을 하는 것은 옳지 못하다. 집을 버리고 도를 배우면서 청정한 행行을 닦는데, 어찌하여 바른 법을 버리고 더러운 것을 익히려고 하느냐?

난타야, 너는 꼭 알아야 하느니라. 두 가지 법이 있는데, 그것에 만족이란 없다. 만일 어떤 사람이 그 법을 익히면 끝내 만족할 줄 모를 것이다. 어떤 것이 그 두 가지 법인가? 이른바 음욕淫欲과 술을 마시는 것이다. 이 두 가지가 만족할 줄 모르는 두 가지 법이니라. 어떤 사람이라도 이 두 가지 법을 익히면 끝끝내 만족할 줄을 모르느니라. 따라서 그 행의 결과로 말미암아 또한 함이 없는 곳〔無爲處 : 涅槃〕을 얻을 수 없는 것이다.

그러므로 난타야, 마땅히 이 두 가지 법을 버리기를 생각하면, 뒤에는 반드시 번뇌가 없는 과보〔無漏報〕를 얻게 될 것이다. 난타야, 너는 지금부터 범행을 잘 닦아야 하느니라. 다른 세계로 나아가는 결과가 이것으로 말미암지 않는 것이 없느니라."

그때 세존께서 곧 다음 게송으로 말씀하셨다.

지붕을 촘촘히 덮지 않으면
비가 내리면 곧 새나니
사람이 범행을 닦지 않으면
음욕·성냄·어리석음이 새게 되리라.

지붕을 촘촘하게 잘 덮으면
비가 내려도 새지 않으니
사람이 능히 범행을 닦으면
음욕·성냄·어리석음이 없어지리라.

그때 세존께서 다시 이렇게 생각하였다.

'이 족성자는 음욕이 너무 세구나. 내가 이제 불로써 저 음욕의 불을 꺼 주리라.'

그때 세존께서는 곧 신력神力으로써 손으로 난타를 잡고, 마치 역사

力士가 팔을 굽혔다 펴는 만큼의 짧은 시간에 난타를 향산香山 위로 데리고 올라갔다. 그 산 위에는 바위 동굴이 하나 있었고, 그 동굴 속에는 한 마리 애꾸눈 원숭이가 살고 있었다. 그때 세존께서 오른손으로 난타를 잡고 물으셨다.

"난타야, 너는 이 애꾸눈 원숭이가 보이느냐?"

대답하였다.

"보입니다, 세존이시여."

세존께서 말씀하셨다.

"어떠냐? 너의 아내 석씨釋氏 종족 손타리孫陀利가 아름다우냐, 이 애꾸눈 원숭이가 아름다우냐?"

난타가 대답하였다.

"이 원숭이는 마치 어떤 사람이 매우 추악한 개 코에 상처를 내고 거기에 다시 독약毒藥을 발라 그 개가 갑절이나 더 흉악해진 것과 같습니다. 석씨 가문의 딸 손타리와 이 애꾸눈 원숭이는 비교가 되지 않습니다. 마치 큰 불 덩어리가 산과 들을 태울 때 마른 섶나무를 거기에 보태면 불길이 더욱 왕성해지는 것처럼, 저는 지금 저 석씨의 딸에 대한 생각이 마음에서 떠나질 않습니다."

그때 세존께서는 팔을 굽혔다 펴는 동안의 짧은 시간에 그 산에서 사라져 삼십삼천으로 가셨다. 그때 삼십삼천의 여러 하늘들은 모두 선법강당善法講堂에 모여 있었다. 선법강당에서 그리 멀지 않은 곳에 다시 궁전이 있는데, 거기에는 5백 옥녀玉女들이 서로 즐겁게 놀고 있었다. 온통 여자들뿐이고, 남자는 하나도 없었다. 난타는 멀리서 5백 천녀들이 노래를 부르고 음악을 연주하면서 서로 즐겁게 노는 것을 보고 세존께 여쭈었다.

"여기가 어디기에 저 천녀天女들이 저렇게 노래를 부르고 음악을 연주하면서 즐겁게 놀고 있습니까?"

세존께서 말씀하셨다.

"난타야, 네가 가서 물어보아라."

그때 존자 난타는 곧 5백 천녀들이 있는 곳으로 갔다. 그 궁전에 이르러보니, 수백 가지 좋은 자리를 깔아놓았는데, 순전히 여자들뿐이고 남자는 하나도 없었다. 존자 난타는 그 천녀들에게 물었다.

"너희들은 어떤 하늘의 여인들이기에 이처럼 서로 즐겁게 놀며 이와 같은 쾌락을 누리는가?"

천녀들이 대답하였다.

"저희 5백 명은 모두 청정淸淨하고 남편이 없습니다. 저희들이 들으니 세존의 제자 중에 난타라는 이가 있는데, 그는 부처님과는 이종姨從간으로서, 여래 밑에서 범행을 깨끗이 닦는다고 합니다. 그가 목숨을 마친 뒤에 장차 이곳에 태어나 우리들의 남편이 되어 서로 즐기게 될 것입니다."

존자 난타는 못내 기뻐하면서 어쩔 줄을 몰라 했다. 그는 이렇게 생각하였다.

'나는 세존의 제자弟子요, 또한 이종 간이다. 이 여러 천녀들은 다 내 아내가 될 것이다.'

그때 난타는 곧 물러나 세존이 계신 곳으로 갔다. 세존께서 말씀하셨다.

"난타야, 저 옥녀玉女들이 무슨 말을 하던가?"

난타가 대답하였다.

"저 옥녀들이 저마다 말하기를, '저희는 모두 남편이 없습니다. 듣자하니 세존의 제자로서 범행을 잘 닦는 이가 있는데, 그가 목숨을 마친 뒤에는 여기 와서 태어날 것이라고 합니다'라고 말하였습니다."

세존께서 말씀하셨다.

"난타야, 너는 어떻게 생각하느냐? 난타야, 네 생각은 어떠하냐?"

난타가 대답하였다.

"저는 그때 곧 생각하기를, 나는 세존의 제자이며, 또 세존과는 이종 간이다. 이 여러 천녀들은 장차 모두 내 아내가 될 것이다'라고 생각하였습니다."

세존께서 말씀하셨다.

"매우 유쾌한 일이다. 난타야, 네가 범행을 잘 닦으면, 이 5백 명의 여자들로 하여금 모두 너를 시봉侍奉하게 할 것을 내 너에게 증명하리라."

세존께서 다시 말씀하셨다.

"어떠냐? 난타야, 석씨 종족의 딸 손타리가 아름다우냐? 저 5백 명의 천녀들이 더 아름다우냐?"

난타가 대답하였다.

"마치 저 산꼭대기의 애꾸눈 원숭이가 손타리 앞에서는 조금도 광택光澤이 없는 것처럼, 손타리도 저 천녀들 앞에 있으면 또한 아무 광택이 없을 것입니다."

세존께서 말씀하셨다.

"너는 범행을 잘 닦아라. 내가 꼭 너에게 저 5백 명의 천녀들을 얻도록 보증해줄 것이다."

그때 세존께서 다시 이렇게 생각하였다.

'내가 지금 불로써 난타의 불을 꺼 주리라.'

그렇게 생각하시고는 마치 역사가 팔을 굽혔다가 펴는 만큼의 짧은 시간에 세존께서는 오른손으로 난타의 손을 잡고 지옥으로 데리고 갔다. 그때 지옥에 있던 중생들은 여러 가지 고통을 받고 있었다. 그런데 그 지옥에는 커다란 빈 가마솥 하나만 있고 사람들은 아무도 없었다. 그는 그것을 보고 몹시 두려워 온몸의 털이 다 곤두섰다. 그는 세존 앞에 나아가 아뢰었다.

"이 모든 중생들이 모두 고통을 받고 있는데, 오직 이 가마솥만은 비어 있고 아무도 없으니 무슨 까닭입니까?"

세존께서 말씀하셨다.

"이곳이 바로 아비지옥阿毗地獄이라고 하는 곳이니라."

그러자 난타는 더욱더 겁이 나서 온몸의 털이 모두 일어섰다. 그는 세존께 아뢰었다.

"이 아비지옥만이 비어 있사온데, 여기는 죄인이 아무도 없습니까?"

세존께서 말씀하셨다.

"난타야, 네가 직접 가서 물어보아라."

그때 존자 난타가 직접 가서 물었다.

"어떻습니까? 옥졸獄卒이여, 여기는 무슨 지옥인데 텅 비어 있고 아무도 없습니까?"

옥졸이 대답하였다.

"비구여, 마땅히 알아야만 합니다. 석가모니〔釋迦文〕부처님의 제자 난타는 여래의 처소에서 범행梵行을 깨끗이 닦고 있는데, 그는 몸이 무너지고 목숨이 끝난 뒤에는 좋은 세계인 천상天上에 태어나, 천 년 동안 그곳에서 지내며 스스로 쾌락을 누릴 것입니다. 그러다가 그는 거기에서 목숨을 마치고 이 아비지옥에 태어날 것입니다. 그때 이 빈 가마는 곧 그의 집이 될 것입니다."

존자 난타는 이 말을 듣고 더욱 두렵고 무서워서 온몸의 털이 곤두섰다. 그는 곧 이렇게 생각하였다.

'이 빈 가마솥이 바로 내 집이구나.'

그는 세존께 돌아와 머리를 조아려 그 발에 예를 올리고 세존께 아뢰었다.

"바라건대 제가 지금 참회하오니 저의 죄를 용서해 주십시오. 제가 범행은 닦지 않고 여래를 괴롭혔습니다."

그때 존자 난타는 다시 다음 게송으로 말하였다.

사람의 삶이란 귀할 것 하나 없고
하늘의 목숨도 다하면 죽는다네.
지옥은 아프고 쓰라리고 괴로운 곳
오직 열반에만 즐거움이 있네.

그때 세존께서 난타에게 말씀하셨다.

"훌륭하고 훌륭하다. 네 말과 같다. 열반만이 가장 즐거운 것이다. 난타야, 너의 참회를 받아 주노라. 너는 어리석었다. 너는 참으로 어리석었다. 그러나 이제 내 앞에서 스스로 그 허물을 알았으니, 나는 이제 네 참회를 들어준다. 뒤에는 다시 범하지 말라."

그리고는 세존께서 팔을 굽혔다 펴는 짧은 시간 동안에 손으로 난타를 붙들고 지옥에서 사라져 사위성에 있는 기수급고독원祇樹給孤獨園으로 돌아왔다.

그때 세존께서 난타에게 말씀하셨다.

"난타야, 너는 지금부터 반드시 두 가지 법法을 닦아야 하느니라. 어떤 것이 그 두 가지 법인가? 이른바 지止와 관觀이다. 또 두 가지 법을 닦아야 하느니라. 어떤 것이 그 두 가지 법인가? 태어나고 죽는 것은 즐거워할 만한 것이 아니요, 열반만이 즐거움이라는 것을 아는 것이다. 또 두 가지 법을 닦아야 하느니라. 어떤 것이 그 두 가지 법인가? 이른바 지혜智慧와 변재辯才이다."

그때 세존께서는 이런 여러 가지 법을 난타에게 말씀해 주셨다.

그때 존자 난타는 세존의 가르침을 받고 나서 자리에서 일어나 세존의 발에 예를 올리고 이내 물러갔다. 그는 곧 안타원安陀園으로 가서 한 나무 밑에서 가부좌하고 앉아, 몸과 마음을 바르게 가지고 생각을 매어 앞에 두고 여래의 이러한 가르침을 생각하였다.

이때 존자 난타는 한가하고 고용한 곳에서 지내면서 언제나 여래의 가르침을 생각하며 잠시도 잊지 않았다. 그리하여 족성자들이 굳은 믿음으로 출가하여 도道를 배우는 목적대로 위없는 범행을 닦아, '나고 죽음을 이미 다하고 범행은 이미 섰으며, 할 일을 이미 마쳐 다시는 후세의 몸을 받지 않는다'고 사실 그대로 알게 되었다.

그때 존자 난타는 곧 아라한이 되었다. 이미 아라한이 되고 나서 자리에서 일어나 옷을 여미고는 세존의 처소로 찾아가, 머리를 조아려 그 발에 예를 올린 다음 한쪽에 앉았다.

그때 존자 난타가 세존께 아뢰었다.

"세존께서 전에 5백 천녀들로 하여금 저를 시중들게 하겠다고 증명하셨지만 저는 이제 다 버리겠습니다."

세존께서 말씀하셨다.

"너는 이제 나고 죽음이 이미 다하였고, 범행이 이미 성취되었구나. 나도 곧 없던 일로 하리라."

그때 세존께서 곧 게송으로 말씀하셨다.

내 이제 난타를 보니
사문의 법을 닦아 행하여
모든 악을 다 끊고
두타행에 잘못이 없구나.

그때 세존께서 모든 비구들에게 말씀하셨다.

"아라한이 된 사람은 바로 난타 비구요, 음욕 · 성냄 · 어리석음이 없는 이도 바로 난타 비구이니라."

그때 모든 비구들은 부처님의 말씀을 듣고 기뻐하며 받들어 행하였다.

〔 8 〕

이와 같이 들었다.

어느 때 부처님께서는 석시수釋翅瘦 가비라월迦毘羅越 니구류원尼拘留園에서 대비구들 5백 명과 함께 계셨다.

그때 대애도大愛道 구담미瞿曇彌가 세존의 처소르 찾아와 머리를 조아려 그 발에 예를 올리고 세존께 아뢰었다.

"원컨대 세존이시여, 언제나 어리석은 이를 교화하시고 항상 생명을 보호하소서."

세존께서 말씀하셨다.

"구담미야, 여래를 향하여 그런 말을 하지 말라. 여래는 오래 살기로 말하면 끝이 없을 것이요, 항상 그 목숨을 보호하느니라."

그때 대애도 구담미가 다음 게송을 말하였다.

가장 높은 분께 어떻게 예배해야 할까
이 세상에서 견줄 데 없으신 분
일체의 의심을 끊으셨으니
그러므로 그런 말씀 능히 하시네.

세존께서 또 게송으로 구담미에게 대답하셨다.

정진하며 그 뜻이 이지러짐 없고
언제나 용맹스런 마음 가져서
평등하게 저 성문聲聞 제자들 보면
그것이 곧 여래께 예배하는 것이다.

이때 대애도가 세존께 아뢰었다.

"지금부터 이후로는 마땅히 세존께 예를 올리겠습니다. 여래께서 지금 말씀하신 것과 같이, 모든 중생들에게 예를 올리되 마음에 차별을 두지 않겠습니다. 그러나 천상天上과 인간人間과 아수륜阿須倫 가운데서 여래께서 가장 높으십니다."

그때 세존께서는 대애도의 말을 옳다고 하셨다. 대애도는 곧 자리에서 일어나 머리를 조아려 세존의 발에 예를 올리고 물러갔다. 세존께서 모든 비구들에게 말씀하셨다.

"내 성문 가운데 제일가는 제자로서 널리 듣고 많이 아는 이는 바로 저 대애도이니라."

그때 모든 비구들은 부처님의 말씀을 듣고 기뻐하며 받들어 행하였다.

〔 9 〕

이와 같이 들었다.

어느 때 부처님께서는 사위국 기수급고독원에 계셨다.

그때 세존께서 모든 비구들에게 말씀하셨다.

"어떤 두 사람은 여래의 제자들을 비방한다. 어떤 이가 그 두 사람인가? 이른바 법이 아닌 것을 법이라고 주장하는 사람과 바른 법을 법이 아니라고 주장하는 사람이다. 이것이 '어떤 두 사람은 여래를 비방한다'고 하는 것이다.

또 어떤 두 사람은 여래를 비방하지 않는다. 어떤 이가 그 두 사람인가? 이른바 법이 아닌 것은 법이 아니라고 말하는 사람과 참된 법은 참된 법이라고 말하는 사람이다. 이것이 '어떤 두 사람은 여래를 비방하지 않는다'고 하는 것이다.

그러므로 모든 비구들아, 법이 아닌 것은 법이 아니라고 말하고 참된 법은 참된 법이라고 말해야 하느니라. 모든 비구들아, 너희들은 마땅히 이와 같이 배워야 한다."

그때 모든 비구들은 부처님의 말씀을 듣고 기뻐하며 받들어 행하였다.

〔 10 〕

이와 같이 들었다.

어느 때 부처님께서는 사위국 기수급고독원에 계셨다.

그때 세존께서 모든 비구들에게 말씀하셨다.

"어떤 두 사람은 한량없이 많은 복을 받는다. 어떤 이가 그 두 사람인가? 칭찬할 만한 사람을 칭찬하는 사람과 칭찬해서는 안 될 사람을 칭찬하지 않는 사람을 말한다. 이것이 '두 사람은 한량없이 많은 복을 받는다'고 하는 것이다.

또 어떤 두 사람은 한량없이 많은 죄를 받는다. 어떤 이가 그 두 사람인가? 칭찬할 만한 사람을 도리어 비방하는 사람과 칭찬해서는 안 될 사람을 도리어 칭찬하는 사람이다.

모든 비구들아, 너희들은 그렇게 배우지 말아야 한다."

그때 모든 비구들은 부처님의 말씀을 듣고 기뻐하며 받들어 행하였다.

증일아함경 제10권

19. 권청품勸請品

〔 1 〕

이와 같이 들었다.

어느 때 부처님께서는 마갈타국摩竭陀國의 도량〔道場 : 菩提樹〕 나무 밑에 계셨다.

그때 세존께서는 도道를 얻은 지 오래지 않았는데, 이렇게 생각하셨다.

'내가 얻은 매우 깊은 이 법은 밝히기 어렵고 알기 어려우며, 깨달아 알기 어렵고 생각하기도 어려운 것이다. 번뇌가 끊어진 미묘한 지혜를 가진 사람만이 깨달아 알 수 있는 것이다. 그 이치를 분별하여 익히기를 게을리 하지 않으면, 곧 기쁨을 얻을 것이다. 설령 내가 남을 위해 이 묘한 법을 연설하더라도 사람들이 그것을 믿고 받아 주지 않거나 또 받들어 실천하지 않으면, 부질없이 수고롭고 손해만 있을 것이다. 나는 이제 차라리 침묵을 지키는 것이 좋겠다. 어찌 꼭 설법할 필요가 있겠는가?'

그때 범천왕梵天王은 멀리 범천에서 여래의 생각을 알아차렸다. 그래서 마치 역사力士가 팔을 굽혔다 펴는 것 같은 짧은 시간에 범천에서 사라져서 보이지 않더니 곧 세존 앞에 나타나 머리를 조아려 세존의 발에 예를 올리고 한쪽에 머물러 있었다.

그때 범천이 세존께 아뢰었다.

"이 염부제閻浮提는 반드시 무너지고 말 것이요, 삼계三界는 눈을 잃게 될 것입니다. 여래如來・지진至眞・등정각等正覺께서 이 세상에 출현出現하시면 마땅히 법보法寶를 연설하시는데, 지금 그 법을 연설하지 않고 계십니다. 오직 바라건대 여래께서는 널리 중생들을 위하여 심오한 법을 널리 연설하소서. 그리고 이 중생들의 근기根器는 제도하기가 쉽습니다. 그러나 만일 법을 듣지 못한다면 영원히 법안法眼을 잃게 되어 이들은 분명 법에서 버려진 아들이 되고 말 것입니다.

비유하면 우발優鉢연꽃이나 구모두拘牟頭꽃이나 분타리分陀利 꽃이 비록 땅에서 나오긴 했지만, 물 위로 나오지 못해 피지 못하는 것과 같습니다. 지금은 저 꽃이 점점 자라려고 아직 물에서 나오지 않고 있지만, 혹 때가 되면 그 꽃은 물 위로 솟아오르고, 혹 때가 되면 그 꽃은 물에 젖지 않을 것입니다. 이 세상의 중생들도 그와 같아서, 태어남・늙음・병듦・죽음에 시달리고 있지만 근기는 이미 성숙했습니다. 그러나 만일 법을 듣지 못하고 그만 죽고 만다면, 그 또한 애달프지 않겠습니까? 그러니 지금이 바로 그때입니다. 부디 원컨대 세존께서는 저들을 위하여 설법해 주소서."

그때 세존께서는 범천왕의 마음속 생각을 아시고, 또 일체 중생들을 가엾이 여겨 다음 게송을 말씀하셨다.

범천이 지금 여래를 찾아와서

법法의 문 열어 주기 간청하나니
이 법을 듣는 사람 독실한 믿음 얻어
심오한 이 법의 요지 분별하여라.

마치 저 높은 산꼭대기에 올라
중생들 무리를 두루 살피는 것처럼
내 이제 이 법을 지녔으니
높은 데 올라 법안을 나타내리라.

그때 범천은 '여래께서 틀림없이 중생들을 위해 심오하고 미묘한 법을 연설하실 것이다'라고 생각하고 기뻐 뛰면서 어쩔 줄을 몰라 했다. 그는 곧 머리를 조아려 부처님 발에 예를 올리고 천상天上으로 돌아갔다.

그때 범천은 부처님의 말씀을 듣고 기뻐하며 받들어 행하였다.

〔 2 〕

이와 같이 들었다.

어느 때 부처님께서는 바라내국波羅㮈國의 선인仙人이 살던 녹원鹿苑에 계셨다.

그때 세존께서 모든 비구들에게 말씀하셨다.

"두 가지 일이 있으니, 도道를 배우는 사람은 마땅히 그것을 가까이하지 말라. 어떤 것이 그 두 가지인가? 탐욕과 즐거움에 집착하는 것이다. 그것은 곧 비천卑賤한 법으로서 숱한 괴로움의 온갖 실마리가 되는 것이니, 이것이 '두 가지 일이 있으니 도를 배우는 사람은 마땅히 그것을 가까이하지 말라'고 한 것이니라.

그러므로 나는 이 두 가지를 버리고 나서 지극히 요긴한 도를 가지게 되었고, 바른 깨달음〔正覺〕을 성취하여 눈이 생기고 지혜가 생겨 뜻이 쉬게 되었다. 그래서 온갖 신통神通을 얻고 사문沙門의 과果를 이루어 열반涅槃에 이르게 되었다.

어떤 것이 바른 깨달음을 성취하여 눈이 생기고 지혜가 생겨 뜻이 쉬게 되며, 온갖 신통을 얻고 사문의 과를 이루어 열반에 이르게 된 지극히 요긴한 도인가? 이른바 현성賢聖의 8품도品道가 그것이다.

그것은 바른 소견〔等見〕·바른 다스림〔等治〕·바른 말〔等語〕·바른 행위〔等業〕·바른 생활〔等命〕·바른 방편〔等方便〕·바른 기억〔等念〕·바른 선정〔等定〕이니, 이것을 지극히 요긴한 도라고 말한다. 나는 이것으로써 바른 깨달음을 성취하여, 눈이 생기고 지혜가 생겨 뜻이 쉬게 되었으며, 온갖 신통을 얻고 사문의 과를 이루어 열반에 이르렀느니라.

이와 같으니 모든 비구들아, 너희들은 마땅히 위의 두 가지 일을 버리고, 지극히 요긴한 도를 닦아야 한다. 모든 비구들아, 마땅히 이와 같이 배워야 한다."

그때 모든 비구들은 부처님의 말씀을 듣고 기뻐하며 받들어 행하였다.

라운羅雲·가섭迦葉·용龍과
두 가지 어려움과 대애도大愛道와
비방誹謗과 비방 아님과 범천의 청請을 설하셨고
맨 마지막에 두 가지 일에 대하여 설하셨다.

〔 3 〕[1]

이와 같이 들었다.

어느 때 부처님께서는 사위국 기수급고독원에 계셨다.

그때 석제환인釋帝桓因이 세존이 계신 처소로 찾아와 머리를 조아려 그 발에 예를 올리고 한쪽에 머물고 있다가 세존께 아뢰었다.

"어떻게 해야 비구가 애욕愛欲을 끊고 마음의 해탈을 얻어 마침내 최후의 안온安穩한 곳에 이르러 아무 걱정이 없이 천상天上과 인간人間의 공경을 받게 되겠습니까?"

그때 세존께서 석제환인에게 말씀하셨다.

"구익拘翼이여, 만일 어떤 비구가 공空에 대한 법을 듣고 아무것도 존재하는 게 없다는 것을 이해한다면, 일체의 법을 깨달아서 사실 그대로 알게 될 것이다. 그리하여 몸이 느껴 아는 괴롭거나 즐거운 법도, 또 괴롭지도 않고 즐겁지도 않은 법도, 모두 무상하여 결국에는 공으로 돌아간다고 이 몸에 대하여 관찰한다. 저들은 괴롭지도 않고 즐겁지도 않은 법의 변함을 관찰한 뒤에는 곧 어떤 생각도 일으키지 않는다.

이미 아무 생각이 없으므로 두려움이 없어지고, 두려움이 없어지면 곧 반열반하게 된다. 그리하여 '나고 죽음은 이미 다하고 범행梵行은 이미 섰으며, 할 일을 이미 마쳐 다시는 후세의 몸을 받지 않는다'고 사실 그대로 안다.

석제환인이여, 이것이 이른바 '비구가 애욕을 끊고 마음의 해탈을 얻어 마침내 구경究竟의 경지인 안온한 곳에 이르러 아무 걱정이 없이 천상과 인간의 공경을 받는다'는 것이니라."

그때 석제환인은 세존 발에 예배한 뒤 세 바퀴를 돌고 물러갔다.

그때 존자 대목건련大目揵連은 세존께서 계시는 곳에서 그리 멀지 않

---

1 이 소경은 『잡아함경』 제19권 505번째 소경인 「애진경愛盡經」과 내용이 비슷하다.

은 곳에서 가부좌하고 앉아 몸과 뜻을 바르게 하고 생각을 매어 앞에 두고 있었다.

그때 대목건련이 이렇게 생각하였다.

'아까 저 제석帝釋은 도적道跡을 얻고 나서 그렇게 물은 것인가? 아니면 도적을 얻지도 못하고서 그렇게 물은 것인가? 내가 지금 시험해 보아야겠다.'

그때 존자 대목건련은 곧 신통神通을 부려 팔을 굽혔다 펴는 아주 짧은 시간에 삼십삼천으로 갔다. 그때 석제환인은 대목건련이 멀리서 오는 것을 보고 곧 일어나 맞으면서 말하였다.

"잘 오셨습니다. 존자 대목건련이시여, 존자께서 이곳을 찾지 않으신 지도 참 오래입니다. 존자와 함께 법의 이치를 이야기하고 싶습니다. 이 자리에 앉으십시오."

이때 목건련은 석제환인에게 물었다.

"세존께서 그대를 위해 애욕을 끊는 법을 말씀하셨습니다. 나도 그것을 듣고 싶습니다. 지금 곧 나를 위해 그 법을 말해 주십시오."

석제환인이 말하였다.

"나는 지금 여러 가지 하늘의 일들이 너무 많습니다. 내 개인적인 일도 있고, 혹은 여러 하늘들의 일도 있습니다. 그래서 나는 예전에 들었던 것을 다 잊어버렸습니다. 목련이시여, 옛날에 나는 아수륜阿須倫들과 싸운 일이 있습니다. 그날 싸움에서는 우리 하늘이 이기고 아수륜은 졌습니다.

그때 나는 몸소 나아가 직접 싸웠습니다. 그래서 여러 하늘들을 거느리고 이내 천궁으로 돌아와 최승강당最勝講堂에 앉았습니다. 싸움에서 이겼기 때문에 최승강당이라고 이름을 지은 것입니다.

이 강당의 길들은 층계와 항렬을 이루었고 난간과 난간은 서로 이어졌으며, 낱낱 층계 머리에는 7백 개의 누각이 있고 하나하나의 누각마다 천녀天女 일곱 명씩이 있으며, 한 처녀마다 몸종이 일곱 명씩 있습니다. 바라건대 존자 목건련이시여, 그곳에 가셔서 한번 구경해 보십시오."

그때 석제환인과 비사문천왕毘沙門天王은 존자 목건련을 앞세우고 그 뒤를 따라 최승강당으로 갔다.

그때 석제환인과 비사문천왕이 대목건련에게 말하였다.

"이것이 바로 최승강당입니다. 두루두루 구경하십시오."

목건련이 말하였다.

"천왕들이여, 이 강당은 참으로 미묘하고 아름답습니다. 그대들이 전생에 복福을 지었기 때문에 이런 보배강당이 저절로 있게 된 것입니다. 마치 인간 세상에서 조금만 즐거운 일이 있어도 서로 경하慶賀하는 것처럼, 이 하늘궁전도 그것과 다를 것이 없습니다. 다 전생에 복을 지었기 때문에 이루어진 것입니다."

그때 석제환인의 좌우에 있던 옥녀玉女들은 제각기 달아났는데 그들이 간 곳을 알 수가 없었다. 마치 인간 세상에서 꺼리는 일이 있으면 모두 부끄러워하는 것처럼, 그때 석제환인이 데리고 있던 옥녀들 또한 그러하였다. 대목건련이 오는 것을 멀리서 보고는 제각기 달아나 숨어버리는 것이 꼭 그러했다. 그때 대목건련은 이렇게 생각하였다.

'이 석제환인은 마음이 매우 방일放逸하다. 내가 이제 그를 놀래게 하리라.'

그때 존자 대목건련이 곧 오른쪽 발가락으로 땅을 누르자 그 궁전이 여섯 가지로 진동하였다. 그러자 석제환인과 비사문천왕은 모두 두려운 마음을 품어 온몸의 털이 다 일어섰다. 그들은 이렇게 생각하였다.

'이 대목건련이 큰 신통력이 있어서 이 궁전을 여섯 가지로 진동시키는구나. 매우 기이하고 매우 특이한 일이로구나. 아직까지 이런 일은 없었다.'

이때 대목건련은 이렇게 생각하였다.

'이 석제환인이 매우 두려워하고 있구나. 내가 이제 그 심오한 이치를 물어보리라.'

"어떻습니까? 구익拘翼이여, 여래께서 말씀하신바 애욕을 제하는 법은 어떤 것인가? 지금이 바로 그것을 말할 때이니, 바라건대 우리들을 위해 말해 주십시오."

석제환인은 대답하였다.

"목련이시여, 나는 지난번에 세존의 처소로 찾아가 머리를 조아려 그 발에 예를 올리고 한쪽에 서 있었습니다. 그때 세존께 이렇게 여쭈어 본 적이 있습니다.

'어떻게 해야 비구가 애욕을 끊고 마음이 해탈을 얻어, 마침내 구경의 경지인 함이 없는 곳〔無爲處 : 涅槃〕에 이르러 아무 걱정도 괴로움도 없게 되고 또 천상과 인간의 존경을 받겠습니까?'

그때 세존께서 나에게 말씀하셨습니다.

'구익이여, 모든 비구들은 법을 듣고 나서 조금도 집착하는 것이 없고 또 색色을 집착하지도 않아 어떤 법도 전혀 존재하는 것이 아님을 완전히 이해하게 된다. 모든 법을 알고 나서는 괴롭거나 즐겁거나 혹은 괴롭지도 않고 즐겁지도 않거나 그것은 다 구상하여 남김없이 사라지는 것이고 또 완전히 단멸하는 것도 아니라고 관찰한다. 저들은 이렇게 관찰하고 나서는 조금도 집착하는 것이 없고, 세상 생각을 일으키지 않으며, 또 두려움이 없게 된다. 두려움이 없으므로 곧 반열반般涅槃하게 되어 〈나고 죽음은 이미 다하고 범행은 이미 섰으며, 할 일을 이미 마쳐 다시는 몸을 받지 않는다〉고 사실 그대로 안다. 석제환인이여, 이것이 이른바 〈비구가 애욕을 끊고 마음의 해탈을 얻어 마침내 구경의 경지인 함이 없는 곳에 이르러 아무 괴로움도 없고 천상과 인간의 존경을 받는다〉고 하는 것이다.'

그때 나는 이 말씀을 듣고 세존의 발에 예를 올린 다음, 세 번 돌고 물러나 천상으로 돌아왔습니다."

이때 존자 대목건련은 석제환인과 비사문에게 심오한 법을 자세히 연설하였다. 그때 목건련은 법을 자세하게 설하고 나서, 마치 역사가 팔을 굽혔다 펴는 아주 짧은 동안에 삼십삼천에서 사라져 보이지 않더니, 곧 사위성 기수급고독원으로 돌아왔다. 그는 세존께서 계시는 곳으로 나아가 머리를 조아려 그 발에 예를 올리고 한쪽에 앉았다.

그때 목건련이 곧 자리에서 일어나 세존께 아뢰었다.

"여래께서 전에 석제환인에게 애욕을 제거하는 법을 말씀하셨다고 들었습니다. 원컨대 세존께서는 저를 위하여 다시 한 번 더 말씀하여 주십시오."

그때 세존께서 목련에게 말씀하셨다.

"너는 마땅히 알아야 한다. 석제환인은 내가 있는 곳으로 찾아와 머리를 조아려 내 발에 예를 올리고 한쪽에 서 있었다. 그리고 석제환인은 나에게 이런 이치를 물었다.

'세존이시여, 어떤 것이 비구가 애욕을 끊고 마음의 해탈을 얻는 것입니까?'

그때 나는 석제환인에게 말하였다.

'구익이여, 만일 비구가 모든 법은 공空해서 아무것도 존재하는 것이 없고 또한 집착할 것도 없다는 것을 알면 일체의 법은 모두 존재하는 것이 아님을 완전히 이해하게 된다. 그리하여 일체의 법은 무상하여 남김없이 모두 사라지는 것이고 또 완전히 단멸하는 것도 아니라는 것을 알게 된다. 그는 이렇게 관찰하고 나서는 그것에 조금도 집착하지 않고, 이미 세상 생각을 일으키지 않으며, 다시는 두려움이 없게 된다. 이미 두려움이 없게 되면 곧 반열반하게 되어 〈나고 죽음은 이미 다하고 범행은 이미 섰으며, 할 일을 이미 마쳐 다시는 몸을 받지 않는다〉고 사실 그대로 안다. 석제환인이여, 이것이 이른바 비구가 애욕을 끊고 마음의 해탈을 얻는다는 것이니라.'

그때 석제환인은 곧 자리에서 일어나 머리를 조아려 내 발에 예를 올리고 곧 물러나 천상天上으로 돌아갔느니라."

그때 마하 목건련은 부처님의 말씀을 듣고 기뻐하며 받들어 행하였다.

〔 4 〕

이와 같이 들었다.

어느 때 부처님께서는 사위국 기수급고독원에 계셨다.

그때 세존께서 모든 비구들에게 말씀하셨다.

"이 세상에는 우레와 번개와 벼락 치는 것을 보고도 두려워하지 않는 두 생물〔二人〕이 있다. 어떤 것이 그 둘인가? 하나는 짐승의 왕인 사자師子이고, 다른 하나는 번뇌가 다한 아라한阿羅漢이다. 비구들아, 이것이 '세간에는 우레와 번개와 벼락 치는 것을 보고도 두려워하지 않는 두 생물이 있다'고 말한 것이니라.

그런 까닭에 모든 비구들아, 너희들은 마땅히 번뇌가 다한 아라한을 배워야 한다. 모든 비구들아, 마땅히 이와 같이 배워야 한다."

그때 모든 비구들은 부처님의 말씀을 듣고 기뻐하며 받들어 행하였다.

〔 5 〕

이와 같이 들었다.

어느 때 부처님께서는 사위국 기수급고독원에 계셨다.

그때 세존께서 모든 비구들에게 말씀하셨다.

“여기 두 가지 법이 있는데 그것이 사람의 지혜를 없앤다. 어떤 것이 그 두 가지 법인가? 하나는 나보다 나은 이에게 묻기를 좋아하지 않는 것이요, 다른 하나는 그저 잠에만 빠져 정진精進할 뜻이 없는 것이다. 비구들아, 이것이 이른바 ‘어떤 두 가지 법이 있는데 그것이 사람의 지혜를 없앤다’고 말한 것이다.

또 두 가지 법이 있는데 그것이 사람으로 하여금 큰 지혜를 이루게 한다. 어떤 것이 그 두 가지 법인가? 하나는 다른 사람에게 이치 묻기를 좋아하는 것이요, 다른 하나는 잠을 탐하지 않고 정진할 뜻을 가지는 것이다. 비구들아, 이것이 이른바 ‘어떤 두 가지 법이 있는데 그것이 사람으로 하여금 큰 지혜를 이루게 한다’는 것이다. 마땅히 그 나쁜 법은 멀리 여의어야 한다. 모든 비구들아, 마땅히 이와 같이 배워야 한다.”

그때 모든 비구들은 부처님의 말씀을 듣고 기뻐하며 받들어 행하였다.

〔 6 〕

이와 같이 들었다.

어느 때 부처님께서는 사위국 기수급고독원에 계셨다.

그때 세존께서 모든 비구들에게 말씀하셨다.

“여기 두 가지 법이 있는데 그것이 사람을 빈천하여 재물이 없게 만든다. 어떤 것이 그 두 가지 법인가? 하나는 다른 사람이 보시하는 것을 보면 곧 막아 하지 못하게 하는 것이고, 다른 하나는 저 자신도 보시하기를 좋아하지 않는 것이다. 비구들아, 이것이 이른바 '여기 두 가지 법이 있는데 그것이 사람을 빈천하여 재물이 없게 만든다'는 것이다.

또 두 가지 법이 있는데 그것이 사람을 부귀하게 만든다. 어떤 것이 그 두 가지 법인가? 하나는 다른 사람이 남에게 보시하는 것을 보면 그를 도와 같이 기뻐해 주는 것이고, 다른 하나는 제 자신도 보시하기를 좋아하는 것이다. 비구들아, 이것이 이른바 '두 가지 법이 있는데 그것이 사람을 부귀하게 만든다'는 것이니라.

그러므로 모든 비구들아, 너희들은 꼭 보시하기를 배우고 탐심貪心을 가지지 말아야 하느니라."

그때 모든 비구들은 부처님의 말씀을 듣고 기뻐하며 받들어 행하였다.

〔 7 〕

이와 같이 들었다.

어느 때 부처님께서는 사위국 기수급고독원에 계셨다.

그때 세존께서 모든 비구들에게 말씀하셨다.

"여기 두 가지 법이 있는데 그것이 사람을 빈천한 집안에 태어나게 한다. 어떤 것이 그 두 가지 법인가? 하나는 부모와 여러 어른들 그리고 스승에게 효순孝順하지 않는 것이요, 다른 하나는 나보다 나은 이를 받들어 섬기지 않는 것이다. 비구들아, 이것이 이른바 '여기 두 가지 법이 있는데 그것이 사람을 빈천한 집안에 태어나게 한다'고 하는 것이다.

모든 비구들아, 또 두 가지 법이 있는데 그것이 사람을 부호富豪 귀족貴族의 집안에 태어나게 한다. 어떤 것이 그 두 가지 법인가? 하나는 부모·형제·종족宗族을 공경하는 것이요, 다른 하나는 사람을 자기 집으로 데리고 가서 가지고 있는 것들을 보시하는 것이다. 비구들아, 이것이 이른바 '두 가지 법이 있는데 그것이 사람을 부호 귀족의 집안에 태어나게 한다'고 하는 것이니라. 모든 비구들아, 마땅히 이와 같이 배워야 한다."

그때 모든 비구들은 부처님의 말씀을 듣고 기뻐하며 받들어 행하였다.

〔 8 〕

이와 같이 들었다.

어느 때 부처님께서는 사위국 기수급고독원에 계셨다.

그때 수심須深이라는 범지梵志의 딸이 존자尊者 대구치라大拘絺羅의 처소로 찾아가 머리를 조아려 그의 발에 예를 올리고 한쪽에 앉았다.

그때 저 범지의 딸 수심이 구치라에게 말하였다.

"우답람불優蹋藍弗[2]·나륵가람羅勒迦藍[3]은 이 심오한 법에서 끝내 교화敎化를 받지 못하고 각각 목숨을 마치고 말았습니다. 세존께서는 그 두 사람에게 수기授記하시기를 '한 사람은 불용처(不用處 : 無所有處)에 태어날 것이고, 다른 한 사람은 유상무상처有想無想處에 태어날 것이다. 또 이 두 사람은 거기에서 다시 목숨을 마치면, 한 사람은 장차 변두리 나라의 국왕國王이 되어 이루 헤아릴 수 없이 많은 사람을 죽

2 팔리어로는 Uddaka-Rāmaputta라고 하며, 또는 울타라라마자鬱陀羅羅摩子라고 쓰기도 한다. 이 사람은 비상비비상처정非想非非想處定을 증득한 사람이다.

3 팔리어로는 Ālāra-Kālāma라고 하며, 또는 아라라가라마阿羅羅伽羅摩라고 쓰기도 한다. 이는 무소유처정無所有處定을 증득하였다고 한다.

일 것이요, 다른 한 사람은 장차 날개 달린 사나운 삵이 될 터인데 다른 날짐승과 들짐승들이 그에게서 벗어날 수 없을 것이다. 그리고 또 목숨을 마치면 지옥地獄에 떨어지게 될 것이다'라고 하셨습니다. 그러나 세존께서는 그 사람들이 언제 반드시 괴로움을 완전하게 벗어나리라고는 수기하지 않으셨습니다. 무슨 까닭으로 세존께서는 저 사람들이 장차 언제 괴로움이 다 없어지게 될 것이라는 수기를 하지 않으셨습니까?"

그러자 존자 구치라가 수심 여인에게 말하였다.

"세존께서 그것을 말씀하지 않으신 것은 당시 그 이유를 묻는 사람이 없었기 때문이다. 그런 까닭에 세존께서는 그 사람이 언제 괴로움을 완전히 벗어나리라고 수기하지 않으셨다."

수심 여인이 말하였다.

"지금은 여래께서 열반에 드셨기 때문에 그 이유를 물을 수 없습니다만 만일 세상에 계신다면 당장이라도 달려가 그 이유를 여쭈어보고 싶습니다. 지금 존자 구치라께서 저를 위해 저들이 언제 괴로움을 완전히 벗어날 것인가를 말씀해 주십시오."

그때 존자 구치라가 게송으로 말하였다.

갖가지의 과보果報가 같지 않듯이
중생이 가는 곳 또한 그러하다.
스스로도 깨닫고 남도 깨닫게 하는
그러한 말재주가 내게는 없다.

선정과 지혜와 해탈의 변설
옛날 일 기억하는 것과 천안天眼의 신통

괴로움의 근원을 모두 끊는
그러한 말재주가 내게는 없네.

그때 수심 여인도 곧 게송으로 말하였다.

선서善逝께서는 그런 지혜 있으시고
질박하고 정직하며 티와 때 없으시네.
용맹스러워 항복 받을 것 항복 받아
대승大乘으로서 해야 할 일 행하시네.

그러자 존자 구치라도 다시 게송으로 말하였다.

그런 마음 갖기는 매우 어렵네.
그것은 모든 법의 요지를 얻고
하기 어려운 일도 능히 이루어
기특한 일을 향하여 나아가리.

그때 존자는 수심 여인을 위해 긴요한 법을 자세히 설명하여 그로 하여금 기쁜 마음을 내게 하였다. 그 여인은 곧 자리에서 일어나 머리를 조아려 그의 발에 예를 올리고 이내 물러갔다.

그때 수심 여인은 존자 구치라의 말을 듣고 기뻐하며 받들어 행하였다.

〔 9 〕[4]

이와 같이 들었다.

어느 때 존자 마하 가차연(迦遮延 : 迦旃延)은 바나국婆那國의 깊은 못가에서 대비구들 5백 명과 함께 있었다.

존자 가차연은 그 당시 그 명성이 사방에 멀리 퍼져 있었다. 그때 존자 장로 간다姦荼 바라문[5]도 그곳을 유행하며 교화하고 있었다. 그때 간다 바라문은 '존자 가차연이 그 못가에서 5백 명의 비구를 거느리고 유행하며 교화하고 있는데, 그 존자 장로는 공덕功德을 두루 갖추었다'고 하는 소문을 듣고 '내 이제 저 사람을 찾아가서 문안하리라' 하고 생각하였다. 그때 상색上色 바라문은 5백 명의 제자를 데리고 존자 가차연에게 가서 문안드리고 한쪽에 앉았다. 그때 그 바라문이 존자 가차연에게 물었다.

"가차연처럼 행동하는 것은 법과 율律에 맞지 않다. 나이 젊은 비구가 덕망이 높은 우리 바라문들에게 예를 올리지 않는구나."

가차연이 말하였다.

"바라문이여, 마땅히 알아야만 한다. 저 여래 · 지진 · 등정각께서는 두 가지 위치를 말씀하셨습니다. 어떤 것이 그 두 가지 위치인가 하면, 첫째는 늙은이의 위치이고, 둘째는 젊은이의 위치이다."

바라문이 물었다.

"어떤 것이 늙은이의 위치이고, 어떤 것이 젊은이의 위치인가?"

가차연이 말하였다.

"가령 바라문이 나이 80이나 90이 되었다 하더라도 그 사람이 음욕을 끊지 못하고 온갖 나쁜 짓을 행한다면 그 바라문은 비록 늙었다 하더라도 아직 젊은이의 위치에 있는 것이다."

---

4 이 소경은 『잡아함경』 제20권 547번째 소경인 「집장경執杖經」과 내용이 비슷하다.

5 『잡아함경』 제20권 547번째 소경인 「집장경執杖經」에는 집장범지執杖梵志로 되어 있다.

바라문이 말하였다.

"그러면 나이는 젊었으나 늙은이의 위치에 있다는 것은 무엇인가?"

가차연이 말하였다.

"바라문이여, 만일 어떤 비구가 나이는 20살, 혹은 30·40·50살이라 하더라도, 음욕을 익히지 않고 나쁜 짓을 행하지 않는다면 바라문이여, 그런 비구는 나이는 젊지만 늙은이의 위치에 있다고 말한다."

바라문이 말하였다.

"이 대중들 중에 혹 음욕을 행하지 않고 나쁜 짓을 행하지 않는 비구가 있는가?"

가차연이 대답하였다.

"우리 대중들 중에는 음욕을 익히거나 나쁜 짓을 행하는 비구가 한 사람도 없다."

그때 바라문은 곧 자리에서 일어나더니 여러 비구들의 발에 이마를 대어 절하고는 이렇게 말하였다.

"당신들은 지금 나이는 젊으나 늙은이의 위치에 있고, 나는 지금 비록 나이는 많으나 젊은이의 위치에 있습니다."

그리고 그 바라문은 다시 가차연에게 나아가 머리를 조아려 그의 발에 예배를 올리고 말하였다.

"나는 이제 가차연과 비구승들에게 귀의歸依하여 목숨을 마칠 때까지 절대로 살생殺生하지 않겠습니다."

가차연이 말하였다.

"너는 지금 나에게 귀의하지 말라. 내가 귀의하는 곳을 향하여 너도 나아가야 한다."

바라문이 물었다.

"존자 가차연께서는 누구에게 귀의합니까?"

그때 존자 가차연이 곧 꿇어앉아 여래께서 열반涅槃하신 곳을 향하여 말하였다.

"석씨釋氏 종족의 아들로서 출가出家하여 도道를 배우신 분이 계신다. 나는 항상 그분에게 귀의한다. 그분이 바로 내 스승이시다."

바라문이 물었다.

"그 사문 구담瞿曇께서는 지금 어디 계십니까? 저도 뵙고 싶습니다."

가차연이 말하였다.

"저 여래께서는 이미 열반에 드셨다."

바라문이 말하였다.

"만일 그 여래께서 세상에 살아 계셨다면 나는 백천 유순由旬이나 먼 곳에 계신다 하더라도 찾아가 문안드렸을 것입니다. 저 여래께서 지금 비록 열반에 드셨지만 나는 거듭 부처님과 법과 승가에 귀의하여 예를 올리고, 이 한 목숨 다할 때까지 다시는 살생을 하지 않겠습니다."

그때 상색 바라문은 존자 가차연의 말을 듣고 기뻐하며 받들어 행하였다.

〔 10 〕

이와 같이 들었다.

어느 때 부처님께서는 사위국 기수급고독원에 계셨다.

그때 세존께서 모든 비구들에게 말씀하셨다.

"두 사람이 세상에 출현出現하는 것은 참으로 만나기 어렵다. 누가 그 두 사람인가? 첫째는 법을 연설하는 사람이 세상에 출현하는 것을 만나기가 참으로 어렵고, 둘째는 법을 듣고 받아 가지고 받들어 실천하는 사람을 만나기가 참으로 어렵다. 비구들아, 이것이 이른바 '두 사람이 세상에 출현하는 것은 참으로 만나기 어렵다'고 하는 것이다.

그러므로 모든 비구들아, 너희들은 마땅히 법을 연설하는 것을 배우고 법을 듣는 것을 배워야 한다. 모든 비구들아, 마땅히 이와 같이 배워야 한다."

그때 모든 비구들은 부처님의 말씀을 듣고 기뻐하며 받들어 행하였다.

〔 11 〕

이와 같이 들었다.

어느 때 부처님께서는 마갈국摩竭國 경계를 유행하시다가 점점 비사리성毗舍離城으로 오셔서, 비사리성 북쪽에 있는 암바파리闇婆婆利 동산에서 대비구들 5백 명과 함께 계셨다.

그때 암바파리闇婆婆利라고 하는 여인은 세존께서 그 동산에 오셔서 5백 명의 대비구들과 함께 계신다는 소식을 들었다. 그녀는 우보羽寶로 장식한 수레를 타고 비사리성을 빠져나와, 좁은 길 어귀에서 바로 세존이 계신 곳에 이르러 수레에서 내려 세존께 나아갔다.

그때 세존께서는 멀리서 그 여자가 오는 것을 보시고 곧 모든 비구들에게 말씀하셨다.

"모두들 마음을 전일하고 순수하게 하여 삿된 생각을 일으키지 말라."

그때 그 여인은 세존께 나아가 머리를 조아려 그 발에 예를 올리고 한쪽에 앉았다.

그때 세존께서는 지극히 미묘한 법을 말씀하셨다. 지극히 미묘한 법을 설하고 나자 그 여인이 세존께 아뢰었다.

"원컨대 세존께서는 비구 스님들과 함께 저의 청請을 받아 주십시오."

세존께서는 잠자코 그녀의 청을 받아들이셨다. 그녀는 세존께서 잠자코 청을 받아 주신 것을 알고, 곧 자리에서 일어나 머리를 조아려 그 발에 예를 올리고 왔던 길로 되돌아갔다.

그때 비사리성에 살고 있던 남녀노소도 세존께서 암바파리 동산에서 5백 명의 대비구들과 함께 계신다는 소식을 들었다. 그때 그 성의 5백 명 동자들이 갖가지 우보羽寶로 꾸민 수레를 타고 있었는데, 옷·일산·깃발·시종들까지도 다 하얀색이었다. 혹은 붉은 수레에 붉은 말을 타고 있기도 했는데, 옷·일산·깃발·시종들까지도 모두 붉은색이었다. 혹은 푸른 수레에 푸른 말을 타고 있기도 했는데, 옷·일산·깃발·시종들까지도 다 푸른색이었다. 혹은 노란 수레에 누런 말을 타고 있기도 했는데, 옷·일산·깃발·시종들까지도 다 노란색이었다. 그 위용威容이 장엄하기가 마치 제왕帝王의 행차行次와 같았다.

그들은 비사리성을 나와 세존께서 계신 곳으로 향해 가다가 미처 그곳에 이르기 전에 길에서 수레를 달려 성안으로 들어가는 그 여인을 만났다. 그때 모든 동자들이 그 여인에게 물었다.

"너는 여인으로서 마땅히 수줍어해야 할 것이거늘, 어찌 소를 때리고 수레를 몰아 성안으로 달려가느냐?"

그러자 여인이 대답하였다.

"여러분, 꼭 아셔야만 합니다. 저는 내일 부처님과 비구 스님들을 초청하였습니다. 그래서 수레를 타고 달려가는 길입니다."

동자가 말하였다.

"우리도 부처님과 비구 스님들께 공양을 올리기 위해 지금 초대하러 가는 길이다. 지금 너에게 순금 천 냥을 줄 것이니 내일만은 우리가 공양을 올릴 수 있게 해 달라."

그러자 여인이 말하였다.

"그만두십시오. 더 이상 말하지 마십시오. 족성자族姓子들이여, 저는 허락하지 않을 것입니다."

동자가 또 말하였다.

"아니다. 너에게 2천·3천·4천·5천 냥 내지, 10만 냥의 금金을 줄 터이니, 부디 허락하여 내일 우리가 부처님과 비구 스님들께 공양할 수 있게 해 달라."

그 여인이 대답하였다.

"저는 허락할 수 없습니다. 왜냐하면 세존께서는 늘 말씀하시기를 '두 가지 희망이 있는데 세상 사람들은 그것을 버리지 못한다. 어떤 것이 그 두 가지인가? 하나는 재물에 대한 희망이고, 다른 하나는 목숨에 대한 희망이다'라고 하셨기 때문입니다. 제가 내일까지 꼭 살아 있을 것이라고 누가 보장할 수 있겠습니까? 제가 먼저 여래를 청하였으니 지금 곧 가서 음식을 준비해야겠습니다."

그때 동자들은 각기 손을 흔들면서 말하였다.

"우리들은 저 여인만도 못하다."

그들은 이렇게 말하고 서로 작별하고 떠나갔다.

그때 모든 동자들은 부처님께 나아가 머리를 조아려 그 발에 예를 올리고 한쪽에 머물고 있었다. 그러자 세존께서 동자들이 온 것을 보고 여러 비구들에게 말씀하셨다.

"너희 비구들은 이 동자들의 위엄스런 거동과 복장을 보아라. 천제석天帝釋이 나가 유람할 때와 조금도 다름이 없구나."

그때 세존께서 동자들에게 말씀하셨다.

"세상에 두 가지 일이 있는데 가장 얻기 어려운 것이다. 어떤 것이 그 두 가지 일인가? 하나는 돌이켜 갚을 줄 아는 것이고, 다른 하나는 큰 은혜는 말할 것도 없고 조그만 은혜까지도 잊지 않는 것이다. 동자들아, 이것이 '세상에 두 가지 일이 있는데 가장 얻기 어려운 것이다' 라고 말하는 것이다.

동자들아, 마땅히 알아야 한다. 돌이켜 갚기를 생각해야 하고, 또 큰 은혜는 말할 것도 없이 조그만 은혜까지도 잊지 않아야 하느니라."

그때 세존께서 곧 게송으로 말하였다.

> 은혜를 알아 되돌려 갚을 줄 알고
> 항상 기억하여 남을 가르치면
> 지혜로운 이가 공경해 모시고
> 천상과 인간에 그 명성이 자자하리라.

"그러므로 동자들이여, 이와 같이 공부할 줄 알아야 하느니라."

세존께서는 모든 동자들을 위하여 미묘한 법을 자세히 말씀해 주셨다. 그들은 부처님의 말씀을 듣고 나서 각기 자리에서 일어나 머리를 조아려 그 발에 예를 올리고 곧 물러나 떠나갔다.

그때 그 여인은 그날 밤으로 갖가지 맛있는 반찬과 음식을 장만하고 앉을 자리를 펴놓고, 이른 아침에 세존께 나아가 아뢰었다.

"때가 되었습니다. 바라건대 세존이시여, 누추한 집이지만 왕림하여 주십시오."

그때 세존께서는 가사를 입고 발우를 가지고 비구들에게 앞뒤로 둘러싸여, 비사리성으로 들어가 그 여인의 집에 이르렀다. 그 여인은 세존께서 좌정坐定하신 것을 보고 손수 음식을 받들어 부처님과 비구 스님들에게 올렸다. 부처님과 비구 스님들이 공양을 다 마치자 맑은 물을 돌리고 나서, 다시 금金으로 꾸민 조그만 평상을 가지고 와서 부처님 앞에 앉았다.

그때 여인이 세존께 아뢰었다.

“이 암바파리 동산을 여래와 비구 스님들에게 바쳐, 미래・과거・현재의 스님들로 하여금 이곳에서 지내시게 하겠습니다. 원컨대 세존이시여, 이 동산을 받아 주십시오.”

그때 세존께서는 그 여인을 위해 곧 그 동산을 받으셨다. 그리고 곧 다음과 같이 축원〔呪願〕하셨다.

과수원으로 시원한 것 베풀고
다리를 놓아 사람 건너게 하며
길거리마다 변소를 지어
사람들의 고통을 없애 주어라.

낮이나 밤이나 안온함을 얻고
받는 복 헤아릴 수 없이 많으리니
모든 법과 계戒를 이루게 되어
죽어서는 반드시 천상에 태어나리라.

그때 세존께서는 이렇게 말씀하시고 곧 일어나 떠나가셨다.

그때 그 여인은 부처님의 말씀을 듣고 기뻐하며 받들어 행하였다.

애욕을 끊는 법과 사자왕師子王
지혜롭지 못한 일과 재물 적은 일
가난한 집과 수심 여인
가전연과 설법과 그리고 암바파리 여인에 대해 설하셨다.

증일아함경 제11권

20. 선지식품善知識品

〔1〕

이와 같이 들었다.

어느 때 부처님께서는 사위국 기수급고독원에 계셨다.

그때 세존께서 모든 비구들에게 말씀하셨다.

"마땅히 선지식(善知識 : 착한 벗)을 친근히 하고, 나쁜 행〔惡行〕을 익히거나 나쁜 업〔惡業〕을 믿지 말아야 한다. 왜냐하면 모든 비구들아, 선지식을 친근히 하면 믿음이 더욱 늘어나고 지식〔聞〕·보시〔施〕·지혜智慧가 다 자꾸만 많아지기 때문이다. 또한 비구들아, 선지식을 친근히 하고 나쁜 행을 익히지 말라. 왜냐하면 만일 나쁜 벗을 친근히 하면 곧 믿음〔信〕·계戒·지식〔聞〕·보시〔施〕·지혜智慧가 모두 없어지기 때문이다.

그러므로 모든 비구들아, 너희들은 마땅히 선지식을 친근히 하고 나쁜 벗을 가까이하지 말아야 한다. 모든 비구들아, 마땅히 이와 같이 배워야 한다."

그때 모든 비구들은 부처님의 말씀을 듣고 기뻐하며 받들어 행하였다.

〔 2 〕

이와 같이 들었다.

어느 때 부처님께서는 라열성(羅閱城 : 王舍城)에 있는 가란타죽원迦蘭陀竹園에서 대비구들 5백 명에게 앞뒤로 둘러싸인 채 설법을 하고 계셨다.

그때 제바달두(提婆達兜 : 제바달다)는 5백 명의 비구들을 거느리고 여래께서 계신 곳에서 그리 멀지 않은 곳을 지나가고 있었다. 세존께서 제바달두가 거느리고 있는 제자들을 보시고 곧 게송으로 말씀하셨다.

나쁜 벗을 친근히 하지 말고
어리석은 이와 종사從事하지 말라.
사람 중에서 가장 뛰어난
선지식을 친근히 해야 한다.

사람이 본래는 악하지 않지만
만일 나쁜 벗을 친근히 하게 되면
나중엔 반드시 나쁜 뿌리를 심어
언제나 어둠 속에 살게 되리라.

그때 제바달두가 거느린 5백 명의 제자들은 세존께서 설하신 이 게송을 듣고, 곧 세존께서 계신 곳을 찾아가서 부처님 발에 머리 조아려 예배하고 한쪽에 앉았다. 조금 있다가 다시 물러나 앉아서 세존을 향하여 잘못을 참회하였다.

"저희들은 어리석고 미혹하여 아무것도 몰랐습니다. 원컨대 세존께서는 저희들의 참회를 받아 주소서.'

세존께서는 그 5백 명 비구들의 참회를 받아들이시고, 그들을 위해 설법하여 그들로 하여금 믿음〔信根〕을 얻게 하셨다. 그때 5백 명의 비구들은 한적하고 고요한 곳에서 심오한 법을 사유하였다. 그 까닭은 이름 있는 족성의 자제로서 출가하여 도道를 배우는 것은, 견고한 믿음으로 위없는 범행梵行을 닦는 데 있기 때문이었다.

그때 저 5백 명의 비구들은 곧 아라한阿羅漢이 되어, 나고 죽음이 이미 다하였고 범행도 이미 섰으며, 할 일은 이미 다 마쳤으므로 다시는 후세의 몸을 받지 않는다는 것을 사실 그대로 알았다.

그때 5백 사람은 다 아라한이 되었다.

모든 비구들은 부처님의 말씀을 듣고 기뻐하며 받들어 행하였다.

〔 3 〕

이와 같이 들었다.

어느 때 부처님께서는 사위국 기수급고독원에 계셨다.

그때 세존께서는 수없이 많은〔無央數〕[1] 대중들에게 둘러싸여서 설법을 하고 계셨다.

그때 담마류지曇摩留支는 고요한 방에서 혼자 사유하다가 선삼매禪三昧에 들어, 자기 전생前生의 몸이 큰 바다 속의 물고기였는데, 그 몸의 길이가 7백 유순由旬이나 되었던 것을 알았다. 그는 곧 고요한 방에서

---

1 인도에서 제일 큰 수를 말할 때 쓰는 숫자의 한 단위이다.

나와서 마치 역사力士가 팔을 굽혔다 펴는 만큼의 아주 짧은 시간에 저 큰 바다로 가서 옛날 자신의 시체 위를 거닐었다.

그때 담마류지는 곧 이런 게송을 읊었다.

무수한 겁劫을 나고 죽고 하면서
돌아다닌 것 헤아릴 수 없으니
사람마다 편안한 것을 구하지만
끊임이 없이 괴로움만 받는구나.

가령 내가 또 그 몸을 보고 나서
마음에 내가 살 집을 만들고 싶어할지라도
사지와 뼈마디가 모두 허물어져
완전한 형체를 얻을 수 없네.

마음이 이미 모든 행 여의었으면
애착도 아주 사라져 없으리니
다시는 이 따위의 몸 받지 않고
영원히 열반涅槃을 누리리라.

그때 존자 담마류지는 이 게송을 마치고 나서, 곧 그곳에서 사라져 사위국 기원정사祇洹精舍로 와서, 세존께서 계시는 곳으로 갔다.

그때 세존께서 담마류지가 온 것을 보시고 이렇게 말씀하셨다.

"훌륭하다. 담마류지야, 참으로 오랜만이로구나."

담마류지가 세존께 아뢰었다.

"그렇습니다, 세존이시여. 정말 오랜만입니다."

그때 여러 상좌들과 모든 비구들이 저마다 이런 생각을 하였다.

'저 담마류지는 항상 세존의 곁에서 떠나지 않고 있었는데, 지금 세존께서는 〈훌륭하다, 담마류지야. 참으로 오랜만이구나〉 하고 말씀하시는구나.'

그때 세존께서는 모든 비구들이 마음속으로 생각하고 있는 것을 아시고 그 의심을 풀어 주기 위해 곧 모든 비구들에게 말씀하셨다.

"담마류지가 오랜만에 왔기 때문에 내가 그렇게 말한 것이 아니다. 내가 이제 그 까닭을 말해 주리라. 과거 무수히 많은 겁劫 이전에, 정광定光 여래·지진至眞·등정각等正覺·명행성위明行成爲·선서善逝·세간해世間解·무상사無上士·도법어道法御·천인사天人師·불중우佛衆祐라고 부르는 분이 세상에 출현하셨다. 그는 발마鉢摩라고 하는 큰 나라를 다스리면서 대비구大比丘들 14만 8천 명과 함께 계셨다.

그때 거기에는 사부대중들 또한 헤아릴 수 없이 많았다. 그래서 국왕·대신·관리·백성들은 모두 와서 공양을 올리고 또 필요한 물건을 공급해 주었다.

그때 거기에 야야달耶若達이라고 하는 어떤 범지梵志가 있었는데 그는 설산雪山 곁에 머물러 살고 있었는데, 비참祕讖·천문天文·지리地理 등 널리 해박하게 알지 못하는 것이 없었고 문장과 글씨에도 다 능통하였으며, 시를 암송하는 것도 1구句 5백 언言이나 되었고, 큰 인물이 될 관상인지에 대해서도 척척 알아냈으며, 불의 신〔火神〕·해·달·별자리를 섬기면서 5백 제자들을 가르쳤는데 밤낮으로 게을리 하지 않았다.

그 야야달 범지에게는 운뢰雲雷라는 제자가 있었는데, 그는 세상에 드물 정도로 안색과 용모가 단정했고 털은 감청紺靑색이었다. 운뢰 범지는 총명聰明한 데다가 식견이 넓어 모르는 일이 없었기 때문에 그는 언제나 야야달의 사랑을 받게 되었고, 잠시도 떨어진 적이 없었다. 그때 그는 그 바라문이 할 줄 아는 주술呪術을 모두 배웠다.

그때 운뢰 범지는 갑자기 이런 생각을 하였다.

'나는 이제 배워야 할 것을 이미 다 갖추어 배웠다.'

그리고 다시 마음속으로 생각하였다.

'나는 책에 실려 있는 여러 유학有學 범지들이 행하는 기술을 훨씬 능가하게 되었으니, 나는 지금 마땅히 스승님의 은혜를 갚아야겠다.'

그는 또 이렇게 생각하였다.

'나는 지금 꼭 배워야 할 것은 다 배워서 모르는 게 하나도 없게 되었으니, 내 이제 스승의 은혜를 갚는 것이 당연한 일이겠지만, 그러나 집안이 가난하여 스승님께 공양할 만한 것이 아무것도 없다. 마땅히 내가 다른 나라에 나아가 필요한 것을 구해 와야겠다.'

그렇게 생각한 운뢰 범지는 곧 그 스승의 처소를 찾아가서 스승께 아뢰었다.

'범지로서 배워야 할 기술들을 이제 다 배웠고, 또 책에 실려 있는 여러 유학들의 기술을 훨씬 능가하게 되었습니다. 그래서 지금은 스승님의 은혜를 갚는 것이 당연한 일이겠으나, 집안이 가난하여 공양을 올릴 만한 금·은 같은 진귀한 보물이 없습니다. 그러므로 이제 다른 나라에 나아가 재물을 구해 스승님께 공양하려고 생각하고 있습니다.'

그때 야야달 바라문婆羅門은 이렇게 생각하였다.

'이 운뢰 범지는 내가 아끼고 사랑하는 제자이거늘 마음에서 떠나보낼 수 없다. 설령 내가 죽는다 해도 오히려 떠나보낼 수 없겠거늘 하물며 지금 나를 버리고 떠나려 하는 것이겠는가? 내가 지금 마땅히 어떤 방편을 써야 머물러 있도록 붙들 수 있을까?'

그때 아야달 범지는 곧 운뢰에게 말하였다.

'범지야, 너는 아직 바라문으로서 꼭 배워야 할 것이 남아 있다. 네가 오히려 알지 못하는 것이 있다.'

그러자 운뢰 범지가 곧 스승의 앞에 나아가 아뢰었다.

'부디 원컨대 가르쳐 주소서. 제가 아직 외우지 못한 것이 무엇입니까?'

그때 야야달 범지는 곧 5백 언言의 송誦을 생각해 지어 가지고 운뢰에게 말하였다.

'여기 5백 언 송이라고 하는 이런 글이 있다. 너는 이것을 공부해야 한다.'

운뢰가 아뢰었다.

'원컨대 스승께서 가르쳐 주시면 제가 외우겠습니다.'

비구들아, 마땅히 알아야 한다. 그때 야야달 범지가 이 5백 언 송을 가르친 지 며칠이 되지 않아 그는 그것을 다 외웠다.

그때 야야달 바라문이 5백 제자들에게 말하였다.

'이 운뢰 범지는 모든 기술을 다 갖추어 무슨 일이든지 통달하지 못한 것이 없다.'

그리고는 그 자리에서 초술超術이라는 이름을 지어 주었다. 이 초술 범지는 매우 재주가 뛰어나서 천문과 지리를 널리 보아 알지 못하는 것이 없었고 글씨와 문장까지도 다 깨달아 알았다. 그때 초술 범지는 며칠이 지나자 다시 그 스승에게 아뢰었다.

'범지로서 배워야 할 기술이란 기술은 이제 모두 알았습니다. 그리고 또 책에 실려 있는 모든 유학有學들의 기술을 훨씬 능가하게 되었습니다. 그래서 스승님의 은혜를 갚는 것이 당연한 일이겠으나, 집안이 가난하여 스승님께 공양을 올릴 만한 금·은 같은 진귀한 보물이 없습니다. 그러므로 이제 다른 나라에 나아가 재물을 구해 스승님께 공양할까 하오니 원컨대 허락해 주십시오.'

그러자 야야달 범지가 말하였다.

'네가 그때를 제대로 알 것이다.'

초술 범지는 앞으로 나아가 그 스승의 발에 예를 올리고 곧 물러나 떠나갔다.

그때 그 성에서 그리 멀지 않은 곳에 발마鉢摩 대국이 있었는데, 그 곳에 많은 범지들이 한 곳에 모두 모여 크게 제사를 올리고, 게다가 강론講論까지 벌이려고 하였다. 그리하여 8만 4천 명의 범지들이 한 곳에 모여 있었는데, 그 중 제일가는 상좌上座로서 또한 외도外道의 글들을 외워 밝게 통달하지 않은 것이 없고, 천문·지리·별자리들의 변괴 따위에 대하여 모두 밝게 아는 이에게 그 법회法會를 마치고 서로 헤어질 때에는 금 5백 냥과 금 지팡이 하나, 금 물통 하나, 소 천 마리를 가지고 스승으로 받들어 섬기며 그 제일가는 상좌에게 주기로 하였다.

그때 초술 범지는 '발마대국에서 그리 멀지 않은 곳에 8만 4천 명의 범지들이 한 곳에 모여 기술을 시험해, 제일 뛰어난 사람에게 금 5백 냥과 금지팡이 하나, 금 물통 하나, 소 천 마리를 준다'는 소문을 들었다. 그때 초술 범지는 스스로 생각하였다.

'나는 지금 무슨 까닭에 집집마다 돌아다니면서 구걸하고 있는 걸까? 차라리 저 대중들에게 가서 기술을 겨루어 보는 것이 낫겠다.'

초술 범지는 곧 그 대중들이 있는 곳으로 갔다.

그때 많은 범지들이 멀리서 초술 범지를 보고 저마다 큰 소리로 외쳐댔다.

'훌륭하십니다. 제사 주인〔祠主〕이여, 이제 큰 이익을 얻게 되어 범

천을 몸소 내려오시게까지 하였습니다.'

8만 4천 명의 범지들은 저마다 일어나 함께 맞이하면서, 똑같은 소리로 이렇게 말하였다.

'잘 오셨습니다, 큰 범신천梵神天이여.'

그때 초술 범지가 갑자기 이런 생각을 하였다.

'이 모든 범지들은 나를 범천이라고 부르고 있다. 그러나 나는 범천이 아니다.'

그때 초술 범지가 여러 바라문들에게 말하였다.

'그만두시오, 그만두시오. 여러분, 나를 범천이라고 부르지 마시오. 당신들은 듣지 못하였습니까? 설산 북쪽에 많은 범지 대중들의 스승이 계신데, 그 이름을 야야달이라고 하오. 그분은 천문과 지리에 대해 모두 환하게 통달하지 못한 것이 없소.'

모든 범지들이 말하였다.

'우리들도 듣기는 했는데 아직 만나 보지는 못했습니다.'

초술 범지가 말하였다.

'나는 그분의 제자로서 이름을 초술이라고 합니다.'

그때 초술 범지는 그 대중들 중 제일가는 상좌를 향하여 말하였다.

'어떤 기술이든지 아는 것이 있으면 나에게 말해 보시오.'

그때 저 대중들 중에 제일가는 상좌가 곧 초술 범지를 향해 3장藏의 기술을 외웠는데, 조금도 빠뜨리거나 실수가 없었다. 그러자 초술 바라문이 다시 그 상좌에게 말하였다.

'1구 5백 언을 나에게 외워 보시오.'

그때 그 상좌는 말하였다.

'나는 그 의미를 모르겠습니다. 어떤 것이 그 1구 5백 언입니까?'

초술 범지가 말하였다.

'여러분은 잠자코 내가 말하는 1구 5백 언으로 된 대인大人의 모습에 대해 들으시오.'

비구들이여, 마땅히 알아야 한다.

그때 초술 범지는 곧 3장의 기술과 1구 5백 언으로 된 대인의 모습에 대해 외웠다. 그때 8만 4천 명의 범지들은 일찍이 들어보지 못했던 내용이라고 찬탄하였다.

'참으로 기이하고 매우 특별한 일입니다. 우리는 1구 5백 언으로 된 대인의 모습에 대해 전혀 들어본 적이 없습니다. 이제 존자는 제일가는 상좌로서 우두머리가 되셔야 합니다.'

그때 초술 범지는 그 상좌의 자리로 옮기고 자기가 제일가는 우두머리의 자리에 앉았다. 그러자 그 대중들의 상좌로 있던 이가 심한 원한을 품고 이런 서원을 하였다.

'이제 이 사람이 내가 앉는 자리를 밀어내고 제가 그 자리에 앉았다. 내가 지금 경전을 암송하는 것과 고행하며 계를 지키는 것이, 만일 장차 어떤 복이 있는 것이라면, 그것을 다 걸고 이렇게 서원을 할 것이다. 이 사람이 어떤 곳에서 태어나서 어떤 일을 하려고 하면 나는 그때마다 그 공을 부숴 버릴 것이다.'

그때 그 모임의 시주는 곧 금 5백 냥과 금 지팡이 하나, 금 물통 하나, 소 천 마리와 미녀 한 사람을 뽑아 이 초술 상좌에게 주며 주원呪願을 해 달라고 하였다.

그때 이 초술 상좌가 시주에게 말하였다.

'나는 지금 이 금 5백 냥과 금 지팡이와 금 물통만 받아 내 스승님께 공양할 것이오. 그리고 이 여자와 소 천 마리는 시주님에게 도로 돌려주겠소. 왜냐하면 나는 탐욕을 익히지 않았고, 또한 재물을 쌓아두지도 않기 때문이오.'

그러고 나서 초술 범지는 그 금 지팡이와 금 물통만 받아 가지고 발마대국으로 갔다. 그 나라 왕의 이름은 광명光明이라고 하였는데, 그 때 그 국왕은 정광定光여래와 비구 대중들을 초청하여 의복衣服과 음식飮食을 공양하려 하였다. 그래서 그 국왕은 성안에 영令을 내렸다.

'어떤 백성이든지 향香과 꽃을 가지고 있는 사람은 모두 그것을 팔지 말라. 만일 파는 사람이 있으면 그에게 엄중한 벌을 줄 것이다. 나는 그것을 사서 다시 다른 곳에 팔지 않을 것이다.'

그리고 다시 백성들에게 칙명勅命을 내려 길을 깨끗이 쓸게 하고 청소하여 흙·자갈과 그밖에 더럽고 흉악한 물건을 다 치우고, 비단으로 만든 번기와 일산을 달고 향즙香汁을 땅에 뿌리고 광대와 기생으로 하여금 음악을 연주하게 하는 등 이루 헤아릴 수 없었다.

그때 저 범지는 이것을 보고 나서 길을 가는 사람에게 물었다.

'오늘이 무슨 날이기에 이처럼 길을 깨끗이 쓸고 더러운 물건을 치우며, 비단으로 만든 번기와 일산을 다는 등 이루 말할 수 없이 분주하니, 장차 국왕이나 태자가 결혼이라도 하는 것입니까?'

길을 가던 사람이 대답하여 말하였다.

'범지께서는 알지 못하십니까? 발마대국의 왕이 지금 정광 여래·지진·등정각을 초청하여 의복과 음식을 공양하려고 합니다. 그래서 길을 닦고 비단으로 만든 번기와 일산을 다는 것입니다. 그리고 『범지비기梵志祕記』에도 또한 이런 말이 있습니다.

〈여래께서 이 세상에 출현하시는 것을 만나기는 매우 어렵다. 오랜만에 나타나는 일이라 참으로 만날 뵐 수가 없다. 비유하면 마치 우담발화優曇鉢華가 아주 오랜만에 한 번 피는 것처럼, 여래께서 세상에 출현하시는 것을 만나는 것도 참으로 어렵다.〉

또 범지의 책에는 이런 말이 있습니다.

〈두 사람이 세상에 나타나는 것을 만나기는 참으로 어렵다. 어떤 사람이 그 두 사람인가? 여래如來와 전륜성왕轉輪聖王을 말하는 것이다. 이 두 사람이 세상에 출현하는 것을 만나기는 참으로 어렵다.〉'

그때 그 범지는 이렇게 생각하였다.

'내가 지금 어떻게 해야 빨리 스승님의 은혜恩惠를 갚을 수 있을까? 그러나 지금은 우선 금 5백 냥을 정광여래께 바치리라.'

그리고 다시 이렇게 생각하였다.

'책에 기록된 것을 보니 여래는 금·은 같은 진귀한 보물 따위는 받지 않는다고 적혀 있다. 그러면 나는 이 금 5백 냥으로 꽃과 향을 사서 여래 위에 뿌리리라.'

그때 범지는 곧 성안으로 들어가 향과 꽃을 사려고 하였다. 그러자 성안의 길을 가던 사람이 말하였다.

'범지는 알지 못하십니까? 지금 국왕이 영令을 내려, 그 누구든지 향이나 꽃을 파는 사람이 있으면 중한 벌을 내리겠다고 하였습니다.'

그러자 그 초술 범지는 이렇게 생각하였다.

'내가 복이 엷어서 꽃을 구하려고 해도 얻을 수가 없구나. 어쩌면 좋을까?'

도로 성을 나와 성문 밖에 서 있었다.

그때 어떤 바라문의 딸이 있었는데, 그의 이름은 선미善味라고 하였다. 그는 물병을 가지고 물을 길러 나오는 중이었는데, 한 손에 다섯 송이의 꽃을 들고 있었다. 범지는 그것을 보고 그 여인에게 말하였다.

'누이여, 나는 지금 꽃이 필요합니다. 바라건대 누이여, 나에게 그 꽃을 파시오.'

범지녀梵志女가 말하였다.

'내가 언제부터 당신의 누이란 말입니까? 제 부모님을 알기라도 하

십니까?'

초술 범지는 다시 이렇게 생각하였다.

'이 여자는 성품과 행실은 관대하지만, 장난치려는 생각을 하고 있구나.'

다시 그녀에게 말하였다.

'현녀賢女여, 내가 꽃값을 지불할 테니, 이 꽃을 그냥 보시한다고 보지 마시오.'

범지녀가 말하였다.

'당신은 어찌 꽃을 팔지 말라고 하는 대왕의 엄명을 듣지 못했습니까?'

범지가 말하였다.

'현녀여, 그 일은 그리 어려울 게 없습니다. 대왕이라 한들 그대한테까지야 어떻게 할지 못할 것입니다. 나는 지금 급하게 그 다섯 송이 꽃이 필요합니다. 내가 그 꽃만 얻는다면 그대는 귀한 대가를 받을 것입니다.'

범지녀가 말하였다.

'당신은 그렇게 급하게 꽃을 구해서 무엇에 쓰려고 하십니까?'

범지가 말하였다.

'내가 오늘 좋은 땅을 발견했습니다. 그 꽃을 거기에 심으려고 합니다.'

범지녀가 말하였다.

'이 꽃은 이미 뿌리에서 떨어져 나온 것이라서 결국 살지 못할 것입니다. 무슨 방법으로 내가 심으려고 한다고 그렇게 말씀하십니까?'

범지가 말하였다.

'내가 오늘 발견한 좋은 밭은 죽은 재를 심어도 오히려 살아날 것인

데 하물며 이렇게 좋은 꽃이겠습니까?'

범지녀가 물었다.

'어떤 좋은 밭이기에 죽은 재를 심어도 곧 살아날 것이라고 하십니까?'

범지가 대답하였다.

'현녀賢女여, 정광定光 불佛·여래如來·지진至眞·등정각等正覺께서 이 세상에 출현하셨습니다.'

범지녀가 말하였다.

'정광여래는 어떤 분이십니까?'

범지가 곧 그녀에게 대답하였다.

'정광여래는 이와 같은 덕德이 있으시고 이와 같은 계戒를 지니셨으며, 온갖 공덕을 성취하신 분이십니다.'

범지녀가 말하였다.

'만일 그런 공덕이 있는 분이시라면 그분에게서 어떤 복을 구하려고 합니까?'

범지가 대답하였다.

'나는 후생後生에 꼭 저 정광 여래·지진·등정각처럼 되고 싶고, 또 금계禁戒와 공덕도 그와 같이 되기를 바랄 뿐입니다.'

범지녀가 말하였다.

'만일 당신이 나와 태어나는 세상마다 부부가 되겠다고 허락해 준다면 나는 곧 이 꽃을 당신에게 드리겠습니다.'

범지가 말하였다.

'내가 지금 수행하고 있는 것은 마음이 탐욕에 집착하지 않는 것입니다.'

범지녀가 말하였다.

'제가 지금 당장 이 몸으로 당신의 아내가 되겠다고 하는 것이 아닙니다. 다음 생에 당신의 아내가 되게 해 달라고 부탁하는 것입니다.'

초술 범지가 말하였다.

'보살이 닦는 행은 애욕과 아까워하는 것을 없애는 데 있습니다. 만일 그대가 내 아내가 된다면 반드시 내 마음을 무너뜨리고 말 것입니다.'

범지녀가 말하였다.

'나는 결코 당신이 보시를 하려고 하는 뜻을 므너뜨리지 않을 것입니다. 설령 내 몸을 가지고 남에게 보시한다 하더라도 나는 끝내 그 보시할 마음을 무너뜨리지 않을 것입니다.'

그때 범지는 곧 5백 금전金錢을 주고 그 다섯 송이 꽃을 사 가지고 그 여자와 서로 서원誓願을 하고는 제각기 헤어져 갔다.

그때 정광 여래·지진·등정각께서 때마침 비구 스님들에게 앞뒤로 둘러싸여 발마대국으로 들어가고 계셨다.

그때 초술 범지는 멀리서 정광여래를 보았다. 용모가 매우 단정하여 보는 이마다 모두들 기뻐하지 않는 이가 없었고 모든 감각기관〔根〕은 고요하였으며, 걸음걸이도 어지럽지 않았고 32상相과 80종호種好를 갖추고 있었다.

그것은 마치 물이 맑아서 더럽고 흐림이 없고 광명이 드루 비쳐 걸림이 없는 것 같았고, 또 보배 산〔寶山〕이 여러 산 위에 우뚝 솟아 있는 것과 같았다. 그는 부처님을 보고 곧 환희심歡喜心을 내어 여래께서 계신 곳에서 그 다섯 송이 꽃을 들고 정광여래께서 있는 곳으로 나아가 한쪽에 머물렀다. 그때 초술 범지가 정광定光부처님께 아뢰었다.

'원컨대 이것을 받아 주소서. 만약 세존께서 지금 수결(授決 : 授記)을 주시지 않는다면 저는 여기서 목숨을 끊겠나이다. 살기를 원하지

않나이다.'

세존께서 말씀하셨다.

'범지야, 그 다섯 송이 꽃을 위없는 등정각에게 주는 것은 옳지 않다.'

범지가 아뢰었다.

'원컨대 세존께서는 저를 위해 보살이 행해야 할 법을 말씀해 주십시오.'

정광부처님께서 말씀하셨다.

'보살이 행해야 할 법은 애욕을 없애는 것이니라.'

그때 범지가 곧 게송으로 말하였다.

감히 아버지와 어머니를
다른 사람에게 보시할 수는 없고
모든 부처님은 진인眞人의 어른이라
또한 감히 남에게 보시할 수 없다.

해와 달은 세상을 골고루 돌아다니는 것이라서
그 두 가지도 보시할 수 없지만
나머지는 다 보시해야 하나니
마음에 결정 내리면 어려울 것이 없네.

그때 정광부처님도 또한 이런 게송으로 범지에게 대답하셨다.

네가 말한 것과 같은 그런 보시는
여래가 말한 보시가 아니다.

억 겁 동안 괴로움을 참으며
머리 · 몸 · 귀 · 눈을 보시하라.

또 처자와 나라와 재물도 보시하고
수레와 말과 종들까지 보시하라.
만일 그런 것을 다 보시할 수 있다면
나는 곧 너에게 수기를 주리라.

그때 마납摩納[2]이 다시 이런 게송을 말하였다.

마치 불이 훨훨 타오르는 큰 산을
억 겁 동안 머리에 이고 참고 견디면서
도를 향하는 마음 무너지지 않으리니
원컨대 지금 곧 수기를 주소서.

그때 정광여래께서는 잠자코 아무 말씀이 없으셨다. 그때 그 범지가 손에 다섯 송이 꽃을 들고 오른쪽 무릎을 땅에 대고 정광여래께 뿌리면서 아울러 이렇게 말하였다.

'이 복〔福祐〕으로 말미암아 다음 세상에 꼭 정광 여래 · 지진 · 등정각처럼 되게 하시어 조금도 다름이 없게 하소서.'

그리고는 곧 머리를 풀어 진흙길 위에 깔고 아뢰었다.

'만일 여래께서 저에게 수결授決을 주시려거든 지금 곧 제 머리털을 밟고 지나가십시오.'

2 팔리어로는 māṇava라고 한다. 또는 마납바摩納婆라고 하기도 하며, 번역하여 소년少年 · 연소정행年少淨行이라고 하니, 청정하게 수행하는 젊은 사람을 뜻하는 말이다.

비구들이여, 마땅히 알아야만 한다. 그때 정광여래께서는 범지가 마음속으로 생각하고 있는 것을 아시고 곧 범지에게 말씀하셨다.

'너는 다음 세상에서 석가모니〔釋迦文〕 불·여래·지진·등정각이 될 것이다.'

그때 초술 범지에게는 함께 공부를 하던 담마류지曇摩留支라는 사람이 있었다. 그가 여래의 곁에 있다가 정광부처님께서 초술 범지에게 수결을 주고, 또 발로 머리털을 밟고 지나가는 것을 보고 이렇게 생각하였다.

'이 까까머리 사문沙門이 어떻게 차마 발로 이 청정한 범지의 머리털을 밟고 지나간단 말인가? 이것은 사람으로서 할 행동이 아니다.'"

부처님께서 모든 비구들에게 말씀하셨다.

"그때 야야달 범지가 어찌 다른 사람이겠느냐? 그렇게 알지 말라. 왜냐하면 그때의 야야달은 바로 지금의 백정왕白淨王이고, 그때 8만 4천 명의 범지 상좌는 바로 지금의 제바달두이며, 그때 초술 범지는 바로 지금의 나이니라. 그때 범지의 딸로서 꽃을 판 여자는 바로 지금의 구이瞿夷이고, 그때의 사당 주인〔祠主〕은 바로 지금의 집장執杖 범지이며, 그때 입으로 좋지 않은 소리를 내는 행行을 지은 담마류지는 바로 지금의 담마류지이니라.

그리고 또 담마류지는 수없이 많은 겁 동안 늘 축생畜生이 되었다가 최후로 받은 몸이 큰 바다의 물고기가 되었는데 그 몸의 길이가 7백 유순由旬이나 되었었다. 그는 거기서 목숨을 마치고 이 세상에 태어나서는 선지식善知識들과 함께 종사從事하고 항상 선지식을 친근히 하면서, 여러 착한 벗과 함께 일하고 항상 착한 벗과 가까이 친하면서, 여러 가지 착한 법을 익혀서 모든 감각기관이 통하고 영리해졌다. 그런 까닭에 나는 '참으로 오랜만이다'라고 말하였던 것이고, 담마류지 또한 스스로 '그렇습니다, 세존이시여. 참으로 오랜만입니다'라고 아뢰었던 것이다.

그러므로 모든 비구들아, 너희들은 항상 몸과 입과 뜻으로 짓는 행을 잘 닦아 익혀야 한다. 모든 비구들아, 마땅히 이와 같이 배워야 한다."

그때 모든 비구들은 부처님의 말씀을 듣고 기뻐하며 받들어 행하였다.

〔 4 〕

이와 같이 들었다.

어느 때 부처님께서는 사위국 기수급고독원에 계셨다.

그때 세존께서 모든 비구들에게 말씀하셨다.

"나는 이제 말하리라. 사자師子와 같은 사람이 있고 양羊과 같은 사람이 있다. 너희들은 자세히 듣고 잘 생각해 보아라."

모든 비구들이 대답하였다.

"그렇게 하겠습니다. 세존이시여."

그때 모든 비구들은 부처님의 가르침을 듣고 있었다.

세존께서 말씀하셨다.

"어떤 사람이 사자와 같은 사람인가? 비구들아, 혹 어떤 사람은 의복・음식・평상〔牀〕・침구〔臥具〕와 질병에 필요한 의약품〔醫藥〕 등의 공양을 받으면, 그는 그것들을 받아서 스스로 쓰면서도 집착하여 물든 마음을 일으키지 않고 또한 욕심도 없으며, 아무런 생각도 일으키지 않아서 조금도 다른 생각이 없다. 그래서 번뇌를 벗어나는 요긴한 법〔出要法〕을 스스로 안다. 설사 이양利養을 얻지 못한다 하더라도 혼란한 생각을 일으키지 않고 마음에 더하고 덜함이 없느니라.

이를 비유하면 마치 사자왕師子王이 자질구레한 짐승을 잡아먹을 때에 그때 저 짐승의 왕은 '이것은 맛이 좋다, 이것은 맛이 없다'는 등의 생각을 하지 않는다. 그리하여 집착하는 마음을 일으키지 않고 또한 욕심도 없으며, 어떤 생각도 일으키지 않는 것처럼, 이 사람도 의복·음식·침구와 질병에 필요한 의약품 등의 공양을 받아 스스로 쓰면서도 집착하는 생각을 일으키지 않고, 설사 그것들을 얻지 못하더라도 다른 생각이 없는 것과 같으니라.

또 어떤 사람은 남에게서 의복·음식·평상·침구와 병에 필요한 의약품 등의 공양을 받으면, 그는 그것을 받아서 스스로 쓰면서 곧 물들어 집착하는 마음을 일으키고 애욕의 마음을 내어, 번뇌를 벗어나는 요긴한 길을 알지 못한다. 만일 그것들을 얻지 못하면 항상 그런 것들을 얻으려는 생각을 가지게 된다. 그 사람이 그런 공양을 얻고 나면 비구들을 향해 스스로 뽐내고 남을 업신여기면서 '나는 의복·음식·평상·침구와 질병에 필요한 의약품 등을 공양 받는데 저 모든 비구들은 그런 것들을 얻지 못하는구나'라고 한다.

이것을 비유하면 마치 양 떼 속에서 어떤 양이 그 무리에서 벗어나, 혼자서 똥 무더기로 가서 똥을 실컷 먹고는 양의 무리 속으로 돌아와 뽐내면서 '나는 맛좋은 음식을 얻어먹었는데 이 양 떼들은 먹어보지도 못하였구나'라고 하는 것과 같다.

이와 같이 또 어떤 사람은 의복·음식·평상·침구와 질병에 필요한 의약품 등의 이양을 얻으면 곧 온갖 혼란한 생각을 일으키고 물들고 집착하는 마음을 내어 곧 다른 비구들을 향해 스스로 뽐내면서 '나는 공양을 받는데 이 비구들은 공양을 받지 못하는구나'라고 한다.

그런 까닭에 모든 비구들아, 너희들은 마땅히 사자왕을 본받고 양처럼 되지 말아야 한다. 모든 비구들아, 마땅히 이와 같이 배워야 한다.”

그때 모든 비구들은 부처님의 말씀을 듣고 기뻐하며 받들어 행하였다.

〔 5 〕

이와 같이 들었다.

어느 때 부처님께서는 사위국 기수급고독원에 계셨다.

그때 세존께서 모든 비구들에게 말씀하셨다.

“만일 어떤 중생이 은혜를 갚을 줄 알면 그 사람은 공경할 만한 사람이다. 조그만 은혜도 오히려 잊지 않거늘 하물며 큰 은혜이겠느냐? 그는 설사 나에게서 천 유순由旬이나 혹은 백천 유순쯤 떨어져 있다고 하더라도 그것은 멀다고 할 수 없고, 내 곁에 있는 것과 다름이 없다. 왜냐하면 비구들아, 꼭 알아야 하느니라. 나는 항상 은혜를 갚을 줄 아는 사람을 찬탄하기 때문이니라.

어떤 중생이라도 은혜를 갚을 줄 모르는 사람은 큰 은혜도 오히려 기억하지 않거늘 하물며 조그만 은혜이겠느냐? 그는 나와 가깝지도 않고 나도 그와 가깝지 않다. 비록 승가리僧伽梨를 입고 내 곁에 있다 하더라도 그는 나에게서 멀리 있는 것이나 다름없다. 왜냐하면 나는 항상 은혜를 갚을 줄 모르는 사람을 칭찬하여 달하지 않기 때문이니라.

그러므로 모든 비구들아, 너희들은 항상 은혜 갚기를 생각해야 하고 은혜를 갚지 않는 것은 배우지 말아야 할 것이다. 모든 비구들아, 마땅히 이와 같이 배워야 한다.”

그때 모든 비구들은 부처님의 말씀을 듣고 기뻐하며 받들어 행하였다.

〔 6 〕

이와 같이 들었다.

어느 때 부처님께서는 사위국 기수급고독원에 계셨다.

그때 세존께서 모든 비구들에게 말씀하셨다.

"만일 어떤 사람이 게으름을 피우면서 나쁜 행동만 심으면 그는 일에 손해만 있을 것이다. 또 어떤 사람이 게으르지 않아서 열심히 정진精進하면 이 사람은 제일 미묘한 사람으로서 모든 착한 법이 곧 자꾸만 늘어나게 될 것이다.

왜냐하면 미륵보살은 30겁劫을 지나서야 비로소 불佛·지진至眞·등정각等正覺이 될 것이니, 나는 정진하는 힘과 용맹勇猛한 마음으로서 미륵보살을 뒤에 있게 하였기 때문이다.

과거 항하강恒河江 모래 수만큼 많은 다살아갈(多薩阿竭 : 如來)·아라하阿羅訶·삼야삼불三耶三佛도 다 용맹으로 말미암아 부처가 되었느니라. 이런 사실로 보아 게으름은 괴로움이 되고 온갖 악행惡行을 지으며, 일에 손해가 있다는 것을 마땅히 알아야 한다. 만일 잘 정진하고 용맹스런 마음이 강强하면 온갖 착한 공덕은 자꾸만 늘어날 것이다.

그런 까닭에 모든 비구들아, 너희들은 항상 정진하기를 생각하고 게으름을 피우지 말라. 이와 같으니 모든 비구들아, 마땅히 이와 같이 배워야 한다."

그때 모든 비구들은 부처님의 말씀을 듣고 기뻐하며 받들어 행하였다.

〔 7 〕

이와 같이 들었다.

어느 때 부처님께서는 사위국 기수급고독원에 계셨다.

그때 세존께서 모든 비구들에게 말씀하셨다.

"아련야阿練若[3] 비구는 마땅히 두 가지 법法을 닦고 실천해야 한다. 어떤 것이 그 두 가지 법인가? 지止와 관觀을 말한다. 만일 아련야 비구가 휴식休息하여 멈추는 법〔止〕을 터득하면 곧 계율을 성취하여 위의威儀를 잃지 않고, 금지하는 행위〔禁行〕를 범하지 않아 온갖 공덕을 지을 것이다.

또 아련야 비구가 다시 관법觀法을 터득하면 괴로움〔苦〕을 관찰하여 사실 그대로 알고, 괴로움의 발생〔苦集〕을 관찰하고, 괴로움의 소멸〔苦盡〕을 관찰하며, 괴로움에서 벗어나는 방법〔苦出要〕을 관찰하여 사실 그대로를 알게 될 것이다.

그가 이와 같이 관찰하고 나면 욕루欲漏의 마음에서 해탈하고, 유루有漏의 마음과 무명루無明漏의 마음에서 해탈하여 곧 해탈의 지혜를 얻는다. 그리하여 '나고 죽음이 이미 다하였고 범행梵行은 이미 섰으며 할 일을 이미 다 마쳐 다시는 후세의 몸을 받지 않는다'는 것을 사실 그대로 아느니라. 과거의 모든 다살아갈·아라하·삼야삼불께서도 다 이 두 가지 법으로 말미암아 성취하게 되었다. 그 까닭은 보살이 나무 밑에 앉았을 때에 먼저 이 지와 관, 두 가지 법을 생각하였기 때문이니라. 만일 보살마하살이 지에 대하여 터득하고 나면, 마원魔怨을 항복 받을 것이요, 또 관법을 터득하고 나면, 이내 세 가지 밝은 지혜〔三達智〕를 이루어 위없는 지진·등정각을 성취하게 될 것이다.

그런 까닭에 모든 비구들아, 아련야 비구는 마땅히 방편方便을 구하여 이 두 가지 법을 닦아 행하여야 한다. 모든 비구들아, 마땅히 이와 같이 배워야 한다."

---

3 아련야 비구(팔리어로 araññaka-bhikkh)란 12가지 두타 수행의 하나를 행하는 것으로, 다른 비구들의 수행처와는 떨어진 한정처閑靜處에 머물면서 수행하는 비구를 말한다.

그때 모든 비구들은 부처님의 말씀을 듣고 기뻐하며 받들어 행하였다.

〔 8 〕

이와 같이 들었다.

어느 때 부처님께서는 사위국 기수급고독원에 계셨다.

그때 세존께서 모든 비구들에게 말씀하셨다.

"만일 아련야〔阿練〕 비구로서 한가하고 고요한 곳에 있으면서, 대중들 속에 있지 않더라도 항상 공경하고 기뻐하는 마음을 내어야 한다. 만일 아련야 비구로서 한가하고 고요한 곳에 있다고 해서, 공경하지 않고 기뻐하는 마음을 내지 않는다면 그가 혹 대중 속에서 남을 위해 설법하더라도 아련야의 법〔阿練之法〕을 알지 못할 것이다. 왜냐하면 그 아련야 비구는 공경하는 마음이 없고 기뻐하는 마음이 없기 때문이다.

또 비구들아, 아련야 비구는 한가하고 고요한 곳에 있으면서 대중들 속에 있지 않더라도 항상 정진하고 게으름을 피우거나 교만하게 굴지 말고, 모든 법의 긴요한 것을 다 알아야 한다. 만일 또 아련야 비구로서 한가하고 고요한 곳에 있으면서 게으르고 교만한 마음을 가지고 온갖 악행惡行을 지으면, 그는 혹 대중 속에서 남에게 '이 아련야 비구는 게으름을 피우면서 정진하지 않았다'라는 비난을 받을 것이다.

그런 까닭에 비구들아, 아련야 비구는 한가하고 고요한 곳에 있으면서 대중들 속에 있지 않더라도 항상 겸손하고 기뻐하는 마음을 내어야 한다.

그래서 게으르고 교만하거나, 공경하는 마음이 없어서는 안 되고 정진을 생각하고 행하여 뜻이 변하지 않고 모든 착한 법을 완전히 갖추어야 한다. 이와 같으니 모든 비구들아, 마땅히 이와 같이 배워야 한다."

그때 모든 비구들은 부처님의 말씀을 듣고 기뻐하며 받들어 행하였다.

〔 9 〕

이와 같이 들었다.

어느 때 부처님께서는 사위국 기수급고독원에 계셨다.

그때 세존께서 모든 비구들에게 말씀하셨다.

"두 사람에게는 법어法語를 잘 말해 줄 수가 없다. 어떤 사람이 그 두 사람인가? 믿음이 없는 사람에게 믿음에 대한 법을 말해 주는 이 일은 매우 어려운 일이요, 인색하고 탐욕이 있는 사람에게 보시에 대한 법을 말해 주는 이 일은 매우 어려운 일이다.

또 비구들아, 믿음이 없는 사람에게 믿음에 대한 법을 말해 주면, 그는 곧 성을 내어 해칠 마음을 낼 것이다. 비유하면 마치 본래도 사나운 개에게 코까지 다치게 하면 개는 곱절이나 더 성을 내는 것과 같다. 모든 비구들이여, 이와 마찬가지로 믿음이 없는 사람에게 믿음에 대한 법을 말해 주면, 그는 더욱 성을 내어 한층 더 해칠 마음을 낼 것이다.

또 비구들아, 만일 인색하고 탐욕이 있는 사람에게 보시布施에 대한 법을 말해 주면 그는 곧 성을 내어 해칠 마음을 낼 것이다. 비유하면 마치 종기가 아직 곪지도 않았는데 그걸 칼로 째면 그 고통을 참아낼 수 없는 것처럼 인색하고 탐욕이 있는 사람에게 보시에 대한 법을 말해 주면, 그는 더욱 성을 내어 해칠 마음을 낼 것이다.

비구들아, 이것을 '두 사람에게는 법을 설해 주기 어렵다'고 말하는 것이다.

또 비구들아, 어떤 두 사람에게는 법을 설해 주기가 쉽다. 어떤 사람이 그 두 사람인가? 믿음이 있는 사람에게 믿음에 대한 법을 말해 주는 것과 인색하지 않고 탐욕이 없는 사람에게 보시에 대한 법을 말해 주는 것이다.

비구들아, 만일 믿음이 있는 사람에게 믿음에 대한 법을 말해 주면, 그는 곧 기뻐하면서 마음이 변하거나 후회하는 일이 없을 것이다. 비유하면 마치 병든 사람에게 병을 없애는 약藥을 말해 주면 그는 곧 평상시처럼 병이 회복되는 것처럼 믿음이 있는 사람에게 믿음에 대한 법을 말해 주면 곧 기뻐하면서 마음을 바꾸거나 변하는 일이 없을 것이다.

또 만일 탐욕이 없는 사람에게 보시에 대한 법을 말해 주면, 그는 곧 기뻐하면서 후회하는 마음이 없을 것이다. 비유하면 마치 얼굴이 예쁘고 단정한 어떤 남녀男女가 스스로 목욕하고 세수하기를 좋아하는데 어떤 사람이 아름다운 꽃을 가지고 와서 그들에게 받들어 올리면 그 얼굴은 곱절이나 아름다워지며, 또 좋은 옷을 그 사람들에게 받들어 올리면 그들은 그 옷을 받고 더욱 기뻐하는 것처럼, 그와 같이 인색하거나 탐욕이 없는 사람에게 보시에 대한 법을 말해 주면 그는 곧 기뻐하면서 후회하는 마음이 없을 것이다.

비구들아, 이것을 '두 사람에게는 설법하기 쉽다'고 말하는 것이다.

그런 까닭에 모든 비구들아, 너희들은 마땅히 믿음에 대해 배우고 보시에 대해 배워야 할 것이요, 인색하지 않고 탐하는 마음을 내지 말아야 할 것이다. 이와 같으니 모든 비구들아, 마땅히 이와 같이 배워야 한다."

그때 모든 비구들은 부처님의 말씀을 듣고 기뻐하며 받들어 행하였

다.

〔 10 〕

이와 같이 들었다.

어느 때 부처님께서는 사위국 기수급고독원에 계셨다.

그때 세존께서 모든 비구들에게 말씀하셨다.

"범부凡夫가 두 가지 법에 보시하면 큰 공덕功德을 얻고 큰 과보果報를 성취하고 감로의 맛을 얻어 무위처(無爲處 : 涅槃)에 이르게 될 것이다. 어떤 것이 그 두 가지 법인가? 하나는 부모님을 공양供養하는 것이다. 이것이 이른바 '두 사람에게 보시하면 큰 공덕을 얻고 큰 과보를 성취한다'고 한 것이다.

또 다른 하나는 일생보처보살一生補處菩薩에게 공양하면 큰 공덕을 얻고 큰 과보를 성취할 것이다.

비구들아, 이것을 '두 사람에게 보시하면 큰 공덕을 얻고 큰 과보를 받고 감로의 맛을 얻어 무위처에 이른다'고 한 것이니라.

그런 까닭에 모든 비구들아, 너희들은 항상 부모에게 효순孝順하고 공양하기를 생각해야 할 것이다. 모든 비구들아, 마땅히 이와 같이 배워야 한다."

그때 모든 비구들은 부처님의 말씀을 듣고 기뻐하며 받들어 행하였다.

〔 11 〕

이와 같이 들었다.

어느 때 부처님께서는 사위국 기수급고독원에 계셨다.

그때 세존께서 모든 비구들에게 말씀하셨다.

"두 사람에게는 아무리 착한 일을 하여도 그 은혜를 다 갚을 수 없다. 어떤 사람이 그 두 사람인가? 아버지와 어머니를 일컫는 말이다. 가령 비구들아, 어떤 사람이 왼쪽 어깨에 아버지를 얹고 오른쪽 어깨에 어머니를 얹고 다니면서, 천만년 동안 의복·음식·평상·침구·질병을 치료하는 의약품 등으로 공양할 때에 그 부모가 설령 어깨 위에서 오줌과 똥을 눈다 하더라도, 오히려 그 은혜를 다 갚을 수 없을 것이다. 비구들아, 반드시 알아야 한다. 부모의 은혜는 참으로 막중莫重하니라. 우리들을 안아 길러 주셨고, 수시로 보살펴 시기를 놓치지 않았기 때문에 우리가 저 해와 달을 보게 된 것이다. 이런 사실〔方便〕로 보아 이 부모의 은혜를 갚기란 참으로 어렵다는 것을 알 수 있을 것이다. 그런 까닭에 모든 비구들아, 너희들은 마땅히 부모에게 공양을 해야 할 것이요, 항상 효도하고 순종하여 그 시기를 놓치지 말아야 하느니라. 이와 같으니 모든 비구들아, 마땅히 이와 같이 배워야 한다."

그때 모든 비구들은 부처님의 말씀을 듣고 기뻐하며 받들어 행하였다.

〔 12 〕

이와 같이 들었다.

어느 때 부처님께서는 사위국 기수급고독원에 계셨다.

그때 존자 반특槃特이 그 아우 주리반특朱利槃特에게 말하였다.

"만일 계戒를 지킬 능력이 못 되거든 속세〔白衣〕로 돌아가라."

그러자 주리반특은 그 말을 듣고 나서 곧 기원정사祇洹精舍로 가서 문밖에 서서 눈물을 흘리고 있었다. 그때 세존께서 깨끗한 천안天眼으로 주리반특 비구가 문밖에 서서 스스로 견딜 수 없이 울고 있는 것을 보셨다. 그때 세존께서는 고요한 방에서 나와 산처럼 거닐어 기원정사의 문밖으로 나가셔서 주리반특에게 말씀하셨다.

"비구야, 무슨 까닭에 여기서 슬피 울고 있는가?"

주리반특이 대답하였다.

"세존이시여, 형님에게 쫓겨났습니다. 형님이 말하기를 '만일 계를 지킬 능력이 못 되거든 속세로 돌아가라. 여기에 머무를 필요가 없다'고 하였습니다. 그래서 슬피 울고 있습니다."

세존께서 말씀하셨다.

"비구야, 걱정하지 말라. 나는 위없는 등정각〔無上等正覺〕을 이루었지만, 너희 형 반특으로 인해서 도道를 얻은 것은 아니다."

그러고 나서 세존께서 손으로 주리반특을 붙잡고 고요한 방으로 데리고 가서 자리에 앉게 하셨다. 그리고 세존께서는 다시 비〔掃彗〕를 잡게 하고 가르치셨다.

"너는 이 글자를 외워라. 이 글자가 무슨 글자이냐?"

그런데 주리반특은 소掃자를 외우면 제彗 자를 잊어버리고, 제자를 외우면 또 소자를 잊어버렸다. 그때 존자 주리반특이 그렇게 소자와 제자를 외운 지 며칠이 지나갔다. 그러나 그는 이 소제는 '때를 제거하여 없애는 것'이라고 알고 있었다. 주리반특은 또 이렇게 생각하였다.

'무엇을 제거한다〔除〕고 하고 무엇을 때〔垢〕라고 하는가? 때라는 것은 재〔灰〕·흙〔土〕· 기왓장〔瓦〕·돌〔石〕이요, 제거하여 없앤다는 것은 깨끗하게 하는 것이다.'

다시 이렇게 생각하였다.

'세존께서는 무슨 까닭에 이런 것으로 나를 가르치시는 걸까? 나는 지금 그 뜻을 생각해보리라.'

그리고 그 뜻을 생각해보고는 다시 이렇게 생각하였다.

'지금 내 몸에도 티끌과 때가 있다. 내 스스로를 비유해 보자. 무엇이 없애는 것이며, 무엇이 때인가?'

그는 다시 이렇게 생각하였다.

'결박〔縛結〕이 때이고, 지혜智慧가 없애는 것이다. 나는 지금 지혜의 비로써 이 결박을 쓸어버리리라.'

그때 주리반특은 5성음(盛陰 : 五蘊)이 이루어지는 것과 소멸하는 것을 생각하였다. 즉 이른바 '이것은 색色이요, 이것은 색의 발생원인〔色集〕이며, 이것은 색의 소멸〔色滅〕이다. 이것이 통(痛 : 受)·상想·행行·식識이 이루어지고 소멸하는 것이다'고 사유하였다.

그는 이 5성음을 생각하고 난 뒤에 욕루欲漏의 마음에서 해탈하고 유루有漏의 마음과 무명루無明漏의 마음에서 해탈하였으며, 해탈하고 나서는 이내 해탈의 지혜를 얻었다. 그리하여 '나고 죽음이 이미 다하였고 범행梵行이 이미 섰으며 할 일을 이미 다 마쳐 다시는 후세의 몸을 받지 않는다'라는 것을 사실 그대로 알았다. 이에 존자 주리반특은 곧 아라한阿羅漢이 되었고, 아라한이 된 뒤에 자리에서 일어나 세존께서 계신 곳으로 나아가, 세존의 발에 머리 조아려 예를 올리고 한쪽에 앉아서 세존께 아뢰었다.

"이제는 지智가 생겼습니다. 이제야 혜慧가 생겼습니다. 이제는 소제掃揩를 알았습니다."

세존께서 말씀하셨다.

"비구야, 어떻게 알았느냐?"

주리반특이 대답하였다.

"없앤다는 것은 지혜를 이르는 말이고, 때라는 것은 결박을 이르는 말입니다."

세존께서 말씀하셨다.

"훌륭하다. 비구야, 네가 말한 것과 같다. 없앤다고 하는 것은 곧 지혜를 이르는 말이고, 때라는 것은 곧 결박을 이르는 말이니라."

그때 존자 주리반특이 세존께 이런 게송으로 아뢰었다.

이제 이것을 외움으로 만족하였습니다.
세존께서 말씀하신 것과 같사옵니다.
지혜라야 능히 결박을 없앨 수 있고
그밖의 다른 행은 의지할 것 못 되나이다.

세존께서 말씀하셨다.

"비구야, 네가 말한 것과 같다. 지혜로만 그렇게 할 수 있을 뿐, 그밖의 다른 행으로는 그렇게 하지 못하느니라."

그때 존자는 세존의 말씀을 듣고 기뻐하며 받들어 행하였다.

〔 13 〕

이와 같이 들었다.

어느 때 부처님께서는 사위국 기수급고독원에 계셨다.

그때 세존께서 모든 비구들에게 말씀하셨다.

"두 가지 법이 있으니, 그 법은 소중히 여길 것이 못 되고 또한 애착愛着할 만한 것도 아니어서 세상 사람들이 버리는 것이다. 어떤 것이 그 두 가지 법인가? 하나는 미워하는 이와 서로 만나는 것이니, 이것은 소중히 여길 것이 못 되고, 또한 애착할 만한 것도 아니어서 세상 사람들이 버리는 것이다. 다른 하나는 은애恩愛하는 이와 헤어지는 것이니, 이것도 소중히 여길 것이 못 되고, 또한 애착할 만한 것도 아니어서 세상 사람들이 버리는 것이다. 비구들아, 이것을 일러 '여기 두 가지 법이 있는데 세상 사람들이 기뻐하지 않고 소중히 여기지 않는 것이다'고 말한 것이니라.

비구들아, 또 두 가지 법이 있는데, 그 법은 세상 사람들이 버리지 않는 것이다. 어떤 것이 그 두 가지 법인가? 첫째는 미워하는 이와 헤어지는 것이니, 세상 사람들이 기뻐하는 것이다. 다른 하나는 은애하는 이와 한 곳에 모이는 것이니, 매우 사랑할 만한 것이라서 세상 사람들이 기뻐하는 것이다. 비구들아, 이것을 일러 '여기 두 가지 법이 있는데 세상 사람들이 기뻐하는 것이다'라고 말한 것이니라.

나는 지금 이 미워하는 이와 만나는 것과, 사랑하는 이와 헤어지는 것을 말했고, 다시 미워하는 이와 헤어지는 것과 사랑하는 이와 만나는 것에 대하여 말하였다. 여기에는 무슨 뜻이 있으며, 무슨 인연이 있는가?"

비구들이 아뢰었다.

"세존께서는 모든 법의 왕이십니다. 원컨대 세존이시여, 저희들을 위하여 말씀하여 주십시오. 저희 모든 비구들은 그것을 듣고 나서 받들어 실천하겠습니다."

세존께서 말씀하셨다.

"자세히 듣고 그것을 잘 기억하라. 내가 너희들을 위해 그것을 분별해 해설해 주리라. 모든 비구들아, 이 두 가지 법은 애욕으로 말미암아 생기며, 애욕으로 말미암아 이루어지고, 애욕으로 말미암아 일어나는 것이다. 그러므로 그 애욕을 없애는 것을 배워 부디 생겨나지 않게 하라. 이와 같으니 모든 비구들아, 마땅히 이와 같이 배워야 한다."

그때 모든 비구들은 부처님의 말씀을 듣고 기뻐하며 받들어 행하였다.

증일아함경 제 12 권

21. 삼보품三寶品

〔 1 〕[1]

이와 같이 들었다.

어느 때 부처님께서는 사위국 기수급고독원에 계셨다.

그때 세존께서 모든 비구들에게 말씀하셨다.

"스스로 귀의하는 덕德에 세 가지가 있다. 어떤 것이 그 세 가지인가? 부처님께 귀의하는 것이 첫 번째 덕이고, 법法에 귀의하는 것이 두 번째 덕이며, 승가에 귀의하는 세 번째 덕이다.

어떤 것을 부처님께 귀의하는 덕이라 하는가? 모든 중생인 두 발 달린 것 · 네 발 달린 것 · 많은 발이 달린 것과 형상이 있는 것〔有色〕[2] · 형상이 없는 것〔無色〕[3]과 생각이 있는 것〔有想〕 · 생각이 없는 것〔無

1 이 소경과 내용이 비슷한 경으로는 『잡아함경』 제31권 902～904번째 소경이 있다.
2 욕계欲界 · 색계色界의 중생을 말한다.
3 무색계無色界의 중생을 가리킨다.

想〕[4]들에서부터 저 니유선천(尼維先天 : 非想非非想處天)에 이르기까지 여래如來가 그 중에서 가장 존귀하고 최상이어서 어느 누구도 여래를 따를 이가 없느니라.

그것은 마치 소에서 젖〔乳〕을 얻고 우유에서 낙酪을 얻으며, 낙에서 소酥를 얻고 소에서 제호醍醐를 얻지만, 그 중에서 제호가 가장 존귀하고 최상이어서 그 어느 것도 제호의 맛을 따를 수 없는 것처럼, 모든 중생인 두 발 달린 것 · 네 발 달린 것 · 많은 발이 달린 것과 형상이 있는 것 · 형상이 없는 것과, 생각이 있는 것 · 생각이 없는 것들에서부터 저 니유선천에 이르기까지 여래가 그 중에서 가장 존귀하고 최상이어서 어느 누구도 여래를 따를 이가 없기 때문에, 모든 중생들이 다 부처님을 받들어 섬기는 것이다. 이것을 제일가는 덕을 받들어 섬기는 것이라고 말한다. 그 제일가는 덕을 획득하면, 곧 천상天上이나 인간人間 세상에서 복을 받으니, 이것을 제일가는 덕이라고 하느니라.

어떤 것을 스스로 법에 귀의하는 것이라고 하는가? 모든 법인 유루有漏 · 무루無漏와 유위有爲 · 무위無爲와 무욕無欲 · 무염無染와 멸진滅盡 · 열반涅槃이 있지만, 그 중에서 열반이 가장 존귀하고 최상이어서 그 어느 것도 여기에 미칠 것이 없다.

그것은 마치 소에서 젖을 얻고 우유에서 낙을 얻으며, 낙에서 소를 얻고 소에서 제호를 얻지만, 그 중에서 제호가 가장 존귀하고 최상이어서 그 어느 것도 제호의 맛을 따를 수 없는 것처럼, 모든 법인 유루 · 무루와 유위 · 무위와 무욕 · 무염과 멸진 · 열반이 있지만, 그 중에서 열반이 가장 존귀하고 최상이기 때문에 모든 중생들은 법을 섬기는 것이다. 이것을 제일가는 덕을 받들어 섬기는 것이라고 말한다.

4 멸진정滅盡定에 든 사람과 무상천無想天의 유정有情을 가리킴. 이곳을 제외한 다른 곳에 속한 중생들을 유상有想이라 한다.

그 제일가는 덕을 획득하면, 곧 천상이나 인간 세상에서 복을 받으니, 이것을 제일가는 덕이라고 하느니라.

어떤 것을 스스로 성중聖衆에 귀의하는 것이라고 하는가? 성중이라고 말하는 것은 형상이 있는 대중들이 많이 모여 사는 것을 말한다. 그 중생들 가운데 여래의 대중인 승가〔僧〕가 가장 존귀하고 최상이어서 어느 누구도 성중에 미칠 수 있는 이는 없다. 그것은 마치 소에서 젖을 얻고 우유에서 낙을 얻으며, 낙에서 소를 얻고 소에서 제호를 얻지만, 그 중에서 제호가 가장 존귀하고 최상이어서 그 어느 것도 제호의 맛을 따를 수 없는 것처럼, 성중이라고 말하는 것은 형상이 있는 대중들이 많이 모여 사는 것을 말하는데, 그 중생들 가운데 여래의 대중인 승가가 가장 존귀하고 최상이어서 어느 누구도 성중에 미칠 수 있는 이는 없다. 이것을 제일가는 덕을 받들어 섬기는 것이라고 말한다. 그 제일가는 덕을 획득하면, 곧 천상이나 인간 세상에서 복을 받으니, 이것을 제일가는 덕이라고 하느니라.

그때 세존께서 곧 이런 게송을 말씀하셨다.

첫 번째로 부처님을 받들어 섬기면
가장 존귀하여 더 높은 것 없고
다음으로 또 법을 받들어 섬기면
탐욕이 없어지고 집착도 없어진다.

현성賢聖 대중을 공경하고 받드는 것
그것은 가장 좋은 복밭〔福田〕이니
그런 사람은 제일가는 지혜가 있어
제일 먼저 복을 받으리라.

만일 그가 천상이나 인간에 태어나면
대중들 속에서 바른 길잡이 되고
또한 가장 묘한 자리를 얻어
저절로 감로甘露를 마시게 되리라.

몸에는 7보 옷 입고
다른 사람들의 존경을 받으며
가장 완전한 계를 갖추어
모든 감각기관 새거나 결함 없으리.

게다가 지혜의 바다까지 얻어
열반의 세계로 차츰 나아가리니
이 세 가지에 귀의하는 사람은
태어나는 세계 또한 어려운 일 없으리.

그때 모든 비구들은 부처님의 말씀을 듣고 기뻐하며 받들어 행하였다.

〔 2 〕

이와 같이 들었다.

어느 때 부처님께서는 사위국 기수급고독원에 계셨다.

그때 세존께서 모든 비구들에게 말씀하셨다.

"세 가지 복이 되는 업業이 있다. 어떤 것이 그 세 가지인가? 보시布施가 복을 짓는 업이요, 평등平等이 복을 짓는 업이며, 사유思惟가 복을 짓는 업이다. 어째서 보시가 복을 짓는 업이 되는가? 만일 어떤 사람이 마음을 열어 사문·바라문·매우 빈궁貧窮한 사람·고독한 사람·갈 곳 없는 이에게 보시를 하되, 밥을 필요로 하는 이에게는 밥을 주고 장漿을 필요로 하는 이에게는 장을 주며, 의복衣服·음식飮食·평상〔牀〕·침구〔臥具〕와 질병에 필요한 의약품〔醫藥〕과 향香·꽃과 자고 머물 수 있는 곳 등을 저들의 요구를 따라 아낌없이 주면, 이것을 '보시가 복을 짓는 업이 된다'고 말하는 것이니라.

어째서 평등이 복을 짓는 업이 되는가? 혹 어떤 사람이 살생을 하지 않고 도둑질하지 않으며, 항상 부끄러워할 줄 알고 나쁜 생각을 일으키지 않으며, 남의 물건을 몰래 훔치지 않고 남에게 보시하기를 좋아하며, 탐하거나 아끼는 마음이 없고 말씨가 온화하고도 맑으며, 남의 마음에 상처 입히지 않고 또한 다른 이와 음란한 짓을 하지 않으며, 제 자신이 범행梵行을 닦고 자기 아내에 만족하고 거짓말을 하지 않아 항상 성실하기를 생각하며, 속이는 말을 하지 않아서 세상 사람들의 존경을 받으며, 늘어나거나 줄어드는 일이 없고 또한 술을 마시지 않아서 언제나 혼란한 것을 피할 줄 안다.

또 자애로운 마음〔慈心〕을 1방方에 두루 채우고, 2방·3방·4방에도 또 그렇게 하고, 8방과 상·하에까지 두루 채워서 헤아릴 수도 없고 한정할 수도 없다. 한정할 수도 없고 무게를 달아 헤아릴 수도 없을 정도의 이와 같은 자애로운 마음으로 일체를 두루 덮어 그들로 하여금 안온함을 얻게 한다. 또 불쌍히 여기는 마음〔悲心〕·기뻐하는 마음〔喜心〕·평정한 마음〔護心〕을 1방에 가득 채우고, 2방·3방·4방에도 또한 그렇게 하고, 8방과 상·하에까지도 모두 채워 헤아릴 수도 없고 한정할 수도 없으며, 무게를 달아 헤아릴 수도 없을 정도로 이 불쌍히 여기는 마음·기뻐하는 마음·보호하는 마음을 일체에 가득 채운다. 이것을 일러 '평등이 복을 짓는 업이 된다'고 하는 것이니라.

어째서 사유가 복을 짓는 업이 되는가? 비구比丘가 염각의念覺意를 수행하여 욕심 없음〔無欲〕에 의지하고 관찰함이 없음에 의지하며, 다 사라짐에 의지하고 번뇌를 벗어나는 중요한 방법에 의지하여 법각의法覺意를 닦고 염각의念覺意를 닦으며, 의각의猗覺意를 닦고 정각의定覺意를 닦으며, 호각의護覺意를 닦아 욕심 없음에 의지하고 관찰함이 없음에 의지하며, 다 사라짐에 의지하고 번뇌를 벗어나는 중요한 방법에 의지하면, 이것을 일러 '사유가 복을 짓는 업이 된다'고 하는 것이니라.

이와 같으니 비구들아, 이런 세 가지 복을 짓는 업이 있느니라."

그때 세존께서 곧 이런 게송을 말씀하셨다.

보시와 평등과 자애로운 마음과
보호하는 마음과 또 사유하는 것
이런 것들의 세 가지 업이 있는데
지혜로운 사람은 이를 친근히 한다.

이 세상에서 그 과보果報 받고
천상에서도 또한 그러하니
이런 세 가지 업으로 말미암아
천상에 태어날 것 의심 없어라.

"그런 까닭에 모든 비구들아, 너희들은 마땅히 방편을 구해, 이 세 가지를 찾아야 한다. 이와 같으니 모든 비구들아, 마땅히 이와 같이 배워야 한다."

그때 모든 비구들은 부처님의 말씀을 듣고 기뻐하며 받들어 행하였

다.

〔 3 〕

이와 같이 들었다.

어느 때 부처님께서는 사위국 기수급고독원에 계셨다.

그때 세존께서 모든 비구들에게 말씀하셨다.

"세 가지 인연이 있어야 식識이 태胎를 받게 된다. 어떤 것이 그 세 가지인가? 비구들아, 어머니가 애욕愛欲의 마음이 있어서 부모가 한 곳에 모여 함께 머물러 잔다 하더라도, 그러나 조한 바깥에서 식識이 와서 호응해 주지 않으면 곧 태가 이루어지지 못한다. 또 식識이 와서 들어가려고 하더라도 부모가 한 곳에 모여 있지 않으면 역시 태는 성립되지 못한다.

또 어머니가 애욕의 마음이 없는 상태로 부모가 한 곳에 모여 있을 경우, 그때 아버지가 아무리 애욕의 마음이 왕성하다 하더라도 어머니가 그리 간절하지 않으면 태는 성립되지 못한다. 또 부모가 한 곳에 모여 있을 경우 어머니가 아무리 애욕의 마음이 왕성하다 하더라도 아버지가 그리 간절하지 않으면 태는 성립되지 못한다.

또 부모가 한 곳에 모여 있다 하더라도 아버지에게 풍병風病이 있거나 어머니에게 냉병冷病이 있으면 태는 성립되지 못한다. 또 부모가 한 곳에 모여 있다 하더라도 어머니에게 풍병이 있거나 아버지에게 냉병이 있으면 태는 성립되지 못한다.

또 어느 때에 부모가 한 곳에 모여 있다 하더라도 아버지의 몸에 물기운〔水氣〕이 지나치게 많으면 어머니에게 그런 질환이 없어도 태는 성립되지 못한다. 또 어느 때에 부모가 한 곳에 모여 있다 하더라도 아버지의 상相에는 자식이 있으나 어머니의 상에 자식이 없으면 태는 성립되지 못한다. 또 어느 때에 부모가 한 곳에 모여 있다 하더라도 어머니의 상에는 자식이 있으나 아버지의 상에 자식이 없으면 태는 성립되지 못한다. 또 어느 때에 부모의 상에 모두 자식이 없으면 태는 성립되지 못하느니라.

또 때로는 식신識神이 태에 나아가더라도 아버지가 떠나 있어 없을 경우엔 태는 성립되지 못한다. 또 어느 때에 부모가 꼭 한 곳에 모여 있어야 할 것이나, 그러나 어머니가 멀리 떠나 있어 없을 경우엔 태는 성립되지 못하느니라. 또 어느 때에 부모가 한 곳에 모여 있더라도, 그러나 아버지가 몸에 위중한 병이 있을 경우, 그때는 식신이 태에 나아간다 하더라도 태가 성립되지 못한다. 또 어느 때에 부모가 한 곳에 모일 만하고 식신이 와서 태에 나아간다 하더라도 어머니가 위중한 병을 앓을 경우 태는 성립되지 못한다. 또 어느 때에 부모가 한 곳에 모일 만하고 식신이 와서 태에 나아간다 하더라도, 그러나 부모가 모두 병을 앓을 경우 태는 성립되지 못한다.

또 비구들아, 만일 부모가 한 곳에 모여 있고 부모에게 질환이 없을 경우에야 식신이 오는 것이고, 그리고 또 부모에게 모두 자식을 둘 상相이 있을 경우에 그는 곧 태가 성립되는 것이다. 이것을 일러 '세 가지 인연이 있어야 태가 성립된다'고 하는 것이다.

그런 까닭에 모든 비구들아, 너희들은 마땅히 방편을 구하고, 이 세 가지 인연을 끊어야 한다. 이와 같으니 모든 비구들아, 마땅히 이와 같이 배워야 한다."

그때 모든 비구들은 부처님의 말씀을 듣고 기뻐하며 받들어 행하였다.

〔 4 〕

이와 같이 들었다.

어느 때 부처님께서는 사위국 기수급고독원에 계셨다.

그때 세존께서 모든 비구들에게 말씀하셨다.

"만일 어떤 중생이 자애로운 마음을 일으키고 독실하게 믿는 마음을 가지고서 부모·형제·친척·아내·친구·선지식을 받들어 섬기려고 하거든 마땅히 세 곳에 안주安住하게 하여 그들로 하여금 이동移動할 생각을 가지지 않게 하라. 어떤 것이 그 세 가지인가? 첫째는 마땅히 환희심歡喜心을 내어 여래의 처소에서 마음이 이동하지 않게 하라. 저분은 여래·지진至眞·등정각等正覺·명행성위明行成爲·선서善逝·세간해世間解·무상사無上士·도법어道法御·천인사天人師·불세존佛世尊이라고 호칭하느니라.

둘째는 바른 법〔正法〕에 대하여 마음을 내는 것이다. 여래의 법은 잘 말씀하신 걸림이 없는 것으로서 지극히 미묘하여 그것으로 말미암아 큰 과果를 이루는 것이다. 이와 같으니 지혜로운 사람은 꼭 배워서 알아야 하느니라.

셋째는 이 성중聖衆에 대해 마음을 내는 것이다. 여래의 성중은 모두 화합和合하여 어지러움이 없고, 법法과 법을 성취하고 계戒를 성취하며, 삼매三昧를 성취하고 지혜智慧를 성취하며, 해탈解脫을 성취하고 해탈견혜解脫見慧를 성취한다. 성중이란 사쌍팔배四雙八輩와 12현성賢聖을 이르는 말이다. 이는 곧 여래의 성중이니 공경할 만하고 귀하게 여길 만하나니, 이들은 세상에서 더할 나위 없는 복밭이다.

모든 비구들아, 너희들이 이 세 가지를 배우면 큰 과보를 이룩할 것이다. 이와 같으니 모든 비구들아, 마땅히 이와 같이 배워야 한다."

그때 모든 비구들은 부처님의 말씀을 듣고 기뻐하며 받들어 행하였

다.

〔 5 〕

이와 같이 들었다.

어느 때 부처님께서는 사위국 기수급고독원에 계셨다.

그때 구파리瞿波離 비구가 세존께서 계시는 곳을 찾아가서 부처님의 발에 머리 조아려 예배하고 한쪽에 앉았다.

그때 그 비구가 세존께 아뢰었다.

"저 사리불舍利弗과 목건련目揵連 비구는 소행所行이 매우 나쁩니다. 저들은 온갖 악행惡行을 다 짓습니다."

세존께서 말씀하셨다.

"그런 말을 하지 말라. 너는 여래의 처소에서 기뻐하는 마음을 내어야 한다. 사리불과 목건련 비구는 소행이 순수하고 착하다. 저들은 아무런 악함도 없느니라."

그때 구파리 비구가 두 번 세 번 세존께 아뢰었다.

"여래의 말씀은 진실하여 거짓이 없습니다. 그러하오나 사리불과 목건련 비구는 소행이 매우 나쁩니다. 저들은 선善한 근본이 조금도 없습니다."

세존께서 말씀하셨다.

"이 미련한 사람아, 너는 여래의 말을 믿지 못하느냐? 너는 방금 '사리불과 목건련 비구는 소행이 매우 나쁘다'고 말하였다. 너는 지금 악행을 지었다. 나중에 그에 대한 과보를 받게 될 것이다."

그러자 그 비구는 그 자리에서 즉시 몸에 악성 종기〔惡瘡〕가 생겼는데, 그 크기가 처음에는 겨자씨만 하더니 차츰 커져서 콩만 해졌고, 또 점점 커져서 아마륵阿摩勒 열매만 해지더니 다시 호도胡桃만 해졌고, 마침내는 합장合掌한 크기만 하게 되었다. 그 악성 종기에서 고름과 피가 흘러나오더니 몸이 무너지고 목숨이 끝난 뒤에는 연화지옥蓮華地獄에 떨어졌다.

그때 존자 대목건련은 구파리가 죽었다는 말을 듣고, 곧 세존의 처소를 찾아가서 세존의 발에 머리 조아려 예배하고 한쪽에 앉았다. 잠시 뒤에 자리에서 조금 물러나 앉아서 세존께 아뢰었다.

"구파리 비구는 지금 어디에 태어났습니까?"

세존께서 말씀하셨다.

"그는 죽어서 연화지옥에 태어났느니라."

이때 목련이 세존께 아뢰었다.

"제가 지금 그 지옥에 가서 그 사람을 교화하려고 하나이다."

세존께서 말씀하셨다.

"목련아, 너는 거기 갈 필요가 없느니라."

목련은 거듭 세존께 아뢰었다.

"저는 그 지옥에 가서 그를 교화하고 싶습니다."

그때 세존께서는 잠자코 아무 대답도 하지 않으셨다.

그러자 존자 대목건련이 역사力士가 팔을 굽혔다 펴는 만큼의 짧은 시간에 사위성舍衛城에서 사라져 보이지 않더니 곧 연화 대지옥에 이르렀다. 그때 구파리 비구는 온몸이 불에 타고 있었고, 또 백 마리 소가 그의 혀를 보습으로 갈고 있었다.

그때 존자 대목건련이 허공에서 가부좌하고 앉아 손가락을 튀기면서 그 비구에게 말하였다. 그 비구는 곧 우러러보면서 물었다.

"당신은 누구십니까?"

목건련이 대답하였다.

"구파리여, 나는 바로 석가모니부처님의 제자이며, 이름은 목건련이고 성은 구리타拘利陀라고 합니다."

그때 비구는 목련을 보고 나서 곧 이런 욕을 하였다.

"나는 지금 이 나쁜 세계에 떨어져 있는데도 아직 네 앞을 벗어나지 못하였구나."

이렇게 말하자, 바로 그때 천 마리 소가 보습으로 그의 혀를 갈았다. 목련은 그것을 보고 나서 근심이 갑절이나 더하고 답답해져서 후회하는 마음이 생겼다. 그는 그곳에서 모습을 감춰 사위국으로 돌아와 세존의 처소에 이르러서 세존의 발에 머리 조아려 예배하고 한쪽에 앉았다. 그때 목련은 그간에 있었던 인연사를 세존께 자세히 아뢰었다. 머리를 조아려 그 발에 예를 올리고 한쪽에 머물렀다.

세존께서 말씀하셨다.

"나는 전에 너에게 '그곳에 가서 그 나쁜 사람을 볼 필요가 없다'고 말하지 않았느냐?"

그때 세존께서 곧 이런 게송을 말씀하셨다.

대개 사람이 세상에 태어나면
도끼가 그 사람의 입 속에 있어
그것으로써 제 몸을 베나니
그것은 악한 말 때문이니라.

저의 숨길과 내 이 숨길
그것은 모두 착하건만
이미 나쁜 짓을 하였기 때문에
그는 나쁜 세상에 떨어졌다.

끝이 있거나 끝이 없거나
그곳은 가장 나쁜 곳이요
여래에 대해 나쁜 짓을 하면
그것은 가장 중한 죄이니라.

1만 3,061명이나 되는 이
회옥灰獄에 떨어졌네.
성인을 비방하여 저기에 떨어졌으니
몸과 입으로 지은 것이다.

그때 세존께서 이어 모든 비구들에게 말씀하셨다.

"비구들아, 너희들은 마땅히 세 가지 법을 배워서 그 행을 성취해야 한다. 어떤 것이 그 세 가지인가? 몸으로 짓는 착한 행과 입으로 짓는 착한 행과 뜻으로 짓는 착한 행이 그것이다. 이와 같으니 모든 비구들아, 마땅히 이와 같이 배워야 한다."

그때 모든 비구들은 부처님의 말씀을 듣고 기뻐하며 받들어 행하였다.

〔 6 〕

이와 같이 들었다.

어느 때 부처님께서는 사위국 기수급고독원에 계셨다.

그때 세존께서 모든 비구들에게 말씀하셨다.

"만일 어떤 비구가 세 가지 법을 성취成就하면 현재 세상에서 쾌락을 누릴 수 있고, 용맹스럽게 정진精進하여 번뇌를 다 끊어 없애게 될 것이다. 어떤 것이 그 세 가지인가? 비구야, 모든 감각기관이 고요하고 음식에 절제할 줄을 알며 거닐기를 잃어버리지 않는 것이다.

어떻게 비구는 모든 감각기관을 고요하게 하는가? 혹 비구가 눈으로 빛깔을 보고도 집착하는 마음을 일으키지 않고 인식하고 기억하는 마음이 없어서 눈이 청정하게 되면, 그로 인해 해탈解脫을 구해 항상 눈을 보호하게 된다.

또 귀로 소리를 듣고 코로 냄새를 맡으며, 혀로 맛을 알고 몸으로 부드럽고 매끄러움을 느끼며, 뜻으로 법을 분별하더라도 집착하는 마음을 일으키지 않고 인식하고 기억하는 마음이 없어서 뜻이 청정하게 되면, 그로 인해 해탈을 구해 항상 뜻을 보호하게 된다. 이와 같이 비구는 모든 감각기관을 고요하게 하느니라.

어떻게 비구는 모든 음식을 절제할 줄 아는가? 비구가 음식이 어디로부터 온 것인가를 생각하여 살지고 깨끗한 것만을 구하지 말고, 다만 몸의 4대大를 부지扶持하고 보전保全하기만을 생각하되 '나는 지금 오래된 병病을 고치고 다른 병이 새로 생기지 않게 하기 위해서이며, 몸에 기운이 생기게 하여 도를 닦아 범행梵行이 끊어지지 않게 하기 위해 음식을 먹는다'라고 하느니라.

그것은 마치 남자나 여자의 몸에 악성 종기가 생기면, 혹은 고약을 그 종기에 바르는데 그것은 곧 종기를 고치기 위해서이다. 이 또한 그와 같아서 모든 비구들아, 음식을 절제할 줄 알아야 하느니라. 이에 비구들은 그 음식이 어디로부터 온 것인가를 생각해 보고서 살지고 깨끗한 것만 구하지 말고, 다만 몸의 4대를 부지하고 보전하기만을 생각하되 '나는 지금 오래된 병을 고치고 다른 병이 새로 생기지 않게 하기 위해서이며, 몸에 기운이 생기게 하여 도를 닦아 범행이 끊어지지 않게 하기 위해 음식을 먹는다'라고 하느니라.

또 그것은 마치 무거운 짐을 실은 수레의 바퀴통에 기름을 바르는 것은 짐을 싣고 목적한 곳으로 가기 위해서인 것처럼, 비구도 그와 같아서 음식을 절제할 줄 알아야 한다. 비구들은 그 음식이 어디로부터 온 것인가를 생각하여 살지고 깨끗한 것만을 구하지 말고, 다만 몸의 4대를 부지하고 보전하기만을 생각하되 '나는 지금 오래된 병을 고치고 다른 병이 새로 생기지 않게 하기 위해서이며, 몸에 기운이 생기게 하여 도를 닦아 범행이 끊어지지 않게 하기 위해서이다'라고 생각해야 한다. 이와 같이 비구는 음식을 절제할 줄 알아야 하느니라.

어떻게 비구는 거닐기〔經行〕를 잃어버리지 않는가? 비구는 초저녁〔前夜〕이나 새벽〔後夜〕이나 언제나 거닐기를 생각하여 때를 잃어버리지 않고 항상 도품道品 가운데 생각을 매어 둔다. 낮에는 다니거나 앉거나 간에 묘한 법〔妙法〕을 사유思惟하여 번뇌〔陰蓋〕를 없애고, 초저녁에도 다니거나 앉거나 간에 묘한 법을 사유하여 번뇌를 없애며, 한밤중에는 오른쪽 옆구리를 땅에 대고 누워 생각을 매어 밝은 곳에 두고, 새벽에는 일어나서 다니거나 앉거나 간에 심오한 법을 사유하여 번뇌를 없앤다. 이와 같이 비구는 거닐기를 잃어버리지 않느니라.

만일 어떤 비구든지 모든 감각기관〔根〕이 고요해지고 음식을 절제할 줄 알며, 거닐기를 잃어버리지 않고 항상 도품 가운데 생각을 매어 두면, 그 비구는 곧 두 가지 과果를 성취하고 현재 세상에서 아나함阿那含이 될 것이다. 비유하면 마치 말을 잘 다루는 사람이 평탄〔平正〕한 길에서 네 마리 말이 끄는 수레를 몰면 아무 장애가 없어 가려고 목적한 곳에 틀림없이 이르게 되는 것처럼, 이 비구도 그와 같아서 모든 감각기관이 고요해지고 음식을 절제할 줄 알며 거닐기를 잃어버리지 않고 항상 도품 가운데 생각을 매어두면 그 비구는 곧 두 가지 과를 성취하고 현재 세상에서 번뇌가 다 끊어져 아나함이 될 것이다."

그때 모든 비구들은 부처님의 말씀을 듣고 기뻐하며 받들어 행하였

다.

〔 7 〕[5]

이와 같이 들었다.

어느 때 부처님께서는 사위국 기수급고독원에 계셨다.

그때 세존께서 모든 비구들에게 말씀하셨다.

"세 가지 큰 병이 있다. 어떤 것이 그 세 가지인가? 즉 풍風이 큰 병이요, 담痰이 큰 병이며, 냉冷이 큰 병이다. 비구들아, 이것을 세 가지 큰 병이라고 말하느니라.

그러나 또 이 세 가지 큰 병에는 세 가지 좋은 약〔良藥〕이 있다. 어떤 것이 그 세 가지인가? 만일 풍병에는 소酥가 좋은 약이 되나니, 소로써 밥을 지어 주고, 또 담병에는 꿀이 좋은 약이 되나니 꿀로 밥을 지어 주며, 또 냉병에는 기름이 좋은 약이 되니 기름으로 밥을 지어 주어야 한다. 비구들아, 이것을 '세 가지 큰 병에 세 가지 좋은 약이 있다'고 말하는 것이니라.

이와 같이 비구들아, 또 세 가지 큰 병이 있다. 어떤 것이 그 세 가지인가? 탐욕貪欲·성냄〔瞋恚〕·어리석음〔愚癡〕를 이르는 말이니, 비구들아, 이것이 세 가지 큰 병이니라.

그러나 이 세 가지 큰 병에도 또 세 가지 좋은 약이 있다. 어떤 것이 그 세 가지 약인가? 만일 탐욕이 일어날 때에는 부정관不淨觀을 가지고 가서 다스려 부정도不淨道를 사유하게 하고, 성냄〔瞋恚〕의 큰 병에 걸린 사람에게는 자애로운 마음을 가지고 가서 다스려 자애로운 마음의 도를 사유하게 하며, 어리석음이라는 큰 병에 걸린 사람에게는 지

---

5 이 소경의 이역경異譯經으로는 후한後漢 시대 안세고安世高가 한역한 『불설칠처삼관경佛說七處三觀經』의 제45번째 소경이 있다.

혜智慧를 가지고 가서 다스려 인연으로 일어나는 도를 사우하게 해야 한다. 비구들아, 이것을 일러 '세 가지 큰 병에는 세 가지 좋은 약이 있다'고 말한 것이다.

그런 까닭에 비구들아, 너희들은 마땅히 방편을 써서 이 세 가지 약을 찾아야 한다. 이와 같으니 비구들아, 마땅히 이와 같이 배워야 한다."

그때 모든 비구들은 부처님의 말씀을 듣고 기뻐하며 받들어 행하였다.

〔 8 〕

이와 같이 들었다.

어느 때 부처님께서는 사위국 기수급고독원에 계셨다.

그때 세존께서 모든 비구들에게 말씀하셨다.

"세 가지 나쁜 행〔三惡行〕이 있다. 어떤 것이 그 세 가지인가? 몸으로 짓는 나쁜 행과 입으로 짓는 나쁜 행과 뜻으로 짓는 나쁜 행을 말한다. 비구들아, 이것을 일러 세 가지 나쁜 행이라고 하느니라.

그러므로 꼭 방편을 구해 세 가지 착한 행을 닦아야 한다. 어떤 것이 그 세 가지인가? 몸으로 짓는 나쁜 행을 한 이는 몸으로 짓는 착한 행을 닦아야 하고, 입으로 짓는 나쁜 행을 한 이는 입으로 짓는 착한 행을 닦아야 하며, 뜻으로 짓는 나쁜 행을 한 이는 뜻으로 짓는 착한 행을 닦아야 하느니라."

이때 세존께서 곧 이런 게송을 말씀하셨다.

몸으로 짓는 나쁜 행을 잘 단속하고
몸으로 짓는 착한 행을 닦아 익혀라.

몸으로 짓는 나쁜 행 버리기를 생각하고
몸으로 짓는 착한 행을 꼭 배워야 한다.

입으로 짓는 나쁜 행을 잘 단속하고
입으로 짓는 착한 행을 닦아 익혀라.
입으로 짓는 나쁜 행 버리기를 생각하고
입으로 짓는 착한 행을 꼭 배워야 한다.

뜻으로 짓는 나쁜 행을 잘 단속하고
뜻으로 짓는 착한 행을 닦아 익혀라.
뜻으로 짓는 나쁜 행 버리기를 생각하고
뜻으로 짓는 착한 행을 꼭 배워야 한다.

그 몸으로 짓는 행이 만일 착하면
입으로 짓는 행도 또한 그럴 것이요
그 뜻으로 짓는 행이 만일 착하면
모든 것도 또한 그러하리라.

그 입과 뜻을 단속해 청정해지면
그 몸도 나쁜 행 짓지 않으니
이 세 가지 행이 깨끗해지면
무위의 신선 경지에 이를 것이다.

"이와 같으니, 모든 비구들아, 너희들은 꼭 세 가지 나쁜 행을 버리고 세 가지 착한 행을 닦아야 한다. 이와 같으니 비구들아, 마땅히 이와 같이 배워야 한다."

그때 모든 비구들은 부처님의 말씀을 듣고 기뻐하며 받들어 행하였다.

〔 9 〕[6]

이와 같이 들었다.

어느 때 부처님께서는 사위국 기수급고독원에 계셨다.

그때 많은 비구들은 때가 되자 가사를 입고 발우를 가지고 걸식을 하기 위해 성으로 들어갔다. 그때 많은 비구들이 갑자기 이렇게 생각했다.

'우리들이 성에 들어가 걸식하기에는 아직 때가 좀 이르다. 그러니 우리 지금 외도外道 범지梵志들이 있는 곳이나 우르르 몰려 가보자.'

그때 비구 대중들은 곧 이학異學 범지들이 있는 곳으로 갔다. 그곳에 가서 서로 문안을 하고 한쪽에 앉았다.

이때 범지들이 사문沙門에게 물었다.

"구담瞿曇 도사道士는 늘 욕론欲論·색론色論·통론痛論·상론想論에 대해서 말씀하신다고 하던데, 이와 같은 여러 가지 주장은 우리들 주장과 무엇이 다른가? 우리들이 주장하는 것이 곧 사문의 주장이요, 사문의 주장이 곧 우리들의 주장이다. 설법도 우리들이 하는 설법과 같고 가르침도 우리들이 가르치는 것과 같다."

그때 비구 대중들은 그들이 하는 말을 듣고 나서 훌륭하다고 말하지도 않고 나쁘다고 말하지도 않은 채 곧 자리에서 일어나 떠나가면

6 이 소경의 이역경異譯經으로는 역자를 알 수 없는 『불설고음경佛說苦陰經』이 있고, 『중아함경』 제25권 99번째 소경인 「고음경苦陰經」과 내용이 비슷하며, 참고할 경으로는 『중아함경』 제24권 98번째 소경인 「염처경念處經」이 있다.

서 이렇게 생각하였다.

'우리들은 꼭 이 뜻을 세존께 가서 여쭈어보리라.'

그때 비구 대중들은 걸식을 마치고 곧 세존께서 계시는 곳으로 나아가 부처님의 발에 머리 조아려 예배하고 한쪽에 앉았다. 그때 비구 대중들은 범지들이 물었던 일들을 전부 세존께 아뢰었다.

그러자 세존께서 모든 비구들에게 말씀하셨다.

"가령 저 범지들이 그렇게 물었다면 너희들은 마땅히 이런 이치를 가지고 저들의 질문에 대답했어야 했다.

'탐욕에는 어떤 맛이 있고 또 어떤 허물이 있는가? 마땅히 탐욕을 버려야 한다. 색色에는 어떤 맛이 있고 또 어떤 허물이 있는가? 마땅히 색을 버려야 한다. 통(痛 : 受)에는 어떤 맛이 있고 또 어떤 허물이 있는가? 마땅히 통을 버려야 한다.'

만일 너희들이 이런 말로 저들이 던진 물음에 대답했다면, 저들 범지는 잠자코 아무 대답도 못했을 것이다. 비록 무슨 말을 했다 하더라도 그들은 이 심오한 이치를 이해하지 못하고, 마침내는 어리석음과 의혹만 더 늘려 한쪽으로 치우친 소견에 떨어지고 말았을 것이다.

왜냐하면 그것은 저들의 경계境界가 아니기 때문이다. 그러므로 또 비구들아, 여래·등정각과 여래의 가르침을 받은 성중을 제외하고, 그밖에 저 마魔·마천魔天·제석천·범천·사천왕·사문·바라문·사람과 그리고 사람이 아닌 것들은 이 이치를 논할 수 없느니라.

탐욕〔欲〕에는 어떤 맛이 있는가? 말하자면 다섯 가지 욕망〔五欲〕이 바로 그것이다. 어떤 것이 그 다섯 가지인가? 눈으로 빛깔〔色〕을 보아 안식眼識을 일으키게 되면, 그 물질에 대하여 매우 사랑스럽고 존경스러운 마음을 내는데, 이는 세상 사람들이 좋아하는 것이다. 또 귀로 소리〔聲〕를 듣고 코로 냄새〔香〕를 맡으며, 혀로 맛〔味〕을 알고 몸으로 보드랍고 매끄러움을 느끼면, 그것에 대하여 매우 사랑스럽고 존경스러운 마음을 내는데, 이는 세상 사람들이 좋아하는 것이다. 그리고 이 다섯 가지 욕망 속에서 괴롭다거나 즐겁다는 마음을 내면 이것을 탐욕의 맛이라고 말하느니라.

탐욕에는 어떤 허물이 있는가? 어떤 좋은 집안[族姓]의 자제는 온갖 기술伎術을 배워 스스로 살아가면서, 혹 농사를 짓는 일을 배우기도 하고 혹은 글 쓰는 것을 배우기도 하며, 혹은 품팔이를 하기도 하고 혹은 셈하는 법을 배우기도 하며, 혹은 방편상 남을 속이는 것을 배우기도 하고 혹은 조각하는 기술을 배우기도 하며, 혹은 통신通信하는 것을 배워 저기에 갔다가 여기로 오기도 하고 혹은 임금을 받들어 섬기는 법을 배워 추위와 더위를 피하지 않고 고달픈 것을 무릅쓰고 부지런히 애쓰지만, 제 마음대로 하지 못하며 이렇게 고생하면서 재물을 모으나니, 이것을 탐욕의 허물이라고 말한다.

현재 세상의 고뇌苦惱는 모두 이 은애恩愛로부터 생기고 또한 모두 탐욕 때문에 생겨난다. 그러나 저 좋은 집안의 자제들은 그렇게 고생을 하고서도 재물을 얻지 못하면, 저들은 갑자기 시름하고 근심하며 고뇌하기를 이루 다 헤아릴 수 없을 정도로 한다. 그러다가 그들은 곧 생각한다.

'나는 이렇게 괴롭게 공功을 들이고 온갖 방법을 써 보았으나 재물을 얻지 못하였다. 이럴 바에야 차라리 이런 것을 버리자.'

이것이 바로 탐욕을 여윈다는 것이니라.

또 저 좋은 집안의 자제는 혹 어느 때는 그런 방법으로써 재물을 얻기도 한다. 그는 그 얻은 재물을 여러 가지 방법을 총동원하여 보호하려고 한다. 혹 왕王에게 빼앗기지나 않을까, 도둑들에게 도득을 맞지나 않을까, 물에 떠내려가지나 않을까, 불에 타버리지나 않을까 하고 늘 걱정하다가 다시 이렇게 생각한다.

'땅에 파묻어 간직하려 하니 나중에 그 자리를 잊을까 걱정이 되고 이자 놀이를 하자 하니 되돌려 받지 못할까 걱정이며, 혹은 집 안에 나쁜 자식이라도 태어나면 내 재물을 다 낭비하고 말 것이다.'

이것을 일러 탐욕이 큰 걱정거리가 된다고 한 것으로서, 다 탐욕의 근본으로 인하여 이런 재변災變이 생기는 것이니라.

저 좋은 집안의 자제는 항상 이런 마음을 내어 그 재물〔財貨〕을 보호하려 하지만, 그는 훗날 오히려 국왕에게 빼앗기고 도둑에게 겁탈 당하거나, 물에 떠내려 보내고 불에 타버리게 되기도 한다. 땅에 묻은 것은 찾아내지 못하고 이자놀이를 한 것은 받지 못하게 되며, 집안에 나쁜 자식이 태어나서 그 재물을 모두 써버려 만 분分의 하나도 갖지 못하게 된다.

그래서 그는 근심하고 걱정하며 괴로워하고 번민하면서 가슴을 치고 부르짖는다.

'내가 본래 가지고 있던 재물이 지금은 모두 없어졌다.'

그러면서 마침내는 어리석어지고 미혹되어 마음과 뜻이 착란錯亂을 일으킨다. 이것을 일러 탐욕은 큰 걱정거리가 된다고 하는 것으로서, 이 탐욕의 근본을 조건〔緣〕으로 하여 무위(無爲 : 涅槃)에 이르지 못하느니라.

또 이 탐욕의 근본을 조건으로 하여 갑옷을 입고 무기를 들고 서로 공격하여 치게 되는데, 서로 공격하여 치기 때문에 혹은 코끼리 군사 앞에서나 말 군사 앞에서나 보병의 앞에서나 수레 군사의 앞에서, 말을 보면 말과 싸우고 코끼리를 보면 코끼리와 싸우며, 수레를 보면 수레와 싸우고 보병을 보면 보병과 싸우면서, 혹은 서로 칼로 베고 활을 쏘며 창으로 서로 찌른다. 이와 같은 일들을 좇는 것은 다 탐욕이 큰 걱정거리가 되는 것으로서 탐욕의 근본을 조건으로 하여 이런 재변이 생기는 것이니라.

또 이 탐욕의 근본을 조건으로 하여 갑옷을 입고 무기를 들고 혹은 성문에서, 혹은 성 위에서 서로 칼로 베고 활로 쏘며 창으로 찌르기도 하며, 혹은 쇠 바퀴〔鐵輪〕로 그 머리를 갈고 쇠를 녹여 서로 퍼붓는다. 이런 고통을 받아 죽는 사람이 매우 많다.

또 탐욕이란 역시 무상無常한 것으로서 사라지고 생겨나면서 번갈아 변화하고 바뀌어 잠시도 멈추지 않으며 풀리지도 않는다. 이렇게 탐욕은 변하고 바뀌어 무상한 것이므로 이것을 일러 탐욕은 큰 걱정거리가 되는 것이라고 말한 것이니라.

어떻게 해야 마땅히 탐욕을 버리겠는가? 만일 수행해서 탐욕을 버리면 그것을 탐욕을 버렸다고 말하느니라. 그런데 어떤 사문과 바라문들은 탐욕이 큰 걱정거리가 되는 것임을 알지 못하고, 또한 탐욕의 근본을 버릴 줄 모르며, 사문沙門으로서 사문의 위의威儀에 대하여 사실 그대로를 알지 못하고, 바라문婆羅門으로써 바라문의 위의를 제대로 알지 못하나니, 그들은 사문도 바라문도 아니다. 또한 온몸으로 그것을 증득하여 스스로 유희遊戲하지도 못한다.

그러나 어떤 사문이나 바라문들은 탐욕이 큰 걱정거리의 근원임을 자세히 알아 헛되지 않고 참답게 탐욕을 버린다. 그들은 사문으로서 사문의 위의를 알고 바라문으로서 바라문의 위의를 알며, 제 자신의 몸으로 그것을 증득하여 스스로 유희한다. 이것을 일러 탐욕을 버리는 것이라고 하느니라.

어떤 것이 몸의 맛〔色味〕인가? 만일 찰리刹利의 여자·바라문의 여자·장자의 여자로서 나이 14세·15세·16세쯤 되고 키는 크지도 않고 작지도 않으며 살이 찌지도 않고 야위지도 않으며, 희지도 않고 검지도 않아서 세상에서 둘도 없는 단정한 여자를 보면, 그는 그 여자의 얼굴을 보고 기뻐하고 좋아하는 생각을 낸다. 이것을 일러 몸의 맛이라고 한다.

어떤 것이 몸의 큰 걱정거리인가? 또 나중에 그 여자가 나이 80·90 내지 1백 살이 되어 얼굴색이 변하여 달라지고 젊은 시절은 이미 다 지나가서 이는 빠지고 머리는 희며, 몸은 추하게 되고 피부는 늘어나고 얼굴에는 주름이 생기며, 등은 굽고 숨은 가쁘며, 몸뚱이는 낡은 수레와 같고 온몸을 부들부들 떨면서 지팡이에 의지해서 간신히 걸어다닌다.

어떻겠는가? 비구들아, 처음 볼 때에는 그처럼 아름답던 몸이었는데, 뒤에는 저렇게 변해 버렸으니, 그것이 어찌 큰 걱정거리가 아니겠느냐?"

모든 비구들이 대답하였다.

"그렇습니다, 세존이시여."

세존께서 모든 비구들에게 말씀하셨다.

"이것을 일러 몸은 큰 걱정거리〔大患〕라고 말한다. 다시 만일 그 여자가 중한 병에 걸려 병상에 누운 채 대소변大小便도 가리지 못하고 스스로 기동하지도 못하는 것을 본다면 어떻겠는가? 비구들아, 본래는 그처럼 아름답던 몸이었는데 지금은 저런 병을 앓고 있는 것을 보니, 그런 것들이 어찌 큰 걱정거리가 아니겠느냐?"

모든 비구들이 대답하였다.

"그렇습니다, 세존이시여."

세존께서 말씀하셨다.

"모든 비구들아, 그것을 일러 몸은 큰 걱정거리가 된다고 한 것이니라. 또 비구들아, 만일 그 여자가 몸이 무너지고 목숨이 끝나 무덤으로 가는 것을 본다면 어떻겠는가? 비구들아, 본래는 그처럼 아름답던 몸이었는데 지금은 저렇게 변해 버렸으니, 거기에서 괴로움과 즐거움을 생각하게 될 것이다. 그런 것들이 어찌 큰 걱정거리가 아니겠느냐?"

모든 비구들이 대답하였다.

"그렇습니다, 세존이시여."

세존께서 말씀하셨다.

"모든 비구들아, 그것을 일러 몸은 큰 걱정거리가 된다고 한 것이니라. 또 비구들아, 만일 다시 그 여자가 죽은 지 하루·이틀·사흘·나흘·닷새 내지 이레가 되어 몸이 퉁퉁 부어오르고 썩어 문드러져서 냄새가 나고 한쪽에 버려져 있는 것을 본다면, 어떻겠는가? 비구들아, 본래는 그처럼 아름답던 몸이었는데 지금은 저렇게 변해 버렸으니, 그런 것들이 어찌 큰 걱정거리가 아니겠느냐?"

모든 비구들이 대답하였다.

"그렇습니다, 세존이시여."

세존께서 말씀하셨다.

"모든 비구들아, 그것을 일러 몸은 큰 걱정거리가 된다고 한 것이니라. 또 만일 다시 그 여자의 시체를 까마귀·까치·솔개·독수리 따위가 다투어 와서 쪼아 먹거나, 혹은 여우·개·이리·호랑이 따위가 와서 씹어 먹거나, 혹은 아주 작은 벌레나 곤충들이 갉아먹는 것을 본다면 어떻겠는가? 비구들아, 본래는 그처럼 아름답던 몸이 지금은 저렇게 변해 버렸으니, 그 가운데에서 괴로움과 즐거움을 생각하게 될 것이다. 그런 것들이 어찌 큰 걱정거리가 아니겠느냐?"

모든 비구들이 대답하였다.

"그렇습니다, 세존이시여."

세존께서 말씀하셨다.

"모든 비구들아, 그것을 일러 몸은 큰 걱정거리가 된다고 한 것이니라. 또 만일 그 여자의 몸을 벌레와 새들이 반쯤 먹어치워 창자와 밥통과 살덩이와 피 같은 것들의 더러운 모습을 본다면 어떻겠는가? 비구들아, 본래는 그처럼 아름답던 몸이 지금은 저렇게 변해 버렸으니, 그 가운데에서 괴로움과 즐거움을 생각하게 될 것이다. 그런 것들이 어찌 큰 걱정거리가 아니겠느냐?"

모든 비구들이 대답하였다.

"그렇습니다, 세존이시여."

세존께서 말씀하셨다.

"모든 비구들아, 그것을 일러 몸은 큰 걱정거리가 된다고 한 것이니라. 또 만일 그 여자의 몸이 피와 살은 모두 없어지고 뼈만 서로 연이어져 앙상하게 남아 있는 것을 본다면 어떻겠는가? 비구들아, 본래는 그처럼 아름답던 몸이 지금은 저렇게 변해 버렸으니, 그 가운데에서 괴로움과 즐거움을 생각하게 될 것이다. 그런 것들이 어찌 큰 걱정이 아니겠느냐?"

모든 비구들이 대답하였다.

"그렇습니다, 세존이시여."

세존께서 말씀하셨다.

"모든 비구들아, 그것을 일러 몸은 큰 걱정거리가 된다고 한 것이니라. 또 만일 그 여자의 몸이 피와 살은 다 없어지고 오직 힘줄이 남아 나뭇단처럼 묶여 있는 것을 본다면 어떻겠는가? 비구들아, 본래는 그처럼 아름답던 몸이 지금은 저렇게 변해 버렸으니, 그 가운데에서 괴로움과 즐거움을 생각하게 될 것이다. 그런 것들이 어찌 큰 걱정거리가 아니겠느냐?"

모든 비구들이 대답하였다.

"그렇습니다, 세존이시여."

세존께서 말씀하셨다.

"모든 비구들아, 그것을 일러 몸은 큰 걱정거리가 될 뿐이라고 한 것이니라. 또 만일 그 여자의 몸이 해골이 되어 여러 개로 나뉘어 흩어져 저마다 한 곳에 나뒹굴고 있어서, 혹은 다리뼈도 어느 한 곳에 있고 장딴지뼈도 어느 한 곳에 있으며, 넓적다리뼈도 어느 한 곳에 있고 허리뼈도 어느 한 곳에 있으며, 옆구리뼈도 어느 한 곳에 있고 갈비뼈도 어느 한 곳에 있으며, 어깨뼈도 어느 한 곳에 있고 팔뼈도 어느 한 곳에 있으며, 목뼈도 어느 한 곳에 있고 머리뼈도 어느 한 곳에 있어 사방에 흩어진 것을 본다면 어떻겠는가? 비구들아, 본래는 그처럼 아름답던 몸이 지금은 저렇게 변해 버렸으니, 그 가운데에서 괴로움과 즐거움을 생각하게 될 것이다. 그런 것들이 어찌 큰 걱정거리가 아니겠느냐?"

모든 비구들이 대답하였다.

"그렇습니다, 세존이시여."

세존께서 말씀하셨다.

"모든 비구들아, 그것을 일러 몸은 큰 걱정거리가 된다고 한 것이니라. 또 만일 그 여자의 해골이 희거나 혹은 잿빛으로 된 것을 본다면 어떻겠는가? 비구들아, 본래는 그처럼 아름답던 몸이 지금은 저렇게 변해 버렸으니, 그 가운데에서 괴로움과 즐거움을 생각하게 될 것이다. 그런 것들이 어찌 큰 걱정이 아니겠느냐?"

모든 비구들이 대답하였다.

"그렇습니다, 세존이시여."

세존께서 말씀하셨다.

"모든 비구들아, 그것을 일러 몸은 큰 걱정거리가 된다고 한 것이니라. 또 만일 그 여자의 해골이 무수히 많은 해를 지내 썩고 문드러지고 무너져서 흙과 똑같은 색깔이 된 것을 본다면 어떻겠는가? 비구들아, 본래는 그처럼 아름답던 몸이 지금은 저렇게 변해 버렸으니, 그 가운데에서 괴로움과 즐거움을 생각하게 될 것이다. 그런 것들이 어찌 큰 걱정거리가 아니겠느냐?"

모든 비구들이 대답하였다.

"그렇습니다, 세존이시여."

세존께서 말씀하셨다.

"그것을 일러 몸은 큰 걱정거리가 된다고 한 것이니라. 이 몸은 무상한 것으로서 변하고 바뀌어 오래 머무를 수 없으며, 또 거기에는 늙고 젊음〔牢强〕의 구별이 없다. 이것을 일러 몸은 큰 걱정거리가 된다고 한 것이니라.

어떤 것이 이 몸을 벗어나는 긴요한 방법인가? 만일 몸을 버리고 여의어 온갖 어지러운 생각을 없애면, 이것을 일러 몸을 버리고 여의었다고 하는 것이니라.

그런데 어떤 사문이나 바라문들은 몸을 보고 몸에 집착하여 그 몸이 큰 걱정거리라는 것을 알지도 못하고 또한 버리지도 못하며, 사실 그대로 알지도 못한다. 이들은 사문沙門도 아니요 바라문婆羅門도 아니다. 사문으로서 사문의 위의威儀를 알지 못하고 바라문으로서 바라문의 위의를 알지 못하며, 자신의 몸으로 증득證得하여 스스로 유희遊戲하지도 못한다.

그러나 어떤 사문이나 바라문들은 몸을 보고도 몸에 집착하지 않고 그것의 큰 걱정거리임을 확실히 알아 능히 그것을 버릴 줄을 안다. 그들은 사문으로서 사문의 위의를 알고 바라문으로서 바라문의 위의를 알며, 제 자신이 증득하여 스스로 유희한다. 이렇게 하는 것을 일러 몸을 버리고 여의었다고 하는 것이니라.

어떤 것을 느낌의 맛〔痛味〕이라고 하는가? 비구들아, 즐거움을 느낄 때에는 곧 나는 즐거움을 느낀다고 알고, 괴로움을 느낄 때에는 곧 나는 괴로움을 느낀다고 알며, 괴롭지도 않고 즐겁지도 않음을 느낄 때에는 곧 나는 괴롭지도 않고 즐겁지도 않음을 느낀다고 안다.

만일 음식을 먹고 즐거움을 느낄 때에는 곧 나는 음식을 먹고 즐거움을 느낀다고 알고, 음식을 먹고 괴로움을 느낄 때에는 곧 나는 음식을 먹고 괴로움을 느낀다고 알며, 음식을 먹고 괴롭지도 않고 즐겁지도 않음을 느낄 때에는 곧 나는 괴롭지도 않고 즐겁지도 않음을 느낀다고 안다.

만일 음식을 먹지 않아 괴로움을 느낄 때에는 곧 스스로 나는 음식을 먹지 않아 괴로움을 느낀다고 알고, 음식을 먹지 않아 즐거움을 느낄 때에는 곧 스스로 나는 음식을 먹지 않아 즐거움을 느낀다고 알며, 만일 음식을 먹지 않아 괴롭지도 않고 즐겁지도 않음을 느낄 때에는 곧 스스로 나는 음식을 먹지 않아 괴롭지도 않고 즐겁지도 않음을 느낀다고 안다.

또 비구들아, 만일 즐거움을 느끼면 그때에는 괴로움을 느끼지 못하고, 또 괴롭지도 않고 즐겁지도 않은 느낌도 없다. 그때에는 내게는 다만 즐거운 느낌만 있다고 안다. 만일 괴로움을 느끼면 그때에는 즐거운 느낌이 없고, 또 괴롭지도 않고 즐겁지도 않은 느낌도 없으며, 오직 괴로운 느낌만 있다. 또 비구들아, 만일 괴롭지도 않고 즐겁지도 않음을 느끼면 그때에는 즐거운 느낌이나 괴로운 느낌은 없고 오직 괴롭지도 않고 즐겁지도 않은 느낌만 있다.

또한 느낌이란 무상한 것이며 변하고 바뀌는 법이다. 느낌은 무상한 것이며 변하고 바뀌는 것인 줄을 알기 때문에 이것을 일러 느낌은 큰 걱정거리가 된다고 말한 것이니라.

어떤 것이 느낌에서 벗어나는 긴요한 방법인가? 만일 능히 느낌을 버리고 여의어서 온갖 어지러운 생각을 없애면 그것을 일러 느낌을 버리고 여의었다고 하느니라.

그런데 어떤 사문이나 바라문들은 느낌에 대해서 느낌에 집착하여 또한 버려 여의지도 못하고, 사실 그대로 알지도 못한다. 이들은 사문도 아니요 바라문도 아니다. 사문으로서 사문의 위의를 알지 못하고 바라문으로서 바라문의 위의를 알지 못하며, 자신의 몸으로 증득하여 스스로 유희하지도 못한다.

그러나 어떤 사문이나 바라문들은 느낌에 대해서 느낌에 집착하지 않고 그것이 큰 걱정거리가 되는 것임을 확실히 알아 능히 그것을 버릴 줄을 안다. 그들은 사문으로서 사문의 위의를 알고 바라문으로서 바라문의 위의를 알며, 제 자신이 증득하여 스스로 유희한다. 이렇게 하는 것을 일러 느낌을 버려 여의었다고 한다.

또 비구들아, 만일 어떤 사문이나 바라문으로서 괴로운 느낌과 즐거운 느낌과 괴롭지도 않고 즐겁지도 않은 느낌을 사실 그대로 알지 못하면서 다른 사람을 가르쳐 교화시켜 그것을 행하게 하면 그것은 옳지 못하다.

그러나 만일 어떤 사문이나 바라문으로서 능히 느낌을 버려 여의고 또한 사실 그대로 알아서 남에게 권유하고 가르쳐서 그것을 멀리 여의게 하면 그것은 진정 옳은 일이다. 이것을 일러 느낌을 버려 여의었다고 하는 것이니라.

비구들아, 나는 지금 탐욕에 대한 집착과 탐욕의 맛[味欲]과 그런 것들이 큰 걱정거리가 된다는 것과 그것을 버려야 한다는 것에 대하여 말하였고, 또 몸에 대한 집착과 몸의 맛〔味色〕과 그런 것들이 큰 걱정거리가 된다는 것과 그것을 버려야 한다는 것에 대하여 말하였다. 그리고 느낌에 대한 집착과 느낌의 맛〔味痛〕과 그런 것들이 큰 걱정거리가 된다는 것과 그것을 버려야 할 것이라는 것에 대하여 말하였다. 모든 여래께서 꼭 행하셨던 것들을 나는 여기에서 다 말해 마쳤다. 그러므로 너희들은 항상 나무 밑이나 비고 고요한 곳에 앉아서 조용히 사유하고 게을리 하지 말아야 하느니라. 이것이 나의 가르침이니라."

그때 모든 비구들은 부처님의 말씀을 듣고 기뻐하며 받들어 행하였다.

〔 10 〕

이와 같이 들었다.

어느 때 부처님께서는 사위국 기수급고독원에 계셨다.

그때 세존께서 모든 비구들에게 말씀하셨다.

"세 가지 든든하지〔牢要〕 못한 것이 있다. 어떤 것이 그 세 가지인가? 몸뚱이가 든든하지 못하고 목숨이 든든하지 못하며 재물이 든든하지 못한 것이다. 비구들아, 이것을 일러 세 가지 든든하지 못한 것이라고 한다.

비구들아, 이 든든하지 못한 세 가지 중에서 마땅히 방편方便을 구하여 세 가지 든든한 것을 성취해야 한다. 어떤 것이 그 세 가지인가? 든든하지 못한 몸에서 든든한 것을 찾고 든든하지 못한 목숨에서 든든한 것을 찾으며 든든하지 못한 재물에서 든든한 것을 찾는 것이다.

어떤 것이 든든하지 못한 몸에서 든든한 것을 찾는 것인가? 겸손하고 공경하고 예배禮拜하여 수시隨時로 안부를 묻는 것이다. 이것을 일러 든든하지 못한 몸에서 든든한 것을 찾는 것이라고 한다.

어떤 것이 든든하지 못한 목숨에서 든든한 것을 찾는 것인가? 선남자善男子나 선여인善女人이 목숨을 마칠 때까지 살생하지 않는 것이니, 칼이나 몽둥이로 해를 가하지 않고 항상 부끄러워〔慚愧〕할 줄을 알며 자비심慈悲心을 가져 널리 일체 중생들을 생각하는 것이다.

또 목숨을 마칠 때까지 도둑질하지 않는 것이니, 항상 보시〔惠施〕를 생각하여 마음에 인색한 생각이 없는 것이다. 또 목숨을 마칠 때까지 음행하지 않는 것이니, 다른 사람과는 관계하지 않는 것이다. 또 목숨을 마칠 때까지 거짓말을 하지 않는 것이니, 항상 진실한 마음으로 세상 사람들을 속이지 않는 것이다. 또 목숨을 마칠 때까지 술을 마시지 않는 것이니, 생각이 뒤섞이고 어지럽지 않아 부처님의 금계禁戒를 잘 지키는 것이다. 이것을 일러 든든하지 못한 목숨에서 든든한 것을 찾는다고 하는 것이다.

어떤 것이 든든하지 못한 재물에서 든든한 것을 찾는 것인가? 만일 선남자나 선여인이 항상 보시하기를 생각하여 사문·바라문이나 여러 가난한 이들에게 베풀어 주되, 밥을 필요로 하는 이에게는 밥을 주고, 음료수〔漿〕가 필요한 이에게는 음료수를 주며, 의복〔衣被〕·음식飮食·평상〔牀敷〕·침구〔臥具〕와 질병에 필요한 의약품〔醫藥〕과 집〔舍宅〕·성城 등 필요로 하는 것을 모두 주면, 이와 같이 하는 것을 든든하지 못한 재물에서 든든한 것을 찾는 것이라고 한다.

비구들아, 이것을 일러 세 가지 든든하지 못한 것에서 세 가지 든든한 것을 찾는 것이라고 하느니라."

그때 세존께서 곧 이런 게송을 말씀하셨다.

몸은 든든하지 못한 것이요
목숨도 든든하지 못한 것이며

재물은 줄어들고 없어지는 것임을 알아
마땅히 든든한 것을 찾아야 하리라.

사람의 몸은 매우 얻기 어렵고
목숨도 또한 오래 머물지 않으며
재물은 사라져 없어지는 것이니
기쁜 마음으로 보시하기를 생각하라.

그때 모든 비구들은 부처님의 말씀을 듣고 기뻐하며 받들어 행하였다.

제일가는 덕德과 복福의 업과
세 가지 원인과 세 가지 편안함과 구담과
세 가지 밤〔夜〕과 병病과 악행惡行과
괴로움 없앰과 든든하지 못한 것에 대해 설하셨다.

22. 삼공양품三供養品

〔 1 〕

이와 같이 들었다.

어느 때 부처님께서는 사위국 기수급고독원에 계셨다.

그때 세존께서 모든 비구들에게 말씀하셨다.

"세상 사람들이 마땅히 공양供養해야 할 사람이 셋이 있다. 어떤 것이 그 세 사람인가? 여래·지진至眞·등정각等正覺께 세상 사람들은 마땅히 공양해야 하고, 여래의 제자로서 번뇌가 다한〔漏盡〕 아라한阿羅漢을 세상 사람들은 꼭 공양해야 하며, 셋째는 전륜성왕轉輪聖王을 세상 사람들은 꼭 공양해야 하느니라.

무슨 인연因緣으로 여래를 세상 사람들은 공양해야 하는가? 대개 여래如來는 굴복하지 않는 이를 굴복 받으시고, 항복하지 않는 이를 항복 받으시며, 제도되지 못한 이를 제도하시고, 해탈解脫하지 못한 이를 해탈하게 하시며, 열반涅槃하지 못한 이를 열반하게 하시고, 구호할 이 없는 이를 구호하시며, 장님에게는 눈이 되어 주시고 병든 사람은 구호救護하여 주신다. 그는 제일 높고 존귀한 분으로서 마魔·마천魔天·하늘·사람, 이 가운데에서 가장 높고 존귀한 복밭〔福田〕이므로 공경할 만하고 귀하게 여길 만한 분이시다. 사람들을 인도해 주시는 분이 되어 바른 길을 알게 하시고 길을 모르는 이에게는 길을 가르쳐 주시고 인도해 주신다. 이런 인연으로 세상 사람들은 마땅히 여래를 공양해야 하느니라.

또 무슨 인연으로 여래의 제자로서 번뇌가 다 없어진 아라한을 세상 사람들은 마땅히 공양해야 하는가? 비구들아, 너희들은 마땅히 알아야 한다. 번뇌가 다 없어진 아라한은 나고 죽는 근원을 벗어나서 다시는 몸을 받지 않고, 위없는 법〔無上法〕을 얻어 음욕과 성냄과 어리석음이 없어져 완전히 다했기 때문에 그는 세상의 복밭이 된다. 이런 인연으로 번뇌가 없어진 아라한을 세상 사람들은 마땅히 공양해야 하느니라.

또 무슨 인연으로 전륜성왕을 세상 사람들은 당연히 공양해야 하는가? 비구들아, 너희들은 마땅히 알아야 한다. 전륜성왕은 법으로 다스리고 교화하여 끝내 살생을 하지 않고 다른 사람들을 시켜서 살생하게 하지도 않으며, 제 자신이 직접 도둑질하지 않고 남을 시켜서 도둑질하게 하지도 않으며, 제 자신이 직접 음행하지 않고 남을 시켜서 음행하게 하지도 않으며, 제 자신이 직접 거짓말을 하지 않고 남을 시켜서 거짓말을 하게 하지도 않으며, 제 자신이 직접 이간하는 말을 하여 남을 싸우게 하지 않고 남을 시켜서 이간하는 말을 하게 하지도 않으며, 제 자신이 직접 질투하거나 성내거나 어리석지 않고 남을 시켜서 그런 법을 익히게 하지도 않으며, 제 자신이 바른 소견을 가지고 남을 시켜서 삿된 소견을 가지게 하지 않느니라. 이런 인연으로 전륜성왕을 세상 사람들은 당연히 공양해야 하느니라."

그때 모든 비구들은 부처님의 말씀을 듣고 기뻐하며 받들어 행하였다.

〔 2 〕

이와 같이 들었다.

어느 때 부처님께서는 사위국 기수급고독원에 계셨다.

그때 세존께서 아난에게 말씀하셨다.

"세 가지 선근善根이 있어 끝〔窮〕이 없고 다함〔盡〕이 없이 점점 열반涅槃의 세계에 이르게 하느니라. 어떤 것이 그 세 가지인가? 여래의 처소에서 공덕功德을 심는 것이니, 이 선근은 끝이 없고 다함이 없느니라. 또 정법正法 가운데에서 공덕을 심는 것이니, 이 선근도 끝이 없고 다함이 없느니라. 또 성중聖衆에게 공덕을 심는 것이니, 이 선근도 끝이 없고 다함이 없느니라.

아난아, 이 세 가지 선근은 끝이 없고 다함이 없어서 열반의 세계로 점점 이르게 되느니라. 그러므로 아난아, 마땅히 방편을 구해 이 끝이 없고 다함이 없는 복福을 얻어야 한다. 아난아, 마땅히 이와 같이 배워야 한다."

그때 아난은 부처님의 말씀을 듣고 기뻐하며 받들어 행하였다.

〔 3 〕[7]

이와 같이 들었다.

어느 때 부처님께서는 사위국 기수급고독원에 계셨다.

그때 세존께서 모든 비구들에게 말씀하셨다.

"세 가지 느낌〔痛〕이 있다. 어떤 것이 그 세 가지 느낌인가? 즐거운 느낌과 괴로운 느낌과 괴롭지도 않고 즐겁지도 않은 느낌이다. 모든 비구들아, 너희들은 마땅히 알아야 한다. 저 즐거운 느낌이라는 것은 애욕의 번뇌〔欲愛使〕이고, 저 괴로운 느낌이라는 것은 성냄의 번뇌〔瞋恚使〕이며, 괴롭지도 않고 즐겁지도 않은 느낌이라는 것은 어리석음의 번뇌〔癡使〕이니라.

그러므로 모든 비구들아, 마땅히 방편을 배워서 이 번뇌〔使〕들을 다 없애야만 한다. 왜냐하면 마땅히 스스로 불꽃처럼 치열하게 스스로 그렇게 법을 수행하면 비길 데 없는 법을 얻게 되기 때문이다.

모든 비구들아, 마땅히 알아야 한다. 내가 죽은〔滅度〕 뒤에 어떤 비구는 스스로 불꽃처럼 치열하게 생각하고 또 그 법을 수행하여 비길 데 없는 법을 얻게 될 것이니 그가 곧 제일가는 성문聲聞이리라.

비구들아, 어떻게 마땅히 스스로 불꽃처럼 치열하게 또 마땅히 스스로 수행하여 수행하는 법을 증득해야만 비길 데 없는 법을 얻게 되는가? 비구들아, 안으로 직접 몸〔身〕을 관찰하고 밖으로 몸을 관찰하며 안팎으로 몸을 관찰하여 스스로 유희遊戱해야 한다. 안으로 직접 느낌〔痛〕을 관찰하고 밖으로 느낌을 관찰하며 안팎으로 느낌을 관찰해

7 이 소경은 『잡아함경雜阿含經』 제17권 468번째 소경과 내용이 비슷하다.

야 한다. 또 안으로 뜻[意]을 관찰하고 밖으로 뜻을 관찰하며 안팎으로 뜻을 관찰해야 한다. 또 안으로 법法을 관찰하고 밖으로 법을 관찰하며 안팎으로 법을 관찰하여 스스로 유희해야 하느니라.

이와 같으니 모든 비구들아, 마땅히 불꽃처럼 치열하게 법을 행하여 비길 데 없는 법을 얻어야만 한다. 모든 비구들아, 이 법을 행하면 성문들 중에 제일가는 제자弟子가 될 것이다. 이와 같으니 비구들아, 마땅히 이와 같이 배워야 한다."

그때 모든 비구들은 부처님의 말씀을 듣고 기뻐하며 받들어 행하였다.

〔 4 〕

이와 같이 들었다.

어느 때 부처님께서는 사위국 기수급고독원에 계셨다.

그때 세존께서 모든 비구들에게 말씀하셨다.

"세 가지 일이 있는데 덮어두면 미묘한데 드러내면 미묘하지 않다. 어떤 것이 그 세 가지 일인가? 첫째는 여인女人이니 덮어두면 미묘하지만 드러내면 미묘하지 않다. 둘째는 바라문의 주술呪術이니 덮어두면 미묘하지만 드러내면 미묘하지 않다. 셋째는 삿된 소견으로 짓는 업業이니 덮어두면 미묘하지만 드러내면 미묘하지 않다. 비구들아, 이것을 일러 세 가지 일이 있는데 덮어두면 미묘하지만 드러내면 미묘하지 않다고 하는 것이니라.

또 세 가지 일이 있는데 드러나면 미묘하지만 덮어버리면 미묘하지 않다. 어떤 것이 그 세 가지 일인가? 첫째는 해와 달이니 드러나면 미묘한데 덮이면 미묘하지 않다. 나머지는 여래의 법과 말씀이니, 드러나면 미묘하지만 덮여버리면 미묘하지 않다. 비구들아, 이것이 드러나면 미묘하지만 덮여버리면 미묘하지 않다고 한 세 가지 일이니라."
그때 세존께서 곧 이런 게송을 말씀하셨다.

여자와 주술과
삿된 소견으로 짓는 착하지 못한 행行
세상의 이 세 가지 법은
덮어 숨기면 가장 묘한 것이다.

널리 비추는 저 해와 달과
그리고 여래의 바른 법과 말씀
세상의 이 세 가지 법은
드러내야 가장 묘한 것이다.

"그러므로 모든 비구들아, 너희들은 마땅히 여래의 법을 밝게 드러내고 덮어버리지 않게 해야 한다. 모든 비구들아, 마땅히 이와 같이 배워야 한다."
그때 모든 비구들은 부처님의 말씀을 듣고 기뻐하며 받들어 행하였다.

〔 5 〕

이와 같이 들었다. 어느 때 부처님께서는 사위국 기수급고독원에 계셨다.
그때 세존께서 모든 비구들에게 말씀하셨다.
"세 가지 유위有爲와 유의의 모습〔有爲相〕이 있다. 어떤 것이 그 세 가지인가? 생겨나는 현상을 알고 마땅히 변천變遷하는 현상을 알며,

장차 반드시 없어질 것임을 아는 것이다.

어떤 것이 생겨나는 현상을 아는 것인가? 생겨나는 것을 말하나니, 자라고 5음陰의 형체〔形〕를 이루며 모든 지持와 입入을 가지게 되는 것이니, 이것을 일러 생겨나는 현상을 안다고 하는 것이다. 어떤 것이 없어질 것임을 아는 것인가? 죽는 것을 말하나니 목숨은 흘러 머물지 않으며 무상한 것이어서 모든 음陰은 다 무너져 흩어지고 친족〔宗族〕들과도 이별하며, 목숨〔命根〕이 끊어지는 것이니, 이것을 일러 없어질 것임을 안다고 하는 것이다. 어떤 것이 변천하는 현상인가? 이는 빠지고 머리는 희어지며 기운은 다 떨어지고 나이가 들어 몸이 무너지는 것이니, 이것을 일러 변화하고 바뀌는 법〔變易法〕이라고 하느니라.

비구들아, 이것이 세 가지 유위와 유위의 모습이다. 너희들은 마땅히 이 세 가지 유위와 유위의 모습을 잘 분별해야 한다. 모든 비구들아, 마땅히 이와 같이 배워야 한다."

그때 모든 비구들은 부처님의 말씀을 듣고 기뻐하며 받들어 행하였다.

〔 6 〕

이와 같이 들었다.

어느 때 부처님께서는 사위국 기수급고독원에 계셨다.

그때 세존께서 모든 비구들에게 말씀하셨다.

"어리석은 사람에게는 세 가지 모양과 세 가지 법이 있는데, 믿고 의지할 만한 것이 아니다. 어떤 것이 그 세 가지인가? 어리석은 사람은 사유할 만한 것이 아닌 것을 사유하고, 논란하여 말할 만한 것이 아닌 것을 논하여 말하며 행해서는 안 될 것을 닦아 익힌다.

어떤 것이 어리석은 사람이 사유할 만한 것이 아닌 것을 사유하는 것인가? 어리석은 사람은 마음의 세 가지 행을 곧 생각하고 기억한다. 어떤 것이 그 세 가지인가? 어리석은 사람은 남의 재물과 남의 여자에 대해 질투하는 마음을 일으키고, 나쁜 말을 기억해서 미워하는 마음을 일으켜서 '저들이 가지고 있는 것들을 모두 나에게 허용되기를 원한다'고 말한다. 이와 같이 어리석은 사람은 사유할 만한 것이 아닌 것을 사유하느니라.

어떤 것이 어리석은 사람이 논란하여 말할 만한 것이 아닌 것을 논하는 것인가? 어리석은 사람은 입으로 네 가지 허물을 짓는다. 어떤 것이 그 네 가지인가? 어리석은 사람은 항상 거짓말과 꾸밈말과 악한 말과 사람들을 다투게 하는 말을 하기 좋아한다. 이와 같이 어리석은 사람은 입으로 네 가지 허물을 짓느니라.

어떤 것이 어리석은 사람이 악한 짓을 행하는 것인가? 어리석은 사람은 몸으로 악한 짓을 하면서 언제나 살생殺生·도둑질〔竊盜〕·음행〔淫泆〕을 늘 생각한다. 이와 같이 어리석은 사람은 악한 짓을 행하느니라.

이와 같으니 비구들아, 어리석은 사람에게는 이러한 세 가지 행이 있고, 어리석은 사람은 이러한 세 가지 일을 익히느니라.

또 비구들아, 지혜로운 이에게도 세 가지 일이 있으니, 항상 생각하고 닦아 실천해야 한다. 어떤 것이 그 세 가지인가? 지혜로운 사람은 꼭 사유해야 할 것을 곧 사유하고, 꼭 논하여 말해야 할 것을 곧 논하여 말하며, 꼭 행해야 할 착한 일을 곧 닦고 실천한다.

어떤 것이 지혜로운 사람이 꼭 사유해야 할 것을 곧 사유하는 것인가? 지혜로운 사람은 마음의 세 가지 행을 생각한다. 어떤 것이 그 세 가지인가? 지혜로운 사람은 질투하거나 성내거나 어리석지 않고, 항상 바른 소견을 행하여 남의 재물을 보고도 욕심을 내지 않는다. 이와 같이 지혜로운 사람은 꼭 생각해야 할 것만을 곧 생각하느니라.

어떤 것이 지혜로운 사람이 꼭 논해 말해야 할 것을 논하여 말하는 것인가? 지혜로운 사람은 입으로 네 가지 행을 성취한다. 어떤 것이 그 네 가지인가? 지혜로운 사람은 거짓말을 하지 않고 남을 시켜서 거짓말을 하게 하지도 않으며, 남이 거짓말을 하는 것을 보면 마음으로 좋아하거나 기뻐하지 않는다. 이것을 일러 지혜로운 사람은 그 입을 보호한다고 하는 것이다. 또 지혜로운 사람은 꾸밈말·악한 말·남과 다투게 하는 말을 하지 않고, 또한 남을 시켜서 꾸밈말·악한 말·남과 싸우게 하는 말을 하게 하지도 않는다. 이와 같이 지혜로운 사람은 입으로 네 가지 행을 성취하느니라.

어떤 것이 지혜로운 사람이 몸으로 세 가지 행을 성취하는 것인가? 지혜로운 사람은 몸의 행行을 사유하여 범하거나 저촉되는 일이 없다. 그리하여 지혜로운 사람은 제 자신이 직접 살생하지도 않고, 남을 시켜서 살생하게 하지도 않으며, 남이 살생하는 것을 보면 마음으로 좋아하지 않는다. 제 자신이 직접 도둑질하지도 않고, 남을 시켜서도 도둑질하게 하지도 않으며, 남이 도둑질하는 것을 보면 마음으로 좋아하지 않는다. 또 음행을 하지 않아서 남의 여자를 보아도 음욕의 생각이 일어나지 않고, 또한 남을 시켜서 음행을 행하게 하지도 않는다. 그리하여 가령 늙은 여자를 보면 자기 어머니처럼 생각하고 중년 여자를 보면 누이처럼 생각하며 젊은 여자를 보면 누이동생처럼 생각하여, 마음에 차별〔高下〕이 없다. 이와 같이 지혜로운 사람은 몸으로 세 가지 행을 성취한다. 이것을 일러 지혜로운 사람의 소행所行이라고 하느니라.

이와 같이 비구들아, 이런 세 가지 유위의 모습이 있다. 그런 까닭에 모든 비구들아, 너희들은 어리석은 사람의 세 가지 행은 항상 버려 여의어야 하고 지혜로운 사람의 세 가지 소행은 잠깐이라도 그만두지 말아야 하느니라. 모든 비구들아, 마땅히 이와 같이 배워야 한다.”

그때 모든 비구들은 부처님의 말씀을 듣고 기뻐하며 받들어 행하였다.

〔 7 〕

이와 같이 들었다.

어느 때 부처님께서는 사위국 기수급고독원에 계셨다.

그때 세존께서 모든 비구들에게 말씀하셨다.

“여기 세 가지 법이 있다. 그 법은 깨달아 알 수 없고 보이지도 않고 들리지도 않는다. 나고 죽음을 수없이 겪었으면서도 일찍이 본 일이 없고, 나나 너희들도 일찍이 보았거나 들은 적이 없었던 것이다. 어떤 것이 그 세 가지인가? 성현聖賢의 계戒를 이르는 말이다. 그 법은 깨달아 알 수 없고 보이거나 들리지도 않으며, 나고 죽음을 수없이 겪었으면서도 일찍이 본 일이 없고, 나나 너희들도 일찍이 보았거나 들은 적이 없었던 것이다. 또 성현의 삼매三昧와 성현의 지혜智慧로도 깨달아 알 수 없고 보이거나 들리지도 않았던 것이다. 만일 지금 나나 너희들이 모두 성현의 계와 성현의 삼매와 성현의 지혜를 다 깨달아 알고, 모조리 다 성취한다면 다시는 몸을 받지 않을 것이다. 그 까닭은 이미 나고 죽는 근원을 끊었기 때문이니라. 그런 까닭에 모든 비구들아, 너희들은 마땅히 이 세 가지 법을 기억하여 닦고 실천해야 한다. 이와 같으니 모든 비구들아, 마땅히 이와 같이 배워야 한다.”

그때 모든 비구들은 부처님의 말씀을 듣고 기뻐하며 받들어 행하였다.

〔 8 〕

이와 같이 들었다.

어느 때 부처님께서는 사위국 기수급고독원에 계셨다.

그때 세존께서 모든 비구들에게 말씀하셨다.

"세 가지 법이 있는데, 그 법은 매우 존중하고 사랑할 만한 것이라서 세상 사람들이 탐貪하는 대상이다. 어떤 것이 그 세 가지인가? 이른바 젊고 씩씩함이니, 그것은 매우 존중하고 사랑할 만한 것이라서 세상 사람들이 탐하는 대상이다. 다음에는 병이 없는 것〔無病〕이니, 그것은 매우 존중하고 사랑할 만한 것이라서 세상 사람들이 탐하는 대상이다. 그 다음에는 목숨〔壽命〕이니 그것은 매우 존중하고 사랑할 만한 것이라서 세상 사람들이 탐하는 대상이다. 비구들아, 이것을 일러 매우 존중하고 사랑할 만한 것이라서 세상 사람들이 탐하는 세 가지 법이라고 한다.

또 비구들아, 비록 그 세 가지 법은 매우 존중하고 사랑할 만한 것이라서 세상 사람들이 탐하는 대상이긴 하더라도, 그러나 다시 존중하고 사랑할 만한 것이 아니라서 세상 사람들이 탐하지 않는 세 가지 법이 있다. 어떤 것이 그 세 가지인가? 첫째는 아무리 젊고 씩씩하더라도 장차 틀림없이 늙을 것이니, 그 법은 존중하고 사랑할 것이 아니라서 세상 사람들이 탐하지 않는 것이다. 비구들아, 마땅히 알아야 하느니라. 아무리 병들지 않고 건강하다 하더라도 장차 틀림없이 앓을 때가 있을 것이니, 그 법은 존중하고 사랑할 만한 것이 아니라서 세상 사람들이 탐하지 않는 것이다. 비구들아, 마땅히 알아야 하느니라. 아무리 수명이 있다 하더라도 언젠가는 반드시 죽을 것이니, 그 법은 존중하고 사랑할 만한 것이 아니라서 세상 사람들이 탐하지 않는 것이니라.

그러므로 모든 비구들아, 너희들은 비록 젊고 씩씩하다 하더라도 장차 늙지 않기를 구해 열반의 경계로 나아가야 한다. 또 아무리 병이 없어 건강하다 하더라도 마땅히 방편을 써서 병에 걸리지 않도록 해야 한다. 또 아무리 수명이 있다 하더라도 방편을 써서 목숨이 끝나지 않도록 해야 한다. 이와 같으니 모든 비구들아, 마땅히 이와 같이 배워야 한다."

그때 모든 비구들은 부처님의 말씀을 듣고 기뻐하며 받들어 행하였다.

〔 9 〕

이와 같이 들었다.

어느 때 부처님께서는 사위국 기수급고독원에 계셨다.

그때 세존께서 모든 비구들에게 말씀하셨다.

"비유하면 봄날 하늘에서 큰 우박이 쏟아지는 것처럼, 만일 여래如來께서 이 세상에 나오시지 않았다면 중생들이 지옥에 들어가는 것도 그와 같았을 것이다. 그때에는 지옥에 들어가는 여자의 숫자가 남자보다 많을 것이니, 무엇 때문인가?

비구들아, 마땅히 알아야 할 것이다. 세 가지 일 때문에 중생들은 몸이 무너지고 목숨이 끝난 뒤에는 세 갈래 나쁜 세계〔三惡趣〕에 들어간다. 어떤 것이 그 세 가지인가? 곧 탐욕貪欲과 잠〔睡眠〕과 들뜸〔調戲〕이 그것이다. 이 세 가지 일이 마음을 얽어매면 몸이 무너지고 목숨이 끝난 뒤에는 세 갈래 나쁜 세계에 들어가게 된다.

여인은 하루 종일 세 가지 법을 익히면서 스스로 즐긴다. 어떤 것이 그 세 가지인가? 이른 아침에는 질투하는 마음으로써 제 자신을 얽어매고, 한낮이 되면 잠으로써 제 자신을 얽어매며, 저물어서는 탐욕의 마음으로써 제 자신을 얽어맨다. 이런 인연 때문에 그 여인은 몸이 무너지고 목숨이 끝난 뒤에는 세 갈래 나쁜 세계에 태어나게 된다. 그러므로 모든 비구들아, 너희들은 꼭 이 세 가지 법 여의기를 생각해야 하느니라."

그때 세존께서 이런 게송을 말씀하셨다.

질투와 잠자기와 들뜸과
그리고 탐욕은 나쁜 법이니
사람을 지옥으로 끌어들여
마침내 벗어나지 못하게 한다.

그러므로 질투와 잠과
들뜸을 반드시 버려야 하며
또한 탐욕도 버려야 하나니
그러한 나쁜 짓을 행하지 말라.

"그러므로 모든 비구들아, 너희들은 마땅히 질투를 여의기를 생각해야 하며, 아끼는 마음을 없애고 언제나 보시를 행해야 할 것이며, 잠에 집착하지 말고 탐욕에 물들거나 집착하지 말아야 한다. 이와 같으니 모든 비구들아, 마땅히 이와 같이 배워야 한다."

그때 모든 비구들은 부처님의 말씀을 듣고 기뻐하며 받들어 행하였다.

〔 10 〕

이와 같이 들었다.

어느 때 부처님께서는 사위국 기수급고독원에 계셨다.

그때 세존께서 모든 비구들에게 말씀하셨다.

"세 가지 법이 있다. 그것을 익히고 음미하면 만족할 줄 모르게 되고, 또 휴식처休息處로 가지 못하게 된다.

어떤 것이 그 세 가지인가? 즉 탐욕이니, 만약 어떤 사람이 그것을 익히고 음미하면 조금도 만족할 줄 모르게 되고, 또 만약 어떤 사람이 술 마시기에 익숙해지면 조금도 만족할 줄 모르게 되며, 또 만약 어떤 사람이 잠에 익숙해지면 조금도 만족할 줄 모르게 된다.

비구들아, 이것을 일러 만일 어떤 사람이 세 가지 법에 익숙해지면 만족할 줄 모르고, 또 멸진滅盡의 처소에 이르지 못한다고 하는 것이다. 그러므로 모든 비구들아, 너희들은 항상 꼭 이 세 가지 법을 버려 여의고 그 세 가지 법을 친근히 하지 말아야 하느니라. 이와 같으니 모든 비구들아, 마땅히 이와 같이 배워야 한다."

그때 모든 비구들은 부처님의 말씀을 듣고 기뻐하며 받들어 행하였다.

공양과 세 가지 선근과
세 가지 느낌과 세 가지 덮고 드러냄과
모양과 법과 세 가지 깨닫지 못함과
공경과 봄〔耳〕과 만족할 줄 모름에 대해 설하셨다.

증일아함경 제 13 권

23. 지주품地主品

〔 1 〕

이와 같이 들었다.

어느 때 부처님께서는 사위국舍衛國 기수급고독원祇樹給孤獨園에 계셨다.

그때 바사닉왕波斯匿王이 여러 신하들에게 말하였다.

"그대들은 빨리 우보羽寶로 만든 수레를 장엄莊嚴하라. 내가 세존께서 계신 곳을 찾아가 예배하고 문안드리고자 한다."

그러자 좌우左右 신하들은 왕의 명령을 받고 곧 우보로 만든 수레를 장엄하고 왕에게 아뢰었다.

"수레를 다 장엄하였습니다. 지금이 곧 떠나실 때입니다."

그때 바사닉왕은 곧 우보로 장엄한 수레를 타고 가는데, 보병步兵과 기병騎兵 수천 명이 앞뒤로 빙 둘러쌌다. 그들은 사위국을 나가 기원정사祇園精舍에 이르러 세존께서 계신 곳으로 나아갔다. 왕법王法을 따라 장식했던 다섯 가지 장식인, 일산〔蓋〕・천관天冠・칼〔劍〕・신〔履屣〕,

그리고 금金으로 만든 총채를 제거하여 한쪽으로 치워두고 나서, 세존의 처소로 나아가 세존의 발에 머리 조아려 예배하고 한쪽에 앉았다.

그때 세존께서 그를 위해 심오한 법을 설명하여 그를 기쁘고 즐겁게 해 주셨다. 그러자 바사닉왕은 그 설법을 듣고 세존께 아뢰었다.

"오직 바라건대 세존께서는 석 달 동안 저의 청을 받아 주시고, 비구 스님들도 다른 곳에 있지 말게 해 주소서."

그러자 세존께서는 잠자코 그 청을 받아 주셨다. 그때 왕은 세존께서 잠자코 그 청을 받아들이심을 알고, 곧 자리에서 일어나 세존의 발에 머리 조아려 예배하고 물러나 떠나갔다. 그는 사위성으로 돌아가 여러 신하들에게 명命하였다.

"나는 부처님과 비구 스님들에게 석 달 동안 공양을 올리고, 또 의복〔衣被〕·음식〔飯食〕·평상〔牀〕·침구〔臥具〕과 질병에 필요한 의약품〔醫藥〕 등 필요한 물건을 모두 제공하려고 한다. 너희들도 기뻐하는 마음을 내어야 할 것이다."

신하들이 대답하였다.

"그렇게 하겠습니다."

그리고 바사닉왕은 궁전 문밖에 아주 큰 강당講堂을 지었는데 매우 특이하고 아름다웠다. 비단으로 된 번기〔幡〕와 일산〔蓋〕을 달고 광대들이 풍류를 울리는 등 화려하기가 이루 헤아릴 수가 없었다. 또 온갖 목욕할 못을 만들고 온갖 기름 등불도 준비하였으며, 온갖 종류의 맛있는 음식을 장만하였다. 그런 다음에 바사닉왕은 사람을 보내 세존께 아뢰었다.

"때가 되었나이다. 원컨대 세존께서는 제 집으로 왕림해 주소서."

그러자 세존께서 때가 된 것을 아시고 가사袈裟를 입고 발우를 가지고 모든 비구승들을 거느리고 앞뒤로 빙 둘러싸인 채, 사위성으로 들어가 그 강당에 이르러 자리에 앉으셨다. 비구승들도 각각 차례를 따라 앉았다.

그때 바사닉왕은 많은 궁녀들을 거느리고 나와 손수 음식을 돌리고 필요한 물건을 공급했다. 그렇게 석 달 동안 모자라는 것이 없이 의복·음식·평상·침구와 질병에 필요한 의약품 등을 지급하였다.

세존께서 공양을 마치신 것을 본 왕은 갖가지 꽃을 가져다가 세존과 비구 스님들 위에 뿌리고, 또 조그만 의자를 가져다 놓고 여래의 앞에 앉아 아뢰었다.

"저는 전에 부처님으로부터 인연因緣의 본말本末에 대하여 설법하신 것을 들었습니다.

'축생畜生들에게 음식을 준 이는 그 백 갑절의 복을 받고, 계戒를 범한 이에게 음식을 준 이는 그 천 갑절의 복을 받으며, 계를 잘 지키는 이에게 음식을 준 이는 그 만 갑절의 복을 받고, 탐욕[欲]을 끊은 선인仙人에게 음식을 준 이는 그 억 갑절의 복을 받으며, 수다원須陀洹으로 향向하는 이에게 음식을 준 이까지도 헤아릴 수 없이 많은 복을 받는데, 하물며 수다원을 성취한 분에게 음식을 준 사람이겠는가? 더구나 사다함斯陀含으로 향하고 사다함의 도道를 얻은 사람이나, 아나함阿那含으로 향하고 아나함의 도를 얻은 사람이나, 아라한阿羅漢으로 향하고 아라한의 도를 얻은 사람이나, 벽지불辟支佛로 향하고 벽지불이 된 사람이나, 여래如來·지진至眞·등정각等正覺으로 향하는 이나 부처님이 된 분과 그 밑의 제자 비구들이겠는가? 그들에게 보시한 공덕과 복은 이루 다 헤아릴 수 없을 것이다.'

그래서 저는 지어야 할 공덕功德을 지금 다 마쳤습니다."

세존께서 말씀하셨다.

"대왕이여, 그런 말은 하지 마십시오. 복을 짓는 데는 만족이라는 것이 없는데, 어찌하여 지어야 할 일을 오늘 다 마쳤다고 그런 말을 하십니까? 왜냐하면 나고 죽음은 길고도 아득해 이루 다 헤아릴 기억할 수 없기 때문입니다.

대왕이여, 아주 먼 옛날에 지주地主라는 왕이 있었는데, 그 왕이 이 염부리(閻浮里 : 南贍部洲)의 땅을 다스리고 있었습니다. 그 왕에게는 선명善明이라고 하는 신하가 있었는데, 그는 젊을 때부터 왕을 위해서 하는 일이라면 두려워하거나 어려워하는 일이 없었습니다. 그때 그 왕은 염부리의 국토의 절반을 나누어 주고 그 신하에게 다스리라고 하였습니다.

그 작은 왕 선명은 성을 쌓았는데 동서東西의 길이가 12유순由旬이었고, 너비는 7유순이었으며, 토지는 기름졌고 백성도 아주 많았습니다. 그때 그 성의 이름은 원조遠照라고 하였으며, 선명왕은 일월광日月光이라고 하는 첫째 부인을 맞이했습니다. 그 부인은 키가 크지도 않고 작지도 않았고, 살지지도 않고 여위지도 않았으며, 희지도 않고 검지도 않았고, 얼굴 모습은 단정하여 세상에 보기 드문 미인이었습니다. 입에서는 우발화優鉢華 향내가 났고 몸은 전단향栴檀香으로 되어 있었습니다. 며칠이 안 되어 그 부인은 아기를 배었는데, 그 부인이 왕에게 가서 말하였습니다.

'저는 지금 아기를 배었습니다.'

그러자 왕은 그 말을 듣고는 기뻐 뛰면서 어쩔 줄을 몰라 했고, 곧 좌우에 명하여 편안하기 견줄 데 없는 좌구坐具를 만들게 하였습니다. 부인은 아기를 밴 후 달이 차서 한 사내아이를 낳았는데, 아이가 나올 때가 되자 염부리 경내는 온통 금빛으로 환하게 빛났습니다. 그 아이의 얼굴 모습은 단정端正하였고 온몸에 32상相을 갖추었으며 몸은 온통 금빛이었습니다. 선명 대왕은 그 태자를 보고 기뻐 어쩔 줄 모르면서 한량없이 좋아하였습니다. 왕은 곧 여러 스승인 바라문婆羅門과 도사道士들을 부르고 몸소 태자를 안고 나아가 아기의 관상을 보라고 하면서 말하기를, '나는 지금 이 아이를 낳았다. 그대들은 이 아이의 관상을 보고 곧 이름을 지어라'라고 하였습니다. 그때 여러 관상가〔相師〕들은 왕의 분부를 받고 제각기 아이를 안고 그 얼굴 모습을 관찰하고 나서 모두 아뢰었습니다.

'성왕成王이시여, 이 태자는 단정하기 비길 데 없습니다. 모든 감각기관〔根〕은 결함이 없고 32상을 갖추고 있습니다. 이 왕자王子에게는 두 길이 있습니다. 만일 장차 세간에 있으면 전륜성왕轉輪聖王이 되어 7보를 원만하게 갖추게 될 것입니다. 그 7보는 윤보輪寶·상보象寶·마보馬寶·주보珠寶·옥녀보玉女寶·거사보居士寶·전병보典兵寶이니 이 일곱 가지를 말합니다.

또 천 명의 아들도 두게 될 것입니다. 그들은 모두 용맹스럽고 굳세어 많은 적敵을 물리칠 것이요, 이 천하에서는 무기를 쓰지 않고도 모두 저절로 항복해오게 될 것입니다. 또 만일 이 왕자가 출가하여 도道를 닦으면 위없이 바른 깨달음〔無上正覺〕을 이루어, 그 명성名聲과 덕망德望이 멀리 퍼져 온 세계에 가득 차게 될 것입니다. 이 왕자가 태어나던 바로 그날 광명光明이 멀리 비치었으니, 이 왕자의 이름은 등광燈光이라고 하소서.'

여러 관상가들은 이미 그렇게 이름을 지어 주고는 각기 그 자리에서 물러나 가버렸습니다.

그러자 왕은 하루 종일 태자를 안고 앉아서 잠깐도 눈을 떼지 않았습니다. 그때 왕은 그 태자를 위해 세 개의 강당을 지어 가을과 겨울과 여름에 그 계절에 따라 알맞도록 하였으며, 궁인宮人들과 채녀婇女들을 궁전 안에 많이 두어 태자로 하여금 그 속에서 놀게 하였습니다.

그러나 왕태자王太子는 나이 29살 되던 때에 견고한 믿음으로 출가하여 도를 배우려고 하였습니다. 그리하여 그 태자는 그날로 출가하여 바로 그날 밤에 부처가 되었습니다. 그때 염부리 사람들은 모두 그 왕태자가 출가하여 도를 배워 그날로 바로 부처가 되었다는 말을 들어 알게 되었습니다.

부왕父王은 이른 아침에 왕태자가 출가하여 도를 닦아 그날 밤에 부처가 되었다는 말을 들었습니다. 그때 그 부왕은 이렇게 생각하였습니다.

'어젯밤에 나는 여러 하늘들이 허공에서 훌륭하다고 칭찬하는 소리를 들었다. 그것은 틀림없이 좋은 징조이지 나쁜 소식은 아닐 것이다. 내가 지금 가서 보리라.'

왕은 곧 40억 남녀들에게 빙 둘러싸인 채 등광燈光여래께서 계신 곳으로 나아갔다. 그곳에 이르러서 왕은 여래의 발에 머리 조아려 예배하고 한쪽에 앉았고, 40억 명의 대중들도 여래의 발에 머리 조아려 예배하고 한쪽에 앉았습니다.

그때 여래께서는 부왕과 40억 명의 대중들을 위해 점차 묘妙한 논論에 대하여 말씀하셨습니다. 그 논은 곧 보시론布施論·계율론戒律論·생천론生天論을 일컫는 것이었고, 또 '애욕愛欲은 더러운 것이요, 번뇌〔漏〕는 깨끗하지 못한 행行이다. 그러므로 출가하는 것이 요긴한 일이며 청정淸淨한 과보果報를 얻어야 한다'는 내용이었습니다.

그때 여래께서는 중생들의 심성이 부드러워졌음을 관찰하시고, 모든 불여래佛如來께서 늘 말씀하셨던 법法인 괴로움〔苦〕과 괴로움의 발생〔集〕과 괴로움의 소멸〔盡〕과 괴로움의 소멸에 이르는 길〔道〕의 뜻에 대하여 저 40억 명의 대중들에게 널리 말씀하셨습니다. 그리하여 그때 그 자리에 있었던 사람들은 모든 번뇌〔塵垢〕가 다하고 법안法眼이 깨끗하게 되었습니다.

그때 40억 명의 대중들이 등광여래에게 아뢰었습니다.

'저희들도 수염과 머리를 깎고 출가하여 도를 배우기를 원합니다.'

대왕께서는 그때 저 40억 명의 대중들이 모두 출가하여 도를 배워, 그날로 아라한이 되었다는 것을 마땅히 아셔야 합니다.

그때 등광여래는 40억 명의 대중을 거느리고 계셨는데, 그들은 모두 아라한〔無着〕들이었습니다. 그들이 국경을 유행할 때, 그 나라의 백성들이 모두 의복·음식·침구와 질병에 필요한 의약품 등 네 가지를 공양하여 조금도 부족한 것이 없게 하였습니다.

그때 지주 대왕은 자신의 아들 등광여래가 위없이 바르고 참된 등정각〔無上正眞等正覺〕을 성취하여 40억 명의 대중들을 거느렸는데, 그들은 다 아라한으로서 그 나라를 유행하고 있다는 말을 듣고 생각하였습니다.

'나는 지금 마땅히 사신을 보내 여래께서 여기에 와서 유람하면서 교화해달라고 청하리라. 만일 오신다면 내 본래 소원을 이룰 것이요, 오시지 않는다면 내가 직접 가서 예배하고 꿇어앉아 문안을 드리리라.'

그리고 곧 한 신하에게 명령하였습니다.

'너는 저곳에 가서 여래께 문안을 드리되, 내 이름으로 여래의 발에 머리 조아려 예배한 뒤에 〈기거하시기에 경쾌하고 다니시기에 편하고 건강하십니까?〉라고 하고 나서, 왕 지주地主가 여래께 문안드리오니 〈기거하시기에 경쾌하고 다니시기에 편하고 건강하십니까? 바라건대 세존께서는 우리나라에 왕림하소서〉라고 말하라.'

그때 그 사람은 왕의 분부를 받고 그 나라로 가서, 부처님의 발에 머리 조아려 예배하고 한쪽에 서서 이렇게 말하였습니다.

'대왕 지주는 여래의 발에 예배하고 문안드립니다. 예를 마치고는 〈기거하시기에 경쾌하고 다니시기에 편하고 건강하십니까? 바라건대 세존께서는 우리나라에 왕림해 주십시오〉라고 하나이다.'

그러자 세존께서는 잠자코 그 청을 받아 주셨습니다.

그때 등광여래는 대중들을 데리고 차츰차츰 인간 세상을 유행하시면서, 대비구大比丘들 40억 명과 함께 계셨습니다. 부처님께서 이르는 곳마다 공경하지 않는 이가 없었고, 의복·음식·침구와 질병에 필요한 의약품들을 모두 바쳤습니다. 점점 나아가 지주왕의 나라에 이르렀을 때 지주 대왕은 등광여래께서 대비구 40억 명을 데리고 그 나라에 와서 그 나라 북쪽에 있는 바라婆羅 동산에서 계신다는 말을 듣고 '내가 직접 가서 맞이하리라'라고 말하였습니다. 그리고는 지주 대왕은 다시 40억 명의 대중들을 거느리고 등광여래의 처소를 찾아갔습니다. 그곳에 이르자 그는 여래의 발에 머리 조아려 예배하고 한쪽에 앉았고, 40억 명의 대중들도 발에 예배하고 한쪽에 앉았습니다.

그때 등광여래는 그 왕과 40억 명의 대중들을 위해 묘한 논〔妙論〕에 대하여 말씀해 주셨는데, 그 논은 곧 보시론·계율론·생천론을 말하는 것이며, 또 '애욕은 더러운 것이요, 번뇌〔漏〕는 깨끗하지 못한 행이므로 출가하는 것이 요긴한 일이며 청정한 과보를 얻어야 한다'는 내용이었습니다. 그때 여래께서는 중생들의 심성이 부드러워졌음을 관찰하고, 모든 불여래께서 늘 말씀하셨던 법인 괴로움·괴로움의 발생·괴로움의 소멸·괴로움의 소멸에 이르는 길에 대하여 저 40억 명의 대중들에게 널리 말씀하셨습니다. 그리하여 그때 그 자리에 있었던 사람들은 모든 번뇌가 다하고 법안이 깨끗하게 되었습니다.

그때 40억 명의 대중들이 등광여래께 아뢰었습니다.

'저희들도 수염과 머리를 깎고 출가하여 도를 배우기를 원합니다.'

대왕께서는 그때 그 40억 명의 대중들은 모두 출가하여 도를 배워, 그날로 아라한이 되었다는 것을 아셔야 합니다.

그때 지주 국왕은 곧 자리에서 일어나 부처님의 발에 머리 조아려 예배하고 물러나 떠났습니다. 그러자 모두 아라한이었던 80억 명의 등광여래 제자 대중들은 그 나라를 유행할 때 그 나라 백성들은 의복·음식·침구와 질병에 필요한 의약품 등의 네 가지를 공양하였는데, 이런 것들을 낱낱이 공급해 주되 조금도 부족함이 없게 하였습니다.

지주 국왕은 또 다른 때에 여러 신하들을 데리고 그 여래의 처소를 찾아가서 여래의 발에 머리 조아려 예배하고 한쪽에 앉아 있었는데, 그때 등광여래께서는 그 국왕을 위해 미묘한 법을 설해 주셨습니다. 그러자 지주 대왕이 여래에게 아뢰었습니다.

'오직 원하건대 세존이시여, 제 목숨[形壽]이 다할 때까지 제 공양을 받아 주십시오. 또 비구 스님들에게도 의복·음식·평상·침구와 질병에 필요한 의약품들을 공급해드리겠습니다.'

그때 등광여래께서는 잠자코 그 왕의 청을 받아 주셨고, 왕은 부처님께서 잠자코 받아 주시는 것을 보고 거듭 세존께 아뢰었습니다.

'저는 지금 세존께 한 소원이 있나이다. 부디 들어주시기 바랍니다.'

세존께서 말씀하셨습니다.

'여래의 법은 그 소원보다 더 훌륭합니다.'

왕이 세존께 아뢰었습니다.

'제가 지금 청하는 소원은 매우 깨끗하고 미묘한 것입니다.'

세존께서 말씀하셨습니다.

'그 청하는 소원이 무엇이기에 깨끗하고 미묘하다고 합니까?'

왕이 세존께 아뢰었습니다.

'제 생각에는 오늘은 여러 스님들께 한 그릇의 밥을 드리고, 내일은 또 다른 그릇을 사용하여 밥을 드리며, 오늘은 여러 스님들께 한 가지 옷을 입히고 내일은 다시 다른 옷을 갈아입히며, 오늘은 여러 스님들을 한 종류의 자리에 앉으시게 하고 내일은 다시 다른 자리에 앉으시게 하며, 오늘은 여러 스님들에게 심부름할 사람을 주어 심부름을 시키게 하고 내일은 다시 다른 사람으로 바꾸어 보내서 심부름을 시키게 하는 것입니다. 제가 청하는 소원은 바로 이런 것들입니다.'

등광여래께서 말씀하셨습니다.

'왕의 소원대로 하십시오. 지금이 바로 그때입니다.'

그러자 지주 대왕은 기뻐하여 뛰면서 어쩔 줄을 몰라 했습니다. 그는 곧 자리에서 일어나 여래의 발에 머리 조아려 예배하고 곧 물러나 떠났습니다.

그는 궁중으로 돌아와 여러 신하들에게 말하였습니다.

'나는 오늘부터 목숨을 마칠 때까지 등광 여래·지진·등정각과 또 비구 스님들께 의복·음식·평상·침구와 질병에 필요한 의약품을 공양하려고 한다. 너희들도 마땅히 서로 권장하고 마음을 내어 내가 준비하는 것을 도와야 할 것이다.'

신하들이 모두 대답하였습니다.

'대왕의 분부대로 하겠습니다.'

왕은 성에서 그리 멀지 않은 한 1유순쯤 떨어진 곳에 집을 지은 뒤에 채색을 써서 무늬를 새기고 그림을 그리고, 다섯 가지 빛깔의 비단 번기와 일산을 달고 광대들을 시켜 음악을 연주하게 하고, 향수를 땅에 뿌리고 목욕할 못을 수리하고 밝은 등불과 갖가지 맛있는 음식을 준비하고, 앉을 방석을 깔아놓고는 사람을 보내 아뢰었습니다.

'때가 되었습니다. 지금이 바로 그때입니다. 바라건대 부디 세존께

서는 제 집으로 오십시오.'

그때 등광여래께서는 이미 때가 된 것을 아시고 가사를 입고 발우를 가지고 비구들에게 앞뒤로 둘러싸인 채 그 강당으로 가시어 각각 제 자리에 나아가 앉았습니다. 지주 대왕은 부처님과 비구 스님들이 자리에 다 앉은 것을 보고, 궁인宮人들과 시녀들과 여러 대신들을 거느리고 나와 자신의 손으로 직접 온갖 맛있는 음식을 돌렸습니다. 대왕께서는 마땅히 알아야만 합니다. 그때 지주 국왕은 7만 년 동안 등광여래와 80억 대중이나 되는 모든 아라한들을 공양하면서도 일찍이 게으름을 피우거나 중단한 적이 없었습니다.

그때 여래께서 교화를 마치시고 곧 무여열반無餘涅槃의 경계에 들어가 반열반般涅槃하셨습니다. 그때 지주 대왕은 온갖 종류의 순한 향과 꽃을 공양하고, 네거리 길에 네 개의 절〔廟寺〕을 세우고는 금·은·유리·수정 등 7보로 꾸미고, 비단 번기와 일산을 달았습니다. 그리고 저 80억 명의 대중들도 점점 무여열반의 경계로 들어가 반열반하였습니다. 그러자 지주대왕은 80억 대중들의 사리舍利를 거두어 각각 절을 짓고 비단 번기와 일산을 달고 향과 꽃을 공양하였습니다.

대왕께서는 꼭 알아야만 합니다. 그때 지주 대왕은 다시 등광여래께서 계시는 절과 80억 아라한들이 있는 절에 공양하였습니다. 그 뒤에 다시 7만 년을 지내는 동안 수시로 공양하고 등불을 켜고 꽃을 뿌리고 비단 번기와 일산을 달았습니다. 대왕께서는 마땅히 알아야만 합니다. 등광여래께서 남겨주신 법이 다 없어진 뒤에야 그 왕은 비로소 열반〔滅度〕에 들었습니다.

그때의 그 지주 대왕이 어찌 다른 사람이겠습니까? 그렇게 보시면 안 됩니다. 왜냐하면 그때 그 지주 대왕은 나 자신이었기 때문입니다. 나는 그때 7만 년 동안 의복·음식·평상·침구와 질병에 필요한 의약품들을 그 부처님께 공양하여 조금도 부족함이 없게 했었고, 그 부처님께서 반열반하신 뒤에 다시 7만 년 동안은 그 형상과 사리에 공양하고, 향을 사르고 등불을 켜고 비단 번기와 일산을 달아 조금도 부족함이 없게 하였습니다.

그러나 나는 그때 그렇게 한 공덕으로 말미암아 스스로 나고 죽는 속에 있으면서 이러한 복을 받기만 바라고 해탈하기를 구하지는 않았었습니다. 대왕께서는 꼭 알아야만 합니다.

'그때 지녔던 복덕福德이 아직도 남아 있는가?'

그렇게 생각하지 마십시오. 내가 오늘날 그 복을 관찰해보면 털끝만큼도 남은 것이 없습니다. 왜냐하면 나고 죽음은 길고도 아득해 이루 다 헤아릴 수 없기 때문이니, 그 동안 그 복을 다 누렸고 지금은 털끝만큼도 남은 것이 없습니다. 그러므로 대왕께서는 '내가 지어야 할 복福을 오늘 다 마쳤다'라는 그런 말을 하지 마십시오.

그보다도 대왕께서는 마땅히 이렇게 말해야만 합니다.

'나는 지금 몸과 입과 뜻으로 짓는 모든 행으로 해탈을 구하기를 다해야 하리니, 나고 죽는 속에 있으면서 거기에서의 복업福業을 구하지 않으면 곧 오랜 세월 동안 한량없이 안온하리라.'"

그때 바사닉왕은 갑자기 두려워져 온몸의 털이 곤두서고 슬픔과 울음이 뒤엉켰다. 그는 손으로 눈물을 훔치면서 세존의 발에 머리 조아려 예배하고서 자신의 잘못을 털어놓았다.

"이 미련한 것이 아무것도 몰랐습니다. 원컨대 세존께서는 제 뉘우침을 받아 주소서. 저는 지금 온몸을 땅에 던져 지나간 잘못을 고치고 다시는 그런 말을 하지 않겠습니다. 부디 세존께서는 제 참회를 받아 주십시오."

이와 같이 두 번 세 번 되풀이하였다.

세존께서 말씀하셨다.

"장하십니다. 대왕이여, 지금 여래의 앞에서 잘못을 뉘우치면서 지난 잘못을 고치고 미래를 다짐하시니 나는 지금 확실히 당신의 참회懺悔를 받아들이겠습니다. 다시는 죄를 짓지 마십시오."

그때 그 대중들 가운데 가전연迦旃延이라는 비구니가 있었다. 그는 곧 자리에서 일어나 세존의 발에 머리 조아려 예배하고 아뢰었다.

"지금 세존께서 하신 말씀은 매우 미묘微妙합니다. 또 세존께서는 바사닉왕에게 이렇게 말씀하셨습니다.

'대왕은 꼭 알아야만 합니다. 나는 지금 몸과 입과 뜻으로 짓는 모든 행으로 해탈을 구하기를 다해야 하리니, 나고 죽는 속에 있으면서 거기에서의 복업福業을 구하지 않으면 곧 오랜 세월 동안 한량없이 안온할 것입니다.'

왜냐하면 저는 스스로 과거 31겁劫 동안의 일을 기억하고 있기 때문입니다. 그때 식힐(式詰 : 尸棄)여래 · 지진 · 등정각께서 세상에 출현出現하셨는데, 그분은 명행성위明行成爲 · 선서善逝 · 세간해世間解 · 무상사無上士 · 도법어道法御 · 천인사天人師이시며 불중우佛衆祐라고 호칭하는 분으로서, 야마野馬 세계에 유행하시고 계셨습니다.

그때 그 부처님께서는 때가 되자 가사를 입고 발우를 가지고 야마성으로 들어가 걸식하셨습니다. 그때 그 성에는 순흑純黑이라고 하는 심부름꾼이 있었습니다. 그 심부름꾼은 여래께서 가사를 입고 발우를 가지고 성에 들어와 걸식하시는 것을 보고 이렇게 생각하였습니다.

'지금 여래께서 성에 들어오신 것은 틀림없이 음식이 필요해서일 것이다.'

그는 곧 집에 들어가 음식을 가지고 와서 여래께 바치면서 이렇게 발원하였습니다.

'나는 이 공덕을 지녔기 때문에 세 갈래 나쁜 세계에는 떨어지지 않고, 또 미래 세상에도 분명 이런 성인을 만나게 될 것이며, 또한 그 성인이 나를 위해 설법해 주실 터이니, 그때 해탈을 얻게 해 주십시오.'

세존과 바사닉왕은 다 아실 것입니다만 그때 그 심부름꾼 순흑이 어찌 다른 사람이겠습니까? 그렇게 생각하지 마소서. 왜냐하면 그때의 순흑은 바로 저였기 때문입니다. 저는 그때 식힐여래의 앞에서 이런 서원을 하였습니다.

'미래 세상에 이런 성인을 만나고, 그 성인이 저를 위해 설법할 때에 해탈을 얻게 해 주십시오.'

이런 서원을 세웠기 때문에 저는 31겁 동안 세 갈래 나쁜 세계에 떨어지지 않고 늘 하늘과 인간 세계에 태어났으며, 최후最後로 지금 이 몸을 받아 이렇게 성존聖尊을 만났고, 출가하여 도를 배워 모든 번뇌를 없애고 아라한이 된 것입니다. 또 세존의 말씀은 지극히 미묘하시니, 바사닉왕에게 이렇게 말씀하셨습니다.

'몸과 입과 뜻으로 지은 많은 행行으로 해탈을 구하기를 다하고, 나고 죽는 속에 있으면서 거기에서의 복업福業을 구하지 말아야 합니다.'

제가 만일 비구·비구니·우바새優婆塞·우바이優婆夷로서 오직 기쁜 마음으로 여래를 향하는 이를 보면 저는 곧 이렇게 생각하겠습니다.

'이 모든 어진 사람들은 마음 씀은 있지만 아직 여래를 존경하고 받들어 공양하지는 못한다.'

또 제가 만일 사부대중을 보면 곧 가서 말하겠습니다.

'여러 어진 이들이여, 그대들은 무슨 물건이 필요합니까? 가사입니까, 발우입니까? 니사단尼師檀입니까, 바늘통〔針筒〕입니까? 세숫대야

〔澡罐〕입니까, 그밖의 사문에게 필요한 여러 가지 기구〔什物〕입니까? 나는 무엇이든 다 공급해드리겠습니다.'

저는 이미 그렇게 하기로 다짐하고 여러 곳으로 다니면서 구걸하겠습니다. 그래서 만일 내가 그것을 얻으면 이는 큰 다행일 것이요, 만일 얻지 못하면 울단월鬱單越・구야니瞿耶尼・불우체弗于逮 등을 돌아다니면서 그것을 구해 와서 공급해 주겠습니다. 왜냐하면 이는 다 사부대중들로 하여금 열반의 길을 얻게 하기 위해서입니다."

그때 세존께서 가전연 비구니의 마음을 관찰해보시고 곧 모든 비구들에게 말씀하셨다.

"너희들은 혹 이러한 신심信心의 해탈을 지닌 가전연 비구니 같은 이를 본 적이 있느냐?"

모든 비구들이 대답하였다.

"보지 못하였습니다. 세존이시여."

세존께서 말씀하셨다.

"내 성문 제자 중 제일가는 비구니로서 신해탈信解脫을 얻은 이는 바로 가전연 비구니이다."

그때 가전연 비구니와 바사닉왕, 그리고 사부대중들은 부처님의 말씀을 듣고 기뻐하며 받들어 행하였다.

〔 2 〕

이와 같이 들었다.

어느 때 부처님께서는 라열성羅閱城 기사굴산耆闍崛山에서 대비구들 5백 명과 함께 계셨다.

그때 존자 바구로婆拘盧는 어떤 산모퉁이에서 헌 옷을 깁고 있었다.

그때 석제환인釋提桓因이 멀리서 존자 바구로가 어떤 산모퉁이에서 헌 옷을 깁고 있는 것을 보고는 이렇게 생각하였다.

'이 존자 바구로는 이미 아라한이 되어 모든 결박이 벌써 풀렸고 한량없이 장수하며, 항상 제 자신을 항복 받고 비상(非常 : 無常) · 괴로움〔苦〕 · 공空 · 비신(非身 : 無我)을 생각하여 세상일에 집착하지 않으며, 또한 다른 사람에게 설법하지 않고 잠자코 자기 몸만 닦는 것이 마치 저 외도들의 수행과 같다. 알 수 없는 일이지만 저 존자가 과연 다른 사람에게 설법하는 일을 감당해낼 수가 있을까? 내가 지금 가서 그를 시험해 보리라.'

그때 천제석天帝釋은 곧 삼십삼천에서 사라져 보이지 않더니 기사굴산에 내려와 존자 바구로 앞에 나타나, 그의 발에 머리 조아려 예배하고 한쪽에 서 있었다. 그때 석제환인이 곧 이 게송을 설하였다.

지혜로운 이 찬탄하여 말하나니
어찌하여 그 법을 설명하지 않습니까?
결박 끊고 거룩한 행 이루었으면서
어찌하여 그저 잠자코 머물러 계십니까?

그때 존자 바구로도 또한 이런 게송으로 석제환인에게 대답하였다.

부처님과 또 사리불舍利弗과
아난阿難과 균두반均頭槃과
그리고 여러 존장들 있어
묘한 법을 잘 연설하고 있기 때문이네.

그때 석제환인이 존자 바구로에게 말하였다.

“중생들의 근기根器는 참으로 다양합니다. 그러나 존자께서는 꼭 아셔야만 합니다. 세존께서도 중생들의 종류는 이 땅덩이의 흙보다 더 많다고 말씀하셨습니다. 그런데 왜 존자 바구로께서는 다른 사람들에게 설법하지 않습니까?”

바구로가 대답하였다.

“중생들의 종류는 다 깨달아 알기 어렵고 세계의 온갖 나라들도 모두 똑같지 않습니다. 그들은 다 내 것〔我所〕과 내 것이 아니다〔非我所〕라고 하는 데에 집착하고 있다. 나는 지금 그 이치를 다 관찰하였습니다. 그러므로 다른 사람들에게 설법하지 않는 것입니다.”

석제환인이 말하였다.

“원컨대 존자께서는 저를 위해 내 것과 내 것이 아닌 것에 대하여 그 이치를 설명하여 주십시오.”

존자 바구로가 말하였다.

“나는 사람의 수명壽命에 대하여 남자·여자 등 사람의 종류라면 누구나 다 이 목숨을 의지해서 존재한다는 것을 압니다. 그런데 또 구익拘翼이여, 세존께서도 또 말씀하시기를 ‘비구들아, 마땅히 알아야만 하느니라. 항상 스스로 치열하게 힘써 삿된 법을 일으키지 말고, 또 성현의 침묵〔默然〕을 배워야 하느니라’라고 하셨습니다. 나는 그 이치를 관찰하였기 때문에 침묵을 지키고 있는 것입니다.”

그때 석제환인은 멀리서 세존께서 계신 곳을 향해 합장하고 곧 이런 게송을 말하였다.

10력을 지니신 존귀한 분께 귀의하니
원만하게 빛나 그 광명은 가림이 없네.
모두가 일체 중생을 위하는 것이니

이야말로 참으로 기이하고 특별하네.

존자 바구로가 대답하였다.

"어찌하여 제석께서는 그런 말씀을 하십니까? 그것은 참으로 기이하고 특별합니다."

석제환인이 말하였다.

"나는 기억합니다. 옛날에 나는 세존께서 계신 곳에 나아가 그 발에 예배하고 이런 이치를 물었습니다.

'하늘이나 사람의 무리들은 어떤 생각을 가지고 있습니까?'

그때 세존께서 저에게 말씀하셨습니다.

'이 세계의 많은 종류들이 제각기 달라서 그 근원이 똑같지 않느니라.'

저는 그 말을 듣고 조금 있다가 대답하였습니다.

'그렇습니다. 세존께서 말씀하신 것과 같습니다. 세계의 많은 종류들은 제각각이어서 똑같지 않습니다. 그러나 만일 저 중생들을 위해 설법해 주시면 모두 그것을 받들어 가져 좋은 과果를 성취하는 이가 있을 것입니다.'

그러므로 저는 '그것은 매우 기이하고 특별한 일이다'라고 말하였던 것입니다. 그런데 존자 바구로께서도 또한 그와 같이 세계의 많은 종류들은 제각각이어서 똑같지 않다고 말하십니다."

그때 석제환인은 곧 이렇게 생각하였다.

'이 존자는 다른 사람들에게 충분히 설법할 수 있는 분이다. 설법할 능력이 없지 않다.'

그리고 석제환인은 곧 자리에서 일어나 떠나갔다.

그때 석제환인은 존자 바구로의 말을 듣고 기뻐하며 받들어 행하였다.

〔 3 〕[1]

이와 같이 들었다.

어느 때 부처님께서는 점파국占波國[2]의 뇌성雷聲 못가에 계셨다.

이때 존자 이십억이二十億耳는 어떤 고요한 곳에서 스스로 법의 근본을 닦아 12두타頭陀의 행법行法을 버리지 않고, 밤낮으로 경행經行하면서 37도품道品의 가르침에서 떠나지 않았다. 앉거나〔坐〕 다니거나〔行〕 간에 항상 바른 법을 닦고, 초저녁이나 밤중이나 새벽이나 늘 스스로 격려하여 잠깐도 쉬지 않았다. 그러나 그는 욕루欲漏의 법에서 마음이 해탈하지 못하였다.

그때 존자 이십억이는 경행하던 곳에서 다리를 다쳐 피가 흘러 온 길에 낭자했다. 비유하면 마치 소를 잡은 곳에서 흘러내린 피를 까막까치가 먹는 것과 같았다. 그런데도 그는 여전히 욕루의 마음에서 해탈하지 못하였다.

그때 존자 이십억이는 곧 이렇게 생각하였다.

'석가모니〔釋迦文〕부처님의 제자로서 고행苦行 정진精進하는 이들 중에 내가 제일이다. 그런데도 나는 오늘날까지 번뇌의 마음〔漏心〕에서 해탈하지 못하였다. 게다가 우리 집은 재산도 많고 보배도 넉넉하다. 나는 차라리 이 가사를 벗어버리고 세속 사람으로 되돌아가 집안의

1 이 소경과 내용이 비슷한 것으로는 『중아함경』 제29권 123번째 소경인 「사문이십억이경沙門二十億耳經」과 『잡아함경』 제9권 254번째 소경인 「이십억이경二十億耳經」이 있다.

2 팔리어로는 campā라고 하며, 첨파국瞻波國이라고도 한다. 한역하여 무승無勝이라고도 하는데, 인도 16대국 가운데 하나로 중인도 긍가恆伽 강 주변에 위치해 있었으며, 도성都城을 또한 점파占波라고 하였다.

재물을 가지고 널리 보시하는 것이 낫겠다. 사문 노릇을 한다는 것은 그리 쉬운 일이 아니다.'

그때 세존께서 멀리서 이십억이가 마음으로 생각하고 있는 것을 아시고, 곧 허공을 날아 그가 경행하는 곳으로 가서 자리를 펴고 앉으셨다. 그때 존자 이십억이가 부처님의 처소로 나아가 부처님의 발에 머리 조아려 예배하고 한쪽에 앉았다. 그러자 세존께서 이십억이에게 물으셨다.

"너는 전에 어떤 이유로 '석가모니〔釋迦文〕부처님의 제자로서 고행 정진하는 이들 가운데서는 내가 제일이다. 그런데도 나는 오늘날까지 번뇌의 마음에서 해탈하지 못하였다. 게다가 우리 집은 재산도 많고 보배도 넉넉하다. 나는 차라리 이 가사를 벗어버리고 세속 사람으로 되돌아가 집안의 재물을 가지고 널리 은혜나 베푸는 것이 낫겠다. 사문 노릇을 한다는 것은 그리 쉬운 일이 아니다'라는 그런 생각을 한 적이 있느냐?"

이십억이가 대답하였다.

"그렇습니다, 세존이시여."

세존께서 말씀하셨다.

"나는 지금 너에게 도로 물으리니, 네 마음 내키는 대로 나에게 대답하여라. 어떠냐? 이십억이야, 너는 본래 세속 집에 있을 때에 거문고를 잘 탔느냐?"

이십억이가 대답하였다.

"그렇습니다, 세존이시여. 저는 본래 속가 집에 있을 때에 거문고를 잘 탔었습니다."

세존께서 말씀하셨다.

"어떠냐? 이십억이야, 만일 거문고 줄을 너무 죄면 그 소리가 고르지 못할 터인데, 그때에도 거문고 소리를 잘 나게 탈 수 있었느냐?"

이십억이가 대답하였다.

"아닙니다, 세존이시여."

세존께서 말씀하셨다.

"어떠냐? 이십억이야, 만일 거문고 줄을 다시 느슨하게 하면 그때에도 거문고 소리를 잘 나게 탈 수 있었느냐?"

이십억이가 대답하였다.

"아닙니다, 새존이시여."

세존께서 말씀하셨다.

"어떠냐? 이십억이야. 만일 거문고 줄을 너무 죄지도 않고 너무 늦추지도 않으면, 그때에는 거문고 소리를 잘 나게 탈 스 있었느냐?"

이십억이가 대답하였다.

"그렇습니다, 세존이시여. 거문고 줄을 너무 죄지도 않고 너무 늦추지도 않으면 그때는 거문고소리를 잘 나게 탈 스 있었습니다."

세존께서 말씀하셨다.

"공부하는 일도 그와 같다. 너무 지나치게 정진精進하면 그것은 마치 조롱하고 장난치는〔調戱〕 것과 같고, 게을리 하면 삿된 소견에 떨어지게 된다. 만일 그 중간에 있으면 그것이 최상의 행行이다. 그렇게 하면 오래지 않아 마땅히 번뇌가 없는 사람이 될 것이니라."

그때 세존께서 이십억이와 비구들에게 미묘한 법을 설명하시고 나서 뇌음못가로 돌아가셨다.

그때 존자 이십억이는 세존의 가르침을 생각하여 잠깐도 게을리 하지 않고 한가하고 고요한 곳에서 그 법을 수행하였다. 좋은 집안 자제가 출가하여 도를 배울 때처럼, 수염과 머리를 깎고 위없는 범행梵行을 닦았다. 그래서 '나고 죽음이 이디 다하였고 범행은 이미 섰으며,

할 일은 이미 다 마쳐 다시는 몸을 받지 않는다'는 것을 사실 그대로 알아 존자 이십억이는 곧 아라한阿羅漢이 되었다.

그때 세존께서 모든 비구들에게 말씀하셨다.

"내 성문聲聞들 중에서 정진 고행으로 제일가는 제자는 바로 이 이십억이 비구이니라."

그때 모든 비구들은 부처님의 말씀을 듣고 기뻐하며 받들어 행하였다.

〔4〕[3]

이와 같이 들었다.

어느 때 부처님께서는 사위국 기수급고독원에 계셨다.

그때 사위성에 살고 있던 바제婆提 장자는 우연히 병이 들어 목숨을 마쳤다. 그런데 그 장자는 자식이 없어 그가 가지고 있던 재보財寶는 모두 국가에 귀속되었다.

그때 바사닉왕이 온몸에 먼지를 뒤집어쓰고 세존께서 계신 곳으로 나아가 세존의 발에 머리를 조아려 예배하고 한쪽에 앉았다.

그때 세존께서 왕에게 물었다.

"대왕이여, 무슨 일로 온몸에 먼지를 뒤집어쓰고 나의 처소에 오신 것입니까?"

바사닉왕이 세존께 아뢰었다.

"이 사위성 안에 살고 있던 바제 장자가 오늘 죽었습니다. 그런데 그에게는 자식이 없었기 때문에 제가 직접 가서 그가 가지고 있던 재산과 보물을 거두어 국가에 귀속시켰습니다. 순금純金이 8만 근斤이나

---

3 이 소경과 내용이 비슷한 것으로는 『잡아함경』 제46권 1,233번째 소경인 「명종경命終經」이 있다.

되었으니, 하물며 그밖의 다른 물건들이야 더 말할 것이 있겠습니까? 그러나 그 장자가 세상에 살아 있었을 때에는 그가 먹는 음식은 매우 거칠고 부드럽지 못했고, 그가 입은 옷은 때가 묻어 더러웠으며, 그가 타고 다니던 말은 매우 여위고 약했었습니다."

세존께서 말씀하셨다.

"그렇습니다. 대왕이여, 대왕께서 하신 말씀과 같습니다. 대개 인색하고 탐욕이 많은 사람은 재물을 많이 가지고도 잘 먹지 못하는 법입니다. 그뿐만 아니라, 부모·처자·하인〔僕從〕·종〔奴婢〕들에게도 베풀지 않으며, 또한 벗〔朋友〕이나 지식知識에게도 주지 못하고, 또한 사문沙門 바라문婆羅門이나 모든 어른들에게도 베풀어 주지 못합니다. 그러나 지혜로운 선비는 재물을 얻으면 곧 능히 보시하여 널리 구제하고, 조금도 그 재물을 아까워하지 않으며, 사문 바라문이나 덕이 높은 모든 사람들에게 공급한답니다."

그러자 바사닉왕이 물었다.

"이 바제 장자는 지금 죽어서 어디에 태어났습니까?"

세존께서 말씀하셨다.

"저 바제 장자는 죽어서 체곡涕哭이라고 하는 큰 지옥에 태어났습니다. 왜냐하면 선근善根을 끊은 사람은 몸이 무너지고 목숨이 끝난 뒤에는 체곡 지옥에 태어나기 때문입니다."

바사닉왕이 말하였다.

"저 바제 장자는 선근을 끊은 사람입니까?"

세존께서 말씀하셨다.

"그렇습니다. 대왕이여, 왕께서 하신 말씀과 같습니다. 그 장자는 선근을 끊었습니다. 그런데다가 그 장자는 과거에 지었던 복도 이미 다하고 없건만 다시 새로운 복福도 짓지 않았습니다."

바사닉왕이 말하였다.

"그 장자에게 혹 남은 복이 있습니까?"

세존께서 말씀하셨다.

"없습니다. 대왕이여, 털끝만큼도 남아 있는 것이 없습니다. 비유하면 마치 저 농부가 오로지 거두어들이기만 하고 씨를 뿌리지 않아서 곤궁하게 살다가 목숨을 마치는 경우와 같습니다. 왜냐하면 다만 예전에 지었던 양식은 다 없어졌고 다시 새로운 양식은 만들지 않았기 때문이니, 이 장자도 그와 같이 다만 예전에 지었던 복을 먹어 없애기만 하고 새로운 복은 짓지 않았기 때문에 그 장자는 오늘 밤에 틀림없이 체곡 지옥에 있을 것입니다."

그때 바사닉왕은 갑자기 두려움이 생겨 눈물을 닦으면서 말하였다.

"그 장자는 옛날 무슨 공덕의 복업福業을 지었기에 부잣집에 태어났으며, 또 무슨 착하지 않은 근본을 지었기에 지극히 풍부했던 재물을 써보지도 못하고 다섯 가지 즐거움〔五樂〕을 누리지도 못하였습니까?"

그때 세존께서 바사닉왕에게 말씀하셨다.

"과거 아주 먼 옛날 가섭迦葉부처님 때에 이 장자長者는 이 사위성에 사는 어떤 농부 아들이었습니다. 그 부처님께서 세상을 떠나신 뒤에 어떤 벽지불辟支佛이 세상에 나와 그 장자의 집에 갔었는데, 그 장자는 이 벽지불이 문밖에 있는 것을 보고 곧 이렇게 생각하였습니다.

'이렇게 거룩하신 분이 세상에 나오시기는 매우 어려운 일이다. 나는 이제 음식을 가져다가 저분께 보시하리라.'

그때 장자는 곧 음식을 가지고 가서 그 벽지불에게 보시하였고, 벽지불은 그 음식을 먹고 곧 허공으로 날아가 버렸습니다. 그때 그 장자는 그 벽지불의 신통을 보고 서원誓願을 세웠습니다.

'이 착한 근본의 소원으로 말미암아 저로 하여금 태어나는 생마다

세 갈래 나쁜 세계에 떨어지지 않고 항상 재산과 보물이 많게 해 주십시오.'

그러나 그는 이후에 후회하는 마음이 생겨 '내가 아까 브시한 음식은 종들에게 주어야 할 것이었는데, 저 까까머리 도인에게 주어 먹게 하지 말 것을 그랬구나'라고 후회하였습니다. 그때 농부의 장자를 다른 사람이라 생각하지 마시오. 왜냐하면 그때 그 농부의 장자는 바로 지금 저 바제 장자이기 때문입니다.

그때 그는 보시를 하고 나서 이런 서원을 세웠었습니다.

'이 공덕으로 말미암아 태어나는 곳마다 나쁜 세계에 떨어지지 않고 언제나 재물이 풍부하며, 부귀한 집안에 태어나 조금도 모자랄 것이 없게 해 주십시오.'

그러나 그는 이미 보시를 하고 나서 '내가 아까 보시한 음식은 종들에게 주어야 할 것이었는데, 저 까까머리 도인에게 주어 먹게 하였구나' 하고 후회하였으니, 이런 인연으로 그는 그 많은 재물을 쓰지도 못하고 또 다섯 가지 즐거움을 누리지도 못하였던 것입니다. 그래서 제 자신도 쓰지도 못하고 또 부모·형제·처자·노비·벗·지식들에게도 주지 않았으며, 사문 바라문이나 여러 어른들에게도 보시하지 못하고서, 다만 옛날에 지었던 업만 다 까먹고 새로운 복은 짓지 않았습니다.

그러므로 대왕이여, 만일 지혜로운 사람이 이렇게 재물을 얻었거든 널리 보시하여 아끼지 마십시오. 그러면 다시 한량없는 재물을 얻게 될 것이니, 대왕이여, 꼭 이와 같이 공부해야 합니다."

그때 바사닉왕이 세존께 아뢰었다.

"저는 지금부터 이후로는 사문 바라문과 사부대중四部大衆들에게 널리 보시하겠습니다. 그러나 그밖에 모든 외도들은 아무리 와서 구걸

하더라도 저는 보시하지 않을 것입니다."

세존께서 말씀하셨다.

"대왕이여, 그렇게 생각하지 마십시오. 왜냐하면 일체 중생은 다 음식으로 말미암아 살아가고, 먹지 않으면 곧 죽기 때문입니다."

그때 세존께서 이런 게송을 말씀하셨다.

언제나 널리 보시하기를 생각하고
끝까지 보시할 마음 끊지 않으면
장차 틀림없이 현성賢聖을 만나
생사生死의 근원을 벗어나리라.

그때 바사닉왕이 세존께 아뢰었다.

"저는 이제 몇 갑절이나 기쁜 마음을 가지고 여래를 향해 나아가겠습니다. 왜냐하면 여래께서는 '일체 중생은 다 음식으로 말미암아 살아가고, 먹지 않으면 곧 죽는다'고 말씀하셨기 때문입니다."

그때 바사닉왕이 다시 아뢰었다.

"저는 지금부터 이후로는 마땅히 널리 보시하고 조금도 아까워하지 않겠습니다."

그때 세존께서 왕을 위해 미묘한 법을 말씀하셨다. 그러자 왕은 곧 자리에서 일어나 세존의 발에 머리 조아려 예배하고 떠나갔다.

그때 바사닉왕은 부처님의 말씀을 듣고 기뻐하며 받들어 행하였다.

〔 5 〕[4]

이와 같이 들었다.

어느 때 부처님께서는 사위국 기수급고독원에 계셨다.

그때 존자 아난阿難이 한적하고 고요한 곳에 있다가 문득 이런 생각을 하였다.

'이 세간世間에 자못 어떤 향이 있어서 혹 바람을 거슬러서 향내를 풍기고 바람 부는 대로 향내를 풍기며, 또는 바람을 거스르거나 바람 부는 대로 따라서나 언제나 향내를 풍기는 그런 향이 있을까?'

그때 존자 아난은 곧 자리에서 일어나 세존께서 계시는 곳으로 찾아가 세존의 발에 머리 조아려 예배하고 한쪽에 앉았다. 그때 존자 아난이 세존께 아뢰었다.

"저는 한적하고 고요한 곳에 있으면서 문득 '이 세간에 어떤 향이 있어서 혹 바람을 거스르거나 향내를 풍기고 바람 부는 대로 향내를 풍기며, 또는 바람을 거스르거나 바람 부는 대로 따라서나 언제나 향내를 풍기는 그런 향이 있을까?' 하는 생각이 들었습니다."

그러자 세존께서 아난에게 말씀하셨다.

"그런 묘한 향이 있다. 그 향은 바람을 거슬러서 향내를 풍기고 바람 부는 대로 향내를 풍기며, 또는 바람을 거스르거나 바람 부는 대로 따라서나 언제나 향내를 풍기는 그런 향이다."

그때 아난이 세존께 아뢰었다.

"바람을 거슬러서도 향내를 풍기고 바람 부는 대로 따라서도 향내를 풍기며 바람을 거스르거나 바람 부는 대로 따라서나 언제나 향내를 풍기는 그 향은 어떤 향입니까?"

---

4 이 소경과 내용이 비슷한 것으로는『잡아함경』 제38권 1,073번째 소경인「아난경阿難經」과『별역잡아함경』 제1권 12번째 소경이 있고, 이역경으로는 동진東晋 시대 축담무란竺曇無蘭이 한역한『불설계덕향경佛說戒德香經』과 송宋 시대 법현法賢이 한역한『불설계향경佛說戒香經』이 있다.

세존께서 말씀하셨다.

"그런 향이 있다. 그러나 이 향기香氣의 힘은 바람을 거슬러서도 향내를 풍기고 바람 부는 대로 따라서도 향내를 풍기며 바람을 거스르거나 바람 부는 대로 따라서나 언제나 향내를 풍기는 것이다."

아난이 부처님께 아뢰었다.

"그 향은 어떤 향이기에 바람을 거슬러서도 향내를 풍기고 바람 부는 대로 따라서도 향내를 풍기며, 바람을 거스르거나 바람 부는 대로 따라서나 언제나 향내를 풍기나이까?"

세존께서 말씀하셨다.

"세 가지 향이 있다. 그 향은 바람을 거슬러서도 향내를 풍기고 바람 부는 대로 따라서도 향내를 풍기며, 바람을 거스르거나 바람 부는 대로 따라서나 언제나 향내를 풍기는 것이다."

"어떤 것이 그 세 가지 향입니까?"

세존께서 말씀하셨다.

"계의 향〔戒香〕·들음의 향〔聞香〕·보시의 향〔施香〕이니, 아난아, 이것이 이른바 향의 종류이니, '바람을 거슬러서도 향내를 풍기고 바람 부는 대로 따라서도 향내를 풍기며, 바람을 거슬러서나 바람 부는 대로 따라서나 언제나 향내를 풍기는 향'이라고 하는 것이다. 이 세상의 모든 향 가운데에서 이 세 가지 향이 가장 훌륭하여 그 어느 것도 이 향에 비교할 만하거나, 이 향에 미칠 만한 것이 없느니라.

이를 비유하면 마치 소〔牛〕에서 낙酪이 생기고 낙에서 소酥가 생기며 소에서 제호醍醐가 생기지만, 그 제호가 가장 맛이 좋고 뛰어나서 그 어느 것으로도 견줄 만한 것이 없고 그 맛에 미칠 만한 것이 아무것도 없는 것처럼, 세간의 모든 향 가운데에서는 이 세 가지 향이 가장 좋고 최상이어서 그 어느 향도 여기에 미칠 만한 것이 없느니라."

그때 세존께서 곧 이런 게송을 말씀하셨다.

목밀木蜜과 전단栴檀과
우발優鉢 및 모든 향들
이러한 온갖 향들 중에서
계의 향이 가장 훌륭하다네.

이 계를 성취함으로써
탐욕도 없어지고 더러움도 없어져서
평등한 지혜로 해탈 얻으면
그가 가는 곳은 악마도 모르리라.

전단향栴檀香이나 목밀향木蜜香
이러한 향들 아무리 좋다 해도
계의 향이 가장 미묘하나니
시방에 모두 두루 풍기기 때문이네.

전단향이나 우담향優曇香
그밖의 다른 온갖 향들
그러한 모든 향들 가운데에서
많이 들어 아는 향이 제일이니라.

전단향이나 우담향
그밖의 다른 온갖 향들
그러한 모든 향들 가운데에서
많이 들어 아는 향이 제일이니라.

“이른바 이 세 가지 향은 바람을 거슬러서도 향내를 풍기고 바람 부는 대로 따라서도 향내를 풍기며, 바람을 거스르거나 바람 부는 대로 따라서나 언제나 향내를 풍기는 것이다. 그러므로 아난아, 너는 마땅히 방편을 구해 이 세 가지 향을 성취해야 하느니라. 아난아, 마땅히 이와 같이 배워야 한다.”

그때 아난은 부처님의 말씀을 듣고 기뻐하며 받들어 행하였다.

〔 6 〕

이와 같이 들었다.

어느 때 부처님께서는 라열성의 가란타죽원迦蘭陀竹園에서 대비구들 5백 명과 함께 계셨다.

그때 세존께서 때가 되자 가사를 입고 발우를 가지고 라열성에 들어가 걸식하셨다. 마침 제바달두(提婆達兜 : 提婆達多)도 그 성에 들어가 걸식하고 있었다. 그때 제바달두가 들어간 골목으로 부처님도 들어가시게 되었다. 부처님께서는 멀리서 제바달두가 오는 것을 보고 돌아서 가시려고 하셨다. 그러자 아난이 세존께 여쭈었다.

“왜 이 골목에서 떠나시려고 하십니까?”

세존께서 말씀하셨다.

“제바달두가 이 골목에 있기 때문에 그래서 피하려고 하는 것이다.”

아난이 부처님께 아뢰었다.

“세존께서는 어째서 제바달두를 두려워하십니까?”

세존께서 말씀하셨다.

“나는 제바달두를 두려워하지 않는다. 다만 그 나쁜 사람과 만나고 싶지 않기 때문이다.”

아난이 말하였다.

"그러면 세존이시여, 그 제바달두를 시켜 다른 곳에 가서 살게 하시면 되지 않습니까?"

그때 세존께서 곧 이런 게송을 말씀하셨다.

나는 그를 다른 곳에 있게 하고픈
그런 마음이 끝내 없노라.
제 스스로 마땅히 제 할 일을 따르다가
저절로 다른 곳에 가서 살게 되리라.

아난이 세존께 아뢰었다.

"그렇다면 제바달두가 여래보다 더 뛰어납니까?"

세존께서 말씀하셨다.

"저 어리석고 미혹한 사람과는 가급적 만나지 않아야 하느니라."

그때 세존께서 아난에게 이런 게송으로 말씀하셨다.

가급적 어리석은 사람과는 만나지 말고
또한 어리석은 사람과는 함께 일하지도 말며
또한 그런 이와 더불어 서로 따지며
일의 옳고 그름에 대해 다투지 말라.

그러자 아난도 세존께 이런 게송으로 대답하였다.

어리석은 이 무슨 능력 있으며
어리석은 이 무슨 나음 있으랴.
비록 그와 더불어 말한다 한들

거기에 그 어떤 잘못 있으랴.

세존께서 다시 아난에게 다음 게송으로 대답하셨다.

어리석은 이는 제멋대로 하나니
그가 하는 일 법이 아니다.
바른 소견과 바른 율을 어겨
삿된 소견만 날로 불어가네.

"그러므로 아난아, 나쁜 벗과 함께 일하지 말라. 왜냐하면 어리석은 사람과 같이 일을 하면 믿음이 없어지고 계도 없어지며, 들어 아는 것도 없어지고 지혜도 없어지기 때문이다. 그러나 착한 벗과 일을 같이 하면 온갖 공덕이 불어나고 계도 완전히 성취될 것이다. 아난아, 마땅히 이와 같이 배워야 한다."

그때 아난은 부처님의 말씀을 듣고 기뻐하며 받들어 행하였다.

〔 7 〕

이와 같이 들었다.

어느 때 부처님께서는 라열성의 가란타죽원에서 대비구들 5백 명과 함께 계셨다.

그때 아사세왕阿闍世王은 항상 5백 개의 가마솥에 밥을 지어 제바달두에게 공양供養하곤 하였다. 그런 일이 있자 제바달두의 명성이 사방 멀리까지 퍼져나갔다.

'그는 계와 덕을 원만하게 갖추었고 명예까지도 모두 갖추었다. 그래서 그 왕이 날마다 그를 모셔다가 공양을 하곤 한다.'

그때 제바달두가 이와 같은 이양利養이 있고 난 다음 모든 비구들이 그 소문을 듣고 세존께 아뢰었다.

"온 나라 사람들이 모두 제바달두를 찬양하여 그의 명성이 멀리까지 퍼졌습니다. 그래서 급기야 아사세왕으로 하여금 항상 와서 공양하게 하고 있습니다."

그러자 세존께서 모든 비구들에게 말씀하셨다.

"비구들아, 너희들은 그런 마음을 가지고 제바달두가 누리는 이양을 탐하지 말아라. 왜냐하면 저 어리석은 제바달두는 몸과 입과 뜻으로 짓는 세 가지 나쁜 짓을 행하면서도, 마침내 무서워하지도 않고 두려워하지도 않는다. 만일 저 제바달두 같이 어리석은 사람은 지금 누리고 있는 온갖 복福이 끝나게 되면 마치 사나운 개의 코를 잡아 때리면 그 개는 더욱 사나워지는 것처럼, 저 제바달두 같이 어리석은 사람도 그와 같아서 그런 호강을 받음으로써 마침내 교만해지게 될 것이다.

그러므로 모든 비구들아, 너희들은 역시 이양에 집착하는 생각을 내지 말아야 하느니라.

가령 비구가 되어 물질에 집착하면 세 가지 법을 얻지 못할 것이다. 어떤 것이 그 세 가지인가? 현성賢聖의 계戒와 현성의 삼매三昧와 현성의 지혜智慧를 말하는 것인데, 이 세 가지를 성취하지 못할 것이다. 만일 비구가 되어 물질에 집착하지 않으면 곧 세 가지 법을 얻을 것이다. 어떤 것이 그 세 가지인가? 현성의 계와 현성의 삼매와 현성의 지혜를 이르는 말이니라. 가령 이 세 가지 법을 성취하려고 하면, 마땅히 착한 마음을 내어 이양利養에 집착하지 말아야 할 것이다. 모든 비구들아, 마땅히 이와 같이 배워야 한다."

그때 모든 비구들은 부처님의 말씀을 듣고 기뻐하며 받들어 행하였

다.

〔 8 〕

이와 같이 들었다.

어느 때 부처님께서는 사위국 기수급고독원에 계셨다.

그때 세존께서 모든 비구들에게 말씀하셨다.

"세 가지 불선근不善根이 있다. 어떤 것이 그 세 가지인가? 탐욕의 불선근 · 성냄의 불선근 · 어리석음의 불선근이 그것이다. 만일 비구가 되어 이 세 가지 불선근이 있으면 세 갈래 나쁜 세계에 떨어질 것이다. 어떤 것이 그 세 가지인가? 지옥地獄 · 아귀餓鬼 · 축생畜生의 세계를 말하는 것이다. 이와 같으니 비구들아, 만일 이 세 가지 불선근이 있다면 곧 세 갈래 나쁜 세계가 있게 되는 것이니라.

비구들아, 마땅히 알아야 한다. 또 세 가지 선근善根이 있다. 어떤 것이 그 세 가지인가? 탐내지 않는 선근〔不貪善根〕 · 성내지 않는 선근〔不恚善根〕 · 어리석지 않은 선근〔不癡善根〕이 그것이다. 이것을 비구의 세 가지 선근이라고 한다. 만일 이 세 가지 선근이 있다면 곧 두 가지 좋은 세계에 태어날 것이다. 어떤 것이 그 두 가지 세계인가? 인간과 천상이 그 세계이다. 비구들아, 이것을 일러 '세 가지 선근이 있으면 그 좋은 세계에 태어난다'고 하는 것이니라.

그러므로 모든 비구들아, 너희들은 마땅히 이 세 가지 불선근을 여의고, 세 가지 선근을 닦아야 하느니라. 이와 같으니 모든 비구들아, 마땅히 이와 같이 배워야 한다."

그때 모든 비구들은 부처님의 말씀을 듣고 기뻐하며 받들어 행하였다.

〔 9 〕

이와 같이 들었다.

어느 때 부처님께서는 사위국 기수급고독원에 계셨다.

그때 세존께서 모든 비구들에게 말씀하셨다.

"세 가지 성질〔聚〕이 있다. 어떤 것이 그 세 가지인가? 바른 성질〔等聚〕·삿된 성질〔邪聚〕·결정되지 않은 성질〔不定聚〕이다. 어떤 것이 바른 성질인가? 바른 소견〔等見〕·바른 다스림〔等治〕·바른 말〔等語〕·바른 업〔等業〕·바른 생활〔等命〕·바른 방편〔等方便〕·바른 기억〔等念〕·바른 선정〔等定〕을 이르는 말이니, 이것을 바른 성질이라고 한다.

어떤 것이 삿된 성질인가? 삿된 소견〔邪見〕·삿된 다스림〔邪治〕·삿된 말〔邪語〕·삿된 업〔邪業〕·삿된 생활〔邪命〕·삿된 방편〔邪方便〕·삿된 기억〔邪念〕·삿된 선정〔邪定〕을 이르는 말이니, 이것을 삿된 성질이라고 한다.

어떤 것이 결정되지 않은 성질인가? 괴로움〔苦〕을 모르는 것, 괴로움의 발생〔集〕을 모르는 것, 괴로움의 소멸〔盡〕을 모르는 것, 괴로움의 소멸에 이르는 길〔道〕을 모르는 것, 바른 성질을 모르는 것, 삿된 성질을 모르는 것을 이르는 말이니, 이것을 결정되지 않은 성질이라고 하느니라.

모든 비구들아, 마땅히 알아야 한다. 또 세 가지 성질이 있다. 어떤 것이 그 세 가지인가? 착한 성질〔善聚〕과 바른 성질〔等聚〕과 결정된 성질〔定聚〕를 말한다.

어떤 것이 착한 성질인가? 세 가지 선근을 이르는 말이니, 즉 탐내지 않는 선근·성내지 않는 선근·어리석지 않은 선근을 이르는 말이니, 이것을 착한 성질이라고 하느니라.

어떤 것이 바른 성질인가? 현성의 8품도品道인 바른 소견·바른 다스림 · 바른 말 · 바른 업 · 바른 생활 · 바른 방편 · 바른 기억 · 바른 삼매를 말하는 것이니, 이것을 바른 성질이라고 하느니라.

어떤 것이 결정된 성질인가? 괴로움임을 알고, 괴로움의 발생을 알며, 괴로움의 소멸을 알고, 괴로움의 소멸에 이르는 길을 알며, 착한 성질을 알고, 나쁜 세계를 알며, 결정된 성질을 아는 것을 말하는 것이니, 이것을 결정된 성질이라고 하느니라.

그러므로 모든 비구들아, 이 세 가지 성질 중에서 삿된 성질과 결정되지 않은 성질은 마땅히 멀리해야 하고 바른 성질은 꼭 받들어 행해야 하느니라. 이와 같으니 모든 비구들아, 마땅히 이와 같이 배워야 한다."

그때 모든 비구들은 부처님의 말씀을 듣고 기뻐하며 받들어 행하였다.

〔 10 〕

이와 같이 들었다.

어느 때 부처님께서는 사위국 기수급고독원에 계셨다.

그때 세존께서 모든 비구들에게 말씀하셨다.

"세 가지 생각〔想〕이 있다. 어떤 것이 그 세 가지인가? 탐내는 생각 · 성내는 생각 · 살해殺害하려는 생각을 말한다. 비구들아, 이것을 세 가지 생각이라고 하느니라. 비구들아, 마땅히 알아야 한다. 만일 탐내는 생각을 가지면 목숨을 마친 뒤에는 곧 지옥에 떨어질 것이다. 만일 성내는 생각을 가지면 목숨을 마친 뒤에는 닭이나 개에 소속되거나 뱀이나 독사 따위의 축생으로 태어날 것이다. 만일 해치려는 생각을 가지면 그 또한 목숨을 마친 뒤에는 아귀로 태어나 온몸이 불에 타리니, 그 고통을 이루 다 말하기 어려울 것이다. 비구들아, 이것을 일러 세 가지 생각이 있으면 지옥과 아귀와 축생 세계에 태어난다고 하는 것이다.

또 세 가지 생각이 있다. 어떤 것이 그 세 가지인가? 탐욕을 벗어나려는 생각·해치지 않으려는 생각·성내지 않으려는 생각을 말한다.

만일 어떤 사람이 탐욕을 벗어나려는 생각이 있으면, 그는 목숨을 마친 뒤에는 이 인간 세계에 태어날 것이고, 만일 해치려는 생각이 없으면 그는 목숨을 마친 뒤에 저절로 천상天上에 태어날 것이며, 만일 죽이려는 마음을 가지지 않으면 그는 목숨을 마칠 때에 5결結을 끊고 그곳에서 바로 반열반般涅槃할 것이다.

비구들아, 이것을 세 가지 생각이라 하나니 항상 기억하고 수행하여 이 세 가지 나쁜 생각을 마땅히 멀리 여의어야 하느니라. 이와 같으니 모든 비구들아, 마땅히 이와 같이 배워야 한다."

그때 모든 비구들은 부처님의 말씀을 듣고 기뻐하며 받들어 행하였다.

지주地主·바구婆拘·이십억이二十億耳와
바제婆提와 역순逆順의 향香과
어리석음·세상·세 가지 불선을 설하셨고
세 가지 성질과 생각은 맨 뒤에 설하셨다.

증일아함경 1

2007년 1월 10일 개정판 1쇄 발행
2024년 4월 30일 개정판 3쇄 발행

옮긴이 김월운
발행인 박기련
발행처 동국역경원

출판등록 제1964-000001호
주소 04626 서울시 중구 퇴계로36길2 신관1층 105호
전화 02-2264-4714
팩스 02-2268-7851
Homepage https://dgpress.dongguk.edu/
E-mail abook@jeongjincorp.com
인쇄처 네오프린텍(주)

ISBN 978-89-5590-441-3 03220
ISBN 978-89-5590-440-6 (전4권)

값 20,000원